POLITICS
AND LAW REVIEW

主办单位　北京大学法治研究中心
重庆大学人文社科高等研究院

主　编　强世功

政治与法律评论 第八辑

本书编辑出版获得“北京大学法治研究中心 · 丽达研究基金”支持

法律出版社
LAW PRESS · CHINA

政治与法律评论(第八辑)

导　言

赵晓力

“代表的观念是近代的产物；它起源于封建政府，起源于那种使人类屈辱并使‘人’这个名称丧失尊严的、既罪恶而又荒谬的政府制度。在古代的共和国里，而且是甚至于在古代的君主国里，人民是不曾有过代表的，他们并不知道有这样一个名词。”①

这是卢梭在《社会契约论》里对代表的抨击。诚如卢梭所言，在古代西方，无论是在古希腊罗马的政治实践中，还是在柏拉图、亚里士多德、西塞罗的政治思想中，我们都找不到代表和代表制的影子。

根据皮特金的考证，representation 这个词开始具备“代表”含义的时间相当晚。这个词来源于拉丁语 *repraesentare*，原始含义是“使某个东西再现或在场”的意思，比如可以说某一德性“再现”于一张头像上；直到 13 世纪、14 世纪，在基督教文献中，出现了教皇和主教是基督和使徒的位格的“再现”这种说法；13 世纪中叶，一位既熟悉罗马法又熟悉教

① ［法］卢梭：《社会契约论》，何兆武译，商务印书馆 1980 年版，第 125 页。

会法的作家会说官员是国家形象的“再现”。在法语中,到13世纪,可以说一位管家使他的主人的人格“在场”“再现”,等于说管家代表他的主人。[②]

这一转变在英语中发生得更晚,一直到16世纪晚期,在《英格兰共和国》一书中,托马斯·斯密斯爵士说:“英格兰议会代表(representeth)整个英格兰,拥有其全部领域的权力,包括头脑和躯体。因为每个英格兰人,或者是亲自,或者是委托他人,都出席了(present)议会……因此议会的同意就被看作是每个人的同意。”[③]

曼斯菲尔德认为,现代代表制有两个中世纪渊源,一是大公会议主义,二是中世纪的议会。[④] 基尔克强调前者,[⑤]而基佐强调后者,并将英国议会作为欧洲代议制政府的典型。[⑥]

然而,尽管有中世纪的渊源,现代代表制还是在1688年与中世纪代表制发生了断裂。用曼斯菲尔德的话说,“真正的区别却在于对被代表的人民的不同理解。近代的争论假定人民是一个整体,必须通过政府来代表他们;中世纪的争论则假定人民是一个部分,必须有人在政府面前代表他们”。[⑦] 换言之,英国光荣革命的真正革命之处,在于在革命创造出“整体意义上的人民”和“不可分割的主权”,而不在于人民的代表者究竟是国王还是议会。

---

② Terence Ball, James Farr, Russell L. Hanson, ed. *Political innovation and conceptual change*, pp. 133 – 139, New York: Cambridge University Press, 1989. [美]皮特金:《代表》,载[美]鲍尔等编:《政治创新与概念变革》,朱进东译,译林出版社2013年版,第140~143页。

③ Sir Thomas Smith. *De Republica Anglorum*. Edited by Mary Dewar. Cambridge University Press, 1982, p. 79.

④ [美]曼斯菲尔德:《近代代议制和中世纪代表制》,刘锋译,载刘小枫编:《施米特与政治法学》,上海三联书店2002年版,第329~364页。

⑤ Gierke, Otto. *Political theories of the Middle Age*. Trans. by Frederic William Maitland, Cambridge: The University Press, 1922, pp. 61 – 67.

⑥ [法]基佐:《欧洲代议制政府的历史起源》,张清津、袁淑娟译,复旦大学出版社2008年版。

⑦ [美]曼斯菲尔德:《近代代议制和中世纪代表制》,刘锋译,载刘小枫编:《施米特与政治法学》,上海三联书店2002年版,第361页。

通过人格、授权和代表理论将人民真正构造为一个整体的理论努力，是霍布斯1651年在《利维坦》一书中完成的。霍布斯在《利维坦》第17章中对这一理论的经典表述是："我授权并放弃统治我自己的权利，给这个人或这个集体，条件是，你以同样的方式放弃你的权利给他，并授权他所有的行为。"⑧

杨光在《论霍布斯的建国契约——基于"转让"与"授权"的区分》一文中认为："'授权'的步骤解决了之前'转让'带来的一些问题……如果仅仅是权力和力量的转让，意味着臣民放弃了对主权者的抵抗，对主权者是消极被动的意志臣服，二者的关系仍停留于自然人格与自然人格之间。但'授权'使得主权者作为代表承担了每个臣民的人格，主权者的所言所行根本上是臣民自己的所言所行，主权者的意志被视为是每个臣民自己的意志，主权者和臣民之间是自然人格与虚拟人格之间积极的授权—代表关系。"这样一来，"主权者既代表国家，承当了国家的人格，也由于群众中每个人的授权，承当了每个人的人格，成为每个臣民的代表（注意是群众中每个个体的代表，而非笼统的群众的代表）"。⑨

正是通过授权和代表理论，我们才可以想象"整体意义上的人民"和"不可分割的主权"。《利维坦》据此批评亨利·帕克等议会派"国王比个体尊贵，但比共同体渺小"的观点："这一巨大的权威由于本身是不可分割的，而且又不可分离地附属在主权之上，所以有些人说主权君主的权力虽然比每一个臣民单独说来大，但比全体臣民总合起来的权力小的说法便没有什么根据了。因为他们所说的全体，如果不是如同一个人一样的集体，那么全体一词和每一个人一词所指的便是同一回事，这句话便荒谬不通了。但如果他们所谓的全体所指的是把全体臣民当成一个人看待（其人格由主权者承当），那么全体的权力和主权者的权力便是同一回事，在这种情形下，这话便也是不通的。这种不通的

---

⑧ ［英］霍布斯：《利维坦》，黎思复、黎廷弼译，商务印书馆1995年版，第131～132页，译文有改动。

⑨ 参见本辑中杨光的文章：《论霍布斯的建国契约——基于"转让"与"授权"的区分》。

情形当主权由一群人组成的集体握有时,他们看得很清楚,但在君主身上他们却看不到,然而主权不论操在谁手中总是一样的。”⑩

换言之,现代代表制的首要问题是如何造就“整体意义上的人民”和“不可分割的主权”,而这一主权究竟是由君主一人还是由议会一群人来承担倒成为次要的事了。

然而,坚持人民只能由议会代表的议会派(霍布斯称为“民主作家”)坚持用“相似”原则理解“代表”,与人民相似的只能是一个群体,而不可能是一个人。⑪ 霍布斯在1642年《论公民》中认为,“人民”和“群众”是两个不同的概念,民主作家们所说的“人民”其实是“群众”:“人民是一个单一的实体,有着单一的意志;你可以将一种行动归于它。而这一点却无法用在群众上。每个国家都是人民统治;即使是在君主制中,人民也行使着权力,只是人民的意志是通过某个人的意志来体现的。而公民即臣民则是群众。在民主制和贵族制中,公民是群众,但议事会是人民;而在君主制中,臣民是群众,但[悖谬的是]君主是人民。”⑫

霍布斯在1647年《论公民》第二版中添加了一个长注,重复了他的区分。⑬ 但他的努力没有效果:“普通人没有注意到这一点,他们总是把一大批人说成是人民,即国家,而他们说国家反叛君主(这是不可能的事)时,说人民想做[或不想做]不满的、抱怨的臣民想做[或不想做]的事时,他们是在‘人民’这个标签下,让公民与国家作对,即群众与人民作对。如果公民陷在这些观点中,那么,这些就是让公民准备去进行动乱的主要观点。”⑭

霍布斯的努力之所以没有效果,是因为在《法的原理》和《论公民》

⑩ [英]霍布斯:《利维坦》,黎思复、黎廷弼译,商务印书馆1995年版,第140~141页,译文稍有改动。

⑪ 参见本辑中收入的亨利·帕克《对国王陛下某些近期答复和陈述的评论》(1642年)译文以及译者康向宇的导言。

⑫ [英]霍布斯:《论公民》,应星、冯克利译,贵州人民出版社2003年版,第126页。

⑬ [英]霍布斯:《论公民》,应星、冯克利译,贵州人民出版社2003年版,第72~73页。

⑭ [英]霍布斯:《论公民》,应星、冯克利译,贵州人民出版社2003年版,第126页。

中,如何解决从"多"中产生"一",即从众多意志中产生一个意志,在理论上依然要依赖一个"民主"过程,即把多数人的意志视为所有人的意志:"如果要开始进行国家的构型,一个人群中的每个人在其中任何一个人所提出的任何问题上,都得与其他人达成一致,即多数人的意志应当被看成是所有人的意志;否则的话,既然人的态度和欲望彼此间的差别是如此之大,那么,一个人群就永远也不会有什么意志。如果有人拒绝同意这一点,那其他人仍会形成一个不包括他在内的国家。那就是为什么国家仍要保留着如同对付敌人一般对付异议者的原初权利即战争的权利。"⑮

《利维坦》引进了授权—代表的概念,君主制或贵族制可以通过直接授权—代表来建立,也就完全没有必要先建立民主制,再由民主会议转让主权来建立君主制或贵族制了。正如保罗·萨加尔(Paul Sagar)所说:"如果霍布斯的确认为,在实践中所有的主权都是以力获得,那么民主建国的确是一个阐明主权概念的形成机制的思想实验的一部分,但民主建国并不是主权根本特征的要求。我们应该进一步指出,在《利维坦》中,即使在按约建立的主权中,霍布斯也放弃了民主建国的概念。理由非常简单,随着《利维坦》第16章引入的新的授权概念(先前的著作里没有这个概念),即便是按约建立的主权,也可以立即产生君主制(或贵族制),不再需要一个民主主权的过渡期以建立君主制。"⑯

正是《利维坦》在理论上彻底否定了建立在"相似"原则上的中世纪代表制,而以17世纪的知识型"再现"(representation)⑰为原则,建立了现代代表制。现代代表制即现代主权国家。建立现代主权国家如同

⑮ [英]霍布斯:《论公民》,应星、冯克利译,贵州人民出版社2003年版,第61页。

⑯ Paul Sagar, Of Mushrooms and Method: History and the Family in Hobbes's Science of Politics. *European Journal of Political Theory*, May 12, 2014.

⑰ [法]福柯:《词与物:人文科学考古学》,莫伟民译,上海三联书店2001年版,第3章。福柯在《词与物》中对体现17世纪"再现"原则的委拉斯开兹画作《宫娥》的分析,也可以挪用到《利维坦》那著名的扉页画上。

上帝创世,是人以自己为质料,造就一个"人造人",[18]现代主权国家就是那个"人造人",它终结了自然状态中人与人之间基于自然权利的战争,用国与国之间基于主权的战争替代之。新造一个新邦(如美国)如是,[19]新造一个旧邦(如中国)亦如是。

本辑中康向宇和田力的文章,在理解了建立现代国家中代表制的这两重含义后,重新考察了清末预备立宪中的官方宪政理论和思想争论。在康向宇的文章中,代表制既涵盖"政体"问题,也涵盖"国体"问题。康向宇认为,日俄战争后,1905 年清廷派出"五大臣"出洋考察实际形成两套立宪方案,其中"载泽方案关注国体,端方—梁启超方案关注政体"。载泽方案"主张日本模式,议会只是政体代表制,君主才是主权代表者";而端方—梁启超方案"主张英国模式,议会是政体代表制与主权代表者的综合体,君主则是虚位。梁启超试图用政体问题吸纳国体问题,假借政体改革的名义,逐渐变更主权代表者,从而在中国完成一场英国式'光荣革命'"。

康向宇认为,1908 年《钦定宪法大纲》虽采纳了日本模式,但却没有取得《明治宪法》那样的成功,除了现实政治的原因外,根本上是因为《钦定宪法大纲》不可能移植《明治宪法》背后那套"以国体为核心概念、以天皇为绝对权威的政治神学"。"明治时代的'国体—政体论'是一种政治整合的宪政理论……'立宪政体'仅仅事关具体的权力配置方案,'君主国体'才是这个权力配置方案赖以成立的政治神学基础。""'国体—政体论'的关键不是政体,而是国体。国体的本质不是主权者,也不是制宪权,而是一个共同体'寓特殊于普遍'的政治想象。国体是普遍的。每一种国体,都承载了一个共同体的自我认同,透过共同体内部最普遍的文化忠诚,我们实践着'认识你自己'的古老命题。国体又是特殊的。一个国家的国体,往往根植于本国独特的——包括神

---

⑱ [英]霍布斯:《利维坦》,黎思复、黎廷弼译,商务印书馆 1995 年版,第 1 ~ 2 页。

⑲ 参见本辑中波考克《1776:反议会革命》和孙逸舟《人民的代表应该与人民相似吗?》。另可参见赵晓力:《美国宪法与宪政》,载高鸿钧、李红海编:《新编外国法制史》(下册),清华大学出版社 2015 年版,第 152 ~ 171 页。

话传说、典籍文献、伦理观念、生活习俗以及政治制度等在内的——历史文化传统,如因此必然是不可移植的。”[20]

田力的文章则从代表制的这两重含义出发,考察了梁启超和章太炎在清末立宪过程中的思想争论。1906年清廷官制改革方案出台之后,梁启超的政体构想从责任内阁制转向了议会制。田力认为,梁启超的议会制构想背后实际上是一种“地域代表制”,“在这种以地域性代表制为原则的选举制度之下,选出来的国会议员要么是地方上的‘土豪’阶层,要么就集中于几个东南沿海自古富庶的地区”,这其实“无法回答章太炎那则颇具历史洞见的批评:如何避免内战的爆发”。

田力认为,章太炎在预备立宪时期发表的《秦政记》与《代议然否论》通过批判立宪派提出的以地域代表制为内核的议会制,“试图以彻底改造君主制的方式引入总统制”。“梁启超要的是一顶英国式的皇冠,章太炎要的则是一个共和制下的君主。”“如果说梁启超推崇的民权不过是绅权而已,那么章太炎的民权则是尽可能将主权落实到每个个体身上。”“章太炎的总统制试图通过血缘性获得国家认同的基础,梁启超的议会制则希望用地缘性获得国家认同的基础。这两种政体蕴含封建制两个不同的要素。如果说章太炎的设想接近于所谓的民族国家,在他眼中,梁启超的方案或许代表着一种土地国家,一旦将血缘要素与地缘要素真正分离,民族自决也就被剔除了对领土的诉求,而与文明要素挂钩。”田力认为,章太炎“通过历史氏姓学的工作,将血缘要素纳入到打造政治民族的过程中去。这种看似与代表制无关的思想,恰恰是未曾与议会制相混淆的代表制。代表者是一个人格化的主体,被代表者则需要与该主体保持极高的同质性”。[21]

“代表制”所涉及的理论和现实问题还有很多,本辑仅仅是一个初步的尝试。

---

⑳ 参见本辑中康向宇的文章:《“国体—政体论”与清末立宪》。

㉑ 参见本辑中田力的文章:《从封建到代表——清末预备立宪中的建国问题》。

《政治与法律评论》
(第八辑)第1~16页

论霍布斯的建国契约

——基于“转让”与“授权”的区分

杨　光*

摘要:《利维坦》在论证结构上不同于《法的原理》和《论公民》之处,是在探讨自然权利、自然法与国家的起源之间插入了对于“授权”“代表”等概念的讨论,并将其用于第17章中对建国契约的经典表述。本文试图在前人研究的基础上,通过对“转让”和“授权”这两个概念的区分,阐明权利转让与授权—代表对于理解霍布斯建国契约所具有的重要意义,并从二者区分的角度提供一种对建国契约的解读。

关键词:建国契约　转让　授权　代表　人格

《利维坦》①在论证结构上不同于《法的原理》

---

* 北京大学中文系2015级硕士。感谢赵晓力和李猛老师的建议,本文也多受益于Yves Charles Zarka教授于2015年秋在北大开设的霍布斯课程。

① 本文讨论主要依据Thomas Hobbes, *Leviathan*, N. Malcolm ed., Vol. II, Oxford: Clarendon Press, 2012;中译本:[英]霍布斯:《利维坦》,黎思复、黎廷弼译,商务印书馆2013年版。其他著作:Thomas Hobbes, *The Elements of Law, Natural and Politic*, J. Gaskin ed., Oxford: Oxford University Press, 1994; Thomas Hobbes, *On the Citizen*, Tuck and Silverthorne ed. and trans., Cambridge: Cambridge University Press, 1998;中译本:[英]霍布斯:《论公民》,应星、冯克利译,贵州人民出版社2003年版;原拉丁文本参见Thomas Hobbes, *De Cive: The Latin Version*, H. Warrender ed., Oxford: Clarendon Press, 2004。

和《论公民》之处，是在探讨自然权利、自然法与国家的起源之间插入了对于“授权”“代表”等概念的讨论，并将其用于第17章中对建国契约的经典表述：“我授权并放弃统治我自己的权利，给这个人或这个集体，条件是，你以同样的方式放弃你的权利给他，并授权他所有的行为。”②以往的研究中一部分学者以达尔加诺（Dalgarno）为代表，认为“授权”（authorize）不过是霍布斯表达权利“转让”（transfer）的一种方式；③另一部分学者以皮特金（Pitkin）为代表，认为“授权”很大程度上替代了契约本身，是对权利“转让”的突破与革新。④ 无论倾向于哪一种立场，大多数学者对于“转让”与“授权”的区分都不是非常明晰。本文试图在前人研究的基础上，通过对这两个概念的区分，阐明权利转让与授权—代表对于理解霍布斯的建国契约所具有的重要意义，并从二者区分的角度提供一种对建国契约的解读。文章分为两个部分，第一部分将从不同方面对“转让”与“授权”进行区分；第二部分将在前面讨论的基础上分析建国契约的两个步骤：“授权”与“放弃”并以《利维坦》第16章为基础讨论如何理解由建国契约产生的作为一个“person”的国家。

一、“转让”与“授权”的区别

转让和授权都涉及“权利”问题，在《利维坦》中，霍布斯用了一个词来定义权利：自由——“著作家们一般称之为自然权利的，就是每一个人按照自己所愿意的方式运用自己的力量保全自己的天性——也就

② ［英］霍布斯：《利维坦》，黎思复、黎廷弼译，商务印书馆2013年版，第131页，译文稍有改动。

③ Melvin T. Dalgarno, Analysing Hobbes's Contract, *Proceedings of the Aristotelian Society*, Vol. 76, pp. 209－226 (1975).

④ Hanna Pitkin, Hobbes's Concept of Representation—II, *American Political Science Review*, Vol. 58, No. 4, pp. 902－918 (1964).

是保全自己的生命——的自由(liberty)”,[⑤]而自由则是“外界障碍不存在的状态”。[⑥] 放弃或转让权利意味着失去一部分自由,在别人实行同样的权利而干扰到自己时,不能予以抵抗,这是放弃或转让权利者的义务,相当于给自己施加了某种阻碍。在区分自然权利和自然法时,霍布斯提到:“权在于做或不做的自由,而律则决定并约束人们采取其中之一。所以律与权的区别就像义务与自由的区别一样,两者在同一事物中是不相一致的。”[⑦]在《法的原理》和《论公民》中霍布斯都明确表明:“自由停止的地方就是义务开始的地方。”[⑧]由此可知,权利与义务在霍布斯的理论中没有重叠之处。处于自然状态中的人们,要么选择运用自然权利,不受束缚地按照自己所意愿的方式保全生命,要么选择理性指明的自然法所揭示的和平之路,放弃对一切事物的权利,使自己受到约束——二者必居其一,尽管自然权利和自然法指向的最终目的都是自我保存。

单纯的放弃权利没有设定接受对象,意味着放弃者对于其他所有人都负有了不干扰其行使所弃权利的义务;转让则只针对特定对象,如果转让是双边的便是契约,双方对彼此负有义务,如果是单边的,就是自由赠与类型(free-gift),只有转让方受到约束,接受方没有任何义务。

根据上面的定义,权利让渡导致的两个后果都是消极意义上的,对于权利的接受者而言,他并没有获得新的权利——因为自然状态下一切人对一切事物甚至他人的身体都具有权利;而出让权利的一方则需退避开来,在接受方行使该项权利时不能予以阻碍。

在建国契约中,这意味着消极的权利转让不会给主权者增添任何新的权利,只会使主权者在行使权利时不受其他任何人阻碍,也就是说,主权者还停留在完完全全的自然状态,因为他对所有人与所有物都

---

⑤ [英]霍布斯:《利维坦》,黎思复、黎廷弼译,商务印书馆2013年版,第97页。

⑥ [英]霍布斯:《利维坦》,黎思复、黎廷弼译,商务印书馆2013年版,第97页。

⑦ [英]霍布斯:《利维坦》,黎思复、黎廷弼译,商务印书馆2013年版,第98页。

⑧ Thomas Hobbes, *The Elements of Law, Natural and Politic*, J. Gaskin ed., Oxford: Oxford University Press, 1994, p. 84;[英]霍布斯:《论公民》,应星、冯克利译,贵州人民出版社2003年版,第19页。

拥有自然权利。比较一下《法的原理》和《论公民》中关于权利转让的被动情况的描述就更清楚了：

“转让一个人的权力(power)和力量(strength),不过是搁置或放弃他自己抵抗其转让对象的权利。”⑨

“这种权威(*potestas*),这种发出指令的权利(*Ius Imperandi*),在于每个公民将他自己所有的力量和权力(*vim & potentiam*)转让给了那个人或议会。(既然没有人能按照字面的意思将他的力量转让给另一个人),这种做法意味着就是他放弃了抵抗的权利。”⑩

“一个人让自己的意志服从另一个人的意志,就是向那人转让了运用自己的各种力量和资源的权利(*Ius virium & facultatum* suarum)。”⑪

那么“授权”是否也存在权利的让渡?究竟什么是“授权”?霍布斯对“授权”(authorization)的定义同“authority”⑫有关,“authority”是指“做出任何行动的权利”(the right of doing any action),“授权”即是将这种做出行动或言语的权利让渡给某人。既然涉及权利的让渡,授权的结果同转让有什么不同?首先,对于被授权方即代表而言,他确实拥有了一项新权利,即以授权者的名义来行事的权利。在自然状态中,虽然一切人对一切事物都拥有自然权利,并且可以为保全自己的生命做出任何行为,然而这种权利尽管在范围上是无限的,但权利的身份属性仅限于每个人自己。例如 A 有权利做出行动 X,B 也有权利做出行动 X,但 B 没有以 A 的名义来做出行动 X 的权利,除非 A 授权 B。此外,“转让”的双方仅仅承担了自己的自然人格,而授权使得 B 以虚拟人格而非其本身的自然人格的身份行使被授予的权利,此时 B 承担了 A 的人格,其言行被归之于 A,A 之于 B 的行动不再是消极避让,因为这本

---

⑨ Thomas Hobbes, *The Elements of Law, Natural and Politic*, J. Gaskin ed., Oxford: Oxford University Press, 1994, p. 107.

⑩ [英]霍布斯:《论公民》,应星、冯克利译,贵州人民出版社 2003 年版,第 58 页,译文稍有改动。

⑪ [英]霍布斯:《论公民》,应星、冯克利译,贵州人民出版社 2003 年版,第 57 页,译文稍有改动。

⑫ 中译文将“authority”、“authorization”和“authorize”均译为“授权”,容易造成误解,“authority”是所授之权,而非授权行为本身。

质上是自己的行动。

那么对于授权者而言,将做出某项行动的权利授予代表,是否意味着对自己自由的限制和义务的施加,也就是说,授权人是否失去了做出这项行动的这部分自由,并且在代表以自己的身份做出该行动时不能施以阻碍?

古西尔(Gauthier)认为授权仅仅是授予了权利的使用权,授权者仍然持有权利本身,即对权利的所有权,因而授权人并未失去做出该项行动的自由,既然没有失去自由,也就不存在对自己施加义务。他的主要论据来自《利维坦》第16章中一段非常重要的论述:"有些拟人的言行得到被代表者的承认(*Owned* by those whom they represent),于是他便称为代理人(*Actor*),承认(owneth)他的言行的人就是授权人(Author)。在这种情况下,代理人是根据权利而行动的(the Actor acteth by Authority)。这种授权者,在货物与财产方面称为所有者(*Owner*),拉丁文叫 *Dominus*。指行为方面的情形时就称为授权人。正像占有权称为所有权一样,做出任何行动的权利就称为授权(And as the Right of possession, is called Dominion; so the Right of doing any Action, is called Authority)。因此,授权便始终是指做出任何行为的权利,根据授权行事便是根据具有这种权利的人的委托或准许行事。"⑬此外,霍布斯自己也有过类似表述:在《利维坦》第二部分他指出代表主权者的人(the representative of sovereign)即主权者的政务大臣(public ministers)和主权代表者(sovereign representative)即主权者本身之间有根本区别:主权者会派出代表替自己办事,但主权仍操于主权者之手;另外,霍布斯在谈到类似于殖民地总督的角色时也表明:"选任的国王和王侯并不具有主权的所有权(in propriety),而只具有使用权(but in use only)。"⑭

---

⑬ [英]霍布斯:《利维坦》,黎思复、黎廷弼译,商务印书馆2013年版,第123~124页,译文稍有改动。

⑭ [英]霍布斯:《利维坦》,黎思复、黎廷弼译,商务印书馆2013年版,第150页。

按照古西尔[15]的思路,授权只是授予使用权,而转让则意味着同时放弃权利的所有权和使用权,这是二者之不同。然而古西尔从所有权和使用权的角度对“授权”进行的解读恰恰掩盖了上述第16章的重要段落中所有权与做出任何行动的权利之间的区别:所有权是在“物”的层面上运作,而“authority”是在“人”的层面上运作,对货物或财产的权利与对自己做出某项行动的权利是不同的,这段话可以帮助理解为什么之前的建国契约中提到“转让一个人的权力和力量,不过是搁置或放弃他自己抵抗其转让对象的权利”。[16] 这不仅仅是由于自然状态下人们对一切事物都拥有自然权利,包括利用别人的力量来保全自己,因而权利转让不会给受让者增添新权利,转让方则要避让开来,还因为“没有人能按照字面的意思将他的力量转让给另一个人”[17]——转让对货物或财产的权利和转让对自己力量的权利是绝不相同的。A可以把对某物的权利转让给B,对某物的权利和物体本身是可以分离的,但A不能将对自己力量的权利转让出去,因为A与A的力量是无法分割的,A的力量不是某种可以脱离A而存在的另一个“东西”(thing)。因此,如果要转让自己的力量就意味着把作为力量主体的自己也转让出去,转让者将变成接受者的某样东西,他将如同货物与财产一样可以被接受者随意支配,这显然同不可转让的对生命的权利相矛盾。同理,A做出某项行动的权利同A本人是无法分割的,任何行动与言语都是属于某个主体的行动与言语,使用权与所有权无法完全分离。因此,如果将做出某项行动的权利“转让”给另一个人,也意味着将作为行动主体的自己转让出去,而这显然行不通。“转让”在对物的权利的层面上运作是有效的,但用在人的层面上会出现一些问题。

---

⑮ David Gauthier, *The Logic of Leviathan*: *The Moral and Political Theory of Thomas Hobbes*. Oxford: Clarendon P., 1969, pp. 120 – 177; David Gauthier, Hobbes's Social Contract, in *Perspectives on Thomas Hobbes*, G. A. J. Rogers & Alan Ryan ed., Oxford: Oxford University Press, 1988, pp. 125 – 152. 对 Gauthier 相关研究的理解,笔者受益于 Zarka 教授。

⑯ Thomas Hobbes, *The Elements of Law*, *Natural and Politic*, J. Gaskin ed., Oxford: Oxford University Press, 1994, p. 107.

⑰ 霍布斯:《论公民》,应星、冯克利译,贵州人民出版社2003年版,第58页。

“授权”和“代表”的概念解决了“转让”在人的层面上运作可能产生的问题,“授权”主要是授予行动和言语的权利而不是对货物和财产的权利,由于代表承当了授权者的人格,以授权者的名义行事,本质上是授权人本人而非代表在行使这项权利,因而并没有造成权利与权利主体的分离,授权人不用把自己也“转让”出去,成为代表的货物和财产,他要做的是承认代表的行为即是自己的行为并为之负责。霍布斯说得很清楚:“当一个代理人根据授权订立了一项信约时,他就可以使授权者因此而要像亲自订约一样受到约束,同时也使他同样要对该约的一切后果负责。”⑱因此,对于之前提到的问题,即授权是否意味着对自己自由的限制和义务的施加,答案是肯定的,当代表以授权者的名义做出某项行动时,授权者对这项行动不再有不承认这项行动是自己的自由,也不再有选择做或不做这项行动的自由,他有义务承认这就是自己的行为并为之负责,这是他施加给自己的限制,如果他阻碍代表的行动只会同自己之前的授权行为相矛盾。从这个意义上来说,“授权”也是一种权利的“转让”,是对行动和言语的权利的转让,然而此“转让”非彼“转让”,因为授权人并没有把自己像货物和财产一样交出去,彻底失去人身自由,而是仍然保留了自己的人格、人身与权利。因为如果授权者自己并未保有授予他人的权利,那么他将不可能把代表的行为承认(own)为是自己的行为,“承认”本身就暗示了授权人本人拥有这项权利,只不过在代表以自己的名义行使这项权利时有义务要承担后果。这也是为什么霍布斯会从“所有权”与“使用权”的角度来阐明主权者与主权代表者以及殖民地总督之间的关系,然而这种借用物和财产的逻辑来讨论人的言行的逻辑的方式虽然对于理解授权人仍保有所授之权这一点有帮助,但在某种程度上却模糊了两种逻辑之间的区别。

代表对授权人没有义务这一点则是可以肯定的,除非双方事先签订契约,代表“受原先订立的信约的约束要服从授权人时”(if he be obliged by former covenvant to obey him),⑲代表一方才会存在义务。此处易误解为代表不应将授权运用到授权范围之外,或用于自己的私

---

⑱ [英]霍布斯:《利维坦》,黎思复、黎廷弼译,商务印书馆2013年版,第124页。

⑲ [英]霍布斯:《利维坦》,黎思复、黎廷弼译,商务印书馆2013年版,第124页。

人目的,他应该在某种程度上反映被代表者的意志、利益或其他,这是代表的义务,但这种解释很大程度上是把现在对于代表观念的理解投射到霍布斯身上,即现代政治里的某种“选民—代表”关系。理解霍布斯的代表观念需要注意“attribute”一词,这个词强调的不是代表一方应该做些什么,而是授权人一方要承担责任。正如斯金纳(Skinner)指出,“attribute”的原拉丁动词形式“*attribuere*”的含义强调的是“某物应该被算作某人”,关键是找出言语和行动背后的责任归属。⑳ 如果代表做了授权范围之外的行动,那么他并不是代表授权人而是代表他自己,他是他自己的授权人,这时他要为自己的这种行动负责,而之前的授权人则不受此行动的约束,这并非是否违背了对授权人的任何义务的问题。其实这一点放到霍布斯对主权者与臣民之间的关系的论述中就很清晰,主权者没有同臣民签订契约,对臣民没有任何义务。即使主权者被选出来的目的是为人民求得安全,也只是“根据自然法他有义务要实现,并向制定自然法的上帝负责,而且只向上帝负责”㉑——这里的自然法指的是第1条:“寻求和平,信守和平”,㉒这是人们之间订立契约建立国家,以摆脱卑污的自然状态的根本目的。

二、霍布斯的建国契约

(一)建国契约的两个步骤:“授权”与“放弃”

“我授权并放弃统治我自己的权利,给这个人或这个集体,条件

---

⑳ See Quentin Skinner, Hobbes and the Purely Artificial Person of the State, *The Journal of Political Philosophy*, Vol. 7, No. 1, pp. 1 – 29 (1999); See also David Copp, Hobbes on Artificial Persons and Collective Actions, *The Philosophical Review*, Vol. 89, No. 4, pp. 579 – 606 (1980); Paul Dumouchel, *Persona*: Reason and Representation in Hobbes's Political Philosophy, *Substance*, Vol. 25, No. 2, 68 – 80 (1996).

㉑ [英]霍布斯:《利维坦》,黎思复、黎廷弼译,商务印书馆2013年版,第260页。尽管主权者只对上帝有义务,但这并不意味着主权者可以为所欲为,其被授权的目的是促进和平与公共利益,这是主权者的职责(office),参见《利维坦》第30章。

㉒ 同上注,第98页。

是，你以同样的方式放弃你的权利给他，并授权他所有的行为。”[23]

从霍布斯关于建国契约的这个经典表述中可以离析出两个步骤：授权与放弃。上半句的“授权”没有宾语，但由下半句可知。因此，建国契约中的“授权”是授权主权者所有的行为，“放弃”是放弃统治我自己的权利。在第16章中霍布斯曾提到无限授权和有限授权两种情况，建国契约中属于无限授权，授权者不可撤回，否则只会同之前的授权行为相矛盾。[24] 对主权者行动上的无限授权，霍布斯在书中反复提及：

“……每一个人都将以同一方式对这人或这一集体为了在自己之间过和平生活并防御外人的目的所作为的一切行为和裁断授权（*authorise* all the actions and judgements），就像是自己的行为和裁断一样。”[25]

“已经按约建立一个国家的人，由于因此而受信约束缚必须承认某一个人的行为与裁断……”[26]

“臣民对于主权者的承认包含在这样一句话中：我授权于他的一切行为或对之负责。”[27]

建国契约中的授权有几个条件：一是要有权可授，二是要授权给同一对象，三是授权内容要相同，只有满足了这几个前提，建国契约的订立才成为可能，真正意义上的“统一”人格才能够形成。

“授权”的步骤解决了之前“转让”带来的一些问题。我们已经提到，如果仅仅是权力和力量的转让，意味着臣民放弃了对主权者的抵

---

[23] 同上注，第131页，译文稍有改动。

[24] 霍布斯在《利维坦》第18章提到：“已经按约建立一个国家的人……不得到这人的允许便不能在自己之间订立新信约，在任何事物方面服从任何另一个人。因此，一个君主的臣民，不得到君主的允许，便不能抛弃君主政体、返回乌合之众的混乱状态”（第133页），这里似乎暗含了臣民在征得主权者同意之下可以撤回授权的情况，第21章又提到这个问题（第172页），但第30章中霍布斯否定了这种情况，因为主权者根据自然法有义务保持主权的完整，不可让渡或放弃（第261页），由此也排除了在主权者的同意下臣民撤回授权的情况。

[25] ［英］霍布斯：《利维坦》，黎思复、黎廷弼译，商务印书馆2013年版，第133页。

[26] ［英］霍布斯：《利维坦》，黎思复、黎廷弼译，商务印书馆2013年版，第133页。

[27] ［英］霍布斯：《利维坦》，黎思复、黎廷弼译，商务印书馆2013年版，第169页。

抗,对主权者是消极被动的意志臣服,二者的关系仍停留于自然人格与自然人格之间。但“授权”使得主权者作为代表承担了每个臣民的人格,主权者的所言所行根本上是臣民自己的所言所行,主权者的意志被视为是每个臣民自己的意志,主权者和臣民之间是自然人格与虚拟人格之间积极的授权—代表关系。此外,由于“授权”和“代表”的概念是在人的层面上运作,因而臣民们在授予行动和言语的权利时,自己作为权利的主体并没有受到损害,不会存在把自己作为货物或财产一样交到主权者手中的危险,而是仍保有自己的人格与自由。

比较令人费解的是建国契约的第二个步骤。要解释“放弃”首先需要解释“放弃”的对象,即“统治我自己的权利”。这里不得不提及霍布斯对“权利”概念的一个细致区分,这在三本书中都有所提及:

“如果为实现这一目的而采用必要的手段的权利(*ius* ad media necessaria)被否定了,那么实现这一目的的权利(*ius* ad finem)也就失去了意义。既然人都有自我保存的权利,那他就有采取足以保存他自己的任何手段和任何行动的权利。”㉘

“就自然法而言,一个人是他自己事情的裁决者,无论他要采用的手段和行动对保存他的生命是否必要。”㉙

霍布斯指出了自然权利的三个要素:目的权、手段权以及私人判断权。㉚ 如果说自然权利中最重要的是对生命的权利,那么每个人就有采取任何手段保存其生命的权利,至于怎样做最好要取决于他自己的判断。《利维坦》中对自然权利的定义就是:“每一个人按照自己所愿意的方式运用自己的力量保全自己的天性——也就是保全自己的生命——的自由。”㉛这个定义正是上面三个要素的结合。

㉘ [英]霍布斯:《论公民》,应星、冯克利译,贵州人民出版社2003年版,第8页。

㉙ [英]霍布斯:《论公民》,应星、冯克利译,贵州人民出版社2003年版,第8页。参见 Thomas Hobbes, *The Elements of Law, Natural and Politic*, J. Gaskin ed., Oxford: Oxford University Press, 1994, p. 79;[英]霍布斯:《利维坦》,黎思复、黎廷弼译,商务印书馆2013年版,第97~98页、第104页。

㉚ 李猛:《自然社会》,三联书店2015年版,第130~136页。

㉛ [英]霍布斯:《利维坦》,黎思复、黎廷弼译,商务印书馆2013年版,第97页。

在《法的原理》和《论公民》中，臣民们转让给主权者的其实是按自己所愿的方式使用自身力量的权利。《论公民》中有一个类似版本的建国契约，每个公民与其他公民订约时这样说道："我将我的权利转让给这个人，条件是你也同样将你的权利转让给他。"㉜而这里的权利指的是"每个人为自己的利益不得不运用各种力量的权利"，㉝也即自然权利中的手段权和私人判断权。但由于没有人能够在字面意义上将自己的力量和权力转让出去，结果就是臣民对主权者的意志臣服和消极不抵抗。

《利维坦》以"统治我自己的权利"替代了上述表达。有权统治，也就是有权主动做出判断，从而有权通过自己的判断运用各种资源和手段来达到保护生命的最终目的。但与之前的建国契约不同的是，由于加入了"授权"的步骤，主权者根据自己的判断运用各种手段来管理臣民时，他是以臣民的名义在运用各种力量，以臣民的名义在做出判断，臣民们对主权者并不能算作消极不抵抗，因为主权者此时是代表我来统治我自己，而在主权者没有行使这些权利的范围内，我仍拥有统治自己的权利和自由。在这种情况下，主权者的权利不再是自然状态中对一切物与人的权利，而是摆脱了自然权利色彩，具有了某种共同性，人们由此得以真正走出自然状态而进入人为构建的政治社会。"授权"和"放弃"最终赋予了主权者无限的权利以及确保权力运行所需要的无限力量："国家的本质就存在于他身上。用一个定义来说，这就是一大群人相互订立信约，每人都对它的行为授权，以便使它能按其认为有利于大家的和平与共同防卫的方式运用全体的力量和手段的一个人格。"㉞

不过无论如何，对生命本身的权利是不能够转让的，因为建立国家的根本目的是寻求和平、更好地保全性命和追求幸福(felicity)，为了建国而转让或牺牲掉自己的生命对于霍布斯而言是荒谬的。并且在政治

㉜ [英]霍布斯：《论公民》，应星、冯克利译，贵州人民出版社2003年版，第72页。
㉝ [英]霍布斯：《论公民》，应星、冯克利译，贵州人民出版社2003年版，第72页。
㉞ [英]霍布斯：《利维坦》，黎思复、黎廷弼译，商务印书馆2013年版，第132页。

社会中,如果主权者的所作所为危及了臣民的生命,也即主权者的政治权利同臣民最根本的自然权利产生了冲突,那么臣民根据对自身生命的权利仍然有权反抗主权者。[35]

建国契约给臣民们带来的义务也很明确,"任何人所负担的义务都是由他自己的行为中产生的",[36]在无限授权之后,臣民们有义务承认主权者的行为代表了自己并为之负责,并且在主权者统治我时不施以阻碍。如果在既授权又放弃的情况下,臣民还要反对主权者对自己的统治,便是违反了义务并且反对他自己,这对霍布斯而言就是不义(unjust)。需要补充说明的是,主权者的权利和臣民的义务是通过臣民相互之间订立的针对第三方即主权者的自由赠与的信约而实现的,[37]臣民们除了有对主权者的义务还有对缔结信约的其他臣民的义务。早先在《论公民》中霍布斯就曾提到这种双重义务:"靠这种个人之间达成、彼此约束的协议,靠这种权利的转让(他们对统治者负有尊重这种权利的义务),统治的权力就是通过对公民而言的双重义务而获得的。一方面的义务是对其他公民的,另一方面的义务是对统治者的。"[38]由于臣民对于主权者的自由赠与是以其他臣民的自由赠与为条件,定约双方均以对方的履约为自己履约的条件,你授权我也授权,你转让我也转让,因而臣民之间的义务就在于在其他臣民履约的条件下自己也要授权并转让权利,并且信约订立所产生的主权者的权力

---

[35] 就臣民仍可以在特殊情况下反抗主权者这一点而言,手段权和私人判断权并未完全转让出去,但这并不妨碍主权者在一般情况下为了和平与公益而做出判断并运用各种资源的绝对权利。

[36] [英]霍布斯:《利维坦》,黎思复、黎廷弼译,商务印书馆2013年版,第168页。

[37] Melvin T. Dalgarno, Analysing Hobbes's Contract, *Proceedings of the Aristotelian Society*, Vol. 76, pp. 209-226 (1975);李猛:《通过契约建立国家》,载《世界哲学》2013年第5期;李猛:《自然社会》,三联书店2015年版,第385~418页。本文只讨论按约建立的国家。需要说明的是,对以力取得的国家而言,其建国契约不是存在于臣民之间,而是存在于臣民与主权者之间。《利维坦》中有多处提及,表达最明确、最清晰的是在第26章:"要不是像聚会推选共同的代表者那样彼此间(one with another)相互立约,便是像因被武力征服而允诺服从以获得生命时那样各自与代表者本身立约(with the Representative it selfe one by one)。"

[38] [英]霍布斯:《论公民》,应星、冯克利译,贵州人民出版社2003年版,第72页。

保证了信约能够真正得到履行。

(二)作为一个"person"的国家

通过人与人之间"授权并放弃"的契约,国家最终得以建立,按之前已经提及的霍布斯的定义,"这就是一大群人相互订立信约、每个人都对它的行为授权,以便它能按其认为有利于大家的和平与共同防卫的方式运用全体的力量和手段的一个人格(*one person*)"。[39] 国家的本质是一个人格,但到底是怎样的一个人格霍布斯并没有提供任何说明,要解释这个问题必须回到第16章关于person的定义:

"所谓人格,要不是言语或行为被认为发自其本身的个人,便是其言语或行为被认为代表着以真实或虚拟的方式归之于其他人或其他任何事物的言语和行为的个人。"[40]

"言语和行为被认为发自其本身的个人就称为自然人格,被认为代表他人的言语与行为时就是虚假人格或虚拟人格。"[41]

按照霍布斯对于人格的定义,一个人格首先要能拥有某种言语和行为,其次才考虑这种言语和行为的归属问题。国家在没有代表者的情况下既不能言语也不能行动,似乎不属于上面任何一类,但国家确实被霍布斯定义为一个人格,到底该如何理解?[42]

---

[39] 霍布斯:《利维坦》,黎思复、黎廷弼译,商务印书馆2013年版,第132页。

[40] [英]霍布斯:《利维坦》,黎思复、黎廷弼译,商务印书馆2013年版,第123页,译文稍有改动。

[41] [英]霍布斯:《利维坦》,黎思复、黎廷弼译,商务印书馆2013年版,第123页,译文稍有改动。

[42] Copp和Skinner用霍布斯在*De Homine*中关于"person"的定义取代了《利维坦》中的定义。按照*De Homine*,"artificial person"不是主权者而是国家,Runciman就此进行了辩驳。虽然笔者不同意Copp和Skinner对person的定义,但他们的讨论对于理解霍布斯的人格概念很有启发,本文多有参考。参见David Copp,Hobbes on Artificial Persons and Collective Actions, *The Philosophical Review*, Vol. 89, No. 4, pp. 579 – 606 (1980); Quentin Skinner, Hobbes and the Purely Artificial Person of the State, *The Journal of Political Philosophy*, Vol. 7, No. 1, pp. 1 – 29 (1999); David Runciman, Debate: What Kind of Person is Hobbes's State? A Reply to Skinner, *The Journal of Political Philosophy*, Vol. 8, No. 2, pp. 268 – 278 (2000)。在更大的语境下对霍布斯"person"概念的讨论参见Otto Gierke, *Natural Law and the Theory of Society* 1500 *to* 1800, Boston: Beacon Press, 1957, pp. 35 – 61; David Runciman, *Pluralism and the Personality of the State*, Cambridge University Press, 1997, pp. 6 – 33。

霍布斯在第十六章的后半部分提到一种“拟代”[43](being represented by fiction)的行为,适用于医院、教堂等无生命的事物,或儿童、白痴等不能够为自己的行为负责的个体。这些事物或个体非通过代表不能真正拥有自己的言语和行为,他们和国家一样自身不能行动,也不能授权,需要另一方对其代表进行授权,属于A授权B去代表C的模式,这和臣民授权主权者代表国家的建国契约有某种类似之处,我用三角形结构把它们表示如下(A与C之间的箭头表示二者之间的某种关联,根据具体情况,这种关联可能会有所不同):

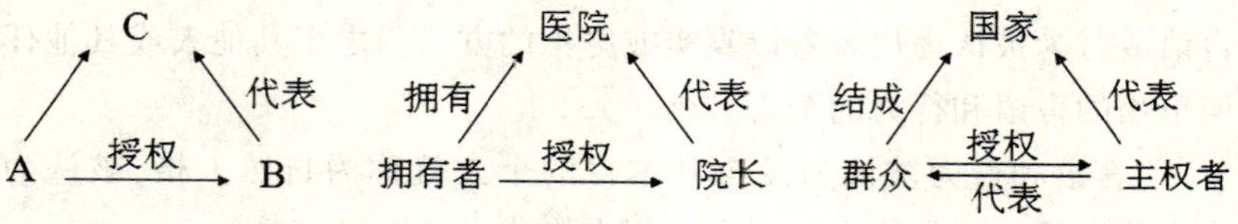

医院和国家同属于因被代表而形成人格的例子,没有被代表的医院就只是一栋建筑,没有被代表国家根本不是国家,只不过是一群集合起来的人,霍布斯明确表示:“国家不是人格,除开通过代表(即主权者)外也没有能力做任何事情。”[44]但医院和国家的例子仍存在着一些根本不同:[45]

首先,国家非通过代表不能建立,而医院即使没有被代表也是实际存在的事物;其次,群众不是人格,人民(people)才是人格,而医院的拥有者可以确定是一个人格;再次,国家是“统一在一个人格之中的一群人”,[46]是群众人格的结合体,臣民的人格与国家的人格之间存在关联,而医院的拥有者虽然拥有医院,但二者的人格之间没有任何关系;最后,从图中的箭头可以看出,主权者既代表国家,承当了国家的人格,也由于群众中每个人的授权,承当了每个人的人格,成为每个臣民的代表

㊸ [英]霍布斯:《利维坦》,黎思复、黎廷弼译,商务印书馆2013年版,第125页。

㊹ 同上注,第207页,译文稍有改动。

㊺ See David Runciman, Debate: What Kind of Person is Hobbes's State? A Reply to Skinner, *The Journal of Political Philosophy*, Vol. 8, No. 2, pp. 268-278 (2000).

㊻ [英]霍布斯:《利维坦》,黎思复、黎廷弼译,商务印书馆2013年版,第132页。

（注意是群众中每个个体的代表，而非笼统的群众的代表），但是医院的拥有者并没有授权院长代表自己，仅仅是代表医院。最后这一区分其实是来源于第三点，即国家与医院两种情况下，A 与 C 之间人格关联性的不同。

按照这种 A 授权 B 去代表 C 的模式，国家作为一个人格没有授权主权者，但却能够被代表，而且正是由于被代表形成了一个“person”。主权者的言语和行为一方面被以“虚拟的方式”归之于国家，另一方面以“真实的方式”被归之于每个臣民，因而主权者以其双重的代表性成为二者的连接点，不过，最终真正能够承担主权者行为责任的仍然是臣民。在建国契约的结构中，群众是“natural persons”，主权者是“artificial person”，国家则是群众聚合而成的一个“person”。霍布斯在《利维坦》引言中曾提及国家是一个“人造的人”，[47]这个特殊的“person”也未尝不可视作人造人的“人造人格”（artificial person），不过这个“artificial person”的含义同作为代表的虚拟人格有所不同，类似于一个虚拟人造的自然人格，但因为自身不能够行动，因而同医院等无生命的事物一样只能被拟代，而且只有通过拟代才能够存在，可以说国家是霍布斯关于人格的分类中一种极其特殊的情况，现实生活中难以找到与之完全相同的人格类型。

在之前的著作中，霍布斯也将国家定义为一个人格，但由于还没有完全发展出关于授权和代表的理论，仅存在权利的转让，因而主权者、臣民以及国家三者的人格之间没有建立明确关系。在《法的原理》中，主权者同国家人格没有任何关联，建国契约也只是一个比较简单的结构，即臣民通过指定某个人或议会，将自己的意志与力量臣服于同一个主权者，从而建立作为一个人格的国家；在《论公民》中，霍布斯开始有意识地将主权者和国家人格结合起来：“既不是公民个人也不是所有公民的总和（除非他代表了所有人的意志）被当成国家。”[48]这在君主制

---

[47] ［英］霍布斯：《利维坦》，黎思复、黎廷弼译，商务印书馆 2013 年版，第 1 页。

[48] ［英］霍布斯：《论公民》，应星、冯克利译，贵州人民出版社 2003 年版，第 58 页。

中表现得尤为明显,“臣民是人群,但(背谬的是)君主是人民”。[49] 直到《利维坦》,霍布斯将授权、代表与人格的概念同转让权利的建国契约结合在一起,三者的关系终于得到明确的阐发。

[49] [英]霍布斯:《论公民》,应星、冯克利译,贵州人民出版社2003年版,第126页。

《政治与法律评论》
(第八辑)第 17 ~50 页

对国王陛下某些近期答复和陈述的评论

[英]亨利·帕克/著　康向宇*/译

译者导言

康向宇

2002 年到 2003 年,“剑桥学派”知名学者昆廷·斯金纳在牛津大学福特讲座上发表题为“自由、代表制与革命:1603 - 1651”(Freedom, Representation and Revolution, 1603 - 1651)的系列演讲。该演讲的题目清晰地凸显了斯金纳的核心关切:从英国革命的历史语境入手,理解现代政治的自由问题与代表制问题。相应地,斯金纳的演讲内容也分为两个部分:第一部分讨论自由,经过修改后,以《霍布斯与共和主义自由》为名出版;第二部分讨论代表制,以三篇论文的形式分别发表,其

* 康向宇,清华大学法学院法学理论专业2014 级硕士研究生,研究方向为法理学、宪法学、中国宪政史,Email:kangxiangyu92@163.com。

中最重要的是《霍布斯论代表制》。① 斯金纳认为,英国革命时代的意识形态斗争催生了自由主义,但霍布斯开创的自由主义并不是现代政治思想的全部。自由主义诞生之初,曾经遭遇一个强有力的对手,那就是共和主义。

在斯金纳看来,共和主义与自由主义的根本分歧在于它们持有不同的自由观。在霍布斯为自由赋予自由主义式的理解之前,欧洲一度盛行过一种共和主义自由观。共和主义自由[斯金纳更喜欢称之为"新罗马自由"(neo-Roman liberty)]源于罗马法传统对自由人与奴隶的区分。根据《学说汇纂》,自由人享有自由,是因为他们处于"自己的权力当中",而非处于"他人的权力之下"。相应地,奴隶丧失自由,是因为他们生活在"主人的权力之下",从而受制于他的"专断意志"。共和主义自由观的核心是任何专断权力,都会颠覆公民联合体(civil association)内部的自由。②

斯金纳认为,在意大利文艺复兴时代,以马基雅维利为代表的共和主义者继承并复兴了共和主义自由观;而随着文艺复兴的扩展,这种自由观又从意大利城邦共和国传入英国,并在英国革命期间成为议会反抗国王的重要理论武器。例如,在发表于 1640 年的《船税案》(*The Case of Shipmoney*)中,议会派作家亨利·帕克(Henry Parker)宣称,国王凭借专权随意征税,意味着僭政对自由的侵蚀,如果国王"除了自身意志之外,再也不受约束",那么"他发明的船税将使我们像土耳其人一样备受奴役"。③ 同样,在发表于 1642 年的《反保皇派》(*Anti-Cavalierisme*)中,议会派作家约翰·古德温(John Goodwin)也表示,成为"自由的男人和女人",意味着可以根据自己的意志,"处理你们的奴隶和所有事务";如果统治者拥有了专断的权力,自由人与生俱来的"公民自由或政治自由"(civill or politick libertie)就会丧失殆尽,从而

① Quentin Skinner, *Hobbes and Republican Liberty*, Cambridge University Press, 2008, pp. xvii – xviii.

② Id., pp. ix – xi.

③ Id., pp. 84 – 86.

被“降格”为悲惨的奴隶。④

相较于共和主义自由的悠久传统，自由主义自由纯粹是一个现代观念。在《论公民》中，霍布斯第一次定义了自由：“自由，按其定义，就是运动无障碍。”这里的“障碍”不仅包括“外在障碍”，如容器对水流的阻碍，同时包括“主观障碍”，如奴隶为了自我保全而使自身意志服从主人意志。因此，“一个人的运动方式越多，他的自由就越多，这就是公民自由之所在”。然而，这种对自由的定义，事实上依然建立在自由人与奴隶之分的基础上。这表明从《法的原理》到《论公民》霍布斯始终没能摆脱共和主义自由观，因而无法从根本上撼动议会派的理论基础。⑤

直到《利维坦》，霍布斯才第一次定义了自由主义自由，从而彻底与共和主义自由分道扬镳。霍布斯表示，自由确实就是“不受阻碍”，但这里的“阻碍”仅仅是“运动的外在障碍”，并不包括“主观障碍”。自由人就是“在其力量和智慧可以的事情上，可以不受阻碍地做他所愿意做的事情的人”。法律对人的约束并不是物理意义上的阻碍，人既可以出于对主权者的恐惧而服从法律，也可以选择违背法律，它们都是人根据自身意志而做出的自由行为。因此，法律不可能损害自由，而自由与畏惧是相容的。基于自由主义自由观，霍布斯对议会派的共和主义自由观进行了批判。议会派认为，“只有在自由国家，我们才能做自由人”；霍布斯则认为，“即使在人能想象出来的形式最绝对的君主主权之下，我们也能完整地保有我们的自然自由”。⑥

从两种自由观出发，共和主义者与自由主义者持有完全不同的政体观。霍布斯认为，自由与政体之间并不具备必然联系；而共和主义者则认为，共和主义自由必须由共和政体来保障——“如果你希望保有

---

④ Quentin Skinner, Rethinking Political Liberty, *History Workshop Journal*, Issue 61, 2006, p. 159.

⑤ Quentin Skinner, *Hobbes and Republican Liberty*, pp. 108 – 123. Cf. Thomas Hobbes, *De Cive*, ix. 9.

⑥ Quentin Skinner, *Hobbes and Republican Liberty*, p. 172. Cf. Thomas Hobbes, *Leviathan*, xxi. 1 – 3.

你的自由,你就必须保证你生活在一个没有任何专断权力因素的政体之下"。[⑦] 这种政体就是代表制。皮特金认为,霍布斯第一次用英文对代表制进行了广泛而系统的探讨。[⑧] 斯金纳则在阅读了大量史料之后指出,早在《利维坦》发表之前,议会派作家已经把代表制作为"自由"之外的又一重要理论武器。[⑨]

议会派所理解的代表制就是议会制。斯金纳总结出了议会派作家——霍布斯称其为"民主作家"(democratical writers)——所主张的共和主义代表制的四个要点。

第一,"民主作家"假定,人民是一个可以统一行动的集体。例如,在发表于1642年的《对国王陛下某些近期答复和陈述的评论》(以下简称《评论》)中,帕克就表示,人民不是"个别的"(*divisim*),而是"联合的"(*conjunctim*),它是一个可以统一行动的"共同体"(*universitas*)或"政治法团"(politique corporations)。某匿名作家发表于1643年的小册子《显白箴言》(*Unfolded Maximes*)同样宣称,当人民根据"所有人的普遍同意"而行动时,他们可以被理解为作为一个"联合"(union)而行动,是一个拥有单一的意志和声音的人格。[⑩]

第二,"民主作家"认为,王权来自人民的授予,而授权的本质是一种信托(trust),因此,它不是"绝对的"(absolute),而是"有条件的"(conditionate)。例如,在《评论》中,帕克表示,"君主的权力只是次级的和派生的,人民才是权力的源泉和动力因。"根据"原因总比结果更高贵"的原则,帕克得出一个在英国革命期间广为流传的政治信条:国王比个体尊贵,比共同体渺小(*maior singulis sed minor universis*)。在发表于1643年的《议会与王国的主权》(*The Soveraigne Power of*

---

⑦ Quentin Skinner, *Liberty before Liberalism*, Cambridge University Press, 1998, p. 74.

⑧ Hanna Fenichel Pitkin, *The concept of representation*, University of California Press, 1967, pp. 14–37.

⑨ Quentin Skinner, Hobbes on Representation, *European Journal of Philosophy*, vol. 13, no. 2, 2005, p. 156. 在英国革命时代,意识形态斗争的主要方式是通过政治小册子(pamphlet)进行论辩。为此,议会派与保皇派都写作了大量小册子。这些一度被人所遗忘的小册子,就是斯金纳使用的主要史料。

⑩ Id., pp. 169–171, cf. p. 158.

Parliaments and Kingdomes）中，议会派作家威廉·普林（William Prynne）更激进地宣称，当人民聚集起来时，他们不仅“高于国王”，而且可以“在有正当理由的情况下，制约和质疑他的行为，他的不良统治”。⑪

第三，“民主作家”坚称，当国王违反信托时，人民就可以反抗国王，乃至撤销授权。在《评论》中，帕克尽量避免过于激进的主张，他反复强调议会不想废黜国王。然而，随着国王与议会之间的斗争日益白热化，越来越多的议会派作家开始支持人民对国王的反抗权。例如，在《议会与王国的主权》中，普林就表示，自由的人民不能绝对地转移或放弃“他们所有的国家权威、权力和特权”，他们必须时常“保留对自身的最高权力和统治权，在有正当理由时，引导、限制、制约他们的君主的统治以及对权力的过分滥用”；任何国王，只要违背了他的信约条款，他的臣民就可以凭借“必要的防御力量”进行抵抗，并剥夺他的权力。⑫

第四，“民主作家”主张，议会代表人民。在《评论》中，帕克反复强调，“上议院和下议院代表整个王国”，它们“被授予建议和同意的权利”。在发表于1643年的《论君主制》（*Treatise of Monarchie*）中，议会派作家菲利普·亨顿（Phillip Hunton）更激进地主张，“下议院被人民选举而代表人民”，下议员有权力以选民的名义行事。⑬ 代表制使议会从人民那里取得主权。人民对国王的反抗权被转化为议会对国王的反抗权。相比之下，国王并不具备代表职能。因此，当国王的专权侵蚀了人民的自由时，议会就可以代表人民正当地反抗国王。这种主张其实并不新鲜——毕竟在整个中世纪，贵族起兵反抗国王的大戏一直反复上演。

斯金纳认为，在议会派作家生产的大量讨论代表制的政治小册子中，帕克的《评论》最为重要。它是当时最有影响力的小册子之一，第一次完整地表述了议会派的代表观。首先，一个有效的代表制必然要

---

⑪ Id.，pp. 171－172，cf. pp. 158－159.

⑫ Id.，p. 172，cf. p. 159.

⑬ Id.，pp. 172－173，cf. p. 162.

限制其规模,因为"全体人民"(the real body of the people)过于笨拙无序,无法自主行动。换言之,代表制必须由人民的"精英"(quintessence)所构成。帕克认为,英国议会之所以良好地代表了人民,原因在于选举作为一个人为的政治过程,驯化了"共同体中的俗众"。其次,一个良好的代表制好比一幅生动的肖像,应该具有"相似性"(likeness),成比例地体现人民的特征。在《评论》中,帕克表示,英国议会就通过贯彻比例原则,而保障了政体稳定与人民自由。"议会的构成消除了所有猜忌,因为它的比例如此平等而匀称,所有阶层都在其中有序地发挥着他们应有的作用,没有任何阶层能拥有任何极端的支配力。"最后,一个精巧的代表制不能仅仅是人民的微缩版,它必须被"巧妙设计"(skilfully contrived),由德性卓越的人担任议员,才能更好地履行代表职能。因此,"相似性"并不意味着平民必须选举与自身完全一样的人担任议员。正如《评论》所说,"通过选举和代表制,少数人将代多数人行事,智者将代愚者表达同意,全体的德性会促进个体的德性,个体的审慎也会促进全体的审慎"。⑭

斯金纳认为,议会派的意识形态工作使代表制成为英国革命时代的重要政治话语,霍布斯只不过是从议会派那里"借用"了代表制——毕竟《利维坦》发表于1651年,比《评论》晚了整整9年。然而,霍布斯的自由主义代表制从根本上拒斥了共和主义代表制。

首先,霍布斯认为,在前国家的自然状态中,根本不可能存在一个集体性的人民,只有无数个体化的人。他们相互为战,使自然状态成为战争状态。因此,自然状态中的人是孤独的,法团、财产以及共同体都不可能存在。正如霍布斯所说,"群众在自然上不是'一'(one),而是'多'(many);他们不能被理解为'一';他们的代表者以他们的名义说的每句话,做的每件事,都有很多授权人。"只有当国家建立之后,人们才能借助代表者的统一性,而不是被代表者的统一性,成为一个人民。⑮

---

⑭ Id., pp. 163 – 164.

⑮ Id., pp. 169 – 171. Cf. Thomas Hobbes, *Leviathan*, xiii, xvi. 14.

其次,霍布斯表示,主权者是所有人的共同代表者。当每个人分别授权一个共同代表者时,“他们已经彼此之间负有义务,拥有已经成为他们的主权者的人所做的一切,以及他认为应该做的一切,并成为其授权人”。这就造成了两个后果。第一,主权者不可能是“有条件的”。建国契约不是人民与国王之间签订的,而是个人与个人之间签订的,内容是每个人都把自己的自然权利转让给未来的主权者。主权者不可能与公民谈判条件。即使在国家建立之前,未来的主权者曾经与公民个别地签订过契约,在国家建立之后,这些契约就会失效,因为主权者代表所有人,而任何人都不能与自己签订契约。第二,公民不能反抗主权者。因为每个人都是主权者行为的授权人,因此,公民对主权者的任何反抗,都相当于自我反对,都是不义的。⑯

霍布斯指出,代表制不一定就是议会制,代表者也可以是君主或人民大会。他认为,英国是一个六百年之久的君主国,只有国王才是臣民的代表者。然而,令人感到奇怪的是,“代表者这一称号竟然毫无异议地被认为是君主命令人民派来呈递请愿书、并在君主许可的条件下向他提出咨议的那些人”。由此出发,议会派所主张的“国王比个体尊贵,比共同体渺小”的说法是没有道理的。因为就英国而言,国王是共同体的代表者,他的权力就是共同体的权力,两者不存在高下之分。相比之下,议会不是代表者,只是纯粹的咨议机构(consultative bodies)。否则“就会出现两个主权者,每个人的人格都由两个行动者所代表,当他们彼此对立时,就会分割主权”,使人们陷入战争状态。⑰ 在霍布斯看来,英国内战本质上是作为咨议机构的议会,反对作为主权代表者的国王,完全不具备任何正当性。

总体来看,斯金纳的系列研究,从共和主义与自由主义在自由观上的对立入手,最终落实到共和主义与自由主义对代表制的不同理解。

---

⑯ Quentin Skinner, Hobbes on Representation, pp. 171 – 172. Cf. Hobbes, *Leviathan*, xviii. 3 – 4.

⑰ Quentin Skinner, Hobbes on Representation, p. 176. Cf. Hobbes, Leviathan, xix. 3, xviii. 18.

由此,斯金纳打破了辉格派的自由主义单线叙事,使现代政治思想史呈现出自由主义与共和主义双峰对峙的复杂图景。在这个过程中,以亨利·帕克为代表的议会派作家,因为被斯金纳视为共和主义"英国化"的重要枢纽,而在这幅思想图景中占据了关键位置。⑱ 斯金纳毫不讳言自己是一个共和主义者。在《霍布斯与共和主义自由》的结尾,斯金纳不无遗憾地承认,这场由霍布斯所发起的自由主义与共和主义之间的"战斗"(battle),以霍布斯的胜利而告终。但他同时充满希望地表示,霍布斯是否赢得了这场"论辩"(argument),依然是一个悬而未决的问题。⑲

斯金纳认为,共和主义衰落的原因之一是"支撑这一理论的社会性设想开始变得过时乃至荒谬"。18 世纪早期,随着宫廷作风扩大到资产阶级,一个文雅而商业化的时代到来了。乡绅的德性变得无关紧要,共和主义者则被视为一群鲁莽粗俗、偏执好斗、冥顽不灵的老古董。与此同时,古典功利主义兴起,并被广泛运用于国家治理。古典功利主义全盘接受了霍布斯的观点——"个人自由并不一定与政体相联系"。自由主义的时代来临了。⑳

最后,让我们简要介绍一下《评论》及其作者。《评论》是英国革命时代影响最大的政治小册子之一,被视为议会派政治主张的权威表述。㉑ 其作者亨利·帕克(Henry Parker,1604 – 1652)是同时代影响最大的议会派作家,一生写作了近 30 本政治小册子,被斯金纳誉为同时

⑱ 然而,我们必须面对一个历史事实:尽管议会派作家曾显赫一时,但在 1688 年"光荣革命"之后,他们写作的政治小册子就被迅速遗忘,在很长一段时间里都无人问津。其原因或许在于,这些小册子的写作目的仅仅是服务于当时激烈的意识形态论战,它们的共同特点是精于修辞,紧贴时政,但缺乏理论深度(当然它们也无意于此)。因此,随着革命结束,这些小册子就完成了它们的政治使命,退出了历史舞台,成为尘封的史料。第二次世界大战之后,随着政治思想史研究领域出现"共和主义复兴",议会派作家才重新受到研究者的重视。

⑲ Quentin Skinner, *Hobbes and Republican Liberty*, p. 216.

⑳ Quentin Skinner, *Liberty before Liberalism*, pp. 96 – 99.

㉑ 《评论》一经发表,即引发轩然大波,保皇派如临大敌,纷纷做出回应。See Michael Mendle, *Henry Parker and the English Civil War: The Political Thought of the Public's "Privado"*, Cambridge University Press, 1995, pp. 90 – 110.

代“最具有原创性和洞察力”的共和主义理论家。[22] 帕克出生于苏塞克斯郡，毕业于牛津大学，在林肯会馆获得律师资格。投身政界后，帕克曾先后效力于长老会和独立派。1642 年，帕克被任命为议会军秘书，接受“圆颅党”(Roundhead)领袖埃塞克斯伯爵罗伯特·德弗罗(Robert Devereux，3rd Earl of Essex，1591 - 1646 年)的领导。1645 年，帕克被任命为下议院秘书。1649 年，帕克被任命为克伦威尔军队秘书，任职于爱尔兰，直到去世。

帕克使用的 17 世纪英文较为难读，译者能力有限，译文难免有错，望读者批评指正。译文所依据的底本是 1642 年第 2 版。[23] 译文只包含讨论自由与代表制的理论部分(第 1 ~ 24、45 ~ 47 页)，删去了站在议会派立场抨击查理一世的时政部分(第 25 ~ 44 页)。原文的斜体，译文皆改为楷体。所有注释，皆为译者所加。

在这场王权与议会权力的争议中，出于方法之便，我们必须先讨论王权，再讨论议会权力，研究二者的动力因(efficient cause)和目的因(finall cause)，以及支持它们的手段(means)。国王把王权的起源归因于上帝和法律，并未提及国人的授予(graunt)、同意(consent)和信托(trust)。然而，事实是，上帝既不是王权和贵族权力的授权人(author)，也不是最高命令和次级命令的授权人；恰恰相反，那种统治是僭越的，我们不能仅仅因为王权维持统治，就断定只要不根据作为其授权人和赠与者(donor)的上帝的意志，再次合法地把它解除，它就是

[22] Quentin Skinner，Hobbes on Representation，*European Journal of Philosophy*，vol. 13，no. 2，2005，p. 156.

[23] William Haller ed.，*Tracts on Liberty in the Puritan Revolution*：1638 - 1647，Columbia University Press，1934，pp. 165 - 213.

世袭的。而且,国王所谓的法律,不能被理解为任何来自天国的、经天使或先知的牧师所颁布的特殊律条(犹太人有时会如此)。㉔ 在基督徒那里,它仅仅是某种政治法团(politique corporations)的期约(pactions)和协议(agreements)。权力源于人民,它仅仅是某个人类社会(societie of men)自身所拥有的力量和活力,通过某种经过普遍同意和协议的法律,而被赋予某些人,上帝批准了这种法律。因此,人类是自由且自发的授权人,法律是工具,上帝则是二者的创造者。我们知道,臣民当中最有权势的君主,而不是臣民之上最有权势的君主,才是真正最有权势的君主。因为如果一个小城邦的国王被委以大量专权(prerogative),㉕ 那么可以说,与一个辽阔疆域的国王相比,前者在臣民之上更有权势,后者的专权更有限。然而,就权力的本质而言,人多势众的臣民的国王,而不是践踏最卑贱的附庸(vassells)的国王,才最为崇高和荣耀。因此,很多君主会犯一个严重的幼稚错误,那就是更追求高居人民之上的伟大,而非身处人民当中的伟大,他们通过使臣民贫穷而让自己黯然失色,而不是通过赋予臣民以公民权来使自己获得赞美。我们可以在今天的法兰西看到这点。如果那里的农民更自由,他们会更富裕和高尚,他们的国王也会更有权势;然而,事到如今,国王因为行使了一种高于臣民的虚假权力,而失去了一种源于臣民的真正权力,拥抱了一朵云而非朱诺。㉖ 由此观之,君主的权力只是次级的和派生的,人民才是权

㉔ 君权神授是斯图亚特王朝的官方理论。查理一世在《国王陛下对议会两院之十九论纲的答复》中强调(第6页):"我的王权(是上帝为了人民的福利而信托于我的)……"

㉕ 根据布莱克斯通的定义,"专权这个词指的是国王依据其君王的尊位,可以凌驾于众人之上,并且超出普通法的日常规定的,某种优先的特权。"戴雪认为,从诺曼征服直至光荣革命,"专权"都体现了王位所具有的"主权"性质。休谟认为,"专权"与"特权"(privilege)的争执,是理解光荣革命的关键。详见李猛,《革命政治——洛克的政治哲学与现代自然法的危机》,载吴飞主编:《洛克与自由社会》,上海三联书店2012年版,第35~37页。

㉖ 在希腊神话中,伊克西翁(Ixion)是拉庇泰国王,他与黛结婚,并向黛的父亲狄奥尼斯许诺了一笔丰厚的聘礼。然而他拒绝支付聘礼,并设计烧死了狄奥尼斯。伊克西翁此举引发众怒,使他众叛亲离。宙斯允许他在奥林匹斯山避难。但他又看上了宙斯的妻子赫拉,宙斯发现了他的意图,于是让一朵形似赫拉的云(涅斐勒)去引诱伊克西翁,并生下了半人马。宙斯驱逐并惩罚了伊克西翁,命人他绑在一个永远燃烧转动的轮子上,"伊克西翁之轮"(Ixionian wheel)也因此被用来比喻万劫不复、永无休止的折磨。

力的源泉和动力因;因此我们可以合理推论,虽然国王比个体尊贵(*singulis major*),但他比共同体渺小(*universis minor*)。因为如果人民是权力的真正动力因,就要遵循下列法则:在本质上,原因总比结果更高贵(*quicquid efficit tale*,*est magis tale*)。由此观之,权威(authorities)创立之时,当社会的同意把统治转移给某些人时,它会规定希望享受的条件(conditions)和愿意承担的约束(bounds),除非借助同样的制定宪法的权力(power by which it had its constitution),否则它们都不能违反。

至于王权的目的因,我并没有从国王的文件中发现任何否认作为动力因的人民同时也是目的因的文字。的确,如果人民因为自身利益之外的其他目的,而甘愿服从命令,这才令人感到奇怪呢。马基雅维利的政治学认为,君主应当致力于高居臣民之上——而非身处臣民当中——的伟大,为此,他们应该提醒自己,没有比破坏和阻断臣民的激情(spirit)更大的善好,也没有比普遍自由(common freedome)更大的错误。除了那些最适合从事劫掠和压迫的臣仆以外,他们不应该提拔和栽培任何臣仆;除了那些对行事高贵勇敢之辈心存同情的人以外,他们也不应该压制和指控任何假想敌。㉗

要成为"人类的快乐"(*deliciæ humani generis*),㉘就要和君主一样变得卑鄙,像恺撒那样(*Cæsar*-like)成为公开的拷问者和刽子手,并暗算那些应受保护的臣民。因此,血腥的波吉亚仅仅依靠残忍和背叛,就能在风流人物当中占据一席之地。但我们英格兰的宫廷近年来过量饮

㉗ 马基雅维利《君主论》的首个英译本出版于1640年(*Nicholas Machiavel's Prince*, *Translated out of Italian into English*; *by E. D.* [*Edward Dacres*] *With some animadversions noting and taxing his errours.*)。

㉘ 这里或许是暗指身上体现出某种"马基雅维利主义"的罗马帝国皇帝提图斯。提图斯·弗拉维乌斯·韦帕芗(Titus Flavius Vespasianus)是弗拉维王朝的第二任皇帝,公元79年到81年在位。苏维托尼乌斯在《罗马十二帝王传》第八卷"神圣的韦帕芗传、神圣的提图斯传、图密善传"中,对提图斯有如下记载:"提图斯继承了父亲的名字,即人类的爱与快乐。"提图斯行早年冷酷残暴,但登上帝位之后,表现出宽容和仁慈的一面,执政有方,深受爱戴。参见[古罗马]苏维托尼乌斯:《罗马十二帝王传》,张竹明等译,商务印书馆2000年版,第316、319~320页,译文有改动。

下了这种国家毒药,因为我们能看到宠臣被提拔来试探人民,然后又被处决以安抚人民;或者(这点同样对国王和人民都不利)我们还能看到错误的做法被保留下来,用以侵犯人民和对抗法律,可那些做法不应被鼓励使用。但我们的国王明确承认,他的加冕礼誓言所说的保护我们,是一项伟大的使命。我希望根据"保护"这个词,他不仅要保护我们远离各种邪恶,还要尽最大的责任促进我们的政治福利;我还希望他之所以遵守约束,不仅是因为他的誓言,而且还因为他的特定职责,以及他那主权者尊位(soveraigne dignitie)的目的。而且,虽然所有人都应该带着感激和谦卑,把国王近期通过的法案视为恩典,但国王本人在面对国家时,应该认识到他不能从中获得什么回报,而且无论他批准了什么,即使是为了人民的幸福(但更多是为了减轻他们的负担),都只是出于他纯粹的责任。如果船税㉙、星室法院㉚、高等事务法院㉛,以及上议院中主教和天主教议员的表决权,㉜都与王国的福利相悖,那么不仅

㉙ 船税(ship money)是一种从中世纪(金雀花王朝)开始就在英格兰沿海居民当中间歇性征收的税金。按照惯例,在战争时期征收船税属于国王专权,无须经过议会同意。虽然爱德华一世、爱德华三世的某些立法以及他们对《大宪章》的追认,规定了任何税收都要经过议会同意,但船税始终没有完全消失。1619 年,詹姆斯一世征收了船税,但并没有引发反抗。查理一世曾在 1628 年、1634 年、1635 年、1636 年连续发布令状,对英格兰全境征收船税,引发轩然大波。帕克曾专门写作《船税案》,认为国王无权在未经议会同意的情况下征税。1640 年,长期议会(Long Parliament)通过《1640 年船税法》(Ship Money Act 1640)废止了船税。

㉚ 星室法院(Starre Chamber)始于 15 世纪后期,由枢密顾问和普通法法官组成,原本旨在弥补普通法院和衡平法院的不足。但因其审判程序具有很大的灵活性,故成为了国王行使专权、打压异己的政治武器。1641 年,长期议会通过《1640 年人身保护法》(Habeas Corpus Act 1640),废止了星室法院。

㉛ 高等事务法院(Court of High Commission)是英格兰的最高宗教法庭,它始于 16 世纪。坎特伯雷大主教由此获得了巨大的权力,最高宗教法庭也成为了迫害清教徒的工具。1640 年,大主教劳德(William Laud,1573 – 1645 年)被捕。1641 年,长期议会通过《1641 年三年法案》(Triennial Act 1641),废止了高等事务法院。

㉜ 由于上议院中的主教们反对议会派所主导的宪制改革,下议院提出了《1640 年神职人员法案》(Clergy Act 1640),该法案又被称为《主教排除法案》(Bishops Exclusion Act),目的是把神职人员排除出议会和枢密院。查理一世虽然同情主教,但最终还是做出了让步。1642 年,上下两院通过了该法案。但更为激进的、旨在永久废除主教制度的《根支法案》(Root and Branch Bill)则于 1641 年被否决。

仅是荣誉(honour),而且包括公正(justice)本身,都会要求废除它们。国王不该认为,他的某种利益或优势是人民的某种损失和消耗;他也不该认为,他的损失是人民的福音。人民口中说出的“恩典”,要比他自己口中说出的更加动听。他的尊位是为了保护平民而创立的,但平民并不是为了服侍他而诞生的——无论在本质上还是政策上,目的都比手段更高贵、更有价值。这把我们导向了所有政治事务的超验本源(*ἀχμὴ*),导向了为所有人类法律赋予准则的最高法律,它就是人民的福祉(*Salus Populi*)。关于专权的法律从属于这种法律,而且如果它有悖于公共利益,就不能作为必要之举或权宜之计而存在。征服的权利并不能为君主进行脱罪辩护,因为人民是一切权力的授权人或目的,纯粹的暴力并不能改变这个自然规律或消解这个法律要义;就算它可以,还有更多理由可以证明,为什么人民可以为了恢复应得的自由而使暴力正当化,但君主却不能为了推翻人民应得的自由而使暴力正当化。[33] 而且,如果有人认为,我们祖先没有更高贵地为他们自由的习俗和法律而斗争,征服者及其继承者们凭借暴力和背信弃义,在某种程度上剥夺了这些习俗和法律,从而使它们变得如此混乱,那么这个人就相当愚蠢。[34] 因为在我看来,任何国家都只能通过支持僭政和奴役来增强自身固有的权力,并为了更廉价的东西而牺牲更卓越的东西,这种观点是违背自然的。而且毫无疑问的是,对于一位世袭君主(native Prince)而言,如果纯粹的强力是正当的,他就会剥夺臣民的公民权,使他们和外国人一样,即使他会因此而培植出一个有力的对手。我们都知道,这就是罗波安的愚蠢罪过,他由于令人难以忍受的傲慢,抛弃和拒绝了10个部落的力量,还荒唐地试图凭借两个部落的力量讨伐

---

[33] 权力和权利都源于诺曼征服的观点,是斯图亚特王朝的官方理论。詹姆斯一世在《自由君主政体的真正法律》(*The Trew Law of Free Monarchies* [1598])中即凭借这种历史解释,反对苏格兰王位源自与人民缔结的任何契约的观点。

[34] 当时有不少人认为,诺曼征服破坏了古代的自由。

他们。[35] 现在,我从讨论这个原因——它转让了王权,也使王权被转让——而转向讨论转让(conveyance)的本质。国王的文件中频频出现"信托"(*trust*)一词,因此我认为,国王承认,他对王位的利益不是绝对的,也不完全是人民的赠与物,它在某种程度上是有条件的(conditionate)和受信托的(fiduciary)。的确,所有未与臣民缔结明文契约(contract)的明君,都承认他们肩负着重要而高级的信托;即使是专制的异教君主,也承认他们服务于公众,为这种服务而生,并且声称他们会经营公共福利,良好地服务于人民的事务,而非他自己的事务(*populi Rem esse, non suam*)。而且,我们无法想象,在战争的动乱中(当法律的活力最低时),任何最高统帅(*generalissimo*)的权力可以如此不受限制;恰恰相反,如果他用他的大炮对付自己的士兵,他们就在事实上(*ipso facto*)解除了所有服从,以及当时的所有效忠(allegiance)的誓言和约束,并受制于更高级的责任——通过抵抗和防御来自我保存。因此,如果所有公职领导人都肩负着这种默示的信托和保留,那么,即使他们拥有我们所能想象的最专制的本质,我们也不得不承认,所有组织良好、专权有限的君主制都必须具备一个必要条件,那就是臣民能安全而自由地生活。自然的宪章(The Charter of nature)通过最高法律,为所有国家的所有臣民赋予安全。但是自由确实有不同的程度,所有国家不会分享同样的自由,实证法必须在所有地方分配自由的程度。

英格兰的大宪章对我们的特权(priviledges)的规定并不狭隘,国王的誓言对大宪章的效力也并不微弱,虽然它对教会特权以及主教和神职人员的关切比对平民的关切更细致(因为它由天主教主教执笔),但

---

[35] 据《圣经》记载,罗波安是犹大王国的首任国王、所罗门王之子。所罗门王在位后期,赋税沉重,民不聊生。罗波安继位后,没有听从轻徭薄赋的建议,而是继续增加人民负担,导致以色列王国分裂。国家分裂为南北两国,南部由犹大支派、便雅悯支派组成,首都继续在耶路撒冷,历史上称之为犹大国;而北部由剩下的十个支派联合而成,建立了新的以色列国,建都于撒玛利亚。罗波安曾试图北伐,但被先知玛雅所劝阻。详见:《列王记上》第12~14章,《历代志下》第10~12章。帕克在这里用罗波安来影射查理一世,因为查理一世从詹姆斯一世那里继承了王位,而詹姆斯一世又被称为"不列颠的所罗门"。

它确认了所有的法律和正当习俗，而我们最尊重其中的议会特权。至于“选择”（*Eligerit*）[36]一词，无论在未来还是过去，都影响不大。因为如果根据这个誓言，法律、司法和裁量就能依照（我们在议会内外做出的）所有判决，而在我们当中执行，和平而神圣的协议就能在我们全体当中维持，国王就能捍卫和支持我们所有的法律和习俗，我们就不必害怕，而国王也必然在必要时，像捍卫旧法律那样，同意新法律——出于同样的必然性，公共信托必须被同等地延伸到这两个方面；我们认为，任何议会权利和习俗，都不应该被否认。“选择”一词，即使在其最理想的意义上，也仍然是在表明人民的选择（election）是古代的法律和习俗的基础，我无法理解，为何当今人民在议会中做出的选择，不能同过去一样重要。

由此观之，如果我们的国王为了人民的利益，通过一个对安全和自由的特殊信托——这个信托被人民所限定，被他们自己的授权和誓言所批准——从人民那里获得了全部王权，那么我们就不能认为，我们的国王对我们的生命、自由和财产，或其他与王权相关的事物，拥有如此无限而至上的、像我们对他们的尊位或对我们自己所拥有的权利那样的所有权（proprietie）。而且，就算他们拥有这种权利，他们不是为人民而生，而是只为自己而生，因此，把他们的生命和财产奉献给他们的国家——如同他们迄今为止必须去做的那样——是不符合法律和自然

---

[36] *Eligerit* 是加冕礼誓言的一个关键词。议会认为，加冕礼誓言是国王与人民之间的契约。议会在《如今集合于议会中的上下两院于 1642 年 5 月 26 日的抗议或宣言》（*A remonstrance, or, The declaration of the Lords and Commons now assembled in Parliament, May* 26. 1642.）中宣布（第 6 页）：“这些誓言正在或应该被这个王国的国王在他们的加冕礼上使用……通过他们神圣的同意来确认这些良好的法律，以备他们的人民将来选择（shall choose）。”议会还援引了这句誓言（第 9 页）：“正当的法律和习俗来自人民的选择（... *Justas leges &consuetudines... quas vulgus eligerit*）。”国王在《国王陛下对一本名为〈如今集合于议会中的上下两院于 1642 年 5 月 26 日的抗议或宣言〉的书的答复》中则表示（第 20 ~ 21 页）：“我无法想象，誓言的词语和内容可以推断出宣言的主张；因为，除非他们拥有像宣布法律那样解释拉丁文的权力，*Eligerit* 不仅表示要选择（*will chuse*），还表示已选择（*hath chosen*）；而在此处，根据惯例，后一种解释更有说服力。”由此观之，对 *Eligerit* 的不同解释，会导致不同的理论后果：如果它表示“要选择”，那么意味着国王只是提供法案供人民选择，这显然符合议会的利益；如果它表示“已选择”，那么意味着人民并不选择具体的法案，人民只是选择国王来行使专权，这显然符合国王的利益。

的;不过,按照我们的救世主的说法,好牧人为羊舍命(*Bonus Pastor ponit vitam pro ovibus*)。[37] 现在讨论议会。议会有着和君主相同——即便没有更高——的动力因,因为事实上,整个王国作为议会的本质,并不是合适的授权人,而且根据前述准则,它更高贵(*magic tale*),因为我们知道,它是原因(*ipsum quid quod efficit tale*)。而我认为,抛却一切争议,上帝和法律是同样的原因,都存在于国王和议会身上,因为上帝支持这两者,法律创造这两者,而人类的行动则不断地汇聚于二者的运转维持当中。此外,议会还有和君主相同——即使没有更高——的目的因,因为国王确实没能提供有效的公共安全和自由,直到为了弥补政体漏洞而建立了议会。

议会尤其致力于两件事情,这两件事情无法通过其他手段完成。第一,满足人民的利益;第二,更好地向国王提供建议。在爱德华一世的召集令中(*Claus.* 7. 111. 3. *Dors.*),我们看到了议会的首要目的,因为他在令状中写入了,关乎全体之事,需经全体认可或否决(*quod omnes tangit ab omnibus approbari debet*, or *tructari*)。而且,他还在同一个令状中说,这是众所周知的、深谋远虑地制定的法律(*lex notissima & provida circumspectione stabilita*)。这不是句格言,而是个显而易见的事实,在所有的公共政策中,公众的认可、同意或协定都是必要的。而且,这不仅是英格兰的习俗,还是法律,而且这种法律是不容置疑的,没有什么东西比它更为人所公认的了。法律并不是人民凭借暴力和不义从国王那里强取豪夺来的,而是被合理而正式地制定出的,它立足于大量的理性,包括对所有情形的深谋远虑和审慎思虑。在爱德华一世统治时期,而不是更久远的古代,它才被托付给了我们,否认这点就是不敬,因为这位君主的明智、机运、公正和勇敢,就算没有超过他所有继任者,也超过了他所有前任。所以虽然软弱无能且刚愎自用的君主们极力反对我们的自由,但他第一次修复了征服者在它们上面制造的裂痕,对于我们的自由而言,这更值得赞美。然而,这种法律很可能早于他的统治

[37] 《约翰福音》第10章第11节。

时期，而众所周知和深谋远虑的法律（*lex stabilita & notissima*）这种表述似乎在暗示，征服者并没有完全把它埋葬于全国的毁灭和混乱当中。当时，卢埃林在威尔士的反抗还没被完全镇压，而法兰西国王也图谋侵犯我们在法兰西的和平。为了解决这些危机，他发出了这些召集令，以求与王国的教士、贵族和其他居民共同商谈、管理和执行（*ad tractandum ordinandum, & faciendum cum Prelatis Proceris & aliis incolis Regni*）。商谈（*tractandum*）、管理（*ordinandum*）、执行（*faciendum*）等词语充分表明，那个时代的人民是为了表达同意（*ad consensum*），也就是为了提供建议（*ad concilium*），而被召集起来的，而这个法律、关乎全体之事等都表明，在理性和理由之上，可以发现同意和认可。我们看到，在爱德华三世统治期间，下议院确实愿意在它们无法裁决（*de queux ils nount pas cognizance*）的事务上节制自己的建议；这些事务与某些内部骚乱有关，即苏格兰边境和海洋边疆的守卫；在这些方面，它们放弃的并不是它们的同意权，而是仅仅免除了自己的建议权，并把它交给了国王和他的顾问。无论就同意而言，还是就建议而论，我都不知道这何以会损害议会。因为它们最终确实提供了这两者，而且如果没有它们，国王就不会称心如意。这个史实仅仅表明，这位国王非常明智而善战，而且还有一个非常明智的战争顾问，因此下议院认为，这些事情最适合咨询他们，因为他们更懂行。

现在，让我们把这些事实与国王的近期文件进行比较，让全世界来评判，议会近来是否遭受了很多削弱和伤害。国王在一个近期答复中宣称，他的令状将告诉上议院和下议院它们的委任和信托的范围，那就是，它们是顾问（counsellors），不是领导（commanders），而且并非针对所有事项，而是仅仅针对某些难题（*quibusdam arduiis*）；他还援引了温特沃斯的例子，他因为提议它们能在——伊丽莎白女王认为超出了它们职权的——某些事情上向她提出建议，而被女王（在议会召开期间）处罚，虽然温特沃斯当时是下议院议员。[38]

---

[38] 详见《国王陛下对一本名为〈如今集合于议会中的上下两院于1642年5月26日的抗议或宣言〉的书的答复》。

国王撤离时,[39]他在别处否认上议院和下议院的集合可以被正当地命名为议会,并对任何法庭拥有任何权力,他认为它仅仅是一个由很多个体组成的纯粹的会议。

下面所说的很多事情,都彻底地损害了议会的荣誉、权利和存在。第一,因为法律曾经委以国王解散议会的专权,所以如果他因为王国的危机或损失而解散议会,就不算违反信托。因为按照法律程序,如果没有国王令状,人民就不能在议会当中集合,所以可以根据权利和公正而推论出,如果国王出于权宜考虑,而拒绝授予令状,他就没有不忠或做不利于人民的事。因为没有权利就没有救济。当国王拥有废止议会的专权时,这个信条就对我们有害。如果它现在没有被推翻和抵制,它还会在未来导致对议会的错误解散,因为这种权力依然保留在国王的信托当中。就算违背信托的目的是正确的,或许是因为缺乏救济,我们延续3年的议会才收效甚微。第二,当议会被召集起来以后,它们只能在国王乐意的事情上提建议,如果它们在其他事情上做出任何改变,就应该被国王随意惩罚,参照温特沃斯的事例。一个特例(即使来自伊丽莎白女王)并不是法律,因为她的某些行为是可撤销的;而且,毫无疑问,伊丽莎白女王不会像一位不受爱戴的君主那样行事。君主可以凭借善良而仁慈,使自己近乎无与伦比,伊丽莎白女王就走了这条道路;然而,毫无疑问,如果她的善良与恩典是伪装的,她很可能夺取一个难以驾驭、行事武断、法律废弛而居高临下的帝国。太阳使劳工抛弃他的斗篷,然而大风随后就到;完美伪装出来的明君仁政(如提比略最初伪装的那样),比卡里古拉那样的粗暴手段,更有利于侵犯臣民的自由。但我们不能只看到伊丽莎白女王表面上对法律的违反,因为普遍的尊崇使她获得了超乎寻常的权力,所以她完全不用佯装善良;因为对她的尊崇非常稳固,所以同样异常的事情,对她的危害要低于对其他君主的危害。由此观之,我们应该搁置伊丽莎白女王的特例,并上溯到古代的法律和爱德华一世的理性,从而坚持在所有情况下,无论民众

---

[39] 1642年1月10日,国王撤离伦敦,北上逃往约克。

(generality)如何癫狂,都必须征求他们的看法。

第三,即使上议院和下议院被允许管辖所有与它们相关的事务,它们也只能提出建议,不能发号施令。国王论证道,把同一个信托不可撤销地永远交付给朕以及朕的继承人,然而又把一个高于这个信托的权力(议会声称它们拥有这个权力)授予其他人,这是不可能的,而议会作为一个可以随意解散的机构,如果它们可以成为那个——永远授予了国王的——信托的监护人和管理者,那才奇怪呢。众人皆知,一个领域不能有两个至尊,国王虽然比个体尊贵,但比共同体渺小,我们可以在一切有限君主——如奥兰治亲王(the Prince of Orange)等人——身上看到这点。

虽然并非所有的君主制都被同样的条件所约束,而且几乎没有任何君主制仅仅受到某些条件的约束,但我认为,即使对世界上最专制的帝国而言,有个条件也是最为自然和必然的,那就是人民的安全比他的任何权利都珍贵,就像目的优先于手段。对任何国家来说,自我奴役都是非正义且不可能的,让国家利益服从于某位君王的意志,这会使君王可以在自身毫发无损的同时摧毁国家利益,而人民却没有任何权利来维护它:因为所有自然权力(naturall power)都由服从者掌握,如果他们缔结了甘愿毁灭自身的契约,又或他们在缔结了这种契约之后,对这种契约的尊重优先于他们的自我保存,他们就对自己犯下了罪过,并且违背了自然。

人民曾经不可撤销地把对他们的保护托付给国王,然而他们并未使这个信托不受任何限制,他们把某些事务保留给了议会内外的自己,而且,这种保留无悖于君主的信托,尽管他同样渴望违背信托;恰恰相反,它非常有利于辅助和增强信托,只要君主力图为了人民的利益而履行信托。但它遭到了异议,理由是一个临时性的权力不应大过一个永久性的权力,如果这个理由成立,那么罗马人在危急存亡关头创设保民官的行为就是不合法的,然而我们都知道,它使他们获益很多,甚至在某些时候改变了政体;罗马人并不是一直生活在权力有限的执政官治下,也不是一直生活在不受限制的独裁官治下。但它又进一步遭到了异议,理由是如果我们让上议院和下议院不仅担任顾问,而且让它们成为领导者和管理者,这对王权来说是不合适的。[40] 我们认为,表达同意不只是提出建议,往往也不是领导和管理。因为在下级法庭,法官同时也是国王的顾问,虽然国王不会撤销他们的判决,但并不能因此就说他们是国王的监护人和管理者。而在议会,上议院和下议院代表(represent)整个王国,(它们理应享有极大权威)并拥有远高于下级法官的权威,被授予建议和同意的权利,地位更强有力。而且,我们不应认为,它们会对公共利益之外的任何事情表达建议或同意,所以我们无法想象,这样的建议和同意使国王受到了限制和削弱。因为如果根据众所周知的法律,根据爱德华一世时代非常明智地创设的法律,在所有与人民有关的事务上,人民都有权利为了商谈、管理、执行与认可(*approbandum*)而被召集起,这在当时并没有损害国王,为什么国王令状在今天就会削弱或推翻国王呢?如果在议会的同意为国王赋予权限之前,国王本人并不能处理很多高级事务,那么我们就不能说,他仅仅通过听从建议就做成了事情,或者说,当他不再只是被建议的对象时,这对他来说并不是任何损失,而是某种好处。第四种损害了议会的主张是,即使议会在所有公共事务上都有权利召集或审议,但只要没有国王的合作和同意,它们就是缺乏所有德性和权力的死气沉沉的会议,议会这个名字并不适用于它们。这个主张一次性否定了整个议会,使我们像天底下任何国家都曾遭遇过的那样,从属于国王那无限制的纯粹意志。出于同样的理由,议会是没有德性和效力的法庭,其他被国王抛弃的法庭也必然如此,那么除了我们所有的法律、权利和自由以外,还有什么东西是要么无处可决,要么只能听任国王处置的呢?我们所追求的并不仅仅是议会之名,还包括议会之实。因此,我们的意思是,如果上议院和下议院的伟大集合没有合理地代表和呈现(represent and appeare)整个王国,这个高贵的机构也没有荣誉、权力和司法权,那么就没有什么事情比这更违背自然了。但这些国王与议会、议会与王国

[40] 详见《国王陛下对一本名为〈如今集合于议会中的上下两院于1642年5月26日的抗议或宣言〉的书的答复》,第10页。

的区分似乎比较粗糙,我们要尝试进一步区分议会的不同部分,以及主要部分当中犯错的一方和被误导的一方,从而充分地对主要部分得出结论。那些擅长分化瓦解的高手们遵循着1640年11月3日[41]以来产生的马基雅维利式准则(分而治之[*divide & impera*])。[42] 国王的文件通篇充斥着这种区分学说,试图彻底颠覆我们那——支持着我们所有古老自由的——古老而根本的宪制,建立专断统治;如果它们获得举世赞誉,那才令人疑惑呢。但我们要进一步指出,抛弃与被抛弃之间有着显而易见的区别:如果一位妻子离开了她丈夫的床畔,成了一个淫妇,那么让她失去嫁妆和作为妻子的名誉,是非常合理的;但是如果她的丈夫不断拒绝她,那么让她忍受由此造成的伤害,或者剥夺她的任何特权,都是不公正的。所以如果国王因为议会力图压迫他,而他又没有手段来反抗它们的僭政,从而离开了他的议会,这表明它们是一个无效力的集会;但是如果邪恶的顾问使他仅仅出于邪恶的目的——以撤换议会中某些宗派分子为幌子,打败议会,并削弱所有议会的基本权利(就像他的文件所说的那样)——就进行撤离,这将使(上帝诅咒)他们无法自救和拯救整个国家,或制裁他们的敌人。议会当中有非常多的臣民权利。

现在讨论议会对国王的建议权。如果国王能获得任何其他法庭提出的更为明智或忠诚的建议,或者他的个人判断能优于所有其他建议,那么认为整个王国应该忙于选举,以及当选者应该致力于公共事务,这些观点不仅是虚妄的,而且是极端不合时宜的。但无需赘言的是,我认为,每个人的内心都告诉他自己,在公共协商方面,从各方面选出的绅士们能比少数人看到更多东西,议会对共同的公正和平等更有兴趣,他们几乎没有中饱私囊的私人目的,这些都必然使他们的建议比其他人的更加忠诚、公平和虔敬。这不同于宫廷曾经用来反对议会的观点,前者认为,没有任何异议是判断公共建议之正直性和有益性的最有力证据,也就是没有污蔑;因为我们曾经在宫廷(court)和乡村(countrey)

---

[41] 1640年11月3日,长期议会开幕。

[42] 可参照马基雅维利《君主论》第3章。

之间发现了敌意和憎恶,但迄今为止,我们还没有在被代表的王国(kingdome represented)的代表们(representatives)与全体人民之间发现它们。而且在这个世界上,不幸的结局会降临到人类的败类身上,如果现在的我们不是人类的败类,那么出自主教、高级教士和军事廷臣之口的诽谤和妒忌,就永远不能把子虚乌有的指控强加于我们,这些指控反对我们最神圣的建议,认为我们犯下了叛乱和谋反的罪行。

国王表示,他的内阁顾问,或者他的主教或士兵,这些必须对苦难承担重大责任的人,不可能花费那么多功夫获取苦难,也不可能消耗那么多时间,经历那么多危险,使自己陷入奴役,并毁灭这个国家的自由。这多么奇怪啊?我们近40年的经验表明,担任危害公众的官职成了宫廷的晋升途径,我们还可以指出,哪些公爵、伯爵、男爵和骑士,通过损害国家而取得了富贵;而且,除了霍利斯先生因为他那富有的寡妇而获得了升迁之外,我从未听闻任何在议会中任职的人有此待遇,我只听到了不幸和囚禁。[43] 但事到如今,我们看到了命运的流转;宫廷现在变得诚实了起来,斯特拉福德阁下之死[44]在他们当中造成了突然的转变,除了议会中还有少数伪君子想欺骗大多数人并永久地掌控国王、王国和议会以外,已经没有什么可害怕的了,即使这不是奇迹,也近乎奇迹。但是就算我们把上议院和下议院完全视为没有任何建议和同意的权力或权利的顾问,我们也会看到,如果他们比其他人博学和忠诚,他们就不应该被抛弃,除非我们允许国王在处置我们的生命、土地和自由时,自己选择是否允许提出建议。但国王表示,他没有义务放弃自己的理解,或者因为任何顾问而违背自己的良心。在显而易见和确定无疑的事情上,这当然是可以的,这时的法官是独任的法官(sole judge),有足够的能力来考虑自己的被执行的判决,不会做出违背自然之光(light of

---

[43] 登齐尔·霍利斯(Denzil Hollis,1599－1680年),下议院议员,国王在1642年试图逮捕(但最终失败)的五位议员之一。帕克这里提到的是霍利斯当时的婚姻,女方为约翰·雪利爵士(Sir John Shirley)的女儿和共同继承人——寡妇简·雪莉(Jane Shirley)。

[44] 斯特拉福德伯爵托马斯·温特沃斯(Thomas Wentworth,1st Earl of Strafford,1593－1641年)是国王的宠臣,1641年被议院逮捕和判处死刑。国王无力回天,最终签署了他的死刑判决书。

nature)或事实证据的决定。

彼拉多的罪孽是,当他可以使我们的救世主免于非正义的死亡时,他却根据自相矛盾且违背天启的控告,仅仅为了满足一群嗜血的暴民,就听任无辜者受害,并通过了死刑判决。[45] 但在斯特拉福德阁下的案件中,国王并不是独任的法官,相反,他完全没有能力担任法官,而这个罪人是被依法宣判死刑的,那些十恶不赦之事都是他的不利证据,他最好的朋友都羞于替它们辩护,三个王国的所有公正之人都认为它们不可饶恕。因此,国王得以问心无愧地签署死刑令状,虽然他对判决心存异议。所以在法庭上,就算某位法官不同意其他 3 人,或者某位陪审员不同意其他 11 人,他们也得服从多数,即使多数派除了归罪以外,可能并不像他们那么专业娴熟;而且,如果它与法律相关,更不必说,它与国家相关,那么在某些权宜之事上对群众(multitude)的满足,将不仅是权宜之计,还是巩固和平与停止战争的必要之举。例如,整个王国通过议会,要求国王把军队和赫尔的弹药库等托付给人民的深思熟虑。良心和理解并不能为反对它提供辩护,而且即使能证明(虽然这不可能,因为它的反面才是正确的)这会滋生混乱,导致更危险的处境,但如果人民试图通过公共权威为自身造成某些麻烦,而国王并不像他们那样与此利害相关,那么否决它比准许它更为不适宜和不公正。对于君主而言,通过伪装良心和理性,反对有利于人民的事情,这多么应该受到指责啊!同样应该被指责的是,他们利用自己受信托的权力,来否决这些正义之事,好像他们可以合法地去做他们有能力做的任何事情,当其反面才是现实时,除了合法和适宜的事情以外,他们没有任何权力去做任何事情。对于议会的权力,我就说这么多。我现在开始讨论它的真正本质,即公共同意(publike consent)。我们知道,同意和建议是议会所必需和应得的,而且还是所有权力的真正基础[因为所有权力都基于自愿(*omnis potestas fundata est in voluntate*)]。我们无法想象,任何地

---

[45] 本丢·彼拉多,罗马帝国犹太行省的执政官(公元 26 ~ 36 年)。根据《新约》记载,彼拉多曾多次审问耶稣,原本不认为耶稣有罪,但在犹太人的压力之下,最终判处耶稣被钉死在十字架上。

方的公共同意能比议会中的更有活力和秩序。人类因为亚当的堕落而败坏,变得如此野蛮和不文明,上帝写在心中的律法已经不足以抑制他们犯错,因此,如果没有某些执政者提供新秩序,决断旧秩序,并根据公正来执行它,社会就无法被维持下去。如果没有社会,人类就无法生存;如果没有法律,人类就无法社会化;如果没有权威在某些地方依法裁判并执行裁决,法律就是一个虚妄而无效的东西。因此,合乎理性命令的法律应该经过普遍同意的批准,而这些法律的执行和解释应该被委托给某些执政者,以防止臣民和臣民之间的普遍伤害。但是当人类因为受信托的执政者的僭政——这是一个和无政府状态同样致命的问题——而面临非自然的毁灭时,如何提供一种有益的救济方式,是一个并不容易解决的问题。制定限制最高统治者的法律并不困难,但规定这些法律如何执行以及被谁解释,却几乎是不可能的——谁能统治统治者呢(*nam quis custodiat ipsos custodes*)?在最高权力之上设置更高权力,这是违背自然的,然而如果没有任何法官来裁决它,或者没有任何权力来实施它,法律将会变成一个多么了无生气的愚蠢玩意啊!而且,如果没有这些法律,又该如何保障人的联合(humaine consociation)呢?此外,就算这些事情——君主应该受到约束,并根据这些约束来任命法官发布判决——都达成了共识,又有一个更麻烦的问题摆在我们面前。因为虽然我们无法过度约束君主,但我们会像禁止他们作恶那样,使他们无法为善,相较于使他们能利用绝对的自由裁量权来作恶,使他们无法为善同样是有害的。这个世界还需要很长的时间,才能使自己脱离这些绝境,或发现某些和平手段来防止无限专权和过度自由的危险,而且它还缺乏丰富的经验,以使所有人都满意。在世界的摇篮时代,当人类在残忍和压迫方面还没有现在这么虚伪和冷酷,而政策也相当粗陋时,大多数民族(nations)确实宁可使自身服从于君王的绝对自由裁量权,也不愿依靠任何对君王的限制——他们宁愿使自身被武断的敕令而非成文的立法所统治。然而,此后,僭政愈发完备,而政策也更加精妙,(尤其是在那些知识和宗教都繁荣兴盛的国家)很少有民族会忍耐那种——往往伴随着无约束且无限制的王权的——奴役。

然而还需要很长时间,才能像今天这样,使最高君王的约束和条件,被明智地决定或平稳地保全。当初为了设立监察官、保民官、监国者(*curatores*)等[46]来平衡主权,人们伤亡惨重,国家也陷入新的争执,某些地方的疗法甚至比疾病本身还要糟糕。在这一切巨大的危难中,全体人民(the body of the people)被迫崛起,通过多数人的力量,终结了国内所有的冲突,并平息了公众的所有不满。但是在这个笨拙的主体崛起之前,灾难往往就发展到了匪夷所思的程度;当它崛起以后,它的运作是如此的混乱无序,有时在付出了惨重的伤亡以后,也只是用一个僭政代替另一个僭政。我认为,直到对人民的笨拙主体进行规制的某些手段被创立为止,专制统治在世界范围内都是最安全的,但在如今,自从大多数国家发现了一种关于公共集会(publique assemblies)的技艺与和平秩序之后,人民就能利用自身权力去做正确之事,同时还不会损害自身或君主,任何反对这种技艺和秩序的人,都是不义的。当今的君主既不能超越所有约束和法律,也不会让任何人试探这些约束和法律,整个共同体将聚集起来,根据其原初权威来实践正义。这个会议充满了智慧,为了进行管理,而约定了具体的时间、地点与形式;它的庞大形态并不会滋生混乱,通过选举和代表制(representation),少数人将代多数人行事(a few shall act for many),智者将代愚者表达同意(the wise shall consent for the simple),全体的德性会促进个体的德性,个体的审慎也会促进全体的审慎。当然,虽然这个如今被称为议会的、合理地构成的法庭,比它被称为大会议(mickle synod)或贤人会议(witenagenot)时,或全体人民群集其中时,更加整齐有序;但是它还不是完美无缺的,还应该凭借技艺和政策,进一步修正。因为近来在两院之间,以及国王和两院之间,因为管辖权不明确,而产生了某些分歧;有些律师质疑议会究竟能在多大范围内创设新制度,任命新首脑,并对自身拥有管辖

---

[46] 斯巴达的监察官(*Ephori*)由莱库古所创,五人组成,任期一年,旨在制约国王的权力。监察官的主要权力包括召集和解散集会、管理国库、决断战争与和平等。罗马共和国的保民官(*Tribuni*)源于平民与贵族的不和,人数从两位、五位最终发展到十位,任期一年,旨在制约贵族的权力。保民官的主要权力包括召集集会、提出立法、否决元老院决议等。

权。所有这些质疑都将被严肃地解答。但首先,议会真正的特权——这并不仅仅属于它的存在和功效,而且属于它的荣誉及成就——将被明确地宣布。因为这期国会召开后,议会的特权遭受了轻蔑的对待,似乎它们对于无知之人来说只是妄想,而且完全不被有识之士所知晓。平民被剥夺了代表制的利益,选择方和被选择方之间被划下了一道鸿沟,因此所有特权中最重要的特权,所有荣誉和权力的必要基础——下议院借此得以主张英格兰所有绅士和平民的全部权利——面临着被动摇和妨碍的威胁。最近我们议会当中的绝大多数骚乱和阻碍,都是因为遭到无故诽谤和不实指控的人民急于远离他们的代表们(representatives),然而对于人民来说,除了抛弃上帝以外,天底下再也没有比这更背信弃义和贻害无穷的事情了。

行文至此,我触及了我们当前争议的主要难题。毋庸置疑,王国的立法权部分属于国王,部分属于王国,而在通常情况下,当不涉及把人民从巨大的危险或麻烦中拯救出来时,国王不能在没有议会的情况下制定具有普遍约束力的法律或条例,议会也不能在没有国王的情况下如此行事,其根据是一条众所周知的格言:不能回到例外状态(*Non recurrendum est ad extraordinaria &c.*)。

同样毋庸置疑的是,在这种常规手段无法防止公共伤害的地方,任何最有利于实现该目标的例外手段,都可以根据所有人类法律至高无上的原动力(*primum mobile*),被正当地使用和执行,如果国王不与人民并肩作战,人民就可以在保持忠诚的前提下自救,而如果人民违背自然以致反对他们的自我保存,国王就要使用所有可能的手段来保护他们的安全。然而,国王似乎拒绝了这点,因为他发表声明,并在其中援引立法,以求证明征募武装和军队的权力由他所独享,而且,他无限压迫他们,没有留给臣民任何拿起武器的权利,即使是为了他们自身的必要防卫,也需要经过他的同意和授权;他还以同样的方式使自己分享了立法权,似乎没有他的合作,上议院和下议院就没有权利制定任何临时命令,使王国抵御任何公共危机。因此,在约翰·霍瑟姆爵士的案件中,国王不仅指控他犯有叛国罪,理由是他在一个虚假的危险面前遵循了议会的命令和委任，而且他宣布，使情况放任自流完全是叛国行径。[47] 让全世界来评判一下，这是否无悖于人类理性最明确的支柱和自然最强烈的倾向吧！每个人都应该用武力保护自己，如果遭到侵犯，即使这些侵犯来自某位执政者或自己的父亲，即使他有信心能逃走，但在此时，整个民族都会暴露在敌意和危险面前，并且无法逃离，如果国王不允许他们防卫，他们就只能引颈受戮。

请大家思考，这是否合乎一切权力与法律的起源、目的和信托，它是否没有为——像大领主（grand seignior）的专权那样——强大而武断的专权开辟空间，以及它有哪些地方不是——国王在近期文件中雄辩地反复强调的——那些激烈批判的主要原因。试想，如果我们不能拿起武器保护自身安全，或者我们虽然可以拿起武器，但不能通过票决或条例来管理军队，使我们的防御变得有力、文雅而开明，那么我们作为这双荼毒了爱尔兰的血腥之手的猎物，或那些能说服国王认为议会对他不利的人的靶子，是否只能坐以待毙？我承认，国王的名义（name）是伟大的，理应受到极大的尊重，但人民的名义是否更伟大呢？我们不能被单纯的表达所欺骗，要把名与实放在一起权衡，我们虽然承认上帝让祂在尘世的代理人（vicegerents）身上散发出了某些崇高光芒，但并不认为祂这么做是出于对君主们——而非人类共同体——的偏爱，我们不能因此而颠倒自然规律，使国家从属于君主的目的。斯特拉福德阁下表示，有关专权的法律是第一位的，有关共同的安全和效用的法律则是第二位的，因此，国王的专权更神圣，也更优越。所有食客（parasites）的存在都建立这个基础上，他们力图为了自己的利益而欺瞒君主，并尝试把他们从人民身上夺走的尊重引导到自己身上。而且，这个信条具有普遍性，因为它被广为接受——没有什么比把君主奉若神明更能讨君主欢心了，所以没有什么比这样取悦君主更有利于廷臣了。让我们更仔细地考察某些表达，以澄清其模糊之处。君主被称为上帝、

---

[47] 赫尔的弹药库和港口有着重要的战略地位。国王需要一个东海岸港口，来接受来自欧洲大陆的援助。国王从伦敦撤退之后，议会让约翰·霍瑟姆爵士（Sir John Hotham，1589－1645 年）去管理赫尔，霍瑟姆把国王拒之城外。

父亲、丈夫、主人、头颅等,根据同样的关系,臣民则是被造物、孩子、妻子、仆人和肢体等,这暗示着君主比臣民在目的方面更有价值,更至高无上。我的看法是,这些表达确实通过比喻的方式阐明了君主的某些优越性,但它们并不适用于所有事物,而是最适用于臣民——个别的(*divisim*)而非联合的(*conjunctim*)臣民。某些人认为,国王是上帝,理由是(*secundum quid*)他被赋予了某些上帝的王权。但是这些王权并不是服务于他们自己,而是服务于一个外在目的,那就是上帝的人民的幸福,目的比手段更神圣,至于他们自己,则最不同于上帝。因为上帝并不对任何外在事物负有义务,没有什么被造物能拥有足够的价值或优点,从而像臣民把它们强加给君主那样,把义务或约束强加给上帝。因此,授予专权只是手段,公共福利才是目的,我们必须像自然所要求的那样,把自由的法律排在第一位,把专权的法律排在第二位。不要追随那种渎神行为,认为君主至高无上,因为只有上帝才是至高无上的。所以国王是他的人民的父亲,但这里的人民是个别的人民,而非整体的人民。在本质上,父亲比儿子更尊贵,儿子完全是父亲的债务人,不能超越他的责任,也不能质疑任何即使他父亲应负责任的事情,因为父亲良好、自由而主动地履行了他的所有责任。然而国王和臣民之间并不存在这种关系,对政策的质疑是正当的,而且更严格,因为在政策方面,相较于人民使国王荣耀,国王更应该使人民幸福。这个理由同样适用于丈夫、主人等关系,因为按照自然,妻子地位较低,是为了辅助男人而被创造出来的,仆人也仅仅是为了服侍主人而被雇佣的。但在人与人组成的国家里,情况则有所不同,因为公民的差异(civil difference)是为了文明的目的(civil ends),即通过那个为全体谋福利的人,来抑制错误和暴力,而不是为了个人的浮华,就把奴役和苦差强加给全体。头颅对身体的依赖,自然没有超过身体对头颅的依赖,头颅与肢体必须同生共死。但对政治首脑(head politicall)而言,情况则有所不同,因为它从身体接受的养分,要多过它为身体所提供的养分,而且作为身体的附属物,当身体被分解以后,头颅也就不存在了,但身体却会被保存下来。

因此,君主的这种特殊地位似乎约束着他们,使他们谦逊而不傲慢;他们不再致力于他们自己的利益,而是把它摆在第二位,从而与那位佛罗伦萨人的卑劣政治学分道扬镳。有些君主背离了政体的目的,用作恶代替为善,宁可鼓吹公共奴役,也不愿促进公共安全,迫使他们的臣民忍受他们的极度浮华。他们犯下了上帝永远不会认可的罪行;而冷酷的父亲、暴虐的丈夫和残忍的主人都没有能力犯下这样的罪行。我们还必须知道,臣民对君主的反叛——只有它能使君主忧心——在本质上并不像君主对臣民的暴力压迫那么可怕。上帝命令君主们夜以继日地学习祂的律法,不要积累大量珍宝、削减他们的骑士或激励他们对同胞的压迫之心,也不要浪费他们的财产,以免必然性诱使他们劫掠。但与此相反,马基雅维利的教诲使君主们骄傲自大,*他们并不把臣民视为同胞,而是把他们视为牲畜,视为最卑贱的苦力牲畜,通过诈术和强力来调教他们,以求贯彻君主的个人意志,并使君主完全寄生在国库上*;而且,如果那个被诅咒的异教徒能创造出更加违背上帝命令和自然意图的政策,他无疑会被视为一个更卑鄙的政客。但我认为,如今足够清楚的是,所有统治都基于信托,各位君主或多或少都是绝对的,正如他或多或少都是受信托的,而且所有信托的区别并不在于本质和意图,而在于程度和范围。因此,对于任何民族来说,把原本属于自己的财产完全拱手让人,或使自己屈服于某种非人道的奴役状态,都是违背自然的,因为这是违背最高法律的。我们不能认为,出于任何意图的信托都能成立,而人民应该被禁止进行任何必要的防卫和自然的保存。没有人会否认,只有在君主受约束的地方,人民才可以使用防御手段,并拥有一个更有限的主权;然而,对于共和制而言,如果信托性比绝对君主还低,没有信托存在,也没有保存的意图,就不能再说人民在君主制中会比在共和制中受到更多无法救济的压迫。但我将就此打住,并得出结论:无论国王含混地提出什么理由来反对武装起义和发布命令,都不能宣判约翰·霍瑟姆爵士或那些授予他行事权力的人是叛国者,除非能证明这些防御行为没有理由或必然性。我们有很多确定无疑的危险。

我现在将推测这个国家的不确定危险:国王发言,议会否定;国王发号施令,议会拒不执行;国王说议会受到了叛党的蛊惑,议会说国王听信了王党的邪说;国王说议会践踏了他的王冠,议会说国王试图对它们开战。臣民如今应该追随哪方?我不会大量强调普遍性预设,虽然它们在这种情况下很重要。因为毫无疑问的是,君主极可能犯错和怀有邪恶目的,于是这些由贵族、绅士和平民组成的总体会议(general conventions)就被创立和管理,正如我们英格兰的议会。国王高度赞美这个政体那平等、幸福、均衡而完美的宪制,认为它使这个王国在这么多年里卓越而幸福,并在很大程度上成为被羡慕对象;其次是我们的议会法庭,尤其是它的权力被合法地分配给了两院,这些权力(如他所说)能绰绰有余地预防和制止僭政的权力。但是,这些是如何实现的?如果国王可以随意根据异议而撤销议会的存在,如果他们除了取悦国王或提出某些秘密建议以外,无法做任何事,如果他们试图做任何其他事,就会被视为叛国者,并且可以不经过进一步的传讯或法律程序,就被他们所代表的王国抛弃,那么还要议会做什么呢?他们难道不是比其他下级法庭还要卑贱么?不仅如此,他们难道不是比议会外的臣民还要处境恶劣么?当他们自身无法自足,只有武断的司法救济时,如何制止僭政?如果坚持这些原则,他们无疑会成为工具和绞架,被用来建立一个其他王国闻所未闻的专制政体;长期以来,我们都对他们表示抱怨,然而如今,我们却将在他们的重压之下呻吟。但你会说,国王有异议的权力,他可以随意使用它,如果他没有这种权力,他就是一个纯粹的傀儡,可以被议会随意欺压:必须让某方拥有支配力,否则双方都会因为彼此的敌意而毁灭;为什么国王不能比议会更有支配力呢?我们有一个源于自然的格言,在议会被打败之前,一个共同体都不能——而且从来不会——让私人目的所误导,并损害自身。没有任何时代曾经发生过某个自由地选举和召开的议会损害整个王国或实行任何僭政的事情,这是不可能的。国王可以安全地把最高权力交给议会,因为没有人会比它们更了解或更喜爱这个均衡的君主制了,当面对巨大的挑衅时,他们往往有能力为那种统治增加更大的枷锁和负担,但他们并不会这么做。如果我们衡量议会的本质、权利、权力、智慧和公正,我们会发现，并没有任何理由能怀疑他们犯下了在今天如此难以完成、在过去也从未被归咎于他们的叛国和阴谋。因为我们的编年史清楚地表明，与其他民族相比，我们民族的君主制遭到了更多鲁莽无谋的君主的侵害；与我们民族相比，其他民族的君主制受到了更神圣的尊崇，并被忠诚地保护免受各种侵害。我希望这些事实不会对那些可恶的走狗构成鼓励，他们从我们这里偷走了国王的心，认为清教徒的宗教信仰过于温顺，而英格兰民族对伤害过于麻木，但我希望上帝能更温和地表达对这些事情的不满。我认为，议会的构成（composition）消除了所有的猜忌，因为它的比例如此平等而匀称，所有阶层（states）都在其中有序地发挥着他们应有的作用，没有任何阶层能拥有任何极端的支配力，群众更喜欢君主制而非贵族制，贵族和绅士同样更喜欢君主制而非民主制，而且我们知道，因为群众只拥有一个代表性势力（representative influence），所以他们不太可能进行支配，但他们所拥有的势力足以保护他们免受支配。我们英格兰的贵族或绅士不像法兰西、德意志、丹麦等地的绅士那样，独立而有权势。他们也不像刚被征服之时那样，能凭借他们巨大的采邑（feoffes），为国王或人民立法；他们与国王和人民，以及他们彼此之间，都保持着相当且合适的距离，*他们充当着重要的屏障和堤坝*（正如国王所说），*帮助国王和人民抵抗来自对方的侵犯*。而且，天地之间属于空气的部分发挥着积极的作用，它抑制了海洋和陆地的烟雾和蒸汽，使它们不至于升得太高，同时还减弱了骚动行星的灼热火焰，因为它们对于下面的万物来说也是难以忍受的；议会两院也是如此，它们温和而友善地裁决君主和他最贫弱的附庸之间的争端，一方面遏制僭政，另一方面遏制暴民，使国王充分地维护了王权的荣耀，使人民完整地保存了自由的遗产。如果绅士和贵族只拥有派生的权力，一方更依赖于国王，而另一方则更依赖于人民，但他们都能最好地分配全体利益，制止任何部分的不当行为，那么我们就不要试图污染这种构成的纯度，或设想绅士和贵族可以联合起来反对国王。其次，这个国家的上议院和下议院的权利如此重大，以致维持政体现状不变，在一定程度上对它们有好处，除非它们能分别获得一顶世袭的王冠，但这完全是不可能的。再次,他们的权力完全是派生的,所以除了认为国王和人民会同意这种夺权以外,我们别无选择;而且,就算我们认为他们可能是通过欺骗而获得同意,我们也无法撤销它们。最后,一直以来,他们的智慧都被视为是毋庸置疑的,而他们的裁决也被视为是不可侵犯的,没有任何君主因为听从他们而受到欺骗,也没有任何君主因为忤逆他们而繁荣昌盛。总而言之,依照合理的周期、被当作"药物"而非"食物"来使用的议会政体,拥有所有政体的一切好处。如果国王热爱真正的自由,他将在议会中拥有可以与罗马独裁官相比肩的权力,以防止一切公共危险。如果国王试图侵犯共同自由,人民将凭借民主制的很多优势,来实现自我保存。在战争时期,这里既可以利用君主制的联合优势来迎战,也可以利用贵族制的良好建议而作战。在和平年代,这里可以用民主制的技艺和胆识来增进和平。现在让我们看看,在没有议会的情况下,国王通常如何进行统治,尤其是那些被顾问所左右的、厌恶议会的国王。我不必讨论法兰西或其他国家,在这些地方,一切自由连同这些总体集会(generall assemblies)都跌到了谷底;我不需要远离我们的故事,进一步讲,我不需要超出我们自己的时代,否则我的论述将永无止境。

……

行文至此,我得出了七个原则和主张,国王一口咬定它们过于僭越——它们包括:

1. 议会拥有绝对无可争议的法律宣布权,国王与人民的所有权利,端赖于议会的意愿。我们已经表明,这个权力必须属于议会、国王或其他下级法庭,否则一切诉讼将永无止境,而它在议会当中比在其他地方更安全。

2. 议会不受任何先例约束。立法都不能约束它们,更何况先例呢?没有任何义务比议会的公正和荣誉更强有力。

3. 它们是议会,能在国王缺席的情况下裁决公共必然性,并处置任何事物。它们不会抛弃国王,但却被国王抛弃,当王国处于危难中时,他们可以判断和缓解危难,并且通过代表制,被视为国家整体(the whole body of the state)。

4. 不得擅自指控任何议会成员犯有叛国等罪行。只有在拥有合理许可，且适格的控告者未受弹劾时，才能质疑议员。

5. 主权(sovereign power)属于议会两院，国王不能发表异议。这个权力并不像常规权力那样被主张；如果国王受到了蛊惑，更偏爱危险分子，并且起诉他忠诚的臣民，那么这个权力就可以拯救王国免于毁灭，除此以外它并没有任何其他目的。

6. 征兵反抗国王的个人命令(虽然兼有他本人)，并不是对国王开战，那么，反抗国王的权威——而不是人格(person)——就是对他开战么？如果不是，当议会发现受到蛊惑、自我毁灭的国王与王国难以两全时，只能选择反抗和面对。

7. 据某些议员说，他们将废黜国王？任何国王都不能被一个公平选举出来的自由议会所废除。

为了与上述观点进行比较，我将列举某些随着国王的文件而被宣示给我们的这类观点如下：

1. 王权源于上帝和法律，并不依赖于人类的信托和同意。因此，国王只对上帝和他的其他王国负责，而不对后者负责，王权高于议会的决断，因此不受其约束。

2. 国王是至高无上的，也就是说，比共同体和个体都尊贵。

3. 国王对他的臣民、城镇、堡垒等拥有所有权。它高于国家的所有权，并且不能被议会攫取，即使是为了维护公共安全。

4. 只要国王是受信托的，他就不必对自己的行为负责，所以在任何情况下，臣民都是缺乏救济的。

5. 议会的存在只是恩典，国王可以正当地终止它们，被召集起来之后，它们受到令状的限制，只能就难题(*quibusdam arduis*)而提建议(*ad consilium*)，如果它们超出了令状的范围，就会被约束。如果国王抛弃了它们，它们就是一个无效力的集会，不应受到任何尊重，也没有权力保护王国。议会的特权无处可觅，所以它们对王国全体的代表并不是特权，它虽然为它们增添了尊贵，但并没有增添权威。议会的主流并不重要，因为很多人都缺席或持有异议。这种主流并不是主流，因为某些人的诈术和势力统治着它们。议会可能行为不端乃至叛乱。也就是说,它们会因为某些恶人而变得不分是非,煽动约翰·霍瑟姆爵士的叛乱,践踏所有的法律和国王的专权,力图使整个王国受到某些人的僭政的奴役,谋求背叛教会和国家,并在新军中建立傲慢的权威,以国王向它们开战为借口,向国王开战。除了各种依法提交给议会讨论的特定议案外,议会不能宣布法律。在其他方面,议会是可质疑的,是可审判的。

我们都明白,这些观点不仅会破坏议会,还会导致其他混乱,赋予国王高于议会的权力,这种权力比他过去所拥有的高于其他下级法庭的权力还要大。迄今为止,议会都是人民的圣殿,是抵抗专断僭政的高地。但在如今,国王仅凭呼吸就能在瞬间把它们卷走;如果它们不能保护自己,今后又该如何保护我们?又或,如果在未经听证、审判和裁决的情况下,就能凭借叛国的诽谤而废除整个议会,甚至永远废除所有议会,我们又该如何期待正义?我们的苦难远不止这些,因为国王如今听信的所有私人顾问——国王更偏爱他们而非议会——仍想强迫使我们认为,这些原则和主张都有助于完善议会,而北方所有的国王军队都有利于保障法律和自由。我发现我的论证已然足够有力,不必继续下去了——

完毕。

《政治与法律评论》
(第八辑)第 51 ~67 页

1776: 反议会革命*

J. G. A. 波考克/著　孙竞超/译

I

我们最后来考虑一场真正的英国革命,一场甚至包含了反对英国的叛乱的革命。1641 年和 1688 年的时候还不存在大不列颠王国,1637 年英国革命之前及 1689 年革命之后苏格兰的那些事件仍是——尽管不再是——发生在一个自治政治文化之中,而 1641 年及 1689 年在爱尔兰由老爱尔兰和老英格兰贵族发起的不成功的最后抵抗就其政治发展而言尚未达到与"革命"这一精妙术语之现代意义相称的程度。约翰·皮姆和约翰·亚当斯或许算得上革命者;费利姆·奥尼尔先生和令人诟骂的迪克·塔尔博特(Swearing Dick Talbot)则不算。然而在 18 世纪,辉格政治文化的地方变体在

---

* 本文译自 J. G. A. 波考克编:*Three British Revolutions*: 1641, 1688, 1776, Princeton: Princeton University Press, 1980, Part III. THE THEME REVISITED, "8. 1776: The Revolution against Parliament", pp. 265 – 288。孙竞超,北京大学法学院法学理论专业 2015 级博士研究生,研究方向为法理学、宪法学、美国宪政史,Email: cocosun1990@ aliyun. com。

苏格兰低地，在盎格鲁－爱尔兰人中间，在新英格兰、宾夕法尼亚和弗吉尼亚已经建立起来了；存在一个大不列颠王国，简单来说，存在一个大西洋不列颠政治世界——或可含糊地称其为帝国——延及北海到俄亥俄河上游水域。但在这一个更大的不列颠之内发生了一场必被视作其普遍发展结果的革命，这场革命以北美大陆说英语部分的分离并成为一个截然不同的国家和一个非常独特的政治文化告终。发生在“不列颠”政治体系中的革命最终的结果是其部分分裂以及其中一部分追求独立的历史；而这对于第二次革命，或者可称为1912年至1922年的爱尔兰革命同样是正确的。

从我们说“不列颠”起，我们意指一个由英国管辖的联合岛屿和大西洋文化，其意义深重以致必须将美国革命放在本论文集文章顺序中加以理解：美国革命作为英国政治机构发展变迁所引发的一系列危机之一。对美国人而言，革命的重要性是国家性的；美国品格在美国环境中塑造出来，而革命便是其独立的危机。这显然是无法辩驳的。但是在“不列颠”背景下，我们必须将其首先视为1707年建立的盎格鲁－苏格兰联盟历史之中的危机，其次将其视为中央及大部分英国统治机构即“国王在议会中”之历史中的危机。1641年和1688年，危机发生在英国王室和英国有产社会之间，“国王在议会中”得以强化并发生了深刻变化，英格兰创造并巩固“不列颠”及谋求大西洋帝国则是1688年革命的副产品。然而在1776年，或者说在1764年至1801年之间，议会管理地方政府的能力——在更低程度上，议会当时统治英国社会的方式——面临激烈挑战。在美洲殖民地发生了我选择作为题目的反议会革命，革命成功推翻了议会权威，美国人对其作为统治形式的正当性表示不满，出现了一个新的政治社会，一种继17世纪革命之后潜在于英国传统之中替代议会君主制的类共和制变体。不管怎样，在不列颠，议会权威如此深植于社会环境之中，以致托马斯·潘恩也不会想到去推翻它。美洲的反叛无法撼动它，经过50年艰苦的工业化和战争，议会有能力扩大并随后将其自己的选举基础民主化。为了使现已碎裂的北大西洋后美洲图景完整起来，我们必须将盎格鲁－爱尔兰关系作为介于独立和议会联盟之间的个案加进来；（在爱尔兰）前者仅有少许尝试，后者则没有扎下根基。

因而，在英国历史背景下，美国革命的成因有两个特点：辉格议会政府将其自身扩展到殖民地中的无能，以及议会传统中存在的共和制替代方案，该方案可被用于否定议会合法性并证明其他统治形式是可能的。不难理解为什么殖民地精英不能发展成为议会郡绅，但我把描述他们成为何种政治人物的任务留给他人；不管怎样，需要强调的是，很长一段时间内他们并没有将自己视为议会绅士，经历了革命的创伤，他们仅承认他们必须成为另一种人。可供选择的意识形态——共和、英联邦（commonwealth）或国家传统之重要性在于为美国人理解为什么他们不再是议会英国人提供了一种激进却又相当肤浅的解释，并为他们还能成为什么人提供了一种相当深刻的理解。然而就以同时代人自我理解的方式追溯历史（相当于意识形态史）来说，一个人将一种动机与另一种相敌对或者用一种因素对抗另一种因素并不是在玩一场无益的游戏；这是在探究同时代人关于可能性与不可能性的认识以及那种认识存在的限制。我认为还可表明，意识形态为议会机构的发展和变迁提供了评注，这帮助我们理解议会现实存在的局限：为什么统治美洲而不是爱尔兰，使得议会面临其不想面对的挑战。

II

当詹姆斯·哈灵顿——他坚持认为国内政府和地方政府性质不同——考察17世纪50年代后期第一次英国革命即将到来的失败时，①他认为两件事是相当确定的。其一是查理一世政府已经倒台了，因为不再存在维持它的封建贵族；其二是查理二世政府——如果复辟，因为似乎极有可能复辟——得不到任何可能的世袭或牢固的贵族的支持，

① J. G. A. Pocock (ed.), *The Political Works of James Harrington* (Cambridge, 1977).

因为这样的贵族仅存在于封建政体中。人们更多提及这些认识中的第一点,却更少提到第二点:哈灵顿在预测斯通教授认为存在危机的都铎权贵阶级衰落之后统治贵族引人注目的重现问题上完全失败了。1642年,上院对阻止内战的趋向无能为力;1688 年,那些恰巧在伦敦的贵族聚集起来,对由詹姆斯二世外逃所造成的局面施加了一定程度的影响。② 1660 年的复辟——据称始于理查德·克伦威尔议会重新引入上院的坚定决定③——标志着议会和政治贵族的恢复。詹姆斯二世创造的贵族即使没有导致也是促进了惯常政客阶级的发展,他们时常出入于宫廷、城镇及一些城市,彼此熟悉也彼此恨极,维持着高级政治的内部世界,这个世界的存在一直使英国新保守派历史学家着迷,以致他们不愿去了解除此以外的政治现实(political reality)。这个圈子的存在和效力显示出 1641 年和 1688 年的真正区别;然而尽管两个时期都使用“宫廷”一词,旧式的由信使和议员组成、以皇宫为核心的政治世界之衰落已不可挽回。新式宫廷随侍议会,也服侍国王;由懂得议会管理简明技术的人组成,他们在国王和下院之间扮演“屏幕或银行”的角色至少比他们的前辈们做得好,并且他们还在上院建立了一个可以容忍的政治俱乐部。

在查理二世统治时期,人们已经知道存在一个议会管理者和权贵阶级——渐渐发展成世袭贵族却又不完全相同——他们的实力在于与行政权威保持亲密关系以及(完全不是同一回事)他们对于政治赞助、影响力和其政敌称为腐败的控制。如果一个人强调斯图亚特王朝后期及汉诺威英格兰时期的统治贵族是议会贵族,便无须否认经济交换——严格土地授予、抵押、不动产管理的进步技术在容许大地主阶级生存并独占不动产上的重要性;④尽管我们或许对作为统治技术的任

② David Ogg, *England in the Reigns of James II and William III* (Oxford, 1955), pp. 217, 219 – 20. See also David H. Hosford, Nottingham, *Nobles and the North: Aspects of the Revolution of* 1688 (Hamden, Conn., 1976).

③ J. T. Rutt, *The Diary of Thomas Burton* ... (London, 1828), hi and iv; Harrington, *Works*, Pocock, ed., Introduction, pp. 102 – 4.

④ See Chapter 1, n. 65.

免权的控制力和效力有争议，我们也无须怀疑其作为一个问题和一种价值的真实性。据说，在辉格英格兰有一个自明的真理，即每一个政治人都拥有生命、自由并追求影响力。回溯这一统治秩序的发展，一个人甚至会对将1688年本身的重要性视为一个单独的插曲表示疑问。有太多不情愿的托利党人，咒骂着他们的国王也同样热烈地咒骂他们自己，加入到那场令人惊讶而不希望发生的动乱之中，立即赋予其转移社会权力的性质。或许应重点关注革命公认的两个后果：17世纪90年代中期的“财政革命”以及20年后的被J. H. 普拉姆视为“寡头政治发展”之关键的七年法案。[5] 前一事件中产生了重要的公共债务机构——英格兰银行，国债以及不那么走运的南海公司——为后革命政权带来了政治稳定，由一大群投资者创建起来，拥有在欧洲发动战争所必要的财政资源，它吸收了对于商业机遇的苏格兰式热望，谋求建立一个大西洋、地中海和印度的帝国。第二个事件中——继20年乡村派和托利党反对战争、高额赋税及赞助和财政统治的反叛之后——议会贵族和绅士们开始谨慎地减少政治竞争性，即使这意味着巩固影响力和赞助的至上性。议会长任期和无异议选举为沃尔波和纽卡斯尔的英格兰以及阿盖尔公爵们的苏格兰开辟了道路。

这便是不列颠，即刻成为寡头帝制，与美国革命的道路相悖，对我们来说重要的一点在于认识到其品格的深度分裂性。议会寡头的功能是维持政府和拥有土地的社会之统一，离开这一政治国家的联合政府将不复存在；维持联合的必要手段是维持政府、商业以及作为谋求商业利益动力的财政、海军、军事帝国以及在欧洲列强体系中所扮演的特殊角色之间的统一。每一位18世纪现实的敏锐观察者都意识到这种对于静态和动态的驾驭力；政治国家比帝国更渴望稳定，而谋求帝国事业则是其维持稳定手段的副产品。一项现代不列颠政治定律生逢其时，即当危及常规政治竞争的进行时，帝国必须让步——这一经验直到不

⑤ P. G. M. Dickson, *The Financial Revolution in England: A Study in the Development of Public Credit* (London, 1967); J. H. Plumb, *The Growth of Political Stability in England, 1660 - 1730* (London, 1967).

久之前才为美国人所知。然而对于18世纪的人来说还存在另一个更为直接的必要推论:主权议会的必要性。无论是考虑维持政府和社会统一的必要,还是谋求战争和帝国政策的必要,显而易见,行政和立法机关必须被联系统治寡头和其统治并代表的国家的同一纽带结合在一起;并且,不管是象征性地还是实际地,该统一的两种最显然必要的模式是立法至上和影响力政治。后者在使得行政机构植根于立法机关和政府植根于社会之中时与前者做得一样多。

这便是并非所有狭义上的寡头时代政治国家致力于达成的体系;然而立即有处于优势和劣势的相反意识形态一起否认这一体系的合法性。此处我们看到我先前提到的类共和制替代方案,而理解其起源和性质,我们必须返回第一次英国革命。早在1642年便存在关于传统宪制的争论,即国王、上院和下院对应于理论共和平衡中的君主、贵族和民主,进一步模糊地对应于行政、司法和立法权;它们之间存在一种平衡,各自受到另外两者的限制,不至于越权以致腐化。⑥ 1649年以后,人们坚持认为世袭君主和上院有损于平衡,而哈灵顿的《大洋国》便是一个没有世袭元素的平衡共和国的蓝本,然而该理论最初在传统宪制中得以发展,而后继续在1660年和1688年得到证明。平衡以三部分要素各自的独立为前提,而且据称只要不依赖于下院(他们在后封建社会便没有这样做了),世袭任职期有效地保证了非选举贵族的独立性。18世纪宪制仅有两个特质无法与平衡的范例共存,其中之一广为人知,另一个则鲜有人识。人们没有很好理解的是,行政和立法机关彼此独立最终不能与立法权威即国王在议会中、行政在立法中相啮合,并且最终一定会与议会主权原则相抵触。国王的大臣们不会因为坐在议会里而受到抨击,但他们据说会因为将政府赞助受领人塞进议会而受责难。因为众所周知,立法机关的成员如果依赖赞助,立法机关就不能独立,而宪制平衡便腐化了。18世纪人口中所说的腐败——一个非常

⑥ In *His Majesty's Answer to the Nineteen Propositions of Parliament* (London, 1642); see Corinne C. Weston, English Constitutional Theory and the House of Lords (New York, 1965).

常用的术语——不仅指贪赃枉法,还包括妨害人类德性和自由所必需的政治条件。⑦ 潘恩的《常识》中唯一提及的自明真理是国王因其独占议会赞助而行使专制权威。⑧ 对我们而言,即使这是真的也不能说是自明真理,但对潘恩的同代人来讲,这是必要且不可避免的结果。⑨

这里值得注意的事实——辉格党人的另一个深度分裂——即尽管这个时代有意识的政治实践以影响力的必要性为基础,也以财产独立为基础,其道德理论几乎一致宣称二者是矛盾的,并且腐败将毁灭德性。那个世纪最高明的思想家——孟德斯鸠、休谟、亚当·斯密、亚历山大·汉密尔顿——都承认尽管赞助和赞助所依赖的商业社会一定会毁灭德性,人类生活的状况中德性永远不能完全实现,假装实现是危险的,而人们一定能发现可能选择的社会价值。这或许是18世纪政治和道德哲学最基本的问题,然而此处不是探究这一问题的好地方;⑩此刻更重要的是我们已经发现了意识形态断层线——继斯通教授的地震裂缝之后——延此断层线不列颠和美国的政治信仰和实践分道扬镳。

存在一种针对议会政府的类共和批判,其宣称腐败必须终结,而平衡各组成部分的独立性必须恢复。英联邦或国家意识形态⑪——有许多名称——在大西洋两岸均被视为理论表述而不是既存政治实践的辩护,然而在美洲殖民地,其重要性远超过其起源地不列颠。在英格兰及苏格兰的一小部分区域,两拨通常被排除在权力大本营之外的人——托利党绅士和老辉格城市激进派,博林布鲁克在一极,凯瑟琳·麦考利

---

⑦ J. G. A. Pocock, *Politics,Language and Time* (New York,1971),ch. 4.

⑧ Philip S. Foner, *The Life and Major Writings of Thomas Paine* (Secaucus, N. J., 1974),pp. 8,116.

⑨ The revolutionary Paine was here only stating as a fact what the conservative Hume had predicted as a probability; see his essay, Whether the British Government inclines more to Absolute Monarchy or to a Republic (*Essays Moral, Political and Literary*, 1741).

⑩ Pocock, *The Machiavellian Moment* (Princeton,1975),chs. 13 – 15.

⑪ Caroline Robbins, *The Eighteenth-Century Commonwealthman* (Cambridge, Mass., 1959); Isaac F. Kramnick, *Bolingbroke and his Circle: The Politics of Nostalgia in the Age of Walpole* (Cambridge, Mass., 1968); Bernard Bailyn, *The Ideological Origins of the American Revolution* (Cambridge, Mass., 1967).

在另一极——完善了对于辉格寡头和赞助的批判工作,以期动员独立的乡村成员反对他们所抨击的内阁。然而这样的努力几乎一定是失败的,安妮女王后期可以作为唯一重要的例外。他们的失败不仅在于乡绅于别人一样汲汲追求影响力,还因为他们能够在议会体制而不是英联邦或国家意识形态中更好地理解他们的角色。前座议员为国王提供大臣,后座议员则扮演着国家的大陪审团;他们坐在那里,成为比博林布鲁克更好的托利党人,麻木地支持着当时的内阁,因为追根究底那是国王的内阁,直到出现他们不能再支持它的罕见情况。故而英联邦或国家意识形态,⑫在思想史上至关重要,在英国政治实践史上却不那么重要,并且我认为应当将思想生活看成与政治生活同等重要。然而在美洲殖民地,政治经验和实践呈现为不同的类型——行政与立法的秘密联合,君主与贵族和绅士的秘密联合,政府与社会的统一不能以缩影的方式复制出来。诚如哈灵顿所言,地方平衡不是国内平衡;当问题最初是惧怕,然后是与议会本身的权威断绝关系时,一种将议会实践视为常规腐败的意识形态看起来非常不同。

III

这里已无须从美国的角度重述18世纪六七十年代的故事。一群卓越的历史学家已经阐明殖民地居民是怎样发现议会宣布以他们不能接受的方式为他们立法的,并且作为结果,在多次危机和情感逆反之后,发现并宣告他们不再是国王的臣民,亦不在议会中,而这些历史学家——如作为最初观察者之一的爱尔兰人埃德蒙·柏克⑬——继续正确地认识到做出宣告的人民之社会结构和历史经验以及他们是如何建立起一个必须以自己的方式进行统治的国家的。历史通常是以国家发

⑫ The term "Commonwealth" suggests urban Old Whigs, the term "Country" Tory landowners; the ideology is much the same whoever expresses it.

⑬ *In the Speech on Conciliation with America* (1775).

展的眼光被书写的，而分离的历史则以相分离民族的发展的眼光被书写。然而将美国革命视为一场英国革命的价值在于，这迫使我们以蕴含共同传统之政治风格的分离为视角思考革命，并借此探究相分离的民族是如何形成他们的政治风格的。当1775年柏克说无人能确知是否存在一个独立的美国或它将如何被统治时，它最终得到的统治形式当然不是其自治经验的简单产物。到目前为止我已说明，议会机构不能在殖民地环境中扎根，而议会反对派的意识形态以相当激进的批判方式指出议会的发展已经为先驳斥后取其代之提供了概念上的方法。然而言外之意似乎很明白，我们必须返回议会机构本身的历史并重新审视其在地方政府上的失败。一个可能的问题是，这一失败是否来源于机构本身处于危机状态的情况。

乔治三世统治的早期阶段在寡头政治中实属混乱和反常。在国王即位前老皮特（他自己就是一个精力充沛且足以煽动人心以致引起老派辉格党核心不安的人物）的战时内阁带来了意料之外的环球胜利以及对于北美大陆上帝国的无限展望。从邮票法案到魁北克法案，殖民地反对的立法意欲使这一帝国合理化并使其容易控制。当时伟大的历史学家大卫·休谟⑭和现代伟大的历史学家刘易斯·纳米尔⑮——二者都不是英格兰人——都指责皮特即后来的查塔姆伯爵，认为他强加给不列颠一个无限的帝国并在因其实现而造成的危机处于最高潮时陷入不负责任的境地。事实上，休谟认为根本不应该实现帝国事业，而我不知道纳米尔在这个问题上作何想法。然而言外之意至少很明白，帝国是偶然的，于英国政府的目的而言并非必要。皮特没有追随丹尼尔·布恩和乔治·罗杰斯·克拉克的脚步去征服圣劳伦斯和俄亥俄；一个定居者的帝国与控制大西洋商业系统的河岸地区相比是无趣的。美国人确实开始认为定居者的帝国属于他们，并且有朝一日使不列颠让出跨大西洋的统治地位。而在如天定命运这般深刻的表述中，

⑭ J. Y. T. Greig (ed.), *The Letters of David Hume* (Oxford, 1932), II, 301.

⑮ Namier, *England in the Age of the American Revolution*, 2nd ed. (London, 1961), pp. 159–60.

人们看到了独立于不列颠的斗争之晦暗轮廓。查塔姆曾在上院宣布说议会不再对美洲具有至高地位的日子到来时,他将建议每一位绅士卖掉他们的土地并移民到那个国家去。他说,越是伟大的伙伴一定控制得越少。[16] 更直接地说,英格兰就是统治的伙伴,议会的根基是英格兰不动产和商业社会。这使得与殖民地的和解最终变得不可能。

议会常规政治行为瓦解的一个深层原因是在国王即位不久之后由年轻的乔治三世和他的朋友别德勋爵发起的内阁初步行动。人们集中讨论了行动的意图,而似乎明确的一点是,国王并不打算推翻寡头秩序也没办法这样做;托利党反对派将他的私人和公共讲话添油加醋一番,指明他当然没打算成为"爱国者国王"(这是博林布鲁克对分权意识形态所做的最后贡献)。但是在赶皮特和纽卡斯尔下台时,国王和别德勋爵在挑拨辉格党和激进反对派——更不要说托利党时做得太过火了。伦敦爆发出激进的不满,并发生了威尔基运动;担任了一两年乔治国王主要顾问的人是一个苏格兰人,并且有一位斯图亚特王室参与交易的情况掀起了一波恶意反对苏格兰沙文主义的浪潮,这样的情况在18世纪反对派底层经常出现,并且可悲地复现于亚当斯[17]及数年后杰斐逊[18]的著述之中。激进反对派——因其在寡头政治秘密行动之外而必然受到欢迎——自动表现为强烈抗议腐败的形式,而模糊表达减少贵族对赞助的控制意思的国王发现自己被贴上了主要支持者的标签。当王室试图在那些激进派和贵族都不喜欢的顾问的帮助下运用影响力时,谴责王室的影响力变得更加容易。

别德离开之后,乔治三世小心翼翼地在既有英格兰政治世界中寻找他的大臣。但他自己的行动,加上伦敦、波士顿、宾夕法尼亚街头反

---

⑯ Max Beloff (ed.), *The Debate on the American Revolution* (London, 1949), p. 102 (from Chatham Correspondence, n, 369 – 72).

⑰ John Adams, *Autobiography* (The Adams Papers, ed. L. H. Butterfield [Cambridge, Mass., 1961], m, 352): "an insolent, arbitrary Scotch faction, with a Bute and a Mansfield at their head for a ministry..."

⑱ See Jefferson's drafts for the Declaration of Independence: "Not only soldiers of our common blood, but Scotch and foreign mercenaries to invade and destroy us..." Carl Becker, *The Declaration of Independence* (New York, 1933), pp. 169, 172.

对派们的行动,将寡头制引入一种无法完全复原的无序状态。查塔姆因精神失常而撒手属于个人意外,但刘易斯·纳米尔先生对埃德蒙·柏克的厌恶——事实上是深深的厌恶——部分是由于他相信柏克的论辩将辉格党重返权力的完全自然的愿望扩大为一个道德和宪制问题。不论如何,关于罗金汉姆辉格党人——一个相当含混不清的团体,柏克在其中扮演口齿伶俐的天才的角色——有一点,即他们只是不知道该如何运用他们拥有的权力。当国王及时地找到了可以将议会团结在一起的诺斯勋爵做大臣时,他仅仅是填补了一个因辉格党政治家不称职而留下的空位。尽管也许不能揭露他们在高级政治世界中日常玩弄的政治手段,这些人受到了前后围攻。他们与日益将腐败的公开谴责对准贵族和王室的伦敦、乡村和美国激进派不对付,而这剥夺了一项他们抨击其不喜内阁的常规修辞手段。在杰克·威尔克斯和山姆·亚当斯(在他们对后者的了解范围内)的时代,他们绝不会成为国家运动的好领导,他们甚至不想去尝试。柏克《论当前不满情绪产生的原因》的情况——如果存在的话——是其在为英联邦意识形态寻求一种替代修辞。不论如何,对于他的强有力的批评家凯瑟琳·麦考利而言,他似乎仅仅是稀释了激进传统的语言而已。

一个简单的辩证法便会使人想起这种情况的结果是由门外的领导人们发起一波改革,⑲但是在不列颠没有发生这样的事,而在美洲殖民地却发生了。这两个现象当然是不连续的:在不列颠政治背景下,仅在外表上和修辞意义上美国激进派发动的是一次国家运动,并且他们的目标不是改革议会,而是否认其权威。然而对于美国历史定型非常重要的是,他们发现否认议会权威唯一的意识形态手段是必须坚称议会机构本身是腐败的——不仅是偶然的,而是固有的——并且必须用制定由相反传统提供的类共和替代方案的方式来取代它。不去探究英联邦意识形态的语言,一个人便不能理解建国之父们的政治文化,无论其在议会制不列颠作为一种修辞工具是多么不恰当,它都为讨论18世纪

---

⑲ John Brewer, *Party Ideology and Popular Politics at the Accession of George III* (Cambridge, 1976).

政治和社会问题和建立持久存在的政治机构提供了最高级的智识装备。尼克松政府被献祭在最初由老辉格党人建立的祭台之上,刀子依然非常锋利。

不管怎样,在英国历史背景下,若我们将 1776 年革命视为一场英国革命,就必须不仅要问为什么在美洲殖民地发生了反对议会的革命,还要问这一革命在议会自身的历史中有何意义。例如,18 世纪 60 年代为殖民地立法的努力与别德和乔治三世介入后所带来的内阁变动之间是否存在深层联系?似乎有理由认为也许并不存在任何内阁在为美洲立法时存有超出常规的意思——但我们仍然发现一个吸引人的观点,即越是稳定的内阁可能表现得越不顽固,也越是能在危机不治前停手。在美国和英国人的想法中均持续着不同形式的乡愁(这种乡愁存在的原因本身便是一个有趣的历史问题),乡愁的持续表明美国从不列颠分离或许本可以避免。我无法想见这些情感有多么深刻,对此我的主要推论是坚信议会机构和定居者的大陆帝国在不久的时间内变得不能并存。然而对于美国人来说,这种乡愁的附属主题是他们愿意去相信失去美国对英国构成了重大打击,也标志着他们统治机构稳定性的深度危机。最后,我认为提供一些理由来解释事情根本不是如此似乎是意义重大的;失去美国是 18 世纪政治稳定性的结果,而不是其不稳定性或者它们开始起变化这一事实的结果,人们以一种根本无伤政治稳定性的方式承认了失去美国。

IV

如果存在一个美国革命变得无法避免的时刻,那么这个时刻就是殖民地坚定不移地认为他们是(用当时的词)“完美联邦”(perfect states)的时刻——这在民主或其他意义上一定会产生拥有所有主权属性的立法政府。或许直到 1776 年,他们宣布自己是“联邦”并开始以常规革命的方式谋求主权时,这一切才发生;然而促成这场革命的强有力的理由是,人们发现主权实际上是立法性的并且因而是无法分享的。英国人一直清楚地认识到情况就是如此,如果议会声称统治殖民地,它就一定要为殖民地立法。但我们都知道,革命的意识形态史为美国人将此视为自明真理带来了非同寻常的困难。因为他们开始相信他们自己是英国人,生活在一个自由的宪制之下,他们便推想自己享有民权、宪制自由、政治德性以及与之相配的自然自由;直到他们发现议会实际上离他们是如此遥远,而他们对那个机构以及与那个机构保持亲密联系的人们的生活知之甚少,他们开始向至高的议会乞求这些东西为止,他们都对此深信不疑。英国人——除了在一定程度上对英联邦意识形态中的分权感到困惑之外——清楚地懂得自由依赖于议会的至高性,依赖于其(象征意义而不是实际意义上的)立法主权,依赖于一种影响力和赞助统治的存续。而美国发现的伟大之处在于,英联邦意识形态为一种新且成功的统治形式提供了许多概念基础,然而这仅发生在以推迟承认其主张中的革命属性的方式促成了一场无法避免的革命之后。或许这就是为什么托马斯·潘恩在一些思考方式上更接近于清教徒和克伦威尔而不是辉格党甚至是老辉格党人的英国人,成了首批呼吁独立革命的人中的一个原因。

当美国人和他们的一些支持者主张国王应该为立法机构提供彼此实际平等的保护时,诺斯勋爵认为这是托利党人的观点。[20] 当杰斐逊在《英属美洲民权概观》中实际请求乔治三世担负起博林布鲁克所说的"爱国者国王"角色——在与议会打交道时不受大臣、他们的联系及影响力渠道影响——时,他是在请求国王以这种方式同时与不确定数量的议会打交道。我们知道乔治国王从没有过扮演一位爱国者国王的打算,而似乎杰斐逊也极不可能认为他打算这样做;《概观》的策略当然是给国王安排一个角色,然后指责他拒绝扮演该角色。然而乔治国王绝不能成为一位爱国者国王的原因亦是在18世纪情况下不可能实现立法机构多样性的原因。他从没有想过摆脱寡头政治的既存模式,

---

[20] G. H. Gutteridge, *English Whiggism and the American Revolution* (Berkeley and Los Angeles, 1963), p. 62.

因为不用想他也知道,他统治不列颠的唯一方式是找到能够维持他在议会中统治地位的大臣(他犯的许多错误无非是在寻找并维持内阁过程中引发了一些关于君主个人作用的问题),而除非国王、大臣和两院之间存在一种持续且实际的合作关系,上述方式无法实现;这种统治方式需要持续关注影响力、赞助以及敏感的私人关系;若同一时间存在多于一个真正的主权立法机关,上述统治方式亦当然无法维持。这就是为什么 1707 年要吸收合并苏格兰议会;而约西亚·塔克这位对美国危机最敏锐的英国保守派观察家下论断说,一个单独的爱尔兰议会是令人无法容忍的。[21] 立法联盟和立法独立之间不存在中间道路;爱尔兰必须加入联盟,美国则必须独立。直到 20 年后发生了一场大屠杀,塔克给爱尔兰的建议都没有被采纳,然而这就是爱尔兰历史的常态。

关于为什么英国人接受美国独立存在保守和激进的理由,保守的理由与支持美洲征服的理由相近。我们关于这些问题的思考经常被 19 世纪晚期及 20 世纪早期的英联邦回忆弄混乱,在这一时期同一王室治下存在多个独立立法机关被证明是完全可行的,然而关于这个迄今仍有些不现实的联合方式需要强调的一点是,这种方式是在英国及其殖民地的选举政治变得更为民主且更少依赖于王室施加影响力的情形下产生的。在寡头制时代的情形下,这种方式不可行。我们知道美国革命时代的英国激进派吁求更为广泛的选举权和削弱影响力,我们可以模糊地感到他们的吁求既会使得革命变得不必要,亦是美国人为他们自己所争取的。然而这样的想法不是非常实际。1777 年 4 月,埃德蒙·柏克向他在布里斯托尔的选民写道:

“然而如果殖民地(将一般性问题反馈给我们)能够看到,在大不列颠,人民的大多数都融入政府,每一次与内阁的分歧都必定总是国家

[21] *A Series of Answers to Certain Popular Objections against Separating from the Rebellious Colonies and Discarding them Entirely* (Gloucester,1776),pp. 57 – 58. The point is repeatedly made in Tucker's works.

不和,他们就不再能够与这个王国的臣民保持平等和友好的同胞关系了。”㉒

柏克正在谈论的是他不希望发生的事情;他试图迂回地为罗金汉姆退出议会辩护,同时反对思想中的战时状态。但他的话有更深的含义。因为前一年的夏天美国人实际上陷入了与英国的不和之中——他们在现在确定为1776年7月4日发表的一份公共文件中如是宣告——发生这种情况的一个原因是,即便是在寡头制时代也存在的人民的大多数都融入政府的真实观念。那些没有公职的人或许会与内阁发生争吵,但他们必须支持其议会主权;那些没有选举权的人或许会与寡头发生争吵,但他们也必须在议会中寻求代表。议会机构在国家中扎根,而对于时人来说影响力是使得议会深植于国家的手段。美国不具备这些条件,也没有人想过深植这些条件的方式。

这就是为什么没有英国政治家——当然不是柏克——曾想出一个不涉及议会终极主权而解决殖民地问题的方案,柏克只是说议会应该克制行使终极主权。这就是为什么柏克和他的朋友们发现他们在政治上完全无能为力的原因。政治国家通常会支持它的议会。并且这也是为什么对抗美国人的战争和承认他们独立的和平都没有面临普遍的不得人心以致危及机构稳定性的局面;你几乎可以认为议会主权是需要维护的目标,而臣服于一个帝国还是放手仅是实现该目标的两种方法。如果——借用历史学领头人的语言——普拉姆的“寡头制的发展”是18世纪对于斯通提出的17世纪“贵族制危机”的补救措施,那么失去一个帝国似乎是维持机构稳定性的高额代价。然而放弃了帝国,机构的稳定性便得以维持。据说存在一个古老而令人误解的谚语说英帝国是“心不在焉地一下子就形成了”的:英国对维持而不是扩展自身更感兴趣(也总是让他们的海外保皇派们在他们认为合适的时候离开)。让我们此时反过来想想《西北法令》,想想杰斐逊的“自由帝国”,想想

㉒ A Letter to the Sheriffs of Bristol, in A. J. George, ed., Edmund Burke: *Speeches on the American War* (Boston, 1891), p. 194.

克莱和门罗、杰克逊和波尔克;我们会发现那个新生共和国的悖论,即因反抗帝国而生,也献身于帝国——献身于以其母国不曾有过的方式建立其结构的定居者的帝国。不说别的,美国革命是继罗马帝国衰落之后最伟大的白人定居者起义,但它与后者并不相似。因为罗马人让他们自己的帝国把自己消磨殆尽,而英国人则没有犯那样的错误。

我似乎对乔治统治中期英格兰的激进紧张状态给出了过于保守的解释,但近期内的情况在保守派掌控中。18 世纪 80 年代,国会改革的尝试实际上在法国大革命及对于革命的大反动之前就失败了,并且有人提出失败的一个原因是英联邦意识形态,他们的修辞仍以其为基础,但现在显然已脱离事实了。根据传统的改革智慧,腐败破坏了宪制平衡,而必须以通过恢复其不腐败的民主成分的方式来恢复宪制平衡的原则。然而国家刚刚经历了一场据认为是旨在维护其议会机构而激进派、托利党人和美国人都无法反驳的痛苦且不名誉的战争。当政治体系决定性地转向一位大臣——小皮特,他掌权并看上去能够发起将议会机构团结起来的改革——时,1784 年的选举标志着老式反对派的终结。柏克一如既往地处在失败一方,然而他的思想却前景可观。他认为,无法在既定体系中恢复第一原则了。为了申斥大臣们在没有答案的情况下开启了殖民地立法的问题,柏克最先发表的他对于政治空论的深恶痛绝至关重要。

然而跨越大西洋,诞生于反议会大革命中的共和国正试图恢复第一原则,因为没有其他路可走。发现议会政府从来没有包含他们,他们转而寻求议会传统带给他们的类共和替代方案,并且正在学习英联邦意识形态的全部智识成果,以期为他们自己创造一种统治形式。这里不是谈论他们以其认为最合适的方式转化其智识遗产的地方。然而如果我们想到拒绝议会包含了议会建立在行政腐败之上的意思的话,我们就能理解汉密尔顿被指责意图恢复英国政体时㉓的深刻和辛酸。因为汉密尔顿想要一个以公债和政治赞助供给为基础的强大行政机关,

㉓ Gerald Stourzh, *Alexander Hamilton and the Idea of Republican Government* (Stanford, 1970); Lance Banning, *The Jeffersonian Persuasion* (Ithaca, N. Y., 1978).

他必须谋划着恢复君主和世袭贵族。这些事实几乎是自明的。然而汉密尔顿的思想继续向前推进，远超过了误解，而这个英国历史插曲的最终悖论仍值得关注。19 世纪期间，议会君主制以或许很好地重申了寡头制原则却也确实消除了大部分经典而常见形式的赞助、影响力和腐败的方式民主化并改革了自身。民主联邦主义发展成为世界已知的最大的赞助和影响力帝国，并且迄今为止仍奉行一个原则，即除非政治家们为他们的朋友做事并且他们的朋友知道去哪里找到他们，政治便无法运作。新的民主派不过是扩大化了的老辉格党人，而作为 18 世纪政治艺术之伟大胜利的联邦宪法，似乎使得它意欲对抗的 18 世纪世界变得不朽了。甚于特洛普的欧尼姆公爵，理查德·尼克松是一位老辉格政治想象中的政治人物。远非他在美国政治传统中作为平常人物的形象，他倒台过程中唯一令国父感到惊讶之处在于，他是唯一一个因存在了两百年之久的原因而最终被免职的总统。然而难道不是我们的统治假设决定了现实吗？也许是美国确保了其建国去抵制的腐败形式得以存在下去。

《政治与法律评论》
(第八辑)第68~75页

人民的代表应该与人民相似吗?
——联邦党人与反联邦党人的争论

孙逸舟*

一、导言

在联邦党人和反联邦党人关于美国宪法草案的论战当中,代表制是双方激烈交锋的一个问题。反联邦党人坚持认为,人民的代表应该与人民"相似",并担忧拟议中的联邦众议院因为规模过小(最初只有65名众议员)而导致一批"天然贵族"当选并进而统治人民。联邦党人则持相反看法,认为这种担忧纯属多余,一小部分优秀的公民完全可以恰当地代表广大民众。

然而,双方的分歧实际上可能没有看起来那么大。如果把同一时期的英国思想家柏克的代表制理论也纳入考虑,就会发现联邦党人和反联邦党人在代表与人民的"相似性"上虽有争论,但双方的观点有相通之处。而他们和柏克对"利益"的迥异看法,导致了联邦党人和反联邦党人的代表理论与柏

---

* 孙逸舟,北京大学法学院学士,纽约大学法学院法学理论硕士。

克的代表理论之间的巨大差异。

二、关于相似性的争论

在《联邦党人文集》中，麦迪逊宣称，“古代政治制度与美国政府的真正区别，在于美国政府中完全排除作为集体身份存在的人民”，[①]并将代表制作为美国宪法的一项至关重要的特点加以推崇。与此相反，“总的来说，反联邦党人对代表制的接受不那么情愿”，他们只将代表制机构看成在公民无法直接集会时代替公民行使权力的机构。[②] 同时，反联邦党人阵营“全体一致要求代表要与被代表者相似”。[③] 例如，反联邦党人“布鲁图斯”认为：“身处代替人民行事的位置上的人，应该拥有人民的思想感情，受人民利益的支配，或者换句话说，应该与被他们代表的人群有最强的相似性（resemblance）。”[④]他们的观点是，只有当代表与人民相像时，即当他们与选民有着相同的职业、信仰、生活方式和生活水平，进一步地，还要有相同的思想感情和观点时，他们才能真正代替人民行动，并且服务于人民的利益。

反联邦党人并不要求社会上的每一个阶层都要单独选举自己的代表。他们强调的重点是当时的美国中产阶级：为了“让职业人士[⑤]、供货商、交易商、农场主、技工等人令他们中间最了解情况的人以恰当比例进入立法机关”，[⑥]代表人数必须相当多才行。反过来，假如联邦的立法机关规模不够大，里面就不会有背景低微之人，只有拥有相当的财

---

① 汉密尔顿等：《联邦党人文集》，商务印书馆1980年版，第63篇，第323页。

② ［美］赫伯特·斯托林：《反联邦党人赞成什么——宪法反对者的政治思想》，汪庆华译，北京大学出版社2006年版，第78页。

③ Bernard Manin, *The Principles of Representative Government*, Cambridge, New York & Melbourne: Cambridge University Press, 1997, p. 111.

④ Brutus, Essay III, in *The Anti-Federalist*, ed. Herbert J. Storing, Chicago & London: The University of Chicago Press, 1985, 2. 9. 42, pp. 124 – 125.

⑤ 指需要通过资格考核才可执业并受到专业行会管理的医师和律师。

⑥ Federal Farmer, Letter II, in *Anti-Federalist*, 2. 8. 15 (39).

富、声望和影响力的人才能进入——这些人被反联邦党人称作“天然贵族(natural aristocracy)”。[7] 反联邦党人担忧,通过拟议中这样一个给予某些人“不适当的、支配他人的地位”的代表制度,处在优势地位的少数人就可以掌握治国之权并统治多数人,然后,“前者将逐渐变成主人,后者则变成奴隶”。[8]

另外,对拥护宪法草案的联邦党人来说,“由各阶级的人真正代表所有阶级人民的想法,是完全不切实际的”。[9] 汉密尔顿详细解释了为什么没有必要让社会上的每个阶层都选出自己的代表,也就是少数人如何可以代表多数人:技工和手工业者“除少数例外,往往愿意投商人的票”,因为商业交易中产生的共同利益把前两类人和商人联系在了一起;医师和律师这些职业人士“并不构成社会上一个独特的利益集团”,所以他们自己和其他人群都有可能选举他们担任代表。同时,由于土地所有者们拥有共同的利益,因此任何一名农场主都可以代表其他农场主,不论他的地产是大是小。[10]

与反联邦党人不同,联邦党人并不担心天然贵族可能通过代表制度凌驾于人民之上从而成为主人。对他们来说,美国所应实行的“共和政体”至关重要的一项特征,就是“通个某个选定的公民团体,使公众意见得到提炼和扩大”,因为这个团体的“智慧最能辨别国家的真正利益,而他们的爱国心和对正义的热爱似乎不会为暂时的或局部的考虑而牺牲国家”。[11] 对于反联邦党人的疑问,联邦党人完全可以反问:“选举那些具有明显才能的人又有什么过错?宪法反对者如此害怕的‘天然贵族’是什么样的人呢?他们是最杰出、最值得信任、最有能力的人……难道他们不正是应当成为人民代表的那些人吗?”[12]

在此基础上,或许还可以进一步分析,认为联邦党人眼中的代表完

---

⑦ Brutus, Essay III, in *Anti-Federalist*, 2. 9. 42 (125).

⑧ Federal Farmer, Letter VII, in *Anti-Federalist*, 2. 8. 97 (75).

⑨ 汉密尔顿等:《联邦党人文集》,商务印书馆1980年版,第35篇,第169页。

⑩ 汉密尔顿等:《联邦党人文集》,商务印书馆1980年版,第35篇,第169~170页。

⑪ 汉密尔顿等:《联邦党人文集》,商务印书馆1980年版,第10篇,第49页。

⑫ 斯托林:《反联邦党人赞成什么》,第79~80页。

全不需要与被代表者有任何相似之处；恰恰相反，他们在智慧、情感和品格方面应该明显高于人民。美国学者伯纳德·马宁就持有这样的观点——在分析麦迪逊关于代表制的观点时，他指出，麦迪逊"没有提到代表与被代表者之间有哪怕一丁点的相像之处。的确，代表应该与他们的选民不同，因为共和政体要求，权力应交给那些高于和异于其公民同胞的人"。⑬

然而，这真的是联邦党人代表制理论的全貌吗？联邦党人眼中的代表是否与被代表者完全没有相似之处？为了回答这个问题，可以引入柏克的代表制理论作为对照。

三、精英统治与利益问题

几乎就在联邦党人和反联邦党人展开论战的同时，大洋彼岸的柏克清晰地论述了一种通过代表制实现"精英治国"的理论。在柏克的"虚拟代表"（virtual representation）⑭理论中，一方面，代表正是天然贵族的成员，他们的任务是"就整体的利益进行推理和判断"；而另一方面，被代表者则是"无法管理他们自己"的人民大众。⑮ 对柏克来说，天然贵族是"王国的自然力量"，拥有智慧、经验和尊荣。他们所具备的理智和品格上的某些特定品质使他们拥有"受人尊敬的权利和享有权威的正当性"，让他们有资格作为代表来"照看"人民，⑯即使没有经过大多数人民的选举，也可以在议会中"虚拟"地代表他们。

如果以柏克的代表制理论作为对照，就会发现即便认为联邦党人

---

⑬ Manin, *Principles of Representative Government*, 116 - 117.

⑭ 国内学界经常将柏克的 virtual representation 译为"实质代表"，但"虚拟代表"或许是更妥当的译法，因为 virtual representation 是与 actual representation 即"事实代表"相对的概念，See Samuel H. Beer, *To Make a Nation*: *The Rediscovery of American Federalism*, Cambridge & London: The Belknap Press of Harvard University Press, 1993.

⑮ Hanna Fenichel Pitkin, *The Concept of Representation*, Berkeley, Los Angeles & London: University of California Press, 1967, pp. 169 - 170, 174.

⑯ Beer, *To Make a Nation*, p. 144.

怀有由有智慧、有德性者组织政府的理念,他们的代表制理论也与柏克的理论相去甚远。麦迪逊对于代表应具备的品质做了这样的阐述:“谁是公众选举的对象呢?凡是其功绩能赢得国家的尊重和信任的公民都是这种对象。财富、门第、宗教信仰或职业都不得限制人民的判断或者使人民的愿望受到挫折。”⑰在这里,麦迪逊明确排斥以出身、财产或社会地位作为统治精英所应具备的资格——要成为人民的代表,就必须获得人民的选择,这一外在标准是唯一的要求。在这方面,麦迪逊和柏克的理论有着根本的不同。

如何理解柏克和联邦党人在代表制理论上的差异?问题的关键是他们关于“利益”有着迥异的看法。对柏克来说,政治代表的功能是实现对利益的代表,而他确信在一个国家里,存在一种客观的、超越个人的“国家利益”(national interest)。在一篇著名的演讲中,柏克告诉对选民说:“议会是一个具有共同利益、整体利益的同一国家的决策性会议——在这里起主导作用的不该是地方利益、地方偏见,而应该是以全体人民的普遍理性为基础的普遍利益。”⑱美国学者汉娜·皮特金在《代表的概念》一书中指出,柏克相信,“任何团体的真实利益,或就此而言,整个国家的利益,都有客观的真实内容;对此,我们要么判断正确,要么判断错误。”同时,“那些曾就问题进行研究、协商和讨论的、聪慧而充分了解情况的理性人”有能力辨别和理解这种客观的国家利益。⑲

然而,对于自柏克以降的绝大多数政治理论家而言,“政治问题无可避免地成为没有正确答案的、有争议的问题,利益属于有权给它下定义的具体的人,社会上也不存在可靠的精英团体。”⑳在这个意义上,联邦党人和反联邦党人毫无疑问都属于皮特金所定义的“自由主义者”(liberals):他们把“利益”看成一个由个人定义的概念,他们的代表制理论正是建立在“个体理性人是其自身利益的裁判者”这一基础之上。

---

⑰ 汉密尔顿等:《联邦党人文集》,商务印书馆1980年版,第57篇,第290~291页。

⑱ [英]埃德蒙·柏克:《自由与传统——柏克政治论文选》,蒋庆、王瑞昌、王天成译,商务印书馆2001年版,“Speech to Electors of Bristol (1774)”,第166页。

⑲ Pitkin, *Concept of Representation*, p. 176.

⑳ Pitkin, *Concept of Representation*, p. 189.

两者都同意在代表制下,代表所要做的不过是追求和推进具体地区、具体团体和具体阶层的利益,而不是发展出他们自己关于“国家利益”的理念并加以实现。与柏克谈论单数的“国家利益”不同,麦迪逊在《联邦党人文集》中提到利益时几乎无一例外地使用复数,即谈论“各种利益”(interests);[21]麦迪逊相信,利益的多元性根植于人性之中:

> 人的才能是多种多样的,因而就有财产权的产生,这种多样性对于达到利益一致来说,不亚于一种无法排除的障碍……由于保护了获取财产的各种不同才能,立刻就会产生不同程度的和各种各样的财产占有情况;而由于这一切对各财产所有人的感情和见解的影响,从而使社会划分成不同利益集团和党派。[22]

四、代表与人民的相似之处

既然统一的国家利益并不存在,自然也就没有一个团体可以把它辨认出来。在麦迪逊看来,社会上的每个人基本上只能根据个人经验和知识理解他自己或他所属阶层的利益。“因为人由利益驱动,可以说人民的代表将会追求的是推进这些数量繁多、变动不居的利益。”[23]而在辨认人民的利益方面,联邦党人眼中的统治精英丝毫不比其选民更加高明。如果说柏克眼中的天然贵族是一个具备理性能力和公共德性的、根本上独立和超脱的团体,那麦迪逊眼中的精英就是由不同利益集团中的杰出人物组成的群体。联邦党人不像柏克一样认为存在一群可以代替别人行事的独特人物,他们理论中的代表,在精英程度上比之柏克理论中的代表远远不如,在与人民的关系上则较之远为平等。

---

[21] James Madison, The Federalist No. 10 & No. 57, in *The Federalist*, ed. Jacob E. Cooke, Middleton: Wesleyan University Press, 1961.

[22] 汉密尔顿等:《联邦党人文集》,商务印书馆 1980 年版,第 10 篇,第 46 页。

[23] Pitkin, *Concept of Representation*, p. 193.

从这个观点出发,对于联邦党人和反联邦党人之间关于代表与人民之间相似性的争论就会有不同的理解。在代表应该来自社会不同群体和阶层这一点上,联邦党人与反联邦党人其实是一致的,只不过前者眼中的"阶层"比后者更广大、更有包容性。的确,联邦党人眼中的代表不一定与其选民从事完全相同的职业,也不一定与他们经常发生面对面交流,但代表与被代表者之间应当有重要的利益联系。反联邦党人担忧,代表可能不同情被代表者的处境;而联邦党人之所以没有这种担忧,是他们相信"共同利益往往会被认为是最可靠的同情纽带"。[24]有共同的利益联系,就有共同的思想感情和政治观点;代表和其选民之间的利益联结,让前者可以"忠实代表一切不同的利益和主张"。[25]

值得注意的是,汉密尔顿在《联邦党人文集》第35篇中详细描述了不同职业背景的精英通过利益纽带代表其他人的具体机制:商人代表商人、技工和手工业者,少数土地所有者代表其他土地所有者,职业人士可以代表各种群体,但是在柏克的著作中看不到类似的讨论。对柏克来说,只要一个人是天然贵族的一分子,则此人如何谋生、从事何种职业,与他是否有能力代表人民利益是完全无关的。这种差别可以佐证前面关于柏克和联邦党人代表制理论差异的观点。联邦党人和反联邦党人都同意的一点是,一个人不能代表与他完全没有利益联系的人。在这个意义上可以说,联邦党人代表制理论中的代表与被代表者也是"相似"的,只不过不同于反联邦党人的理论中的"高度相似",联邦党人主张的是代表与人民"大体相似"。

五、结论

后世的研究者往往关注联邦党人和反联邦党人在代表与人民"相似性"上的分歧,其实他们双方在这个问题上的共识同样值得关注。

---

[24] 汉密尔顿等:《联邦党人文集》,商务印书馆1980年版,第35篇,第170页。

[25] 汉密尔顿等:《联邦党人文集》,商务印书馆1980年版,第36篇,第172页。

综上所述，联邦党人认为，代表们只能代表与他们自己有具体的利益联系的人，因此在阶级属性和社会团体属性上，联邦党人构想中的代表与被代表者也是大体相似的。而这种相似又反映出一种更本质意义上的相似，即代表与被代表者都关心自身利益。无论统治精英如何智慧、有德，都不能指望他们对于人性的各种弱点能够免疫，在维持一个共和国的稳定和延续上，没有任何精英是全然可靠的。由此出发，麦迪逊才提出“用野心对抗野心”，通过在美国这样一个广土众民的大共和国实施代表制，使各种利益集团之间能够互相制约，不至于危害少数派的利益和共和政府的安全。[26] 因此，理解了联邦党人与反联邦党人在代表与人民“相似性”问题上的相通之处，有助于把握联邦党人代表制理论的全貌。

㉖ 汉密尔顿等：《联邦党人文集》，商务印书馆1980年版，第10篇，第50页。

《政治与法律评论》
(第八辑)第76~107页

“国体—政体论”与清末立宪

康向宇*

摘要:本文试图回答“清末立宪是如何在宪政理论上失败的”这一问题。首先,本文通过聚焦清王朝于1905年和1908年先后派出的两个宪政考察团,对清王朝的官方宪政理论即“国体—政体论”进行了谱系学意义上的重构。其次,本文以明治日本的“国体—政体论”为参照,解释了清末的“国体—政体论”为何会失败。本文的基本观点是:“国体—政体论”的关键不是政体,而是国体。清末绝大多数政治人物都把国体问题简单地理解为主权—制宪权的归属问题,这种对国体问题的“政体化”处理方式,导致“国体—政体论”从日本传入中国之后,只能成为一种权力配置的宪政理论,从而丧失了其原有的政治整合作用。

关键词:国体　政体　代表制　清末立宪

---

* 康向宇,清华大学法学院法学理论专业2014级硕士研究生,Email:kangxiangyu92@163.com。本文写作受到赵晓力老师开设的“比较宪制”研讨课(2014年秋)的启发,对梁启超代笔奏折的理解得益于与田力的探讨,在此谨致谢意。本文初稿曾提交第七届“政治、法律与公共政策年会”(2015.11.28),感谢与会学者的中肯评议。冯象、刘诚、章永乐、李一达、孙竞超、戴熙路等师友曾先后提出中肯建议,在此一并致谢。当然,文责自负。

吾自昔常标一义以告于众,谓吾侪立宪党之政论家,只问政体,不问国体。

——梁启超①

这个国体问题,从前清末年起,闹了几十年还没有闹清楚。

——毛泽东②

对于清末的中国人而言,以代表制为基础的西方“宪政”是一个绝对的舶来品,它远远超出了传统儒学对政治秩序的理解和想象。当清王朝决定变更祖制、仿行宪政时,它事实上发起了一场“旧邦新造”的政治运动。政治运动往往需要相应的理论支撑,而理论水平的高低往往关乎政治运动的成败。如果我们想历史地理解清末立宪,就必须追问一个问题:清末立宪是如何在宪政理论上失败的?

在尝试回答这个问题时,我们首先面临一个史料上的困难:从1905年五大臣出洋考察宪政到1912年清帝逊位,清王朝虽然提出了一系列立宪举措,却从来没有明确表述过一套官方宪政理论。因此,我们很难找到直接性的史料来支撑我们的分析。但我们不能因此就简单地断定,清王朝对宪政理论一无所知。毕竟在立宪期间,朝廷曾先后两次派遣官员出洋考察宪政,对宪政理论的学习与引介是考察团的主要任务之一。此外,朝廷还大力通过派遣留洋学生、兴办法律学堂、聘请外国顾问等方式,培养政法人才,推动立宪事业。因此,我们不妨假定,清王朝在立宪过程中逐渐形成了一套对宪政的理解;如果这套理解比较自洽,那么完全可以被视为一种官方宪政理论。本文即尝试通过一种“知识考古

① 梁启超:《异哉所谓国体问题者》,载《梁启超全集》,北京出版社1997年版,第2900页。

② 毛泽东:《新民主主义论》,载《毛泽东选集》(第2卷),人民出版社1991年版,第676页。

学”的考察,对清王朝的官方宪政理论进行谱系学意义上的重构,并从它的理论结构入手,分析这套宪政理论何以失败,以及这种失败所隐含的宪政经验。

一、五大臣出洋与“国体—政体论”

清末立宪始于五大臣出洋。日俄战争之后,直隶总督袁世凯奏请朝廷,“简派亲贵,分赴各国,考察政治,以为改政张本”。③ 1905 年 7 月 16 日,朝廷颁布《派载泽等分赴东西洋考察政治谕》,派遣大臣“分赴东西洋各国考求一切政治,以期择善而从”。④ 几经波折之后,镇国公载泽、户部侍郎戴鸿慈、湖南巡抚端方、山东布政使尚其亨、顺天府府丞李盛铎被确定为考政大臣的最终人选。五大臣分两路而行,皆从上海出洋。戴鸿慈、端方为一路,于 1905 年 12 月 19 日启程,1906 年 7 月 20 日回国;载泽、尚其亨和李盛铎为一路,于 1906 年 1 月 14 日出发,7 月 12 日回国。

从人员构成来看,两个考察团实际上代表了清末主要的三派政治势力,即满洲贵族、地方督抚和立宪派。载泽是爱新觉罗氏,满洲正黄旗人,属近支宗室,妻子是隆裕皇后的姐姐。因此,载泽代表了满洲贵族。端方在上层官僚中素以知时务著称,在担任考政大臣之前,已历任湖北巡抚署湖广总督、江苏巡抚署两江总督、湖南巡抚及闽浙总督(未及赴任)。因此,端方代表了地方督抚。此外,端方向来与立宪派保持着紧密联系,因此在某种程度上还代表了立宪派。至于戴鸿慈、尚其亨和李盛铎,在当时都属于开明官僚。⑤ 考察团有 76 名随员,其中不乏熊希龄、陆宗舆等知名立宪派,熊希龄甚至与梁启超、杨度等海外立宪

---

③ 《立宪纪闻》,载《中国近代史资料丛刊·辛亥革命》(四),上海人民出版社 1956 年版,第 12 页。

④ 《派载泽等分赴东西洋考察政治谕》,载故宫博物院明清档案部编:《清末筹备立宪档案史料》(上册),中华书局 1979 年版,第 1 页。楷体、加粗皆为笔者所加,下同。

⑤ 关于五大臣简介,参见柴松霞:《出洋考察与清末宪政》,法律出版社 2011 年版,第 70~75 页。

派保持着密切联系。⑥

(一)日本宪制与“载泽方案”

据载泽《考察政治日记》记载,载泽使团考察日本时,曾与日本政要伊藤博文、大隈重信以及宪法学家穗积八束探讨宪政问题,穗积八束和伊藤博文还先后为使团讲授日本宪法。明治维新以来,日本逐渐形成了一套以“国体”和“政体”之分为基础的宪政理论(本文称为“国体—政体论”)。穗积八束本人就是所谓“国体宪法学”的理论家,他最早在理论上清晰地定义了国体和政体,并系统地阐述了“国体—政体论”。⑦

> 国家具有**主权**,而于国家组织中,主权存立的体样不一。指此体样之异同,而称为“**国体**”之别,国体由主权之所在而分……单数或复数之自然意思,构成团体之统一的法律意思,而表呈这种意思的关系称为**代表**。国体由**国家代表**的态样而分……主权之所在,即构成国家的法律意思之自然意思之所在……**君主国体**乃以特定的一人为国家的**主权者**的团体。以他为主权者,乃是于其人的自然意思即成为国家法律的意思之意义上,谓主权在于其人……以特定之一人的自然意思,充实和构成国家的法律意思,为君主国体之特色……**民主国体**乃是以人民为主权者的国体。以人民为主权者,乃是于以人民各人之自然意思的综合,成为国家的法律意思之意义上,谓国家的主权即为人民的权力。⑧

---

⑥ 关于76名随员的概况,参见潘崇:《科举废除前新政人才结构透视——以清末五大臣出洋考察团随从人员为例》,载《近代史研究》2014年第2期。

⑦ 林来梵:《国体宪法学:亚洲宪法学的先驱形态》,载《中外法学》2014年第5期。

⑧ [日]穗积八束:《宪法提要》。转引自[日]美浓部达吉:《宪法学原理》,欧宗祐、何作霖译,汤唯点校,中国政法大学出版社2003年版,第272~273页。必须指出,穗积八束的《宪法提要》出版于1910年,比五大臣出洋晚了五年,但这并不意味着此处对《宪法提要》的援引是不恰当的。首先,早在为载泽使团讲授宪法之前,穗积八束的“国体宪法学”已经基本成型;其次,从《考察政治日记》所载相关授课笔录可以看出,穗积八束的授课内容完全符合《宪法提要》的相关论述。因此,上述引文可以被视为一个简明版的“国体宪法学”,为我们理解载泽使团的考察成果提供了一个相对精确的理论参照系。

根据这段论述,穗积八束的"国体宪法学"的核心,是一套霍布斯式的代表理论。⑨ 考虑到穗积八束曾经留学欧洲,霍布斯的理论对他而言应该并不陌生。穗积八束在两个意义上使用代表概念。首先,代表是一种法律关系,它对应着英文单词 representation/ represent。就词源学而论,"代表"就是"再现"(re-presentation/ re-present)。通过代表,"某种实际上不在场的事物,在非严格的字面意义上,可以被看作是在场的"。⑩ 在代表关系中,A 代表 B,意味着在授权范围内,A 通过以自己的"自然意思"构成 B 的"法律意思",使自己的言行被 B 所拥有,从而可以代替 B 行动(act for B)。⑪ 其次,代表是对代表关系中的实际行动者的称谓,对应着英文单词 representative,有时也译为"代表者"。当 A 代替 B 行动时,A 就是 B 的代表者。穗积八束所说的"国家代表",就是在这个意义上使用代表概念的。穗积八束暗示,任何团体,无论是商业合伙,还是政治国家,只有通过代表,才能获得"统一的法律意思"。正如霍布斯所说:"当一群人当中的每个人分别同意被一个人或一个人格所代表时,这群人就成了一个人格。因为是代表者(representer)的统一性(unity),而不是被代表者(represented)的统一性,使这个人格成为了'一'(one)。代表者承担着这个人格,而且只能是一个人格。在群众当中,统一性没法做其他理解。"⑫

穗积八束继承了霍布斯的国家观念:国家作为一个"人造人",它是对"自然人"的模仿。人的行动皆出于自己的意志,国家作为一个"人造人",其行动同样以单一意志为基础。不过,人的意志是自然的,国家的意志则是人为的。人为意志论的基础是代表制。国家是"扮演

---

⑨ 关于霍布斯的代表理论,参见 Thomas Hobbes, *Leviathan: with selected variants from the Latin edition of* 1668, Edwin Curley ed., Hackett Publishing Company, 1994, xvi - xviii;赵晓力:《霍布斯的〈利维坦〉》,载高鸿钧、赵晓力主编:《新编西方法律思想史》(古代、中世纪、近代部分),清华大学出版社 2015 年版,第 337 ~ 341 页;Hanna Fenichel Pitkin, *The concept of representation*, University of California Press, 1967, pp. 14 - 37。

⑩ Hanna Fenichel Pitkin, *The concept of representation*, pp. 14 - 37.

⑪ Thomas Hobbes, *Leviathan: with selected variants from the Latin edition of* 1668, Edwin Curley ed., Hackett Publishing Company, 1994, xvi. p. 1.

⑫ Hobbes, *Leviathan*, xvi. p. 13.

一大群人的一个人格”，这个人格必须由“主权代表者”（sovereign representative）（穗积八束称为“国家代表”）来承担。主权者作为全体人的代表，他的意志就是所有人的意志。[13] 因此，代表制不仅是国家的建立方式，更是国家最根本的规定性特征。穗积八束的“国体论”，其实就是基于代表制的人为意志论的规范化表述。国体就是“主权之所在”，也就是“构成国家的法律意思之自然意思之所在”；而主权者的“态样”，决定了一个国家是“君主国体”还是“民主国体”。至于政体，则是“统治权行动的形式”。穗积八束按照当时日本学界的通说，把政体分为“专制政体”和“立宪政体”，“所谓立宪政体，乃是以权力分立为主义的政体，所谓专制政体，乃是以权力兼并为主义的政体”。[14]

穗积八束强调，国体与政体有本质区别，不可混同，否则将会“误解宪法大义”。一方面，国体是政体的基础，国体论处理的是国家如何获得意志的问题，政体论处理的是国家在获得意志之后应该如何行动的问题，两者之间存在根本性的“体用之别”。另一方面，国体与政体并非截然无关，政体变动必然以国体变动为前提，“统治权行动的形式，没有不变动国家统治权自身之所在，而能变迁的”。[15]

从《考察政治日记》所载相关授课笔录可以看出，穗积八束向载泽使团所讲授的，正是这套已经很成熟的宪政理论。据笔录记载，穗积八束首先介绍了日本的君主国体：“日本国体，数千年相传为君主之国，人民爱戴甚深，观宪法第一条可知。明治维新，虽采用立宪制度，君主主权，初无所损”，“以君主为统治权之总纲，故首列皇位为主权之本体，此数千年之治体，不因宪法而移。凡统治一国之权，皆隶属于皇位：此日本宪法之本原也”。穗积八束继而指出，在政体层面，统治权被具体化为立法权、大权（行政权）和司法权。“如君主行立法权，则国会参与之；君主行大权，则国务大臣、枢密顾问辅弼之；君主行司法权，则有

---

[13] Hobbes, *Leviathan*, xvii. p. 13.

[14] ［日］穗积八束：《宪法提要》。转引自［日］美浓部达吉：《宪法学原理》，欧宗祐、何作霖译，汤唯点校，中国政法大学出版社 2003 年版，第 273 页。

[15] 同上。

裁判所之审判。"穗积八束尤其强调,日本的议会是隶属于君主大权的。例如,议会"参与立法"不同于直接"立法",因为"立法者君主之大权,议会惟议定法案,请君主之裁可而已"。⑯ 伊藤博文同样秉持"国体—政体论"。他向载泽赠送了自己所著的《皇室典范义解》和《宪法义解》,并表示:"各国宪政有两种,有君主立宪国,有民主立宪国。贵国数千年来为君主之国,主权在君而不在民,实与日本相同,似宜参用日本政体。"⑰

结束了对日本的考察之后,载泽使团在《在日本考察大概情形暨赴英日期折》(以下简称《在日情形折》)中赞赏了以"君主主权"为核心的日本宪制:"大抵日本立国之方,公议共之臣民,权柄操之君上,民无不通之隐,君有独专之权。其臣民有聪强勤朴之风,其治体有划一整齐之象。"不过,在考察日本期间,载泽使团虽然学习了"国体—政体论",但还没有形成系统的立宪思路。首先,《在日情形折》并没有详细讨论宪法问题,而是把教育普及摆在第一位,认为"其富强之效,虽得力于改良律法,精练海陆军,奖励农工商各业,而其根本则尤在教育普及"。⑱ 但载泽使团后续奏折的重点不再是教育普及,而是宪法问题。其次,当载泽于1909年出版《考察政治日记》时,全文收录了考察英国、法国、比利时后所上奏折,却单单删掉了《在日情形折》。这似乎表明,载泽本人也认为,这封奏折还不够成熟。

离开日本后,载泽使团重点考察了英国、法国和比利时,其中,他们对英国宪制的观察尤其值得玩味。《考察政治日记》记载,载泽使团考察英国时,邀请了"政法学教员埃喜来"讲授英国宪法。从授课笔录来看,埃喜来为载泽使团讲述了英国"王在议会"(the King in the

⑯ 载泽:《考察政治日记》,载《李鸿章历聘欧美记·出使九国日记·考察政治日记》,岳麓书社2008年版,第575页。

⑰ 载泽:《考察政治日记》,载《李鸿章历聘欧美记·出使九国日记·考察政治日记》,岳麓书院2008年版,第579页。

⑱ 载泽等:《出使各国考察政治大臣载泽等奏在日本考察大概情形暨赴英日期折》,载故宫博物院明清档案部编:《清末筹备立宪档案史料》(上册),中华书局1979年版,第6页。

Parliament)的主权结构。他首先介绍了英国的虚君制。在英国,虽然法律必须经过君主批准才能颁行,但“英议院颁定科律,近二百年,君主从未批驳,今已认为公例”;虽然各部大臣都是奉君主之命行事,但“各大臣如不申请,君主固无所作为也”。埃喜来接下来介绍了英国的议会制。议会掌握立法权,“今日英国宪法之最要者,其惟议院之无量权力乎。无论何律,惟议院能造之,且惟议院有节制政府之全力”。两院当中,下议院的权力大于上议院。原因在于:第一,在理论上,下议院的代表性强于上议院,“其议员为庶民所公举,凡议事,上院议员各抒己见,下院议员实代表通国人之意见”;第二,在实践中,下议院掌握财政权,“政府度支及国中赋税,必先经决议乃行,上议院从不干与,其批准特具文尔”。内阁掌握行政权,由赢得下议院多数支持的政党来组织,并对下议院负责。⑲

《考察政治日记》对当时的日、英等国宪制的记载基本准确。日本与英国的代表制存在结构性差异。在日本,议会之上的天皇是主权代表者;议会只是一种政体代表制。在英国,国王列席的议会不仅是一种政体代表制,同时也是主权代表者。载泽使团至少在经验层面认识到了两者的巨大区别。英国之行结束之后,载泽使团向朝廷上呈《在英考察大概情形暨赴法日期折》(以下简称《在英情形折》)。他们表示:在英国,“兴革诸政,大都由上下两议院议妥,而后经枢密院呈其君主签押施行”,因此,“君主垂拱于上,而有暇豫优游之乐”。但他们很清楚,英国宪制虽然优良,但与中国现实存在诸多抵牾之处,尤其是满洲贵族很难接受虚君制。因此,他们又表示:英国宪制在“设官分职”方面“颇有复杂拘牵之处,非中土政体所宜。弃短舍长,尚需抉择”。⑳

载泽使团归国后,慈禧太后曾经两次召见载泽。1906 年 8 月 23

---

⑲ 载泽:《考察政治日记》,载《李鸿章历聘欧美记 · 出使九国日记 · 考察政治日记》,岳麓书院 2008 年版,第 597 页。

⑳ 载泽等:《出使各国考察政治大臣载泽等奏在英考察大概情形暨赴法日期折》,载故宫博物院明清档案部编:《清末筹备立宪档案史料》(上册),中华书局 1979 年版,第 10 页。

日,载泽上呈《奏请宣布立宪密折》(以下简称《立宪密折》)。[21] 该奏折明确使用了“国体—政体论”,并确立了国体问题相对于政体问题的优先性。载泽开宗明义地表示,君主立宪必然要尊崇君主国体,也就是由君主担任主权代表者,同时“改行立宪政体,以定人心而维国势”。针对反对派所说的立宪会“防损主权”,他反驳道:“盖宪法既立,在外各督抚,在内诸大臣,其权必不如往日之重,其利必不如往日之优,于是设为疑似之词,故作异同之论,以阻挠于无形。彼其心,非有所爱于朝廷也,保己一之私权而已,护一己之私利而已。顾其立言,则必曰防损主权。不知君主立宪,大意在于尊崇国体,巩固君权,并无损之可言。”

载泽认为,君主立宪可以通过两种手段,使“君主神圣不可侵犯”,实现“皇位永固”。第一,在宪法中明确写入“君主统治大权”。载泽承认,自己对“君主统治大权”的理解,完全建立在日本宪法的条款以及伊藤博文和穗积八束的讲授之上。他列举了17条大权,并认为这些大权足以证明,日本立宪之后,“凡国之内政外交,军备财政,赏罚黜陟,生杀予夺,以及操纵议会,君主皆有权以统治之。论其君权之完全严密,而无有丝毫下移,盖有过于中国者矣”。[22] 第二,由责任内阁代君主对议会负责。“即偶有行政失宜,或议会与之反对,或经议院弹劾,不过政府各大臣辞职,别立一新政府而已。故相位旦夕可迁,君位万世不改。”[23]

总体来看,载泽提出了一个包括“颁布立宪明诏”、预备立宪和正

---

[21] 载泽:《出使各国考察政治大臣载泽奏请宣布立宪密折》,载《近代中国宪政历程:史料荟萃》,中国政法大学出版社2004年版,第41页。

[22] 这17条“君主统治大权”分别是:(1)裁可法律,公布法律,执行法律;(2)召集议会、开会、闭会、停会及解散议会;(3)以紧急敕令代法律;(4)发布命令;(5)任官免官;(6)统帅海陆军;(7)编制海陆军常备兵额;(8)宣战、讲和、缔约;(9)宣告戒严;(10)授予爵位勋章及其他荣典;(11)大赦、特赦、减刑及复权;(12)战时及国家事变、非常施行;(13)贵族院组织;(14)议会展期;(15)议会临时召集;(16)财政上必要紧急处分;(17)宪法改正发议。参见载泽等:《出使各国考察政治大臣载泽奏请宣布立宪密折》,载《近代中国宪政历程:史料荟萃》,中国政法大学出版社2004年版,第41页。

[23] 载泽等:《出使各国考察政治大臣载泽奏请宣布立宪密折》,载《近代中国宪政历程:史料荟萃》,中国政法大学出版社2004年版,第41页。

式立宪在内的“三步走”宪政改革方案,本文称其为“载泽方案”。根据这个方案,中国立宪应该效仿日本宪制,由君主担任主权代表者,并建立作为政体代表制的议会。

(二)英国宪制与“端方—梁启超方案”

端方使团归国后,提出了一个完全不同的立宪方案。载泽上呈《立宪密折》当日,端方也上呈了《请定国是以安大计折》(以下简称《国是折》)。据考证,该奏折为梁启超代拟。[24] 但端方作为一个久经考验的朝廷大员,不可能在未经过目的情况下,就把该奏折上呈朝廷。因此,该奏折应该融合了端方与梁启超的观点,体现出二人的某些最低限度的共识。

值得注意的是,《国是折》与《立宪密折》一样,也使用了“国体—政体论”,这应该是梁启超的贡献。1898 年戊戌政变之后,梁启超流亡日本,并开始系统研究宪法。在此过程中,他学习了日本宪政理论。在 1901 年发表的《立宪法议》中,他写道:“有土地、人民立于大地者谓之国。世界之国有二种:一曰君主之国,二曰民主之国。设制度、施号令以治其土地、人民谓之政。世界之政有两种:一曰有宪法之政(亦名立宪之政),二曰无宪法之政(亦名专制之政)。采一定之政治以治国民谓之政体。世界之政体有三种:一曰君主专制政体,二曰君主立宪政体,三曰民主立宪政体。”在这里,他虽然没有明确使用“国体”概念,但已经区分了君主国和民主国,并且把君主国、民主国之分,与立宪政体、专制政体之分,视为两个不同层面的问题。[25]

综观《国是折》,其主导思路可以被概括为“只问政体,不问国体”,

---

[24] 夏晓虹:《从新发现手稿看梁启超为出洋五大臣做枪手真相》,载《南方周末》2008 年 12 月 8 日版,参见 http://www.infzm.com/content/19776/0,2014 年 11 月 16 日最后一次浏览。

[25] 梁启超:《立宪法议》,载《梁启超全集》,北京出版社 1997 年版,第 405 ~ 408 页。在发表于 1906 年的《开明专制论》中,梁启超花很大篇幅介绍了穗积八束的《立宪制下三大政治》,进一步体现出了梁启超对日本宪法的熟稔程度。参见梁启超:《开明专制论》,载《梁启超全集》,北京出版社 1997 年版,第 1451 ~ 1486 页。

这是梁启超的一贯思路。[26]《国是折》开宗明义地表示,内政修明方能抵御外辱,而政体则是内政修明的关键。“欲判其内政之能修与不能修,此不必问其他,但问其政体之为何。盖世界政体厥有二端,一曰专制,一曰立宪。专制之国,任人而不任法,故其国易危;立宪之国,任法而不任人,故其国易安。”在梁启超看来,国体远远不如政体重要,因为“夫所谓任法而不任人者,不仅君主立宪政体为然也,即民主立宪政体亦然。所重者不在君主、民主之别,而在立宪与专制之别”。换言之,一个国家如果制定了一部规定了“组织国家之重要事件”的宪法文本,并能够保证“自国主以至人民皆当遵守此宪法”,就已经建立了“任法而不任人”的立宪政体,可以保证国泰民安;至于采取君主国体还是民主国体,并不重要。[27] 由此,我们发现了《国是折》与《立宪密折》的第一个区别:二者的侧重点不同。《立宪密折》是从国体和政体两个层面展开论述,并把重心放在了国体;《国是折》却淡化了国体,把重心完全放在了政体。

梁启超同意载泽的观点,认为通过把“君主无责任”明确写入宪法,由内阁大臣代君主对人民负责,人民就不能把恶政归咎于君主,而不肖官吏又可随时裁撤,君主与国家由此得以避免内乱。他们的分歧在于,梁启超认为“君主无责任”根本无法与“君主统治大权”相容。早在1902年发表的《政治学学理摭言》中,梁启超就坦率地讨论了这个问题。他指出,英国是“宪政之母”,它之所以使“君主不能为恶”,是因为君主没有实权。首先,光荣革命以后,英国形成了由下议院多数党领袖组织政府的宪法惯例,君主不能在未经议会同意的情况下,仅凭个人好恶就随意任免政府大臣。其次,乔治一世以后,国王不再必须列席议会,虽然大臣办理政务必须经过君主同意,但是,如果议会赞成大臣,而各选区皆赞成议会,君主便不得拒绝同意,因此君主无法阻碍“民所欲

---

[26] 事实上,端方并不同意“只问政体,不问国体”。恰恰相反,端方是当时为数不多地认识到皇帝问题之复杂性的政治人物。详见本文第三部分的讨论。

[27] 端方:《请定国是以安大计折》,载《近代中国宪政历程:史料荟萃》,中国政法大学出版社2004年版,第43~44页。

行之善政”。最后，乔治三世以后，君主已经丧失了行使外交和内政方面特权的自由，未经责任大臣副署，不得行使特权，因此君主“不能强行民所恶之秕政”。总之，“英国君主岂徒不能为恶而已，虽善亦不能为”，正因为无实权，所以才无责任。[28]

为什么君主必须无实权？梁启超的回答很简单：为了避免革命。他认为，这个道理非常浅显易懂，但君主立宪国的学者却大多不肯揭穿——例如，日本宪法学家表示，“君主神圣故无责任，有特权故无责任”。梁启超直言：“夫代表一国而当行政之冲者，其责任非犹夫寻常责任也”，出现失职情况时，如果缺乏及时有效的问责机制，很容易激起革命。因此，“凡掌一国行政之实权者，不可不负责任。既负责任，则必随时可以去之留之，而不能以一人一姓永尸其位”。国家元首如果掌握实权，就必须像古罗马的执政官或美国和法国的总统那样，有固定任期；如果国家元首希望终身任职，就必须把实权下移到责任大臣。[29] 责任大臣由议会产生，并对议会负责，因此是议会而非君主代表国家。总之，君主立宪国的宪法明确写入“君主无责任，君主神圣不可侵犯”，其实是君主以放弃大权为代价，换取皇位永固。在梁启超看来，“载泽方案”根本不可能实现，因为他既想维护君主大权，又想让内阁为君主的过错承担责任，这根本是自相矛盾。由此，我们发现了《国是折》与《立宪密折》的第二个区别：它们主张的立宪方案存在结构性差异。《立宪密折》主张日本模式，议会只是政体代表制，君主才是主权代表者；《国是折》主张英国模式，议会是政体代表制与主权代表者的综合体，君主则是虚位。

和载泽一样，端方与梁启超也设计了一个“三步走”宪政改革方案，本文称为“端方—梁启超方案”。该方案的第一步，是颁布“定国是之诏”。诏书应包含六件大事：举国臣民立于同等法制之下（平满汉畛域）；国事采决于公论（召开议会）；集中外之所长，以谋国家与人民之

---

[28] 梁启超：《政治学学理摭言》，载《梁启超全集》，北京出版社1997年版，第917页。
[29] 同上。

安全发达；明官府之体制（编定和颁布“帝国宪法及皇室典范”[30]）；定中央与地方之权限；公布国用及诸政务（实施预算和决算制度）。在发表于1906年的《开明专制论》中，梁启超提出了“野蛮专制”与“开明专制”的概念：“由专断而以不良的形式发表其权力，谓之野蛮专制。由专断而以良的形式发表其权力，谓之开明专制。”他认为虽然立宪政体在“主观”上优于开明专制政体，但在“客观”上却不可一概而论，要视乎国情而定。中国今日“人民程度未及格”，“施政机关未整备”，宜实行开明专制。[31] 在1906年致蒋观云的信中，梁启超明确表示：“弟所谓开明专制，实则祖述笕克彦氏之说，谓立宪过渡民选议院未成立之时代云尔。”[32]在此阶段，主权代表者是君主。“定国是之诏”相当于朝廷对改行立宪政体的承诺，它虽然无法马上就改变野蛮专制政体，但从此开启了从野蛮专制政体到开明专制政体的转型。

“端方—梁启超方案”的第二步，是以15～20年为期，实行预备立宪。之所以要预备立宪，原因是“中国数千年来无宪制之习惯，且地方辽阔，交通不便，文化普及非可骤几。若为期过促，则一切预备未周，至期不能实行，反为阻文明进步也”。[33] 在预备立宪期间，“定国是之诏”具有宪法效力。预备立宪需要办理很多具体事务，包括改官制、定法律、设立独立裁判所，与地方自治、调查户口、整理财政、改革币制、划分选举区域及征兵区域等。

端方与梁启超认为，官制改革是预备立宪的重点任务。端方在上呈《国是折》之前，就与戴鸿慈联名上呈了《奏请改定全国官制以为立宪预备折》（以下简称《官制折》）。据考证，该奏折同样为梁启

---

[30] 端方：《两江总督端方奏请迅将帝国宪法及皇室典范编定颁布以息排满之说折》，载故宫博物院明清档案部编：《清末筹备立宪档案史料》（上册），中华书局1979年版，第46～47页。

[31] 梁启超：《开明专制论》，载《梁启超全集》，北京出版社1997年版，第1455、1462、1683～1686页。

[32] 丁文江、赵丰田编：《梁启超年谱长编》，上海人民出版社2009年版，第240页。

[33] 端方：《请定国是以安大计折》，载《近代中国宪政历程：史料荟萃》，中国政法大学出版社2004年版，第51页。

超代拟。[34] 该奏折开宗明义地表示,官制改革对于预备立宪之成败起着决定性作用:“日本之实施宪法在明治二十三年,而先于明治七年、明治十八年两次大改官制,论者谓其宪法之推行有效,实由官制之预备得宜。诚以未改官制以前,任人而不任法,既改官制以后,任法而不任人。”官制改革方案的第1条——也是最重要的一条——就是“略仿责任内阁之制,以求中央行政之统一”。他们认为,中国既有的内阁、军机处和各部尚书,都不同于立宪政体中的责任内阁。中国内阁“昔为枢要,今如闲曹”,并不具备实质性的行政权力;军机处虽然类似立宪政体中的内阁,“然对于上则仅备顾问,对于下则未受责成”,其职权只相当于枢密顾问院;各部尚书和侍郎相当于行政长官,“而各部相离,毫无联络”,政出多门,互相抵牾,中央行政难以统一。[35]《官制折》中的责任内阁方案如下:

> 以军机处归并内阁,而置总理大臣一人兼充大学士,为其首长,以平章内外政事,任国政责成。置左右副大臣各一人,兼充协办大学士,为其辅佐,以协同平章政事,共任国政责成。其原有之大学士,则仍带各殿阁之名衔,简为枢密院顾问大臣,以示优崇之意。而令各部尚书皆列于阁臣。此三大臣者,常与各部尚书入阁会议,以图政事之统一,会议既决,奏请圣裁。及其施行,仍由总理大臣、左右大臣及该部尚书副署,使职权既专而无所掣肘,责任负重而无所诿卸,如此则行政之大本立矣。[36]

《官制折》建议把都察院改为集议院,作为预备议会,但集议院只有建议权,没有立法权。“凡各省外县所陈利病得失,皆上达政府,以

---

[34] 夏晓虹:《从新发现手稿看梁启超为出洋五大臣做枪手真相》,载《南方周末》2008年12月8日版。

[35] 戴鸿慈、端方:《出使各国考察政治大臣戴鸿慈等奏请改定全国官制以为立宪预备折》,载故宫博物院明清档案部编:《清末筹备立宪档案史料》(上册),中华书局1979年版,第368页。

[36] 同上注,第369页。

备采择,而定从违;亦准建议条陈,兼通舆论情,而觇众见。至于财政之豫算,亦必属之。"[37]可以看出,预备立宪政体(或开明专制政体)与立宪政体存在显著区别。一方面,内阁大臣来自军机处和各部尚书,君主依然掌握着人事权;另一方面,议会还未召开,集议院只有建议权,君主依然掌握着决断权。因此,内阁实际上无法对议会负责,只能对君主负责。换言之,在预备立宪阶段,君主依然是主权代表者。

"端方—梁启超方案"的第三步是预备立宪期满后,颁布宪法,召开议会,实行英国式议会制,主权代表者从君主变成了议会。事实上,所谓"只问政体,不问国体",只是一种修辞策略——梁启超试图用政体问题吸纳国体问题,假借政体改革的名义,逐渐变更主权代表者,从而在中国完成一场英国式"光荣革命"。考虑到梁启超熟稔穗积八束的作品,他应该很清楚"统治权行动的形式,没有不变动国家统治权自身之所在,而能变迁的"。[38]

端方—梁启超方案

立宪阶段	关键举措	政体类型	主权代表者
第一步	颁布"定国是之诏"	野蛮专制政体	君主
第二步	改革官制, 建立责任内阁制	开明专制政体	君主
第三步	颁布宪法, 召开议会	立宪政体	议会

不过,端方、梁启超之所以坚信皇帝会放弃实权,除了"避免革命"之外,还有一个隐而不彰但更为根本的理由。从同治皇帝开始,慈溪太

---

[37] 戴鸿慈、端方:《出使各国考察政治大臣戴鸿慈等奏请改定全国官制以为立宪预备折》,载故宫博物院明清档案部编:《清末筹备立宪档案史料》(上册),中华书局1979年版,第374页。

[38] [日]穗积八束:《宪法提要》,转引自[日]美浓部达吉:《宪法学原理》,欧宗祐、何作霖译,汤唯点校,中国政法大学出版社2003年版,第273页。关于梁启超对议会制的论述,参见田力:《从封建到代表——清末预备立宪中的建国问题》,载强世功主编:《政治与法律评论》(第8辑),法律出版社2017年版。

后把清王朝的皇位继承制度,从原有的秘密建储,变为懿旨确立嗣君。[39]此后近五十年,中国的君主制都是一种不合祖制的“复合君主制”,君位与君权相分离,传位不传权。五大臣出洋之际,光绪帝尚处于软禁之中,只是名义上的君主;慈禧太后则掌握着君权,成为实际上的君主,掌舵中国近半世纪。慈禧太后年事已高,她去世后必然会留下巨大的权力真空,这种真空由谁来填补,又该如何填补,这一系列问题显得越来越迫在眉睫。“复合君主制”及其隐含的代际政治危机,迫使各派政治势力必须认真考虑“后慈禧时代”的政治安排。

就政治实力而论,袁世凯是最可能的权力接班人。从小站练兵开始,短短数年间,袁世凯集团迅速崛起。五大臣出洋之际,北洋六镇已编练成军,每镇编制一万人,除第一镇是由满洲贵族铁良统率的旗兵外,其余五镇都由袁世凯掌控,重要将领几乎都是小站练兵时期的嫡系军官。[40] 袁世凯作为直隶总督兼北洋大臣,集内政、外交和军事等权力于一身,是政坛举足轻重的实权派。[41] 在这种情况下,袁世凯开始谋求与自身政治实力相匹配的宪政权力。立宪为他提供了一个良好契机。

“端方—梁启超方案”的现实考虑主要有两点。第一,为从慈禧太后到袁世凯的权力交接提供一个和平方案,在不废除皇帝制度的前提下,使袁世凯成为未来宪制的权力中枢;第二,借助袁世凯的政治力量,推动从君主主权到议会主权的和平演变,完成一场隐秘的“光荣革命”。因此,该方案前两步所倚仗的“君主”只能是慈禧太后。慈禧太后当然不可能放弃实权,恰恰相反,立宪方案的实施必须以她的首肯为前提。宪政改革如果能得到她的支持,无疑会减少很多阻力。如果慈禧太后支持官制改革,改军机处为责任内阁,领班军机大臣奕劻很可能成为总理大臣。奕劻素与袁世凯交好,其人又缺乏才干,总理实权必将落入袁世

---

[39] 杨珍:《清代皇位继承制度(修订本)》,学苑出版社2009年版,第457页。

[40] [美]斯蒂芬·R.麦金农:《中华帝国晚期的权力与政治:袁世凯在北京与天津1901-1908》,牛秋实、于英红译,天津人民出版社2013年版,第94页。

[41] 事实上,在各国的“立宪时刻”,“因人设事”的情况并不少见。例如,在1787年制宪会议上,“华盛顿问题”同样构成了美国宪政的一个关键问题。参见李一达:《“共和君主制”的兴起——1787~1796年间的美国总统制的诞生》,载《北大法律评论》2012年第2期。

凯手中。按照梁启超等人的设想，袁世凯内阁虽然必须与慈禧太后分享权威，但同时会逐渐向“以阁议为一国政纲之所由出”的方向迈进。[42] 慈禧太后很可能在预备立宪期间去世，如果不出意外，光绪帝将会亲政。然而，光绪帝被软禁多年，短期内很难建立起独当一面的政治权威。在这种情况下，袁世凯内阁最有可能填补慈禧太后去世留下的权力真空，为立宪的继续推进保驾护航。待预备立宪结束，正式召开议会，责任内阁不再对皇帝负责，转而对议会负责。皇帝会顺理成章地成为“无责任”的虚君，而议会也可以制约袁世凯内阁的过分膨胀，中国的“光荣革命”就此圆满完成。此外，就算慈禧太后生前否决了责任内阁制，只要权威不足的光绪帝能顺利亲政，“光荣革命”就有可能继续下去，只不过时间会被推迟罢了。光绪帝在未来的亲政，是“端方—梁启超方案”赖以成功的根本保证。

二、清末官方宪政理论的重构

五大臣出洋主要取得了两个方面的成果。第一，五大臣向朝廷提出了两个截然相反的立宪方案。在某种意义上，这两个立宪方案的斗争贯穿了整个清末民初宪政史。第二，五大臣使源于日本的“国体—政体论”正式进入官方视野。两个立宪方案都使用了“国体—政体论”，把“君主立宪”解释成了“君主国体，立宪政体”——尽管它们对“君主国体”持有完全不同的理解。

1906年9月1日，朝廷颁布《宣布预备立宪谕》，提出了立宪宗旨：“大权统于朝廷，庶政公诸舆论，以立国家万年有道之基。”[43]10月10日，

---

[42] 戴鸿慈、端方：《出使各国考察政治大臣戴鸿慈等奏请改定全国官制以为立宪预备折》，载故宫博物院明清档案部编：《清末筹备立宪档案史料》（上册），中华书局1979年版，第368页。

[43] 《宣布预备立宪谕》，载《近代中国宪政历程：史料荟萃》，中国政法大学出版社2004年版，第51页。据时人记载，这封上谕由当时的军机大臣瞿鸿禨起草。瞿鸿禨对立宪的态度相对稳健，并没有使用“国体—政体论”。参见高放等：《清末立宪史》，华文出版社2012年版，第122页。

朝廷在上谕中宣布:"前经降旨预备立宪,原以君主立宪,吾国政体所最宜……著在京各部院、在外各省督抚,迅速将君主立宪国政体,博考各国成案,慎选各人论说,督率所选各员,分班切实研究。"[44]12 月 24 日,朝廷又在上谕中宣布:"惟各国君主立宪政体,率皆大权统于朝廷,庶政公诸舆论,而施行庶政、裁决舆论,仍自朝廷主之。"[45]这两个上谕都纳入了"君主国体"的考量,后者更是明确用"君主立宪政体"统摄此前宣布的立宪宗旨。这表明"国体—政体论"基本被纳入了官方话语体系。政治人物必须"以言行事"(do things with words)。[46] "国体—政体论"的官方化,促使各派政治势力必须使用这套政治话语;而各方对"国体—政体论"——尤其是国体论——的不同理解,又使进一步的理论工作成为共同的需求。

(一)国体、主权与制宪权

1907 年 7 月 28 日,直隶总督袁世凯奏请派大臣赴德、日详考宪法。袁世凯表示:因为各国国情不同,而宪法制定后又不可随意更改,所以需仔细斟酌;然而,"前者载泽等奉使出洋,原为考求一切政治,本非专意宪法,且往返仅八阅月,当无暇洞见源流",其考察成果不足以制定一部完善的《大清帝国宪法》。袁世凯表示,"各国政体,以德意志、日本为近似吾国,现奉诏切实预备立宪,柯则具在,询度攸资",朝廷应派大臣分赴德、日两国,与出使大臣共同研习宪法。[47] 9 月 9 日,上谕令学部右侍郎达寿、邮传部右侍郎于式枚、外务部右侍郎汪大燮分别充任出使日、德、英三国考察宪政大臣。虽然三大臣出洋在规格上远远不及当年的五大臣出洋,但作用却不可小觑,其中最重要的是达寿对日本的考察。

1907 年 11 月 29 日,达寿从北京出发,前往日本考察宪政。日本方

---

[44] 《八月二十三日上谕(二)》,载上海商务印书馆编译所编纂:《大清新法令(1901—1911)》(第 1 卷),商务印书馆 2010 年版,第 45 页。

[45] 《令宪政编查馆会同民政部妥拟政事结社条规奏请颁行谕》,载《清末筹备立宪档案史料》(上册),第 53 页。

[46] J. L. Austin, *How to do things with words*, Harvard University Press, 1975.

[47] 袁世凯:《直隶总督袁世凯奏请派大臣赴德日详考宪法并派王公近支赴英德学习政治兵备片》,载《近代中国宪政历程:史料荟萃》,中国政法大学出版社 2004 年版,第 54 页。

面非常重视达寿使团,伊藤博文派曾亲自参与日本制宪的伊东巳代治负责接待。达寿遵依宪政编查馆所开考察要目,与伊东巳代治协商,把考察项目定为日本宪法历史、比较各国宪法、议院法、司法、行政、财政共六类,由日本帝国大学法科学长穗积八束、法学博士有贺长雄、贵族院书记官长太田峰三郎分类讲授。1908 年 3 月 23 日,达寿被任命为理藩部左侍郎,上谕令其回京供职,由出使日本大臣李家驹接任考政大臣。达寿并没有立刻归国,而是继续考察完前三类项目后,才于 6 月初回京。李家驹考察了后三类项目,直至 1909 年秋天才归国。[48]

1908 年 8 月 7 日,达寿向朝廷上《考察日本宪政情形折》(以下简称《日本宪政折》)。该奏折堪称一篇比较宪法学论文,他比较了当时日、德、英、美、法、比等国宪制,并系统阐述了一套宪政理论。当然,这套宪政理论并不是达寿原创的。时任《东方杂志》主编的孟森就明确指出,达寿的奏折"纯由日本学者穗积八束等所灌输之知识"。[49] 达寿是满洲正红旗人,他的《日本宪政折》又被刊登于当时的官方媒体《政治官报》上,因此可以被视为一种官方论述。[50] 朝廷随后的立宪举措基本上就是以达寿所引介的宪政理论为基础展开的。

在奏折开篇,达寿就明确地概括了自己的核心论点:"奴才窃愿我皇太后、皇上今日宜综览时势亟仰宸断者,有二事焉,一曰政体之急宜立宪也,一曰宪法之亟当钦定也。政体取于立宪,则国本固而皇室安。宪法由于钦定,则国体存而主权固。"[51]紧接着,他阐述了国体的概念和类型,

---

[48] 孙宏云:《清末预备立宪中的外方因素:有贺长雄一脉》,载《历史研究》2013 年第 5 期。

[49] 孟森:《宪政篇》,载《东方杂志》1908 年第 8 期。

[50] 参见《政治官报》,光绪三十四年七月二十三日,第 292 号。必须指出,早在达寿出洋之前,《日本宪政折》阐述的宪政理论已经传入中国知识界。1906 年,日本法学家冈田朝太郎来华,担任朝廷的立法顾问,并在京师法律学堂讲授法律。根据熊元翰所编《京师法律学堂笔记》,冈田朝太郎开设的《法学通论》、《宪法》等课程,都讲授了达寿的《日本宪政折》当中的宪政理论。不过,冈田朝太郎的授课主要针对法科生,直到达寿出洋归来,这套宪政理论才实现了官方化。参见[日]冈田朝太郎:《法学通论·宪法、行政法》,熊元翰编,魏琼校,上海人民出版社 2013 年版。

[51] 达寿:《考察宪政大臣达寿奏考察日本宪政情形折》,载《近代中国宪政历程:史料荟萃》,中国政法大学出版社 2004 年版,第 56 页。

及其与政体的区别。"所谓国体者,指国家统治之权,或在君主之手,或在人民之手。统治权在君主之手者,谓之君主国体,统治权在人民之手中者,谓之民主国体。所谓政体者,不过立宪与专制之分耳。国体根于历史以为断,不因政体之变革而相妨。政体视乎时势以转移,非如国体之固定而难改。"[52]达寿所谓的统治权就是主权,他并没有明确区分这两种权力,并且常常混用这两个概念。

在载泽、端方与梁启超那里,国体问题是一个主权归属问题,可以根据主权代表者的形式来判断。达寿则通过把制宪权确立为主权的核心,使制宪权的归属成为主权代表者形式的决定性因素,从而提供了一个更加简明而清晰的国体判断标准。

达寿根据制宪权主体的不同,把宪法分为三种形式,分别是钦定宪法、协定宪法和民定宪法。"钦定宪法出于君主之亲裁。协定宪法由于君民之共议。民定宪法则制定之权利在下,而遵行之义务在君。"制宪权主体视历史语境而定。"大抵君主国体未经改革,或改革未成之国家,其宪法仍由钦定,如日本与俄是也。已经改革,或经小变乱,而未变其君主国体之国家,其宪法多由协定,如英、普、奥是也。既经改革,而又尽变其君主国体,或脱离羁绊,宣告独立之国家,其宪法多由民定,如法如美如比是也。"[53]达寿认为,制宪权主体与主权代表者具有同一性,谁掌握制宪权,谁就是主权代表者。例如,德国是协定宪法,君主只是联邦最高机关,与帝国议会、联邦议会立于同等地位;日本是钦定宪法,"开章明义,首于天皇,而特权大权,又多列记。匪特列记已也,即其未经列记之事,亦为天皇固有之权"。[54] 因此,德、日两国虽然都是君主国,但只有日本天皇才是绝对的主权代表者。

问题在于,达寿把制宪权主体分成君主、君主与人民、人民三种,却把主权代表者分为君主和人民两种。如果我们严格地根据主权代表者

---

[52] 达寿:《考察宪政大臣达寿奏考察日本宪政情形折》,载《近代中国宪政历程:史料荟萃》,中国政法大学出版社2004年版,第58页。

[53] 同上注,第61页。

[54] 同上注,第62页。

判断国体类型,那么只会存在两种国体,君主国体对应着钦定宪法,民主国体对应着民定宪法,至于协定宪法对应着什么国体,则不得而知。如果我们根据制宪权主体来判断国体类型,就会发现在达寿的理论框架内,还存在第三种国体:这种国体是君主国体的变体,由君主和人民共享制宪权,协定宪法由此而生。在这种情况下,主权实际上也是由君主和人民共享。由此观之,这种"君主国体"是名实不符的,应当称为"君民共主国体"才更为妥当。事实上早在1882年,王韬就提出,"泰西之立国有三:一曰君主之国,一曰民主之国,一曰君民共主之国"。[55] 1900年前后,随着日本的"国体—政体论"传入中国知识界,王韬的"国家类型学"与国体论相结合,形成了一种在当时士大夫当中非常流行的"国体类型学"。例如,御史刘汝骥就表示:"查今之政治家,其论国体也有三:曰君主,曰民主,曰君民共主。其论国政也亦有三:曰专制,曰立宪,曰共和立宪。"[56]然而,达寿并没有遵守时人对"君主国体"和"君民共主国体"的区分,而是把它们统称为"君主国体"。

达寿指出,不同的宪法形式对应着不同的立宪政体,钦定宪法、协定宪法和民定宪法分别对应着大权政治、议院政治和分权政治。日本是典型的大权政治,"以君主为权力之中心,故其机关虽分为三,而其大权则统于一。其对于内阁也,得以一己信任之厚薄,自由进退其大臣。其对于议会也,则君主自为立宪之主体,而议会不过有参与之权,议会虽有参与之权,而君主实仍操裁可之柄。其对于裁判所也,其裁判权虽寄于裁判所,而大赦特赦减刑复权之事,仍属天皇之自由。"英国是典型的议院政治,"以议会为权力之中心,立法之权既全归于议院,而行政之权亦间接而把持。君主行政,必须内阁大臣之同意,而内阁大臣之进退,又视政党意见之从违,盖立法行政之权,皆混同于议会之内矣"。美国和法国则是典型的分权政治,"其大统领则有行政权而无立法权,其议院则只知立法而不问行政,界限分划,两不相侵。"达寿认为,从维护君主国体的角度

---

[55] 王韬:《弢园文录外编》,辽宁人民出版社1994年版,第34页。

[56] 刘汝骥:《御史刘汝骥奏请张君权折》,载《近代中国宪政历程:史料荟萃》,中国政法大学出版社2004年版,第74页。

出发,大权政治是最佳政体。他建议道:“中国制定宪法,于君主大权,无妨授列记之法,详细规定,既免将来疑问之端,亦不致于开设国会时为法律所制限。”[57]

达寿认为,虽然在法理上,主权代表者分为君主和人民,而不是君主与议会,但在实践中,人民无法作为一个“自为”的政治主体而行动,只有通过代表制,人民才能获得单一意志。因此,民主国的议会不仅是政体代表制,同时还是主权代表者——人民——的代表者。通过这种二次代表,议会成为民主国的主权代表者。达寿写道:“民主国以主权在民,故代表人民之议会为主权之主体。而君主国则主权在君,人民实居于客体,虽以代表人民之国会,亦不得不居于主权之客体焉。”[58]君民共主国体的情况比较复杂。它由君主和议会共同担任主权代表者,主权归属往往处于悬而未决的状态。在德国,“其国会恒与君主立同等之地位,共握有立法权者”。但在英国,君主只有虚名,“国会实握有立法、司法、行政之三权,故有万能议院之目,名为立宪,实则国会专制之政治也”。[59] 不过,达寿表示,“宪法由于协定者,未尝不欲行大权政治,其终未有不流于议院政府者也”。[60] 因此,德国式君民共主国体只是国体变革的过渡形态,最终必然走向英国式君民共主国体,由君主取虚名,议会掌实权,才能保持主权结构的稳定。然而,这种君民共主国体本质上已经非常接近民主国体了。这反过来又证明只有君主国体和民主国体才最为稳定。

通过把制宪权归属确立为国体的判断标准,达寿清楚地揭示出:当时的各派政治势力虽然达成了“君主国体,立宪政体”的改革共识,但这种共识只是话语共识,经不起理论审查。“载泽方案”和“端方—梁启超方案”虽然都宣称自己维护君主国体,但它们说的并不是同一种国体。“载泽方案”是在实质意义上主张君主国体:君主通过行使制宪权,而颁布钦定宪法,建立大权政治。“端方—梁启超方案”仅仅是在话语意义

---

[57] 刘汝骥:《御史刘汝骥奏请张君权折》,载《近代中国宪政历程:史料荟萃》,中国政法大学出版社2004年版,第61~62页。

[58] 同上注,第64页。

[59] 同上注,第65页。

[60] 同上注,第62页。

上主张君主国体:起初,君主与议会共享制宪权,颁布协定宪法,建立议院政治;然而,该方案预设了一个从德国模式向英国模式的转型过程——宪法颁布后,君主会逐渐成为虚君,议会则取得全部制宪权,从而达到一种稳定的主权结构。达寿似乎想缓和双方的分歧,以维系这种脆弱的话语共识,所以对“君主国体”进行了模糊处理。但通过确立从制宪权出发理解国体的基本思路,达寿最终完成了对“国体—政体论”的理论化工作。接下来,在各方围绕立宪而展开的政治斗争中,对制宪权的争夺成为斗争焦点。

《日本宪政折》的宪政理论

<table>
<tr><th>国体</th><th>主权代表者
(制宪权主体)</th><th>宪法形式</th><th>立宪政体</th><th>典型国家</th><th>立宪思路</th></tr>
<tr><td>君主国体</td><td>君主</td><td>钦定宪法</td><td>大权政治</td><td>日本</td><td>载泽方案</td></tr>
<tr><td rowspan="2">君[民共]
主国体</td><td>君主与议会</td><td rowspan="2">协定宪法</td><td rowspan="2">议院政治</td><td>德国</td><td></td></tr>
<tr><td>君主列席
的议会</td><td>英国</td><td>端方—
梁启超方案</td></tr>
<tr><td>民主国体</td><td>议会</td><td>民定宪法</td><td>分权政治</td><td>美国、法国</td><td>革命党方案</td></tr>
</table>

(二)官方宪政理论的完成

1908年8月27日,宪政编查馆、资政院王大臣奕劻、溥伦等上《宪政编查馆资政院会奏宪法大纲暨议院法选举法要领及逐年筹备事宜折》(以下简称《会奏事宜折》)。该奏折经上谕批准,刊印誊黄,颁布全国,标志着官方宪政理论的最终完成。

《会奏事宜折》首先比较了当时最主流的两条立宪思路:“窃维东西各国立宪政体,有成于下者,有成于上者,而莫不由宪法,莫不有议院。成于下者,始于君民之相争,而终于君民之相让;成于上者,必先制定国家统治之大权,而后锡予人民闻政之利益。”[61]由此观之,“端方—梁启超方案”就是“成于下”的思路,而“载泽方案”则是“成于上”的思路。

---

[61] 奕劻、溥伦等:《宪政编查馆资政院会奏宪法大纲暨议院法选举法要领及逐年筹备事宜折》,载《近代中国宪政历程:史料荟萃》,中国政法大学出版社2004年版,第125页。

《会奏事宜折》延续了达寿的思路，以制宪权为核心，把制宪权主体作为判断国体的标准，但它同时又对达寿的理论做出一个重要修正——它完全排除了“协定宪法”，认为“各国制度，宪法则有钦定、民定之别，议会则有一院、两院之殊”。上述两条立宪思路分别对应着两种不同的宪法形式和制宪权主体：“大凡立宪自上之国，统治根本，在于朝廷，宜使议院由宪法而生，不宜使宪法由议院而出。”换言之，钦定宪法的制宪权主体是传统上以君主为核心的“朝廷”，民定宪法的制宪权主体则是议会。根据达寿的理论，民定宪法对应着民主国体。这似乎表明朝廷已经清楚地意识到，从制宪权角度来看，“端方—梁启超方案”与“革命党方案”没什么区别，必须从理论上斩断这种可能性。因此，该奏折明确宣布：“中国国体，自必用钦定宪法，此一定不易之理。故欲开设议院，必以编纂宪法为预备之要图，必宪法之告成先行颁布，然后乃可召集议院。”[62]

排除了“协定宪法”之后，“君主国体”只剩下一种可能性，那就是日本模式。该奏折表示：“东西君主立宪各国，团体不同，宪法互异，论其最精之大义，不外数端：一曰君主神圣不可侵犯，二曰君主总揽统治权，按照宪法行之，三曰臣民按照法律，有应得应尽之权利义务而已。自余节目，皆以此为根本。”此外，“立法、行政、司法，皆综揽于君上统治之大权，故一言以蔽之，宪法者，所以巩固君权，兼保护臣民者也”。[63]

《钦定宪法大纲》分为两部分，第一部分是“君上大权”，第二部分是“附臣民权利义务”。《会奏事宜折》对此的解释是：“首列大权事项，以明君为臣纲之义，次列臣民权利义务事项，以示民为邦本之义。虽君民上下同处于法律范围之内。而大权仍统于朝廷，虽兼采列邦之良规，而仍不悖本国之成宪。”[64]随之颁布的《议院法要领》第1条规定：“议院只有建议之权，并无行政之责，所有决议事件，应先恭候钦定后，政府方得奉行。”[65]这表明清王朝只可能建立日本式议会制，不可能建立英国式议

---

[62] 奕劻、溥伦等：《宪政编查馆资政院会奏宪法大纲暨议院法选举法要领及逐年筹备事宜折》，载《近代中国宪政历程：史料荟萃》，中国政法大学出版社2004年版，第125页。

[63] 同上注，第126页。

[64] 同上。

[65] 同上注，第128页。

会制。

《会奏事宜折》上呈朝廷以后,朝廷随即颁布《九年预备立宪逐年推行筹备事宜谕》,重审了"议院由宪法而出"的立宪路径:"自本年起,务在第九年内将各项筹备事宜一律办齐,届时即行颁布钦定宪法,并颁布[召]集议员之诏。"[66]这一系列举措表明,朝廷终于在"载泽方案"与"端方—梁启超方案"之间做出了主权决断——排除了"协定宪法",就相当于彻底否定了"端方—梁启超方案"。以《钦定宪法大纲》为核心的一系列宪法性文件,在宪法层面永久性地确立了君主作为主权代表者的地位;相应地,议会只能作为政体代表制而存在。

《会奏事宜折》虽然排除了"协定宪法",但并没有说明"议院政治"是否被一并排除。1910年4月8日,宪政编查馆大臣奕劻、世续、鹿传霖上《宪政编查馆拟行政事务权限办法折》。该奏折提出了一条政体原理:三权当中,除司法机关孑然独立以外,立法机关与行政机关的权力往往是此消彼长的,必须有一方占据优势。"其在议院政治之国,则议会操纵政府,其在大权政治之国,则政府操纵议会。不在于此则于彼,东西各国,有明徵矣。我国宪法既采大权政治主义,则于议院政治绝不相容。"[67]由此可见,朝廷的官方宪政理论把议院政治划归为民主国体的一种政体类型。

清末官方宪政理论

国体	主权代表(制宪权主体)	宪法形式	立宪政体	典型国家	立宪思路
君主国体	君主	钦定宪法	大权政治	日本	载泽方案
民主国体	议会	民定宪法	议院政治	英国	端方—梁启超方案
			分权政治	美国、法国	革命党方案

[66] 《九年预备立宪逐年推行筹备事宜谕》,载《近代中国宪政历程:史料荟萃》,中国政法大学出版社2004年版,第124页。

[67] 奕劻、世续、鹿传霖:《宪政编查馆拟行政事务权限办法折》,载中国第二历史档案馆编:《中华民国史档案资料汇编》(第1辑),江苏人民出版社1976年版,第125页。

然而,政治过程并不必然遵循文本给定的逻辑。以《钦定宪法大纲》为核心的宪法性文件的出台,恰恰预示了整个清末立宪的失败。它们确立了宪政权力和政治实力不匹配的情况,使更加激烈的对抗在所难免。1908年11月14日,光绪帝去世;1908年11月15日,慈禧太后去世。光绪帝没能活到亲政的那一天,这对“端方—梁启超方案”造成了致命打击。“复合君主制”获得了延续:继位的宣统帝溥仪只有3岁,其父载沣担任“监国摄政王”。然而,平庸的载沣缺乏慈禧太后的政治能力。随着慈禧太后去世,满洲贵族从此失去了与“君上大权”相匹配的政治实力。

地方督抚和立宪派虽然拥有巨大的政治实力,但在以《钦定宪法大纲》为核心的宪法性文件所建立的宪政框架内,他们不可能获得与自身政治实力相匹配的宪政权力。载沣上台后,开始大力收权,尤其是1909年1月以袁世凯有“足疾”为由,令其“回籍养疴”,并解除其一切职务。[68]载沣的所作所为进一步激化了满洲贵族与地方督抚和立宪派之间的矛盾——1910年爆发了四次声势浩大的国会请愿运动,其幕后推手就是立宪派和地方督抚。最能体现请愿运动政治诉求的《孙洪伊等请速开国会呈》,其实就是“端方—梁启超方案”的延续,它明确要求朝廷“速开国会”,授权国会“编纂一切法律法规”(其中当然包括宪法),并建立责任内阁。[69] 请愿运动的政治诉求已经彻底突破了既有的宪政框架,为不久之后的革命埋下了伏笔。

三、重思国体问题

通过对“国体—政体论”的谱系学考察,我们已经基本揭示出,“国

---

[68] 张海鹏、李细珠:《中国近代通史(第五卷)·新政、立宪与辛亥革命(1901—1912)》,江苏人民出版社2013年版,第259~260页。

[69] 孙洪伊等:《孙洪伊等请速开国会呈》,载《中华民国史档案资料汇编》(第1辑),江苏人民出版社1979年版,第129页。关于国会请愿运动概况,参见张海鹏、李细珠:《中国近代通史(第五卷)·新政、立宪与辛亥革命(1901-1912)》,江苏人民出版社2013年版,第314~329页。

体—政体论"作为明治日本的主流宪政理论,如何借助清王朝先后两次派遣的出洋考察官员,而成为当时中国的官方宪政理论。问题在于,为什么"国体—政体论"可以指导日本立宪,但传入中国之后却面临着"水土不服"的窘境?为了回答这个问题,我们必须澄清明治时代的"国体—政体论"的内在逻辑。

在日本,"国体"与"政体"这对概念并不是同时产生的——"国体"概念要远远早于"政体"概念。幕末的内忧外患,使当时日本的知识分子产生了强烈的危机意识。1825 年,"水户学"代表学者会泽正志斋出版了《新论》。会泽担心,"如果国家不具有能够整合民心的政治性、精神性主体,民心从国家完全疏离,那么外夷无需作战即可将天下收入囊中。即所谓'今虏乘民心之无主。阴诱边民。暗移之心。民心一移。则未战而天下既为夷虏之有'"。基于这种忧虑,《新论》以"国体"为始。所谓国体,就是"国家所拥有的根本性体制",⑳或"国家在精神层面上的主体性和一体性"。㉑ 会泽试图建构一种政治神学意义上的"国体论",以求在意识形态层面整合国民。他通过重构日本的神话传说,论证了只有万世一系、祭政一体的天皇才是日本的国体所在。《明治宪法》制定之前,日本已经以会泽的"国体论"为基础,逐渐建构起了一套以国体为核心概念、以天皇为绝对权威的政治神学。"第一,天皇为天照大神的后裔,奉神敕统治日本,为此日本自古既无'易姓革命',也无外族入主建国,皇统连绵不断,为万国无双;第二,日本有着君民一体、群民一家的特殊传统。日本为一大家族,天皇为此大家族之宗主,国家即一家之扩大,君臣即父子之推广。臣民'忠孝合一',天皇'亲民如子';第三,天皇统治为日本国家之根本,天皇及其统治大权神圣不可侵犯,必须绝对服从。"㉒诚如安丸良夫所说,近代天皇制作为一种"构成原理",其核心是"通过大肆宣扬天皇这个绝对权威来应对内外交迫的各种危机,在维持

⑳ [日]子安宣邦:《国家与祭祀:国家神道的现在》,董炳月译,生活·读书·新知三联书店 2007 年版,第 72 页。

㉑ 林来梵:《国体宪法学:亚洲宪法学的先驱形态》,载《中外法学》2014 年第 5 期。

㉒ 林来梵:《国体宪法学:亚洲宪法学的先驱形态》,载《中外法学》2014 年第 5 期。

一种权威性秩序的同时，实现近代化 = 文明化这一课题”。[73]

1889 年，日本颁布《明治宪法》；1890 年，日本颁布《教育敕语》。《教育敕语》开篇即宣布：“朕惟我皇祖皇宗，肇国宏远，树德深厚。我国臣民克忠克孝，亿兆一心，世济厥美，此我国体之精华，教育之渊源亦实存于此。”它把“以皇祖即神话中天皇的祖先和皇宗即历代的天皇为核心的国体，作为教育的根本思想”，因此，它不仅是学校的教育纲领，还承担了“作为大日本帝国的国教——国家神道——教典的功能”。[74] 因此，虽然近代天皇制是幕末以来“造神运动”的产物，是一座“伪造的建筑物”，[75]但通过以《教育敕语》为纲领的国民教育，“天皇国体”逐渐扎根于明治时代日本国民的政治想象中，并在意识形态层面起到了强有力的整合作用。从这个意义上讲，载泽使团的《在日情形折》把“教育普及”列为明治维新得以成功的根本原因，已经触及了问题的关键，只可惜他们未及多想，便迅速抛弃了这条思路。当然，本文并不否认这种“国家神道”的消极影响，此处之所以回溯这段历史，仅仅是为了论证《明治宪法》中的“天皇条款”——如第 1 条“大日本帝国，由万世一系之天皇统治之”，第 3 条“天皇神圣不可侵犯”，第 4 条“天皇为国家元首，总揽统治权，依本宪法规定实行之”——并不只是法律文本的硬性规定，更是对明治时代日本国民政治想象的规范表述。

由此可见，明治时代的“国体—政体论”是一种政治整合的宪政理论。一方面，“立宪政体”仅仅事关具体的权力配置方案，“君主国体”才是这个权力配置方案赖以成立的政治神学基础；另一方面，“立宪政体”的良好运转反过来又会加强“君主国体”本身的正当性，从而在国体与政体之间形成了相互支持的有机联系。按照白哲特的理论框架，国体其实是宪制的“尊荣”（dignified）部分，它可以通过“激发和维护人民的尊崇”，使宪制取得人民的忠诚和信任，从而赢得权威；政体则是宪制的

---

[73] ［日］安丸良夫：《近代天皇观的形成》，刘金才、徐滔等译，北京大学出版社 2010 年版，第 210 页。

[74] ［日］村上重良：《国家神道》，聂长振译，商务印书馆 1992 年版，第 111 ~ 114 页。

[75] ［日］安丸良夫：《近代天皇观的形成》，刘金才、徐滔等译，北京大学出版社 2010 年版，第 9 页。

“效用”(efficient)部分,也就是“事实上运作和统治所必需的那些部分”,它帮助宪制利用人民的效忠而行使权威。[76]

然而,在整个清末立宪期间,大多数政治人物都没有对“国体—政体论”本身——尤其是国体问题——进行过深入思考。他们把国体问题简单地理解为主权—制宪权的归属问题,“载泽方案”与“端方—梁启超方案”只是两个不同的权力配置方案,达寿的理论工作也完全围绕制宪权而展开。这本质上是用处理政体问题的方式处理国体问题。国体问题的“政体化”,事实上完全取消了国体问题的复杂性,“国体—政体论”完全成为一种权力配置的宪政理论。满洲贵族紧紧抓住“君主国体”,试图在宪法层面确认至高无上的“君上大权”。《钦定宪法大纲》的很多条款其实都照抄自《明治宪法》——例如,第1条“大清皇帝统治大清帝国,万世一系,永永尊戴”,第2条“君上神圣尊严,不可侵犯”。[77] 地方督抚和立宪派则紧紧抓住“立宪政体”,试图假借政体改革的名义,完成一场不流血的“抢班夺权”。因此,当“端方—梁启超方案”被否决后,他们选择了采取打破既有宪政框架的行动。这种对“国体—政体论”的误解,使清末立宪在两个完全脱节乃至且相互排斥的层面展开,继而在精英阶层内部形成了巨大撕裂,政治对抗日趋激烈化。

端方是为数不多的例外。他虽然与梁启超共同设计了一个立宪方案,但这个方案并没有穷尽端方的全部政治构想。尤其是在“明宫府之体制”的问题上,端方与梁启超之间存在相当明显的分歧。从“只问政体、不问国体”的修辞策略出发,梁启超当然希望弱化“明宫府之体制”。然而,端方却认为,在预备立宪阶段,“明宫府之体制”是与官制改革并驾齐驱的重点任务。《国是折》上呈后不久,1907年,时任两江总督的端方以个人名义,上呈《奏请迅将帝国宪法及皇室典范编定颁布以息排满之说折》(以下简称《典范折》)。在奏折开篇,端方开宗明义地指出,在

---

[76] [英]沃尔特·白哲特:《英国宪制》,李国庆译,北京大学出版社2005年版,第5页。

[77] 关于《钦定宪法大纲》与《明治宪法》的条款比较,参见韩大元:《论日本明治宪法对〈钦定宪法大纲〉的影响——为〈钦定宪法大纲〉颁布100周年而作》,载《政法论坛》2009年第3期。

君主立宪国,“君主为万世不易之统”,正如日本天皇“常握全国最高之统治法权”。为此,日本采取了双管齐下的宪政策略:第一,“万机决于公论,与人民以参议之权”,第二,“振起皇基,使天主之权力不可侵犯”。这两个策略分别对应着两个宪法性文件,即《帝国宪法》与《皇室典范》,分别规定“府制”和“宫制”,二者“相辅而行”,不可偏废。端方尤其强调《皇室典范》,并介绍了日本《皇室典范》的内容:“其皇室典范,自皇位继承,以及皇室经费,条目虽多,其纲要不外推本治谋,总揽治权,以示相承一系,传之无穷。”[78] 端方建议,中国应该效仿日本,尽快颁布《皇室典范》与《帝国宪法》,以平息排满革命的浪潮。

端方的政治经验远比梁启超丰富,《典范折》当然不是无的放矢。端方表示,“全国公奉君主一姓为永远不移之皇室,其所占之地位,却有不可拔之基”。[79] 在一个存在两千年王朝政治传统的国家,皇帝作为一种“制度”,已经深深嵌入了中国的历史文化传统,成为了“绝对意义上的宪法”;皇帝的存在,在某种程度上构成了儒家礼法实践的前提。[80] 皇帝是传统中国的普遍性政治想象的构成性要素。然而,自从雍正皇帝开创秘密建储制以来,清代皇位继承制就偏离了传统儒家政治的轨道。雍正皇帝通过秘密建储,打破了嫡长子继承的宗法制原则。[81] 同治皇帝无子,他去世后,慈禧太后通过懿旨确立嗣君,安排光绪帝继位,然而,光绪帝是同治皇帝的平辈(同为“载”字辈),这种兄终弟及的做法,又打破了父死子继的宗法制原则。因此,在端方等儒家士大夫看来,从雍正皇帝一直到光绪帝,清王朝的皇位继承制度始终处于一种不合礼法的例外状态。

“名不正则言不顺,言不顺则事不成,事不成则礼乐不兴,礼乐不兴则刑罚不中,刑罚不中则民无所措手足。”(《论语·子路》)只要皇帝的

---

[78] 端方:《两江总督端方奏请迅将帝国宪法及皇室典范编定颁布以息排满之说折》,载故宫博物院明清档案部编:《清末筹备立宪档案史料》(上册),中华书局1979年版,第46页。

[79] 同上。

[80] 苏力:《作为制度的皇帝》,载《法律与社会科学》2013年第2期。

[81] 杨珍:《清代皇位继承制度(修订本)》,学苑出版社2009年版,第313页。

位置不摆正,清王朝就会面临无尽的正当性危机——这种国体性的危机,不会因为慈禧太后的去世而归于湮灭。因此,端方不认为《国是折》的立宪方案已经足够。他试图通过制定《皇室典范》,终结皇位继承制度旷日持久的例外状态。他表示,中国的《皇室典范》应当“原本典章,垂为模范,上以昭祖宗之家法,下以作万世之规型”。[82] 皇帝的位置摆正了,儒家传统的正当性就获得了维护。这样一来,即使议会成为主权代表者,皇帝依然可以作为文化代表者,在政治整合方面发挥应有的作用,“上以昭祖宗之家法,下以作万世之规型”——这就是端方所理解的《皇室典范》的宪政意涵。

事实上,无论是日本的经验,还是端方的洞见,都表明,“国体—政体论”的关键不是政体,而是国体。国体的本质不是主权者,也不是制宪权,而是一个共同体“寓特殊于普遍”的政治想象。国体是普遍的。每一种国体,都承载了一个共同体的自我认同,透过共同体内部最普遍的文化忠诚,我们实践着“认识你自己”的古老命题。国体又是特殊的。一个国家的国体,往往根植于本国独特的——包括神话传说、典籍文献、伦理观念、生活习俗以及政治制度等在内的——历史文化传统,如因此必然是不可移植的。[83] 国体的普遍性的相对的,特殊性则是绝对的。普遍与特殊的辩证法,是国体论最根本的规定性特征。正如法国大革命的批判者柏克所说,“我们应当怀着另一种崇敬之情来看待国家,因为它并不是以单只服从属于暂时性的、过眼烟云的赤裸裸的动物生存那类事物为目的的一种合伙关系。它乃是一切科学的一种合伙关系,一切艺术的

---

[82] 端方:《两江总督端方奏请迅将帝国宪法及皇室典范编定颁布以息排满之说折》,载故宫博物院明清档案部编:《清末筹备立宪档案史料》(上册),中华书局1979年版,第47页。

[83] 例如,同样是“万世一系”,在日本与中国的不同语境中,具有完全不同的含义。根据日本的“天皇神话”,皇位本身即构成了皇权的正当性基础,因此,皇位与皇权可以紧密结合,“万世一系”不会导向虚君制。然而,中国有着历史悠久的“革命传统”——“天地革而四时成,汤武革命,顺乎天而应乎人。革之时,大矣哉”(《易·革·彖辞》)。因此,皇位本身并不构成皇权的正当性基础,它必须顺应更高的天命,才能获得存续的理由。纵观中国历史,只有秦始皇曾经试图建立“万世一系”的秦王朝,但秦王朝最终二世而亡。若想使“万世一系”与“革命传统”相容,就必须把潜在的革命对象从皇帝转移到其他政治主体,因此虚君制是必然选择。

一种合伙关系，一切道德的和一切完美性的一种合伙关系”。[84] 国体问题的“政体化”背后所洋溢的普遍主义乐观是历史终结的原动力。

清末立宪虽然失败了，“国体—政体论”却被继承了下来。时至今日，我们依然在使用“国体”和“政体”这对概念——更进一步讲，在世界范围内，恐怕只有中国宪法学依然在使用这对概念。只有知道我们从何处来，才能更好地思考我们往何处去。在这个意义上，本文所讲的故事背后是中国宪法学独一无二的“元问题”。

只不过在今天，这个问题已经从“君主如何立宪”，变成了“人民如何共和”。

---

[84] ［英］埃德蒙·柏克：《法国革命论》，何兆武等译，商务印书馆2005年版，第129页。

《政治与法律评论》
(第八辑)第108~163页

从封建到代表——清末预备立宪中的建国问题

田　力*

摘要:在清末预备立宪期间,梁启超与章太炎对于中国应当采取何种宪制模式展开了激烈的争论。本文通过考察这两位思想家在历史语境中的政治论述,力图勾勒政治代表制思想在中国的兴起与初步展开。在预备立宪中,对于如何将封建制思想与制度上的遗产摆放到中国未来的代表性政治中,双方存在重大分歧。通过分析梁启超在预备立宪前后的宪法论述,可以发现1906年11月清廷官制改革方案的出台是梁启超宪法思想的重要转折点。自此以后,梁启超放弃了在替考察政治大臣代拟的奏折中所主张的不受议会制约的内阁制设想,转而通过组织政党发动政治运动,倡导基于地域代表制的议会制设想。本文认为,这种地域代表制的

* 田力,耶鲁大学法学院法学硕士在读。本文写作受益于赵晓力老师开设的“比较宪制”研讨课(2014年秋),对梁启超代笔奏稿的理解得益于与康向宇的讨论。本文初稿曾全文提交第七届“政治、法律与公共政策年会”(2015.11.28),感谢于明老师的中肯评议,以及孙竞超、戴熙路等友人的意见。本文部分内容曾在耶鲁大学法学院“中国政治法律思想史”读书会上报告,感谢在场师友的批评与建议。

观念不仅包含法理上的内在悖谬,也与现代国家观念存在着理论上的紧张。章太炎批判性地指出,梁启超的议会制方案极有可能加剧社会与经济上的不平等,并带来国家分裂的危险后果,而剥离地域性要素的总统制则能够有效避免这些后果。然而,这种总统制能否真正得以确立,则取决于能否打造出一个代表"万姓之合意"的政治民族。只有这种政治民族才能真正为共和国的宪制奠基,使国家由地域性势力的联盟转变为统一的政治体。

关键词:政治代表制　议会制　梁启超　章太炎　预备立宪

一、引言

在当下的历史书写中,清末立宪常被视为一场政治骗局:所谓"立宪",不过是清廷试图以实行宪政为"幌子",骗取民众的信任,压制革命的爆发,从而维护自身的专制统治。[①] 然而,在这种"骗局论"的表面共识之下,实则存在两种迥然不同的解释面相。如果我们沿用传统的讲法,将清末立宪中的政治行动者粗略地分为立宪派和革命派,很容易发现两者分别提供了两种版本的立宪叙事。对于立宪派来说,立宪之所以是骗局,是因为清廷敷衍了他们的要求,没有采取他们的立宪方案,而只是将"立宪"作为噱头来防止革命。言下之意是他们的立宪方案对于当时的中国人民来说是可欲的。但对于革命派来说,立宪之所以是骗局,并非由于清廷未曾采用立宪派的政改方案。在革命派看来,这种立宪方案本身并不是什么好东西,而且立宪本身就是立宪派制造

① 1954年9月15日,刘少奇在第一届全国人民代表大会第一次会议上发表《关于中华人民共和国宪法草案的报告》:"第一,就是从清朝、北洋军阀,一直到蒋介石国民党所制造的伪宪法……他们本来不要任何宪法,所以总是要拖到他们的反动统治在革命力量的打击下摇摇欲坠,他们的末日已经临近的时候,才制造一种骗人的'宪法',其目的是想利用一些资产阶级宪法的形式装点门面,使他们的反动统治能够苟延残喘。"

的一场骗局,他们只不过想以立宪为手段实现自己的政治目的。② 因此,今人对清末立宪的缅怀或批判,都有必要区分开这两个版本的立宪叙事。

本文所关心的是这两种"骗局论"背后的两种建国方案之间的分歧。1905 年,清廷面对各方压力,派出高级官员组成的考察团考察各国宪政的运作情况,试图为将来的立宪工作做理论上的准备。这次史无前例的考察不仅拉开了清末宪政改革的序幕,也开创了以改革为根本问题意识的比较宪法学研究。自此以后,清末思想界直接或间接地围绕着立宪问题展开了大规模的争论,这些争论不仅依靠着中国传统政治的概念与理论来展开,还引入了大量西方政法理论传统中的概念与理论。其中,立宪派与革命派的论战几乎占领了整个清末的思想舞台。本文将要分析的是,双方的争论声代表着两种建国路线之争。他们之间的争论常常被归为在要不要进行民族革命之间的分歧。这种归纳固然不错,但过于简单:双方之间真正的分歧,并不在于应当由哪个民族来掌握最高政治权力,而在于立宪派所设想的宪政秩序本身是否可欲,是否能够通过这种宪政实现建立现代国家的最终目标。

在这场争论中,梁启超发挥着举足轻重的作用,他不仅通过大众传媒宣传立宪派的思想路线,还替清廷派出的宪政考察团代写考察报告,并以考察大臣端方、戴鸿慈的名义上奏清廷。③ 对于梁启超替端方、戴鸿慈代笔考察报告的考证,对于深入理解梁启超立宪思想提供了条件,

② 章太炎在预备立宪时期将批判的矛头直指以梁启超为首的立宪派:"比闻梁启超、蒋智由辈,将以立宪侜张天下。"参见徐复点校:《太炎文录初编》,上海人民出版社 2014 年版,第 189 页。

③ 根据北京大学中文系夏晓红教授考证,作为出洋考察宪政五大臣的端方、戴鸿慈向清廷所呈的《请定国是以安大计折》和《请定国是以安大计折》皆为梁启超代笔之作。参见夏晓红:《梁启超代拟宪政折稿考》,载夏晓红:《梁启超:在政治与学术之间》,东方出版社 2014 年版,第 17 页。《请定国是以安大计折》收入《端忠敏公奏稿》,参见夏新华等整理:《近代中国宪政历程:史料荟萃》,中国政法大学出版社 2014 年版,第 42 页。《请改定官制以为立宪预备折》即故宫博物院明清档案部所编《清末筹备立宪档案史料》中收录的《出使各国考察政治大臣戴鸿慈等奏请改定全国官制以为立宪预备折》,参见故宫博物院明清档案部编:《清末筹备立宪档案史料》(上册),中华书局 1979 年版,第 367 页。

然而鲜有人认真分析过梁启超捉刀奏折的内容及其具体历史意涵。对梁启超思想的重视,不应停留在谈论与之相关的风雅轶事,更应当回到历史语境中追问,他所主张的"词"背后所对应的"物"究竟是什么。

在1906年清廷宣布预备立宪之后,梁启超的宪政方案实际上发生了巨大的转变,虽然这种转变看起来极不起眼。作为立宪派的主要理论家,梁启超在很大程度上放弃了通过君主向内阁转移权力的方式来实现内阁制的构想,转向了通过发起政治运动实现议会制政体的最终目标。在与清廷保守势力以及革命派的论战中,立宪派掌握的最重要的武器就是代表制,他们所理解的代表制就是议会制。这种代表制的逻辑简单易懂,能让脑袋简单的人立刻明白,让脑袋复杂的人更加清楚,因此非常适合作为话语工具,用来争取大众舆论的支持。

梁启超在1907年3月致信杨度,认为立宪派当前的工作重点应该放到提倡开国会上来,理由是开国会的诉求简单直白,很容易被国民理解并接受。④ 一个月之后,同为立宪派重要人物的杨度在给梁启超的回信中,十分直白地阐述了他们对国会制度所期望带来的效果。杨度完全同意梁启超,认为立宪派当前应当以号召开国会作为工作重点。这是因为社会大众很难接受复杂的政法理论,革命派之所以能够获得很多大众的支持,就是因为"排满革命"四个字简单易懂,几乎成了一种不需要理性的宗教信条。当下立宪派要与革命派竞争,就必须抛弃艰难复杂的理论学说,转为只强调一项主张:由国民选举代表,由代表讨论决策国家大事,政府通过代表向国民负责。此外,杨度还极其机智地指出,这项主张就如同一种宗教,革命派即使想对此进行攻击,也只能批评这项主张是不可能办到的,而无法批评其本身是不可欲的。而对于那些赞同这项主张的人,无论他们从哪个方面对代表制进行自己

---

④ 丁文江、赵丰田编:《梁启超年谱长编》,上海人民出版社2009年版,第259页。"至专提倡开国会,以简单直捷之主义,求约束国民心理于一途,以收一针见血之效,诚为良策。"

的阐释,都是立宪派喜闻乐见的。⑤

在这场论争中,章太炎是革命派的主要参与者和重要理论家。他在《记政闻社员大会破坏状》中为革命派反对立宪提供了一条重要的理由,即反对封建制重新出现在中国。章太炎认为,立宪派所提供的宪政规划无非是“封建世卿”的当代变相。只有在仍然处在封建状态的社会中,这种制度才是有益的。欧洲立宪时距离其封建时代也就不过两三百年,日本立宪则更加接近其封建时代。但在当时的中国,封建诸侯早已成为陈迹,如果此时推行立宪派的方案,无非是提高了地主阶层的势力,而这对于中国社会来说是不合时宜的。⑥

章太炎在革命队伍中稍显异类。在对立宪派的批判中,他实际上并非以“驱除鞑虏,恢复中华”作为最高理想。章太炎之所以反对立宪,不仅仅出于不愿看到满族继续独自掌握最高政治权力,而即使让嬴政和朱元璋这样的开国之君来担任国家元首,中国也不适合采取立宪派所提供的宪政模式。如果真正实施立宪派的政治方案,结出的果实并不会是什么新鲜的东西,不过是中国历史上封建制的变相。尽管立宪派利用大量的宪法学论述精心地打造了一套宪政话语,但是章太炎提醒了我们应当摆正这套话语的位置:从何种意义上讲,这套话语背后的宪政模式与历史上的旧制度是不同的?

---

⑤ 丁文江、赵丰田编:《梁启超年谱长编》,上海人民出版社2009年版,第261页。“其所以必以国会号召而不可以他者,因社会上人明者甚少,一切法理论政治论之复杂,终非人所能尽知,必其操术简单,而后人人能喻,此‘排满革命’四字,所以应于社会程度,而几成为无理由之宗教也。吾辈若欲胜之,则亦宜放下一切,而专标一义,不仅使脑筋简单者易知易从,并将使脑筋复杂者去其游思,而专心于此事,我辈主张国会之理由,但有一语曰,国民举代表人以议国事,则政府必负责任而已。以此为宗教,与敌党竞争势力,彼虽欲攻我,亦但能曰办不到,而不能曰不应办也。其余赞同之人,所以主张此者,则任其各自为说,无论其从何方面言之皆可,譬如出一题目,任人为文是也。”

⑥ 章太炎:《太炎文录初编》,徐复点校,上海人民出版社2014年版,第394页。“原吾辈所以遮拨立宪者,非特为满、汉相争,不欲拥戴异族以为共主;纵今日御宇者,犹是天水、凤阳之裔,而立宪固不适于中国矣。是何也?宪政者,特封建世卿之变相耳。其用在于纤悉备知,民隐上达,然非仍封建之习惯者弗能为。欧洲诸国之立宪,其去封建时代,率不过二三百岁,日本尤近。观其上下二院所以并设,岂故为钤制哉?藩侯贵族,渐替而为地主,握赋役之枢纽者,惟是为重,异于中国所置名号王侯,空无凭藉。”

章太炎这则批评的意义就在于,提醒我们清末思想界在立宪时代所进行的论战,包含着深刻的宪法理论意涵。如何建国是清末以来中国知识分子最为关心的宪法问题。现代西方意义上的国家是现代自然法学派的发明,这种“人为国家”的“共同权力”归属于通过政治代表制塑造出的“承担国家的人格”的主权者。在这种理论的激励下,17~18世纪欧洲的国家建设取得了长足的进展,最终见证了“利维坦的诞生”。相比之下,中国传统的政治形态与“利维坦”的政治图景显然判若云泥。清王朝直至终结都未曾获得西方现代国家普遍拥有的国家能力,更缺乏构造“利维坦”这一特定政治观念的思想要素。中国历史上的这种带有封建特征的王朝体制具有不同于西方通过代表建国的正当性逻辑。毛泽东在1939年12月发表的《中国革命与中国共产党》一文中,将周秦以来的政治模式概括为“封建制度”,并且将农民与地主之间的阶级矛盾归咎于这种制度。⑦ 其实,封建论的正当性论说从清末开始就难以为继,无论是立宪派还是革命派都曾对其做出激烈的批判。从这种意义上说,立宪派与革命派当时所面对的问题是如何从旧制度的遗迹中为一个崭新的现代国家奠定基础。他们关心的并不仅仅是制度上的建国,也包括思想上的奠基,而后者恐怕更加艰难与漫长。

自霍布斯以降,通过代表建立国家的思想已经决定性地塑造了西方政治对国家正当性基础的想象。事实上,清末的立宪派与革命派并非处于绝对的对立状态,他们都试图通过代表制理论来重构国家的规范性基础。然而,他们所引入的代表制思想要素并不相同,这也正是他们之间分歧真正的根源。这种分歧体现在他们对政体的不同构想及其实现方式的不同态度之中,这里涉及的争论包含了许多现实的宪法学思考,堪称超越宪法教科书的“实践宪法学”。也就是说,他们不仅是试图利用宪法概念构建抽象理论的思想家,还是致力于影响政治现实的行动者。在给梁启超、章太炎等中国近代早期思想家贴上“立宪主义”、“民族主义”或其他任何“主义”的标签之前,尚须先将他们的论述

---

⑦ 中共中央毛泽东选集出版委员会编:《毛泽东选集》(第2卷),人民出版社1991年版,第625~625页。

放到政治语境中作出历史性的理解。

二、议会制与地域代表制

(一)议会制思想的兴起与转向

日本在明治维新之后迅速崛起,并在1905年的日俄战争中取得胜利。这次胜利让当时的中国知识分子备感振奋,使他们更加确信,政治制度的好坏与国力强盛与否的相关性是不证自明的:只要国家制度优良,国力就会强盛,甚至强盛到可以打败俄国这样的列强。同年,清廷派遣五大臣出洋考察各国宪政,给出的官方理由正是如此:派遣大臣出国考察"一切政治"并"择善而从",是为了通过宪制改革实现清王朝的振兴。⑧

然而,这次考察开始之后,清廷内部各种形式的反对立宪的声音不绝于耳。君权主义者是预备立宪早期最强势的反对派。1905年,正当五大臣在国外考察宪政之时,江西道监察御史刘汝骥在《奏请张君权折》指出,欧洲历史中的立宪的作用是"抑君权以张民权",但中国当前的问题并不是君权过大,而恰恰是"君权不振"。他指出,历史上的欧洲君主暴戾专制,因此需要用立宪的药方来治疗专制的弊病。⑨ 然而,时下的主要问题并不在于君主专制,而在于君权无力。⑩

事实上,此种看法并非无的放矢。自太平天国运动之后,中央权威日渐羸弱。在这种情况下,清末君主的实际权力其实受到了极大的限制。因此,在刘汝骥看来,清廷的当务之急是重塑中央权威、削弱地方

⑧ 故宫博物院明清档案部编:《清末筹备立宪档案史料》(上册),中华书局1979年版,第1页。

⑨ 故宫博物院明清档案部编:《清末筹备立宪档案史料》(上册),中华书局1979年版,第107页。"欧洲百年前,其君暴戾恣睢,残民以逞,其病盖中于专制,以立宪医之当也。"

⑩ 故宫博物院明清档案部编:《清末筹备立宪档案史料》(上册),中华书局1979年版,第107页。"我则官骄吏窳,兵疲民困,百孔千疮,其病总由于君权之不振,何有于专,更何有于制。"

势力。他认为,日本自强的经验是值得借鉴的。但日本之所以强盛,并不是因为实行了立宪,而是因为德川幕府被削除了。在明治维新之前,"盗贼风起,武人横行",百姓"知有幕府不知有王室也久矣"。而明治维新的重要意义在于德川幕府"奉还政权":政权得以复还之后,王室得到了应有的尊贵地位,这样才能实现内政外交的井井有条。[11] 此外,他认为中国自古以来就有宪法,这种宪法传统根植于儒家经典之中:二典、三谟、夏书、商誓和周礼包含着"民为邦本、君为司牧"的宪法宗旨,孔孟之道也充满了宪法精义。[12] 可以说,刘汝骥这篇反对立宪派的奏折开启了儒家宪政主义的论说传统。

刘汝骥认为,如果舍弃中国历史传统中的宪法,而采取这些立宪派的宪法建议,只能带来"政由宁氏,祭则寡人"这样君权旁落的结果。[13] 然而,"政由宁氏,祭则寡人"的批评,恰恰给君权主义者自身带来了巨大的理论挑战。众所周知,戊戌变法失败之后,光绪一直被幽禁在瀛台,所谓的君权实际上是由慈禧行使的。而刘汝骥这里所谓的君权,实际上指的是已经受到极大限制的皇权,而并非是传统意义上完整的皇权。[14] 也就是说,君权主义者并没有回答,如果不采取立宪派的宪政方案,应该通过何种其他手段来实现君权的重振。我们不妨猜测,如果君权主义者所谓的重振君权,实际上是指重振慈禧的权力,那么我们仍然可以说这是"政由宁氏,祭则寡人"。如此一来,无论是否实行立宪,清廷实际上都会处于"政由宁氏,祭则寡人"的局面,立不立宪的问题就

---

[11] 故宫博物院明清档案部编:《清末筹备立宪档案史料》(上册),中华书局1979年版,第109页。"政权既复,则王室尊,王室尊,则治内治外之法权自厘然有条而不紊。"

[12] 故宫博物院明清档案部编:《清末筹备立宪档案史料》(上册),中华书局1979年版,第108页。

[13] 故宫博物院明清档案部编:《清末筹备立宪档案史料》(上册),中华书局1979年版,第109页。

[14] 关于清末立宪中"君权—民权"的话语如何被"国体—政体"的话语所取代,参见康向宇:《"国体—政体论"与清末立宪》,载强世功主编:《政治与法律评论》(第8辑),法律出版社2016年版。

失去了讨论的必要。⑮

除了用儒家经义附会宪法学说,进而从理论上反对立宪之外,刘汝骥还直白地指出立宪派产生的历史根源。他认为立宪派思想的"嫡乳"是黄宗羲的"天下为主君为客"的学说,这种学说让不轨之士心醉神眩,最终酿成了戊戌党人之祸。如果说立宪派的思想来源是黄宗羲的这一学说,那么这种学说为何在现实中受到追捧?刘汝骥的回答是:"少年学子"之所以喜欢这种学说,是因为持有这种理论姿态可以便于他们"弋富贵、钓名誉"。⑯ 也就是说,他眼中的立宪运动无非是"少年学子"政治野心的产物。

其实,这位监察御史对立宪派的这一批评并不是空穴来风。维新运动以来,戊戌党人的活动似乎从未停息,而是转为立宪派在海内外继续活动。在1905年五大臣出洋考察各国宪政期间,作为立宪派知识分子的代表,梁启超通过代拟考察宪政报告的形式,相当积极地参与到预备立宪的过程中。⑰ 以端方、戴鸿慈等考察大臣的名义上奏的《请定国是以安大计折》(以下简称《国是折》)和《请改定官制以为立宪预备折》(以下简称《官制折》)所提倡的是一种责任内阁制的政体构想。这两份考察报告的内容与梁启超在预备立宪上谕发布之前的思想基本吻合,可以认为此二者皆能代表梁启超这一时期的宪

---

⑮ 关于晚清皇权面临的合法性危机,参见巴斯蒂:《晚清官方的皇权观念》,载《开放时代》2001年第1期。

⑯ 故宫博物院明清档案部编:《清末筹备立宪档案史料》(上册),中华书局1979年版,第107页。

⑰ 根据北京大学夏晓红教授考证,《请定国是以安大计折》和《请定国是以安大计折》皆为梁启超代笔之作。参见夏晓红:《梁启超代拟宪政折稿考》,载夏晓红:《梁启超:在政治与学术之间》,东方出版社2014年版,第17页。《请定国是以安大计折》收入《端忠敏公奏稿》,参见夏新华等整理:《近代中国宪政历程:史料荟萃》,中国政法大学出版社2014年版,第42页。《请改定官制以为立宪预备折》即故宫博物院明清档案部所编《清末筹备立宪档案史料》中收录的《出使各国考察政治大臣戴鸿慈等奏请改定全国官制以为立宪预备折》,参见故宫博物院明清档案部编:《清末筹备立宪档案史料》(上册),中华书局1979年版,第367页。

法思想。[18] 在《国是折》中，梁启超认为立宪政体具备独特的优点，就是它可以于宪法中载明君主无责任，而转由大臣代君主负责，因此需要确立责任内阁制。在《官制折》中，第 1 条官制改革建议就是设立责任内阁制。笔者认为，责任内阁是由首相与各部国务大臣组成的合议制政府，是国家的行政总枢，故而可以代替君主承担行政责任。

需要注意的是，梁启超此处所描绘的责任内阁制，与一般意义上英国式的责任内阁制并不相同。英国 19 世纪中期形成的责任内阁制要求作为国家最高行政机关的内阁向议会负责，因为内阁是由议会产生的，其组成是由议会选举的结果决定的：议会每次大选后，国王都要任命议会中占多数席位的政党领袖为首相，并授权由他组阁，批准他提出的内阁成员名单。然而，在这两份由梁启超所代拟的奏折中，我们不难发现这种责任内阁除了"代君主负责"之外，实际上仍然需要"向君主负责"，而不是"向议会负责"。这也就意味着君主仍然处在主权者的位置之上。首先，君主保留着任命内阁首相的权力，他在《官制折》特别提到了责任内阁的产生办法：由君主亲自任命首相，由首相举荐其他内阁成员。[19] 也就是说，首相并不由议会产生，而是由君主钦点，钦点的首相自然要向君主负责，而不是议会。其次，议会仅仅具有协助君主监督议会的权力，而不具有倒阁权。梁启超承认内阁的行政权也需要得到监督，但实施监督的主体是君主，而不是议会本身。在他眼中，君主的决策需要参考人民的意志，而又不能询问每一个人的观点，因此只

---

[18] 例如，梁启超在 1902 年发表的《政治学学理摭言》中便将"君主无责任"作为"过渡时代之绝妙法门"，能够有效防止革命（乱之自民）的发生。立宪国家可以通过设立责任内阁转嫁行政后果，这种做法的理论基础是君主无误论。他认为君主无责任的理论基础在于英国人所谓的"君主不能为恶"的思想，这并不是说君主在人性上永远不会为恶，而是说君主在行政上是不可能发生错误的，因此也不需要承担任何后果。这就需要权与位的分离，将行政权力授予责任大臣，君主保留尊位。另外，还可以避免权贵为了争夺权力而危机君主的地位，防止乱之自臣。

[19] 故宫博物院明清档案部编：《清末筹备立宪档案史料》（上册），中华书局 1979 年版，第 368 页。

能把由人民分区选举出来的议会的意志当作人民本身的意志。[20] 但不难注意到,此处议会的功能是在君主面前代表人民,它本身仍然只是咨询机构,而非决策主体。也就是说,梁启超并不认为应当由议会来独立判断内阁是否违反国民的意志,而是由君主在议会的协助之下来判断内阁是否违反国民的意志。

梁启超愿意替端方、戴鸿慈代拟奏折,至少说明他直到1905年仍然对实现心目中的责任内阁制抱有期待。事实上,在1905年写给徐佛苏的一封信中,梁启超提到了自己代拟考察报告的事情,并且明白地流露出对自己捉刀的报告能有所影响的期待。[21] 1906年9月1日,清廷颁布谕旨宣示开启预备立宪,确定了"大权统于朝廷,庶政公诸舆论"的根本原则,并且提出了改革官制的计划。[22] 梁启超听闻之后深感欣慰,当天就给蒋观云去信,认为立宪已成定局,政治革命问题从此可以告一段落,立宪派的重心应当放到过渡时代的政治安排之上。[23] 在另一封给蒋观云的信中,梁启超重申了发表于1905年的《开明专制论》正是配合这一立宪过渡时代(民选议会未开)的理论。[24]

然而,不过短短两个月之后,清廷出台的官制改革方案便让梁启超瞬间跌入巨大的失望之中。1906年11月6日,清廷接受了奕劻等大臣提供的官制改革方案,发布《裁定奕劻等核拟中央各衙门官制谕》。在这份谕旨中,少数旧部被裁并,原来作为行政中枢的军机处仍然得以保

---

[20] 夏新华等整理:《近代中国宪政历程:史料荟萃》,中国政法大学出版社2014年版,第45页。"而欲观人民意向之从违,又非可执国人而人人问之也。于是不能不设议会,由人民分区选举,以为议会之议员;以议会之可决否决,而觇国民意思之从违焉。"

[21] 丁文江、赵丰田编:《梁启超年谱长编》,上海人民出版社2009年版,第353页。"近所代人作之文,凡二十万言内外,因钞誊不便,今仅抄得两篇,呈上一阅,阅后望即掷返。此事不知能小有影响否,望如云霓也。"

[22] 《宣示预备立宪先行厘定官制谕》:"时处今日,惟有及时详晰甄核,仿行宪政,大权统于朝廷,庶政公诸舆论,以立国家万年有道之基。……亟应先将官制分别议定,次第更张。"参见故宫博物院明清档案部编:《清末筹备立宪档案史料》(上册),中华书局1979年版,第44页。

[23] 丁文江、赵丰田编:《梁启超年谱长编》,上海人民出版社2009年版,第240页。"今夕见号外,知立宪明诏已颁,从此政治革命问题,可告一段落。"

[24] 丁文江、赵丰田编:《梁启超年谱长编》,上海人民出版社2009年版,第240页。

留,而并未见有任何设立责任内阁制的迹象。[25] 也就是说,梁启超的君主内阁制设想胎死腹中。1906 年 11 月 14 日,梁启超在致蒋观云的信中,表达了对这一改革的不满。[26] 此外,他明确主张立宪派应当改变策略,开始组织政党,并通过政党的力量督促与推动清廷召开国会。此时,他突然放弃了《开明专制论》中认为中国"人民程度"不足,必须经过十余年开明专制的训练之后才能开民选议会的主张,转而认为只有先让相应的组织机关存在,人民的民主能力才能够得到训练与提高。[27] 在《现政府与革命党》一文中,梁启超更是直接表达了对预备立宪方案的不满。他认为清廷虽然号称要通过预备立宪、官制改革等举措,一举扫除此前政治之腐败,然而到头来这些改革又沦为"权位之争夺、势力之倾轧"。[28]

毫无疑问,清廷这次预备立宪以及官制改革方案带来的麻烦比解决的问题多得多。让梁启超无非忧心的是,官制改革方案一出,革命党势力迅速扩张。他在 1906 年官制改革方案出台之后给康有为的信中说,革命党本来就在东京占有很大的势力,留学生中超过半数的人都是革命党的支持者,此前预备立宪诏书刚出,事实上稍微削弱了他们的势头,但有名无实的官制改革方案一出,革命党的势头就越来越兴旺了。[29]

---

[25] 故宫博物院明清档案部编:《清末筹备立宪档案史料》(上册),中华书局 1979 年版,第 471 页。"军机处为行政总汇,雍正年间本由内阁分设,取其近接内廷,每日入值承旨,办事较为密速,相承至今,尚无流弊,自毋庸复改。内阁、军机处一切规制,著照旧行。"

[26] 丁文江、赵丰田编:《梁启超年谱长编》,上海人民出版社 2009 年版,第 242 页。"故望此次改革之有大效,实无有是处,而因此次改革之无效而失望,益无有是处也。"

[27] 丁文江、赵丰田编:《梁启超年谱长编》,上海人民出版社 2009 年版,第 242 页。"来示谓国民复无促其再度改革促其再改革之能力云云,此诚可痛,然弟以为练成此能力,正我辈之责也。我辈在国民中宜多负责任者,今不自为之,何以望人。窃以为此能力之练成,必赖有一机关,若今者能合热诚而同主义之人以组织一机关乎!"

[28] 梁启超:《梁启超全集》,北京出版社 1999 年版,第 1667 页。"号称预备立宪、改革官制,一若发愤以刷新前此之腐败。夷考其实,无一如其所言,而徒为权位之争夺、势力之倾轧,借权限之说以为挤排异己之具,借新缺之立以为位置私人之途。贿赂公行,朋党各树,而庶政不举,对外之不竞,视前此且更甚焉。"

[29] 丁文江、赵丰田编:《梁启超年谱长编》,上海人民出版社 2009 年版,第 245 页。"革党现在东京占极大之势力,万余学生从之者过半。前此预备立宪诏下,其机稍息,及改革官制有名无实,其势益张,近且举国若狂矣。"

此时,梁启超与革命党的关系也突然变得扑朔迷离起来。据宋教仁日记《我之历史》的记载,梁启超于1907年1月10日托徐应奎通过宋教仁向章太炎传话,称自己已经改变了主张,希望双方能够讲和。当天,徐应奎向宋教仁转达了梁启超的意思,指出梁启超承认自己与《民报》的辩论是不得已之举,他已经放弃了《民报》所斥责的保皇立场,转而成立国民宪政会,开始主张真正的宪政,希望能够与《民报》不再相互攻击。㉚

也就是说,1906年11月6日官制改革方案出台之后,梁启超的政体构想旋即从责任内阁制转向了议会制。也就是说,他开始由强调内阁向君主负责,转为强调内阁向议会负责。在1906年官制改革方案出台之前,梁启超认为专制与立宪的差别在于,立宪政体能够通过责任内阁代替君主承担责任,从而防止专制政体下的种种危险。在此之后,梁启超于1908年首次发表的《中国国会制度私议》中认为,全天下所有的立宪国家都有国会,专制政体与立宪政体的唯一区别就在于专制政体没有国会。㉛ 另外,梁启超从此开始着重论述议会与内阁之间的关系。在1907年发表的《政闻社宣言书》中,他提出了一种完全不同于责任内阁制的政体理论:政府是国民的政府,这就意味着政府需要向国民负责,也就是向国民选举的国会负责,如果没有国会,所谓的责任政府也不过是有名无实。㉜ 此前,内阁代君主负责的逻辑从法理上并没有指明向谁负责,而内阁向议会负责的设计恰恰是议会制的核心内容。

㉚ 宋教仁:《宋教仁日记》,中华书局2014年版,第309页。"梁卓如于《民报》上见君文,欲一见君,且向与《民报》辩驳之事,亦出于不得已,苟可以调和,则愿不如是也。《民报》动则斥保皇,实则卓如已改变方针,其保皇会已改为国民宪政会矣。君可与民报社相商,以后和平发言,不互相攻击可乎?"

㉛ 梁启超:《梁启超全集》,北京出版社1999年版,第2108页。"天下无无国会之立宪国。语专制政体与立宪政体之区别,其唯一之表识,则国会之有无是已。"

㉜ 梁启超:《梁启超全集》,北京出版社1999年版,第1714页。"吾固言之矣,凡政府之能良者,必其为国民的政府者也。曷为谓之国民的政府,即对于国民而负责任之政府是也。国民则夥矣,政府安能一一对之而负责任?曰:对于国民所选举之国会而负责任,是即对于国民而负责任也。故无国会之国,则责任政府终古不成立。"

梁启超在1910年发表的《宪政浅说》中，归纳了君主立宪的三个特点：民选议会、大臣副署与司法独立。这里所描述的立宪图景显然不同于他在《国是折》中提出的责任内阁制模式。民选议会在梁启超心目中的重要性大大提高，乃至于他认为“是故无国会不得为立宪，有国会而非由民选，不得为立宪”。[33] 不仅如此，纵使有了民选国会，如果国会不具备“议决法律”与“监督财政”两项权力，仍然不能算是立宪。也就是说，梁启超认为君主并不适合监督内阁，而应该由议会来监督内阁，因此只可能先有国会存在，才可能有责任内阁存在。[34] 可以看出，梁启超在此重新定义了所谓的责任内阁。他抛弃了自己先前认为的责任内阁就是向君主负责的政府的含义，认为中国从古至今的政府无时无刻不是向君主负责的，如果说这就是责任内阁，那就没有进行宪政改革的必要了。[35]

也就是说，官制改革方案出台之后，梁启超的政体理论引入了议会与内阁之间的责任关系，实质上意味着他已经抛弃了此前责任内阁制的思路。这种责任关系不仅仅是指谁替谁承担行政后果，而是指法理上授权与被授权的关系。如果说内阁的正当性来自其对议会的责任制关系，就意味着内阁的正当性来自议会的授权。这样一来，梁启超事实上已经悄然修改了自己在《国是折》与《官制折》中的立宪逻辑，从议会的正当性来自内阁，转变为内阁的正当性来自议会。议会制并不能单纯等于议会参与政府，而是要求政府以议会作为权力来源。梁启超在发生议会制转向之前的内阁制主张，其前提仍然是在最大程度上保存君主制的实际存在。这其实是在原有政治框架的内部所进行的制度修正，君主作为权力来源的逻辑是不曾改变的。然而，梁启超在1906年对官制改革方案失望之后，之所以极力主张立刻召开民选议会，实质上

㉝ 梁启超：《梁启超全集》，北京出版社1999年版，第2058页。

㉞ 梁启超：《梁启超全集》，北京出版社1999年版，第2045页。“有国会则有责任内阁，无国会则无责任内阁。”

㉟ 梁启超：《梁启超全集》，北京出版社1999年版，第1711页。“苟以对君主负责任而即为有责任，则我中国自有史以来以迄今日，其政府固无时不对君主而负责任，而安用复改造为？”

是试图通过议会选举为国家主权赋予新的内涵,从而通过议会代表制为一个新的国家奠定基础,从这个意义上说,他此时与革命派的分歧恐怕并没有人们通常所设想的那样大。

(二)主权在国、代表制与地域

梁启超在1908年发表的《中国国会制度私议》中着力强调国会是为“大权机关”,而“大权机关”最重要的权力就是修改宪法的权力。宪法是国家的根本大法,修改宪法即意味着改变国家的组织方式,因此修改宪法的权力是一个国家最高的权力。[36] 也就是说,梁启超心目中国会拥有的修宪权应当是一种主权性质的权力。在不同的国家理论中,这种主权的归属主体各有不同。君主与国民这两种不同的主权主体,分别对应着两种不同的主权形态:主权在君和主权在民。然而,梁启超认为,主权在君与主权在民这两种主权学说“皆与国家之性质不相应”,主权应当属于国家,而不属于君主或国民。那么,国家如何行使主权?我们需要考察梁启超的国家理论。在梁启超看来,国家是一个法律上拟制的人,就像人体有很多机关(意味器官)一样,国会是国家这个作为有机体的法人身体上最重要的机关。[37]

梁启超认为,君主与国会都是国家的机关,君主与国会两院都应当具有提议修改宪法的权力,但是议决宪法修正案的程序却是“先以付现议会之议决,可决之后,复解散之而组织新议会,为第二次之议决是

---

[36] 梁启超:《梁启超全集》,北京出版社1999年版,第2110页。“国会时而为单独之大权机关,或与他机关共同而组成大权机关也。大权机关之作用不一,而其最重要者,则改正宪法权也。盖宪法位于一切法律之上,为国家之根本法,其有改正,则国家之组织,可缘此而大变更。故此权实国家之最高权,而持此权者,即于国家上得行其莫御之势力者也。”

[37] 梁启超:《梁启超全集》,北京出版社1999年版,第2166~2167页。“改正宪法,是不啻取国家之基础而动摇之。其握有此权者,即为握有国家之主权。于是有持主权在君说者,则谓此权宜属诸君主;有持主权在民说者,则谓此权宜属诸国民全体或代表国民全体之国会。虽然,主权在君主权在民之两说,皆与国家之性质不相应,近世学者所抨击,殆成定论。按诸正当之学理,惟国家为有主权。然则能有改正宪法之权者,亦惟国家自身而已。虽然,国家者,非自然人而法人也。法人之性质,虽有权利而无行使权利之能力,其行使权利,必当委之于其机关,则改正宪法之权,亦势不得不以机关行之,无可疑者。”

也”。[38] 也就是说，最终决议通过宪法修正案的权力仅仅掌握在议会手中。赋予国会的这种修宪权就是主权性质的。我们需要注意的是，在主权在国的理论框架中，国会处在怎样的位置。主权在国既不同于主权在君，也不同于主权在民。在梁启超的逻辑中，主权属于国家，而国家是一个法人，法人通过机关来行动，君主和国会就是国家的机关。而且，国会是作为法人的国家的大权机关，之所以如此，是因为国会是国家的代表，而不是选举产生国会的人民的代表。[39] 我们可以看到，在梁启超心目中，主权的基础并非人民的授权，也不是君主的命令，倒不如说是作为法人的国家本身自带的一种属性。然而，问题在于作为法人的国家所拥有的主权来自何处？不妨做一比较：霍布斯在《利维坦》中通过一整套契约结构制造出一个主权者的位格，从而使主权者成为全体人民的代表，而选举只是用来决定谁来具体承担这个位格的活动。而在梁启超这里，我们看到国家本身被当作一个既成的主权位格，国会和君主都是用来填充这一位格的实在的机关，国会的权力并非来自人民通过选举的授权，而是来自其对国家本身的代表。

在梁启超的思想体系中，国家本身自带的主权属性从何而来？显然，梁启超并没有直接回答这个问题。不过我们或许可以顺着梁启超的逻辑做出一些基本的猜测。如果我们回到梁启超其他看似不相关的论述中，就会发现“地理”等相关概念在梁启超思想中的重要地位。梁启超在 1902 年发表的《中国地理大势论》中指出，中国是天然的大一统之国家，人种、言语、文学、教义、风俗等方面的大一统局面，其根源都在于中国特殊的地理环境。[40] 也就是说，梁启超所建构的国家想象的基础是所谓的“地理大势”，这也与他一整套政治代表制构想背后的理论预设相互契合。如果国家所具有的主权的根本渊源是一种自然性的

---

[38] 梁启超：《梁启超全集》，北京出版社 1999 年版，第 2169 页。

[39] 梁启超：《梁启超全集》，北京出版社 1999 年版，第 2144 页。“国会者所以表示国家意思，而非表示选举人个人之意思，故议员所代表者，乃国家，而非其举主也。”

[40] 梁启超：《梁启超全集》，北京出版社 1999 年版，第 926 页。“中国者，天然大一统之国也。人种一统，言语一统，文学一统，教义一统，风俗一统，而其根原莫不由于地势。”

地域空间秩序,那么任何政治代表制都必须落脚到对地域的代表之上,也就是说,这样一种国家的代表理论与选举制度都应当实现国会对地域的代表。[41]

然而,在梁启超为国会所设计的选举制度中,作为国家之机关的国会的权力,却又不仅仅来自这种象征性的地域意识。从他的论述来看,国会的权力又是通过代表与选举获得的,国会代表着“全国人民各方面之势力”,因而能将这些势力整合起来形成自己的势力。这种代表制理论与其国家理论中的国会只能代表国家的理论截然不同,而这也许是梁启超立宪思想中最大的矛盾所在:国会究竟是国家的代表,还是地方势力的代表?按照梁启超的逻辑,如果国会是国家的代表,那么议会所行使的主权就来自国家在地理上的自然属性,国会只是国家这个拟制的法人的代理。如果国会是地方势力的代表,那么国会的权力就来自地方势力的授权。这就让国会的主权权力具有双重来源。这种国会主权的双重来源显然给梁启超的代表制思想带来了很大的断裂。如果引入国会主权的第二重来源,第一重来源中将国家奠定在自然的地域空间基础上的努力就失败了。人们很难想象出来一个中立的无生命的空间性的国家法人,而只能想到充斥着各路地方势力代言人的喧嚣议场。也就是说,基于“地理大势”的国家的主权想象,被充斥着地方势力的国会的主权想象所取代了。

如果仅仅从法律上确定了国会的制度性权力,而没有相应的政治权力要素作为支撑,国会就无法按照梁启超所设想的那样运作。因此,梁启超着力构建的显然是国会的第二重权力来源。在梁启超那里,要想把国会制度由一种法律上的叙事变成现实中的权力,就必须向国会制度的法律形式中,注入以士绅为核心的政治内容。在《中国国会制度私议》中,梁启超指出了议会具有的双重性质。在法律上,它是国家的直接机关。在政治上,它可以用来整合中国中各方面的势力,将它们

---

[41] [美]汉娜·费尼切尔·皮特金:《代表的概念》,唐海华译,吉林出版集团有限责任公司2014年版,第26页。“有一些虚拟人的行为不是由他们所代表的人授权,而是由第三方授权。无生命物或无理智人的代表者就是这样的情况。”

“冶诸一炉”。如何实现这种网罗政治势力而冶诸一炉呢？梁启超的回答是选举制度。[42] 国会必须代表全国人民各方面的势力，而只有通过人民选举的原则，才能够实现这种对人民的代表。

显然，此时的梁启超在中国应当建立怎样的政治代表制度上已经与康有为背道而驰。康有为在1903年于《官制议》中论述到议院时认为，议院的主要优点在于能够“合一国之民心，举一国之贤才而议定一国之政”。[43] 这一思路也延续了康有为在戊戌变法时期对议会的理解方式。在1898年上给光绪的《请君民合治满汉不分折》中，他认为议会能够“合数千百万之人为一身，合数千百万人心为一心”，从而“举国君民合为一体、无有二心也”。[44] 因此，议院与民的关系是“合”。这种关系有别于霍布斯的代表观念，议院并不是通过授权形成的，而是通过“合”形成的。也就是说，民合为一身一心就是议院。它本身就是身心，而不是身心所发出的意思表示。它独立地直接发出民意，而不是通过选举授权而成为民的代表。也就是说，梁启超将代表制的功能“合为一体”修正为了“熔诸一炉”。在梁启超预备立宪时代的政治作品中，代表制是将国民全体意思转化为国家意思的中间机制，而不再是将民众合为一身一心之后所形成的替代物。那么，这种将国民全体意思转化为国家意思的中间机制如何才能建立起来？

在梁启超的立宪思想中，责任内阁制本来就是过渡性质的，而官制改革方案让梁启超失去了对这一思路的信心，从而激进地转向了推动议会制。梁启超否认了自己先前关于人民自治程度不够的说法，转而

---

[42] 梁启超：《梁启超全集》，北京出版社1999年版，第2112页。“故就政治上以论国会，则国会者代表全国人民各方面之势力者也。惟其代表人民之势力也，故不可不以人民选举为原则。惟其代表全国各方面之势力也，故国中若有他种特别势力，亦不可以不网罗之。其网罗之也，或用特别之选举法，或用选举以外之他法，则因其所宜，此皆例外也。各国国会之组织，其内容虽各各不同，至其为代表全国人民各方面之政治的势力，则无不同也。”

[43] 姜义华、张荣华编：《康有为全集》（第7集），中国人民大学出版社2007年版，第265页。

[44] 姜义华、张荣华编：《康有为全集》（第4集），中国人民大学出版社2007年版，第425页。

认为今天选举出来的议员必然是“四民之秀”,根本无须担心人民程度不足的问题。既然普罗大众的政治能力提高需要时间,那么梁启超后来为何认为国民已经具备了政治能力呢?这只能说明他心目中的自治主体发生了变化:从全体国民转向了士绅阶层。在过渡时期,需要凭借地方自治来实现国民政治能力的培养,但这种培养是缓慢的,需要十几年的时间来塑造国民的政治能力。如今这条道路已经宣告失败,他只能转而追求议会内阁制,主张用立宪运动作为实现手段,而这种立宪运动是以地方士绅为基础的。也就是说,还是只能求诸现有的精英阶层来充当推动议会内阁制的确立与运行的动力。但无论是主张用地方自治缓慢培养国民的政治能力,还是国民政治能力已经足以速开国会,都意味着其试图整合的对象是以士绅为主的地方精英阶层,只不过所采用的整合手段不同。

在梁启超那里,这种通过议会的整合应当通过选举制度来实现。那么,应当如何设计选举制度背后的代表制原则,才能吸纳地方士绅阶层的政治参与呢?梁启超的答案是地方代表制,期望通过代表制及其选举程序的设计来吸纳士绅力量参与到议会政治之中。在梁启超于《中国国会制度私议》的构想中,未来中国的国会应当采取两院制的设计。他认为我国不存在贵族主义与平民主义或联邦主义与国民主义的冲突,但仍然有必要设立两院制。理由是中国是一个多民族共存的国家,存在若干特别阶级(比如蒙藏地区的特别阶级),如果国会采取一院制,完全按照平等选举的方式产生,就难以保证国家统一。梁启超从对各国议会的比较研究中认为,各国左院(上院)通常有两种代表制类型,要么是对地方区域的代表,要么是对特别阶级的代表。他认为中国应采取前一种代表制类型。在梁启超看来,构成国家有人与物两个方面的要素,其中物的要素就是土地。土地的要素对于国家来说影响巨大,人们生活在范围有限的地域中,因此相当关心本地的利益问题。如果仅仅采取右院中国民平等的选举方式,这种地域性的因素是无法得到充分代表的。[45]

右院(下院)被认为平等代表所有国民,但在选举资格上仍然设置了一些限制。虽然梁启超认为在新设立的国会中不应当以财产作为选举权的限制条件。但他却指出:“吾党正惟冀于国会急底于成,愈不得不反对财产制限之议。盖财产制限,必待税法整理,然后能实行。而非国会成立以后,恐税法终无整理之期。”[46]也就是说,在没有税法的前提下,财产限制根本无法实施。那么为了获得更多对开国会的支持,就不妨先不采取财产限制。此外,梁启超主张以教育程度为选举权设立限制。“若夫不立财产制限,而惟以教育程度为唯一之制限,则按诸学理,其说较完,宜若可采者也。”[47]虽然梁启超又认为由于教育程度很难确定故难以实行,但他认为可以放弃直接限制而求间接限制,例如能识字写字是最基本的限制,因为采取记名投票制,必须能够写字。写错名字的选票无效。除此之外,梁启超主张的普选,还间接设置了两项选举权的限制条件:需要“自构一屋或租一屋而居”,以及需要“有职业”。[48]

右院议员采取间接选举的方式产生,即由选举人选举产生。而选举人的选举又分两级。为什么要采用间接选举制?梁启超认为,善良之国会要求选举人能够鉴别被选人的“材能性行”,但由于采取普选而不采取直接制限选举,若由选举人直接选举,则很难直接鉴别被选人的“材能性行”,因此只能采取间接选举。我们发现,梁启超的主要关切就在于如何使他心目中的“德才兼备”的人能中选。[49] 而这就自然带来了选区划分与选举方法的问题。梁启超认为,应当依据现有行政区划

---

[45] 梁启超:《梁启超全集》,北京出版社 1999 年版,第 2119 页。“构成国家之人的要素为人民,其物的要素则为土地。故土地之势力,其影响于国家者恒甚大。今世无论何国,其国境非自始焉而即若兹其庞大也。盖皆尝有无数之小部落焉,星罗棋布。经若干岁月,心目中惟见其有一地方之利害,而此遗传性由来甚久,根底甚深。虽至成为今日之国家以后,而湔拔终不能以尽。此种势力,亦在普通势力以外,以国民平等选举之机关,不足以代表之。”

[46] 梁启超:《梁启超全集》,北京出版社 1999 年版,第 2136 页。

[47] 梁启超:《梁启超全集》,北京出版社 1999 年版,第 2137 页。

[48] 梁启超:《梁启超全集》,北京出版社 1999 年版,第 2137 页。

[49] 梁启超:《梁启超全集》,北京出版社 1999 年版,第 2145 页。

来划分选区。大选举区以省为界，作为第二级选举区，然后在省内按人口比例原则划分出若干小选举区。小选举区以州县为界，是为第一级选举区。第一级选举采取单一选区制，由比较多数法（相对多数决）选出；第二级选举采取复数选区制，由聚合投票法选出。[50]

因此，在梁启超的思想中，国家既奠定在空间性的自然秩序之上，也奠定在地方性势力的综合体之上。地域性代表制的设计则是试图统合这两种要素的努力。在地域性的选举制度之下，国会成为了两种代表制思想的交汇点：国会通过地域性的选举来代表人民，并利用这种统合地域的想象，成为作为空间秩序的国家的代表。也就是说，国会之所以能够成为国家的机关，正是因为它通过地域性代表制，使自身得以符合国家的空间秩序。国会通过代表地域从而成为国家的代表。然而，在梁启超的构想中，国家的权力从法理上讲来自“地理大势”的自然秩序，然而这更多的是一种“叙事”，而并不能真正提供法权的基础。因此，国会需要通过地域性代表制来从政治上确证这种空间秩序。

三、封建之变相：地域代表制的政治后果

针对梁启超这种以地域性代表为核心的议会制方案，革命派思想家章太炎表示出强烈的反对。1903 年，章太炎由于《驳康有为论革命书》中的革命言论而被捕入狱。1906 年 6 月，章太炎出狱，并随即加入中国同盟会，担任同盟会机关报《民报》的主编。此后，章太炎开始以《民报》作为根据地，着力批判梁启超的立宪论说。在 1908 年发表的《代议然否论》中，章太炎忧心忡忡地指出了在中国实行梁启超所设想的议会制可能带来的严重后果。这种后果直接来自梁启超的议会制主张背后的地域性代表的思想。前文已经分析过，这种地域性代表制包括两个方面的内容：从法律上讲，国会为地域空间提供了一种叙事，因

---

[50] 梁启超：《梁启超全集》，北京出版社 1999 年版，第 2156 页。

而使自身成为国家的（代表）机关；从政治上讲，国会通过地域性选举制度的设计，试图打造出一个地方性势力的综合体。我们可以看到，章太炎恐怕无法同意其中任何一个方面的内容，在《代议然否论》中，他集中批判了这种基于地域性的选举制度可能带来的后果。

（一）议会选举与再造“土豪”

在章太炎看来，议会制的整个选举结构在政治上是与现代国家民主制大相径庭的。其最大的问题在于，它会破坏中国历史上宝贵的平等传统，带来更大的不平等。其实，议会制本身是个空洞的形式，任何政治要素都可以“借壳上市”。在中国实行议会制，封建就会变成这种议会制的真正内核，使议会制成为封建制的表象。章太炎认为，中国相对于其他国家来说，封建制早已消亡，倘若实行议会制、选举代议士，在当时的历史社会条件下，非但不能实现政治整合的效果，反而会使中国社会重新“横生阶级”，破坏“平夷之美”。

在《代议然否论》中，章太炎做出了集中的批判。在这篇矛头直指立宪派的文章中，他对议会制以及相应的选举制度做出了更加细致的研究，对各种逻辑上可能的选举制度分别可能带来的政治效果悉数道来。可以说，这篇文章与梁启超的《中国国会制度私议》一文针锋相对。他将选举划分为通选与限选两种类型，而通选则包括单选与复选两种子类。其中，无论是单选还是复选、通选还是限选，都会让中国社会招致再造阶级的恶果。

章太炎首先讨论了国会规模的问题。应当怎样确定人口数目与国会规模之间的关系？他指出，如果像日本一样每 13 万人选举 1 名议员，以中国当时的人口数（大概 42,000 万人，“丁口则四万二千万有奇”），大概能选出 3200 人。然而，这么大规模的国会是无法真正讨论问题的。[51] 而各国议会总议席几乎没有超过 700 席的，如果中国国会议席数也设定为 700 席，又会怎样呢？那么，就需要每 60 万人选举一

[51] 章太炎：《太炎文录初编》，徐复点校，上海人民出版社 2014 年版，第 313 页。“若如日本选率十三万人而一议员，则议员当得三千二百人，其数与虎贲等。猱屯麇聚，分曹辩论，謦咳之声，已足以乱人语。”

名议员,除去妇女儿童,实质上可能取决于20万人的意志。[52] 由此可见,对于中国的人口规模来说,如何确定国会的议员数目就是个很大的麻烦。在这种低比例性的现实条件之下,各种不同的选举方式都将存在问题。

如果采用通选(普选),即所有人都拥有选举权,那么对于中国这种人口数量庞大的国家来说,实施单一选区的选举制度会让选举出来的都是"土豪"而非"贤良"。章太炎举了一个例子,如果在20万人中有20名"贤良"和1名"土豪",以1万人作为一个选区来选出一名议员,就可能选出19名"贤良"与1名"土豪"。但如果以20万人作为一个选区选出1名议员,则有可能只选出1名"土豪"。我们知道,"贤良"的影响范围是有限的,只有在与其发生社会交往的过程中,"贤良"的品质才能够得到人们的承认。显然,这种社会交往通常局限在某些小型的生活共同体之中的。相比之下,"土豪"想出名却容易得多,他们偌大的家业往往是口耳相传、广为人知的。因为分辨一个陌生人是不是"土豪",要比分辨一个陌生人是不是"贤良"容易得多。因此,章太炎认为,"数愈阔疏,则众所周知者,愈在土豪"。[53]

在理想情况下,如果能够以1万人作为一个选区单位选举1名议员,则尚能保证部分"贤良"能够当选,但如果真的以1万人作为一个选区单位选举,则意味着总共会选出4200名议员。然而,议会本身的存在理据来自议员于其间能够通过动态的辩论做出明智的决策,然而4200名议员显然无法实现这种公开辩论的顺利进行。如果增加每个选区的投票人数,则意味着当选的都将是土豪。

如果采用复数选区,情况是否有所改善?章太炎认为显然不会。我们可以继续章太炎之前的思想试验:如果20万人中有20名"贤良"和1名"土豪",在保证议员数目不变的情况下,将单一选区改为复数选区,情况会如何?假设有40万人的选区,其中有40名"贤良"和2名"土豪",现在需要从中选出2名议员,这样会选出"贤良"还是"土豪"

[52] 章太炎:《太炎文录初编》,徐复点校,上海人民出版社2014年版,第313页。
[53] 章太炎:《太炎文录初编》,徐复点校,上海人民出版社2014年版,第313页。

呢？章太炎指出了在复数选区中“贤良”不易当选的原因是“贤良众则势分而附从寡，土豪一则势合而陪属多”。[54] 虽然“贤良”人数众多，但他们的势力相对分散，互相之间也往往不存在附庸关系，因此甚至有相互分流选票的可能。而土豪虽然人数少，但往往附庸很多，更容易将选票集中到个别候选人身上去。因此，就算每个选区选举若干名议员，就算每个选区中“贤良”人数渊源超过“土豪”，但“贤良”还是无法与“土豪”竞争。

那么，只要采取通选的方法，无论是单选还是复选，都会造成“土豪”占据绝大多数议席，而“贤良”被排除在外的局面。章太炎以魏晋时期的九品中正制所带来的“上品无寒门，下品无士族”的后果来比附立宪派的议会制方案：“是故，选举法行，则上品无寒门，而下品无膏粱。名曰国会，实为奸府，徒为有力者傅其羽翼，使得腠腊齐民，甚无谓也。”[55]不无巧合的是，被当作立宪派教父的康有为，在 1913 年面对民国初年议会政治的乱象时，发出了几乎相同的批评。康有为认为，由选举产生的议员不可能超过 4000 人，而其中符合国民心意的议员也许不超过 1000 人。换句话说，在康有为看来，选举产生的议员中也许只有 1/4 具有代表性，这一数目与 4 亿人口总数之间的差距实在过于悬殊。因此，清末人口总数过大，可能导致通过普选产生的议员的代表性的实质性缺陷。可以说，这一批评的逻辑与预备立宪时期章太炎的逻辑如出一辙。[56]

通选难行，限选是否可能？在章太炎看来，从世界各国的选举制度来看，对选举权的限制无非可以根据这两个标准：纳税与识字。而清廷是不会采用识字与否作为限制选举权的条件的。因为如果以识字为拥

---

[54] 章太炎：《太炎文录初编》，徐复点校，上海人民出版社 2014 年版，第 313 页。

[55] 章太炎：《太炎文录初编》，徐复点校，上海人民出版社 2014 年版，第 313 页。

[56] 汤志钧编：《康有为政论集》（下册），中华书局 1981 年版，第 896 页。“我国地等全欧，人民倍之，国与民相去至远，民意、民权必不可得。而信欧美人之谬说，大声疾呼曰民意民权。我今质问四万万人，汝有何权？所选举者，谁为汝意？议员所陈，谁得汝心？吾意真选举之人，必不及四千，而得其心意者，必不及千也。若云权乎权乎，谁则有之？欺人自欺，无俟言矣。”

有选举权的条件,则在文化教育进一步普及之后,全社会的识字率一提高,就很难继续实现限制选举权的效果。况且,"满洲政府歆羡金钱,其计必以纳税为权度"。然而,以纳税作为选举权的条件的方法,同样无法在中国施行:"然以纳税定选权者,又不可施于震旦也。"[57]章太炎对以特定纳税额作为选举权条件的情况做了分类讨论。

如果比照日本的选举法,我国规定每年缴纳直接税达到二圆者,才具有选举国会议员的权利:"今若以纳税定选权,中国制钱当日本半钱五分之一,日本以直税十圆者得选举权,中国应以直税二圆者得选举权。"[58]那么,将会带来选举权的地域性不平衡现象:"是则江南、浙江之农有田三亩纳丁漕方二圆,足以攘臂参选;而上流贵州、湖南诸省,虽有田百五十亩,犹倜倜未入格;北方如陕西、甘肃益以销铄;而东三省与新疆尤无赖。"[59]原因在于,各个地方的自然禀赋差异极大,难以设定全国一致的标准。各地田赋高下悬殊,江浙等地田赋最重,每亩可折算成五钱,长江中上游的湖南,每亩大概可折算为三钱,辰州、沅州的上游地区,每亩就不过七八厘的田赋而已,北方各省,差不多也是这个数目,而新疆与东北三省不少土地刚刚开垦,尚未"升科",即使"升科"也不超过七八厘。因此,倘若以二圆直接税作为限制条件,只会让选举权集中在江浙地区:"如是,则选权凑集于江浙,而西北诸省或空国而无选权也。此何等政体耶?"[60]

如果直接以十圆直接税作为限制选举权的条件,则会使拥有选举权的人数大大减少。"若欲比肩日本,以直税十圆为度齐,今此直税三千万两无虑当银圆五千万枚。令人人皆有十圆之税,全国得选举权者,亦财五百万人,况其数本出于奇零。□集税不及十圆者,大抵三分居二,得权者财百六十六万人耳。而税有倍于十圆者,其选权仍不得倍,如是又当减其什一,则得权者财百五十万人。夫以四万万成国,其得选

[57] 章太炎:《太炎文录初编》,徐复点校,上海人民出版社 2014 年版,第 313 页。
[58] 章太炎:《太炎文录初编》,徐复点校,上海人民出版社 2014 年版,第 314 页。
[59] 章太炎:《太炎文录初编》,徐复点校,上海人民出版社 2014 年版,第 314 页。
[60] 章太炎:《太炎文录初编》,徐复点校,上海人民出版社 2014 年版,第 314 页。

权者只百五十万，是二百六十六人而一。于民权不增涓壤，又安用选举之虚名为？”[61]按照当时的中央税收总额（五千万圆），以十圆之税为限，全国只可能是这能纳十圆之税的500万人享有选举权。实际情况是2/3的人口无法纳十圆之税，因此能够得到选举权的只有166万人，而在那1/3的纳税人中，又有人纳税额超过了十圆，但其选举权却无法加倍，这样估算下来不妨减去1/10的选举权名额，即真正能够选举的大概只有150万人，对于一个人口总数达到4亿人的大国来说，每266人才能有一个人拥有选举权，这种选举真的是对民权的推进吗？

此外，章太炎指出，以纳税额作为条件来限制选举权，只不过是为了增加中央税收。原因在于如果某地方多交税就能够得到更大的选举权，那么该地方政府就会为了争取更大的政治权利，向中央缴纳更多的税收。但结果未必如此，甚至只会适得其反。“若欲增重直税，以繁殖选权者，此不足使繁殖，而适以减削其数。何者？土田山泽所得本微，复课重税，中人有十圆之税者，且将去而之商贾，以其土鬻之富人；富人虽纳百圆之税，选权不为增多，而纳税十圆者其人数已减十分之九，选权则愈省。”[62]这样一来，耕地只会进一步向富人手里集中，而该地区的选举权人总数则会下降。

通过考察选举制度的若干种可能性，章太炎得出了一个令人对立宪望而却步的结论：“是故通选亦失，限选亦失，单选亦失，复选亦失。进之，则所选必在豪右；退之，则选权堕于一偏。”[63]这就意味着，在这种以地域性代表制为原则的选举制度之下，选出来的国会议员要么是地方上的“土豪”阶层，要么就集中于几个东南沿海自古富庶的地区。其实，立宪派的成员就大量来自地方精英阶层。如果中国每个县选举一名议员，相对于中国的人口数来说，也不过是1/290000。这个比例性越低，选出来的必将是以前的那些官员大户。而这些人素来贪腐，选举只会沦为为他们对百姓的侵犯提供合法性的依据。总之，章太炎认为，

---

[61] 章太炎：《太炎文录初编》，徐复点校，上海人民出版社2014年版，第314页。

[62] 章太炎：《太炎文录初编》，徐复点校，上海人民出版社2014年版，第314页。

[63] 章太炎：《太炎文录初编》，徐复点校，上海人民出版社2014年版，第316页。

在中国实行国会选举,会造成“横生阶级”、重回封建社会的危险。无论采取通选还是限选的选举制度,都将导致一个不事生产只顾剥削的封建阶级的出现,这个阶级可能是故官大驵或江浙土豪。章太炎认为,这个封建阶级的出现,虽然的确能够在一定程度上限制政府的权力,但也会增加百姓的负担。[64]

(二)“联州论”及其批判

前文已经论述,章太炎认为扩大国会规模会让议会讨论无法正常进行,而缩小国会规模又会带来代表性缺陷,使中国重新出现一个剥削阶级。正所谓“震旦不分为联州,多选议员,则召喧呶;少选议员,则与豪右”。[65] 那么,还有一条可能的道路,那就是将清王朝统治的地域“分为联州”。这种做法在当时是否可行?显然,章太炎对此并不乐观。

章太炎认为,华夏历史上各地域之间互相排斥,从未完全形成一个依靠语言文化凝聚起来的政治共同体:“自宋以降,南人视北人则有异,荆、扬、益三州人,视岭外人则有异。地方自治始萌芽,而湖南、江苏、安徽比邻之民,又且相视若戎狄。滨海通商之地,其民羯不均,顾反有贱其宗国,而厚爱欧美人者。”[66]这可能是晚清的一个普遍现象,我们在康有为预备立宪之前写作的《大同书》中也可以看到对此问题的讨论。康有为认为,各个地方之间“相蔑相陵”现象之所以会出现,主要是由于交通不够发达,一旦交通便利起来,各地之间的文化差异自然就会消失,地域间的歧视自然也会随之消失。而这种彻底消除了地域之间文化差异的图景,也就是康有为所谓的“大同之世”:“铁道横织于地面,气球飞舞于天空,故山水齐等,险易同科,无乡邑之殊,无僻闹之异,所谓大同。”[67]值得注意的是,这种认为交通足够便利之后便可以打消各地文化差异的看法,是康有为对于地方自治所持的肯定态度的根本前提。

[64] 章太炎:《太炎文录初编》,徐复点校,上海人民出版社2014年版,第189页。
[65] 章太炎:《太炎文录初编》,徐复点校,上海人民出版社2014年版,第316页。
[66] 章太炎:《太炎文录初编》,徐复点校,上海人民出版社2014年版,第317页。
[67] 康有为:《大同书》,中华书局2012年版,第255页。

然而,章太炎显然不会认同康有为这个观点,他坚持认为即使中国的交通条件便利起来之后,各个地域之间相互隔阂乃至于相互鄙视的情况也不会有所改观:"夫山人诮泽人则以为蛙黾;泽人诮山人则以为驱狸;将由其乡无交通之利便故然耶。斯又未谛合震旦冠带之区,大于英德法三国,彼以政俗不同,转相鄙贱,虽交通利便不为损。分置联州,其相蔑相陵可知已。"[68]在章太炎眼中,交通大开之后,即使可以增进来自不同地域的人们之间的互相了解,但这种对他者的知识并不必然会促进地域矛盾的和解。这是因为地域之间的矛盾,与其说是建立在缺乏相互之间的知识之上,倒不如说是由于彼此之间已经建立的政治习俗的冲突。

交通大开所带来的冲击在多大程度上能够对抗地域性的政治习俗,我们不得而知。但不得不说章太炎稍显悲观的结论并不是全然没有道理,即使对于今天的中国人来说,地域之间的相互歧视或许仍未被完全消除。在当时的局势下,章太炎担心的是,如果在当时的情况下将各个地方分为不同的州,各地之间不同的政治习俗所带来的离心力只会增强而不会减弱,甚至可能导致一场类似于美国内战的战争的爆发:"若一日分为联州,其逖离则愈甚。而南北美之战争,将亟见于汉土,于民族主义甚反矣。"[69]因此,章太炎认为,"今之务在乎辑和民族,齐一语言,调度风俗,究宣情志,合之犹惧其隔阂,况剖分之"?[70]由此可见,章太炎之所以否定"分为联州"这一思路是出于维护民族统一的考虑。换言之,"分为联州"或许可以解决议会制与人口规模之间的矛盾,但相对而言民族统一似乎更加重要。先前讨论过的章太炎对地域代表制的所有批评都建立在民族统一的前提之上,这可以说是章太炎的议会制批判的一个缺口,我们或许可以追问的是,为什么章太炎要赋予民族统一如此重要的意义?相较之下,梁启超接受的是康有为的前提。虽然他并未在交通大开能否化解各地政治习俗的冲突上直接发表

---

[68] 章太炎:《太炎文录初编》,徐复点校,上海人民出版社2014年版,第317页。
[69] 章太炎:《太炎文录初编》,徐复点校,上海人民出版社2014年版,第317页。
[70] 章太炎:《太炎文录初编》,徐复点校,上海人民出版社2014年版,第316页。

意见,但他所提供的国会制度方案就包含了分为联州各自召开议会的设计。

如前所述,梁启超在《中国国会制度私议》中提倡采用间接选举的方式选举国会下院(右院)的议员,最重要的理由之一是采用间接选举能够避免选民因不了解候选人而容易被蒙蔽的问题。"且选举必遵从'举尔所知'之一格言,而多数原选举人,蛰处乡僻,交通不广,所能知者,惟在其邻里乡党近习之人,而恒于全选举区适当之人物,多非其所习,强令之选举,亦不过以耳为目,往往受运动煽惑,而所举者,非本于其自由意志。"[71]梁启超不是不承认交通不便限制了选区单位的规模,而这正是章太炎反对地域代表制的理由之一。然而,梁启超选择了一种变相的"分为联州"的思路,即不采取直接选举产生全国性代表的做法,而是通过间接选举先选出一部分"第二级选举人",再由这些选举人选举出最终的国会议员:"用间接选举,则第二级选举人,地位较高,交通较广,对于议员候选者,较易周知。其在广土众民之国,而行大选举区制者,则间接之优点尤著。"[72]为什么说这种间接选举是"分为联州"的变相?这种选举模式的原型是1787年《美国宪法》第1条第3款中的参议院选举制度,该款规定美利坚合众国的参议院由每州的州议会选举的两名参议员组成,这是因为1787年费城制宪本身是一场以州为单位进行的大妥协,参议员是由各州人民选举出来的代表选举出来的。在梁启超的设计中,选举国会议员的"第二级选举人"的名额以"大选举区"为单位进行分配,而这种大选举区的划分则是"以省为其界"。也就是说,将省作为一个"选举区",由各省选出来的代表选举国会议员,不啻于承认省跟美国各州具有同样的地位,这就相当于让国会下院也变成各省的代表,而不是人民的代表。

除了通过实行大选举区制进行间接选举之外,梁启超对于国会上院的设计可以说也是"分为联州"的变相。他认为,国会上院(左院)应当设置代表各省的议员。因此,中国国会上院中的各省议员数目,应当

---

[71] 梁启超:《梁启超全集》,北京出版社1999年版,第2144页。

[72] 梁启超:《梁启超全集》,北京出版社1999年版,第2144页。

模仿美国参议员的代表制结构,采用“平均定额代表”的方式,选出四名议员在上院中代表各省。并且,应当模仿法国选举制度,由各省自行组织选举会来选举出各省的四名代表。[73] 显然,梁启超这种做法同样是向已经坐大的地方势力的妥协:“我国行政区划,辽阔无垠,以面积埒全欧之一大国,仅区为二十二行省,此由因袭元明之陋,诚不衷于理论。”[74]省制的长期存在让地方势力尾大不掉,这一局面在梁启超眼中已经属于“积重难返之势”,如果用“急剧改革”的方式削弱诸省的权力,可能造成难以估量的政治混乱。因此,梁启超主张拓展诸省的权力,认为“其权限范围,必须加广”,“当为政治的,而不仅为行政的,此吾党所主张也”。因此,“吾国虽非联邦国,而一切制度,有时不可不采及联邦国所经验者以为渊源。而中央与地方相维系相调和之道,尤不可不三致意。此盖根于历史上地理上有极强之理由,而非吾党之好持异论也”。[75]

然而,梁启超这种效仿美国早期联邦制的制度设计,仍然无法回答章太炎那则颇具历史洞见的批评:如何避免内战的爆发?康有为在《官制议》中试图利用地域性的依附感来塑造对国家的认同,并不认为地域性的依附感必然会侵蚀国家的和谐统一。[76] 梁启超所构想的地域性代表制,初衷就是通过选举将地域认同转化为国家认同。然而,梁启超或许忽略了康有为的地方自治论的前提:公民。他以法国向德国赔款为例,“夫以数千万人而共担一任,其政安得不美密易举哉”!“故有公民者强,无公民者弱;有公民虽败而能存,无公民者经败而即亡。各国皆有公民,而吾国无公民,则吾国孤子寡独而弱败。”[77]“故今之变法,第一当立公民矣。今中国民智未开,虽未能遽立国会,而各省、府、州、

---

[73] 梁启超:《梁启超全集》,北京出版社1999年版,第2125页。

[74] 梁启超:《梁启超全集》,北京出版社1999年版,第2124页。

[75] 梁启超:《梁启超全集》,北京出版社1999年版,第2124页。

[76] 姜义华、张荣华编:《康有为全集》(第7集),中国人民大学出版社2007年版,第266页。

[77] 姜义华、张荣华编:《康有为全集》(第7集),中国人民大学出版社2007年版,第267页。

县、乡、村之议会,则不可不立矣。"中日之间,"以无公民,则散四万万而为数人;有公民,则合数千万而为一人。"[78]在梁启超那里,只有分散在全国各地的选民,而不曾有作为整体的公民。上文已经论述,梁启超的国会两院议员的选举方案,都是对省制尾大不掉这种现实政治状态的确认,因此,与康有为的思路不同,梁启超地域性代表制的思路只能产生出"主权中的主权"。

其实,在这个问题上,章太炎或许与康有为的分歧并没有想象中的那么大。章太炎和康有为不过是从正反两个方面论述了一个文化政治上的共同体的存在是地域代表制得以持久运行的前提条件。按照康有为的逻辑,实施地域代表制与打造一个文化政治的共同体是并行不悖的。但在章太炎看来,前者对后者必然会产生破坏性的效果。这是因为不同地域之间相互凌虐现象的根源被他归为中国人的天性。[79] 所以章太炎强烈反对让各个地方选举自己的议会,或者进行间接选举,以免形成"分为联州"的局面。在他看来,"分为联州"的局面的最大问题是"不足县群众,而有害于和会"。[80]

除此之外,章太炎还提供了另一条反对联州论的理由。只不过这条反对意见并不是直接作为对某种国会选举制度的批评而出现,而是在中央与地方之间关系的意义上的批评。这条反对理由也许更加根本,因为任何选举制度的变化自然也会引起中央与地方之间权力关系的变化。章太炎十分不留情面地指出,立宪派直接或间接地鼓吹分镇与其向督抚借权的政治意图密切相关。

章太炎很清楚,立宪派一直遵循着依附地方势力生存并试图向督抚借权的行动模式。在 1906 年发表的《箴新党论》中,他认为作为立

---

[78] 姜义华、张荣华编:《康有为全集》(第 7 集),中国人民大学出版社 2007 年版,第 268 页。

[79] 章太炎:《太炎文录初编》,徐复点校,上海人民出版社 2014 年版,第 317 页。"抑震旦人之天性,固函阴极,毗阴故更互鄙夷,龃阳故争求和会。在昔魏氏代汉,梁唐,以合为分,以博为戋,则讴歌者有怨志。三国分而晋混一,南北分而唐混一之五季分而宋混一之,江表唐蜀亦有文思之人,未闻以灭宗为怨,何者? 幸同气之和合为一家,不至矛相见也。故当伏其阴极,轩其阳极,令民族亲如昆弟,宁可以联州促其骚离哉?"

[80] 徐复点校:《太炎文录初编》,上海人民出版社 2014 年版,第 320 页。

宪派前身的维新党人早就在践行借权于督抚的方针路线。[81]“儒家者流,热衷趋利,故未有不兼纵横者。”[82]章太炎认为,这些以儒家自居的立宪派,实质上同时也是纵横家。他们常年出入于各地方封建势力的幕府之中,寄生其上只为争夺权势、追名逐利。这些人号称新党,但他们为人处世的方式与他们所批评的守旧人士其实并没有什么区别。[83]事实上,立宪派依附于地方封建势力,现在已经不是什么秘密。[84]梁启超在1906年致康有为的秘信中谈到立宪派社团“帝国宪政会”的建设问题,其中明确提到了这次组党运动的赞助人为袁世凯、端方和赵尔巽这些地方大员。并且,“其款大抵袁、端、赵三人所出居半也”。[85]梁启超还不忘提醒康有为,此赞助之事“须极秘密,万不可报告,不然事败”。[86]虽然地方督抚赞助立宪派当时已是常事,但梁启超这次组党行动的目的不仅是与革命党“死战”,还是为了和清政府“死战”。[87]对于这样的政治行动,仅仅袁世凯、端方和赵尔巽三人就承担了将近一半的活动费用,这就多少显得有些耐人寻味了。

在章太炎的思想世界里,这种向督抚“借权”组织政治活动的行

---

[81] 章太炎:《太炎文录初编》,徐复点校,上海人民出版社2014年版,第300~301页。“则新党之萌芽,始作甲午辽东之役,丧师糜财,疆埸日蹙,台湾之割,旅顺之割,青岛之割,威海之割,接踵而至。大酋垂拱于上,失其帝天之尊,而宫掖亦时有诟谇。康有为乘七次上书之烈,内资同龢之力,外借之洞之援,设强学保国诸会,以号召天下。……往者,大酋专制,公卿备其顾问,故干誉者不出市朝。藩镇日强,自帝其部,非传食幕府则不足以钓名。自薛福成、黎庶昌辈为其前导,而后之继起者,转相崇尚。足迹接乎诸侯之境,车轨结乎千里之外,出入庶方,所更既广,故不得以一端取胜。”

[82] 朱维铮、姜义华编注:《章太炎选集》(注释本),上海人民出版社1981年版,第378页。

[83] 章太炎认为,新党所利用的组织方式主要有四种类型:师生、年谊、姻戚和同乡。

[84] 丁文江、赵丰田编:《梁启超年谱长编》,上海人民出版社2009年版,第244页。

[85] 丁文江、赵丰田编:《梁启超年谱长编》,上海人民出版社2009年版,第245页。

[86] 丁文江、赵丰田编:《梁启超年谱长编》,上海人民出版社2009年版,第245页。

[87] 丁文江、赵丰田编:《梁启超年谱长编》,上海人民出版社2009年版,第245页。“前此预备立宪诏下,其机稍息,及改革官制有名无实,其势益张,近且举国若狂矣。东京各省人皆有,彼播种于此间,而蔓延于内地,真腹心之大患,万不能轻视者也。近顷江西、湖南、山东、直隶到处乱机蜂起,皆彼党所为。今者我党与政府死战,犹是第二义,与革党死战,乃是第一义。有彼则无我,有我则无彼。然我苟非与政府死战,则亦不能收天下之望,而杀彼党之势,故战政府亦今日万不可缓之著也。”

为,被纳入“分镇”的理论背景之中。章太炎自身对分镇的态度并非一以贯之。在预备立宪之前,章太炎一度主张中央政府应当向地方督抚放权。在《訄书》初刻本中收录的《分镇》一文中,他指出清朝当时的权力格局内重外轻,外国势力只要控制了中央政府,就能挟天子以令诸侯,侵犯各地的利益:“今方镇苶弱,而四裔乘其敝,其极至于虚猲政府,使从而劫疆吏,一不得有所阻梡;割地输币,无敢有异议。”[88]如果采取分镇的模式,那么外国人就无法通过“挟天子以令诸侯”,那就可以为清廷或多或少争取一些进行国家建设的时间:“则外人不得挟政府以制九域,冀少假岁月以修内政。人人亲其大吏,争为效命,而天下少安矣。”[89]

他对“分镇”的讨论实际上延续了中国传统政治中“封建论”的思考方式,尤其是黄宗羲在明清之际对“封建论”的重新阐发。黄宗羲在《明夷待访录》中认为,历史上若干次夷狄乱天下之所以会发生,其根本原因是封建制的废除削弱了国防力量。[90] 黄宗羲将封建制最重要的特征归为“兵民不分,君之视民犹子弟,民之视君犹父母,无事则耕,有事则战”。[91] 因此,如果在边疆地区推行作为封建制之变相的“方镇”,可以在很大程度上提高抵御“夷狄之患”的能力。如前所述,在《訄书》初刻本的《分镇》中,章太炎则试图通过重新阐述“封建论”,从而将分镇作为改革中央政治的手段。他在其后发表的《军人贵贱论》中,还进一步将借权于督抚作为发动革命的手段。在此文中,章太炎提出了一套全新的衡量军人是高贵还是低贱的标准,试图用民族主义的正当性准则消解军队对清廷的盲目服从。这种观念的提出可以说为汉族督抚

[88] 朱维铮点校:《訄书》(初刻本),上海人民出版社2014年版,第73页。
[89] 朱维铮点校:《訄书》(初刻本),上海人民出版社2014年版,第74页。
[90] 沈善洪主编:《黄宗羲全集》(第1册),浙江古籍出版社1985年版,第418页。
[91] 沈善洪主编:《黄宗羲全集》(第1册),浙江古籍出版社1985年版,第419页。

借军权于革命派提供了理论上的准备。[92]

然而,章太炎在1903年定稿的《訄书》重订本中,放弃了以实行分镇的方式改革中央政治的思路。在《訄书》重订本中,章太炎将《分镇匡谬》与《客帝匡谬》单独列为“前录”,《分镇匡谬》是一篇针对《訄书》初刻本中《分镇》一文的自我批判,章太炎在文中决绝地放弃了在《分镇》中的观点。他直接将分镇与向督抚借权等同了起来,并且坦白自己之前关于“分镇”的观点都是为了谋求向督抚借权。然而,问题在于当今督抚大多外强中干或者胆小怕事,难以堪此大任。[93]

章太炎之所以抛弃向督抚借权的“分镇”思路,除了因为督抚都不可靠之外,另有其理由。1906年12月2日,章太炎在《民报》成立一周年纪念会上发表演讲,再一次阐述了向督抚借权的谬误。他在这次演讲中怒斥任何试图以借权为革命手段的想法都十分“胡涂”。因此,根据章太炎的理解,真正的革命是自下而上进行的平民革命:朴实勤廉的人士从民间崛起,扫除前朝的弊政。而通过向督抚借权实现的政治变革很容易滑向“强藩内侵,权臣受禅”的结局,推行“分镇”能够带来的至多是一场上层的政变:皇帝换了,官僚不换,前朝贪污腐败的官场习俗照旧存在。[94]

---

[92] 章太炎:《太炎文录初编》,徐复点校,上海人民出版社2014年版,第307~311页。“兵者,为国爪牙,以捍卫其人民土地,使他族毋得陵逼而宰制之,此兵之所以贵。若夫入受命于政府,出而翦除寇盗,镇服潢池者,无过魁脍伍伯之等夷。又况效忠虏庭,为枭为貙,以拒倡义之师乎?比于倡优,犹为逾格,亦何尊贵之有?满洲政府之陆军,大抵以破灭义师为职者也。论者徒以向之军士出于鸡鸣鼠窃,而今有以士人入行伍者比之。曩日步伐齐均则贤,纪律娴习则贤,通知文字则贤,护惜威仪则贤,故相与震矜之。若究其实,彼果为国爪牙以御他族者耶?”“借权之事固非容易得之,坚忍者以此为恢复汉宗之径窦,而狡者或假借其名以谋衣食。”

[93] 朱维铮点校:《訄书》(初刻本),上海人民出版社2014年版,第123页。“怀借权之谋,言必凑是。今督抚色厉中乾,诸少年义气盛壮,而新用事者,其葸畏又过大耋旧臣,虽属以一道,弗能任。”

[94] 汤志钧编:《章太炎年谱长编(增订本)》(上册),中华书局2013年版,第133页。“前此数年,遍地是借权的话。直到如今讲革命的,也想借到督抚的权,好谋大事,这真胡涂得很。……且看从古革命的历史,凡从草茅崛起的,所用都是朴实勤廉的人士,就把前代弊政一扫而尽;若是强藩内侵,权臣受禅,政治总与前朝一样,全无改革。因为帝王虽换,官吏依然不换,前代腐败贪污的风俗,流传下来,再也不能打扫。像现在官场情景是微虫霉菌,到处流毒,不是平民革命,怎么辟得这些瘴气。若把此事望之督抚,真是其愚不可及了。”

我们不难发现,章太炎用现代政治的理论视野取代了中国传统政治中"封建论"的思考框架。在现代政治中,核心问题不再是封建制与郡县制何者更加可取,而是人如何从臣民变成公民;现代革命也不是宫廷政变和改朝换代,而是对政治权力的正当性基础的彻底替换。

四、总统制与政治民族

(一)共和、君主与总统

前文已经分析过,章太炎之所以反对实行立宪派主张的议会制,不仅仅因为反对满族的统治,还因为反对实施代议制可能带来的恶果:破坏中国历史上的平等传统,使中国社会重新产生一个特权阶级。一旦如此,虽然政府的权力的确会多一份制约,但人民的权利也因此多了一重抑制。为了避免这一后果,无论统治者是汉人还是满人,无论国体是君主制还是民主制,都不能采用议会制的政体。[95] 事实上,章太炎并未就此止步于对议会制的批评,而是提供了一套政治改革的替代性方案。长期被人们所忽略的是,章太炎在《代议然否论》中还明确提出了一套总统制的政体方案,与立宪派的议会制方案针锋相对:"余固非执守共和政体者,故以为选举总统则是,陈列议院则非。"[96]如果说章太炎眼中的议会制是封建制的变相,它的实行会造成横生阶级的恶果,那么总统制是否能够避免这种恶果呢?

章太炎认为,如果说共和政体之所以值得追求是因为共和政体能够更好地推进民权的实现,那么在中国实行议会制就会违背这一共和的真义,只有采取总统制才能实现这一目的。对于他来说,总统制最大的优势在于,承担总统这个职位的只有一个人。前文已经论述过,章太

[95] 章太炎:《太炎文录初编》,徐复点校,上海人民出版社2014年版,第316页。"代议政体必不如专制为善,满洲行之非,汉人行之亦非,君主行之非,民主行之亦非,上天下地,日月所临,遗此尘芥腐朽之政,以毒黎庶,使鱼乱於水,兽乱於泽,惴耎之虫、肖翘之物,莫不失其职姓。甚矣哉!酋豪贵族之风,至于今未沫也。"

[96] 章太炎:《太炎文录初编》,徐复点校,上海人民出版社2014年版,第317页。

炎批评议会制的一大理由是认为中国人口数量过大，而议会的规模又不得太大，否则就无法实现良好的代表政治。而如果把议会的规模控制在一个便于议会成员讨论问题的范围之内，则又可能让一名议员代表太多数量的民众，造成整个议会代表性上的缺陷。换句话说，如果一个国家人口众多，还通过规模有限的议会制进行统治的话，就会导致议员与民众之间的代表性断裂，使议员不能或不愿向民众负责，而趋于结成派系服务于不同的利益集团。然而，中国也不能通过分为联州的方式，分别设立议会或采取间接选举，因为这照样会使地方利益集团进而企图染指中央政权，将中央政府变成某些地域性势力的傀儡。

章太炎对总统制与议会制的比较，首先强调的是总统制能够缩小统治阶级的规模。议会制会带来再造阶级的后果，这就意味着统治阶级的规模被扩大了，统治阶级规模的扩大会使人民利益受到更大程度的侵害。因此，与其推行立宪派的议会制方案使百姓分化为“贵族”与“黎庶”，还不如让“王者一人秉权于上”，这样起码可以让苛政不至于成为特别普遍的现象。[97] 在批评立宪派的议会制方案时，章太炎坚持认为总统制比议会制对百姓权利的侵害要少得多，并且以美国宪政为例阐述了这点。在章太炎看来，美国的国会议员即使犯罪，也可以不被逮捕或者不受刑事审判，这样的权利简直与“帝国之君”相差无几。然而，中国人连一个“政皇”都已经无法忍受，何况成百上千个“议皇”。[98]

在此，我们可以看到章太炎展现出了与美国宪政进行比较的理论视野，虽然他并没有留下直接涉及美国总统制的论述，但美国总统制中的某些问题是与此处的讨论高度相关的。在美国制宪史上，行政权到底应当由几个人来承担是相当重要的问题之一。虽然这里讨论的似乎

---

[97] 章太炎：《太炎文录初编》，徐复点校，上海人民出版社2014年版，第311页。

[98] 章太炎：《太炎文录初编》，徐复点校，上海人民出版社2014年版，第317～318页。“美国之法，代议士在乡里有私罪，不得举告其尊，与帝国之君相似，猥鄙则如此，昌披则如彼。震旦尚不欲有一政皇，况欲有数十百议皇耶？他国未有议员时，实验未箸，从人心所县揣，谓其必优于昔。今则弊害已章，不能如向日所县拟者。汉土承其末流，琴瑟不调，即改弦而更张之尔，何取刻画以求肖。为吾党之念是者，其趋在恢廓民权。民权不借代议以伸，而反因之埽地，他且弗论。君主之国有代议则贵贱不相齿，民主之国有代议则贫富不相齿，横于无阶级中增之阶级，使中国清风素气，因以摧伤，虽得宰制全球，犹弗为也。”

是行政权,但其理论意义却不限于此。行政权与立法权之间区分只是分权理论的产物,如果从权力运作的本质上看,两者之间在实践上其实很难区分开来。1787 年费城制宪会议上的代表面对着当时的政治情势,最终决定设立一个权力集于一人的总统职位。亚历山大·汉密尔顿认为,将权力集中于一人身上,能够使权力的运作更有活力,并且一个人办事本身就有着一群人办事所不具备的优点,比如"果断、进取、缜密、神速"。[99] 对于当时绝大多数共和制的信仰者来说,这种观念不免有些惊世骇俗:共和制在历史上与君主制就是格格不入的,而大权集于一身的总统制似乎更接近于君主制,而不是共和制。然而,汉密尔顿却认为这是一种对共和制的偏见,这种偏见往往认为权力分于多人比集于一人更加安全,但事实上权力集于一人比权力集于多人更容易受到限制。这是因为"民众只需要警惕和监督一个对象,安全得多"。[100]

章太炎对于总统制的理解,不仅明显带有美国总统制的思想痕迹,还包含着对中国古代政治经验的思考。他在《代议然否论》中展现出的"王者一人秉权于上"的总统制想象,显然来自对中国传统君主制的印象。无论如何称呼这些制度,章太炎所关心的是何者能够更好地抑制特权阶级,从而保障民众的权利受到尽可能小的侵害。在预备立宪时期,章太炎发表了《秦政记》一文,看似讨论秦二世而亡的原因,但实际上仍然贯穿了他对总统制原理的思考。在这篇文章中,他认为秦二世而亡的原因并非人们常常指控的暴政,而在于特权阶级的兴起。特权阶级的兴起与否,取决于君主是否"独贵",如果不能做到"独贵",特权阶级便会出现。其实,章太炎心目中这种"人主独贵"的君主制在中国历史上从来都是罕见的。例如明代制度中宗室的地位就很高,甚至与皇帝分享了大小官员的政治忠诚,而汉代制度出现的士族门阀阶层,

---

[99] [美]亚历山大·汉密尔顿、詹姆斯·麦迪逊、约翰·杰伊:《联邦论》,尹宣译,译林出版社 2010 年版,第 483 页。"权力集于一人,有助精明强干,此点自不待言。果断、进取、缜密、神速,是一人办事的特点,远胜一群人;人数越多,优势越少。"

[100] [美]亚历山大·汉密尔顿、詹姆斯·麦迪逊、约翰·杰伊:《联邦论》,尹宣译,译林出版社 2010 年版,第 488 页。

同样在很大程度上削弱了皇帝的权威。[101] 因此，章太炎把秦二世而亡的原因归结于散落民间的六国公族试图复其宗庙，而不是传统中认为的苛政。[102]

一般看来，章太炎在《秦政记》中对“人主独贵”的讨论似乎是对“民贵君轻”的政治观念的反动。事实上，章太炎对其主张“人主独贵”的原因的交代并没有得到足够的重视。章太炎认为，天子之所以贵，是因为他能够通过自己的政治功绩来为人民服务。任何帝族之所有有位，都是因为首先成就了一番功业，而如果后来政绩不佳，就应当被贬为庶民。[103] 这种基于功绩来判断其是否应当获得君主之位的观念，显然不同于中国传统君主制中基于出身的根本逻辑。换句话说，章太炎与其说是在维护君主制，倒不如说是在颠覆君主制。在对秦二世而亡的历史经验的阐释中，他没有选择着眼于中国传统政治中仁政与苛政的区分，而是采用了以维护民权为核心的全新的正当性标准。这一正当性标准的引入为总统制与君主制之间建立了进行比较考察的可能性，也奠定了批判以地域代表制为核心的议会制的出发点。

在历史上，很多国家采取议会制确实起到了扩大民权的效果，但是这些国家的议会制是在与君主的权力斗争中实现了民权的扩张。而在这一过程中，议会制的理论基础在于议会作为一个整体，是人民的代表。它应当代表全体人民的利益，而不是某些利益集团的利益。然而，中国的议会制鼓吹者的政治行动，已经让章太炎对这种议会能够代表

---

[101] 章太炎：《太炎文录初编》，徐复点校，上海人民出版社2014年版，第64页。“人主独贵者，其政平；不独贵，则阶级起。唐、宋虽理，法度不如汉、明。平也，亦有机偶，非较然一概者。明制贵其宗室，孽子诸王虽不与政柄，而公卿为伏谒；耳孙疏属皆气禀于县官。非直异汉，唐、宋犹无是也。汉世游侠兼并，养威于下，而上不限名田，以成其厚，武帝以降，国之辅拂不任二府，而外戚窃其柄，非直异明，唐、宋亦绝矣。”

[102] 章太炎：《太炎文录初编》，徐复点校，上海人民出版社2014年版，第66页。“秦政如是，然而卒亡其国者，非法之罪也。六国公族散处闾巷之间，秦以守法，不假以虚惠结人，公族之欲复其宗庙，情也。且六国失道不逮王纣，战胜而有其地，非其民倒戈也审。”

[103] 章太炎：《太炎文录初编》，徐复点校，上海人民出版社2014年版，第65页。“夫其卓绝在上不与士民等夷者，独天子一人耳。天子以秉政劳民贵；帝族无功，何以得有位号？授之以政而不达，与之以爵而不衡，诚宜下替与布衣黔首等。”

人民表现出了深刻的怀疑。章太炎揭开了议会的面纱,从立宪派的实际政治行动出发,批评这些议会制的鼓吹者以及日后议会的成员,并不可能作为全体中国人民的代表,无法作为一个整体而出场。

显然,以地域代表制为内核的议会制本身是多元性利益集团的镜像,但任何现代国家都不可能仅靠多元性而正常运行的。因此,在章太炎的思考中,中国必须采用总统制,才能为现代政治提供不可或缺的统一性。在总统身上,派系是不存在的。只有一个人能够承担总统的职位,其具体的人身性本身蕴含着统一性。正是由于这种统一性,使总统能够完全作为整个国家的代表而出场,而不是某一政治派系的代表。总统制作为具有统一性的代表,其统一性来自作为代表者的总统本身的统一性,而并非来自被代表者的民众的统一性。

前文已经分析过,章太炎在预备立宪时期发表的《秦政记》与《代议然否论》其实具有共同的问题意识:批判立宪派提出的以地域代表制为内核的议会制,并试图以彻底改造君主制的方式引入总统制。在他看来,相对于议会制,总统制由于实际掌权人数较少,因此具有对民权侵害程度较低的优势。然而,如果按照章太炎这一逻辑推理下去,那为什么不连总统制也放弃,追求彻底取消"治人与治于人"的关系呢?

在章太炎看来,之所以采取总统制,是因为总统制是共和建国唯一可能的道路。而之所以需要建立一个共和政府则是不得已的选择。[104]因为一个民族需要建立自己的国家,而国家必须有政府,而共和政府相对而言也是一个祸害较轻的选择。[105] 换句话说,民族光复的现实诉求是章太炎考虑共和制乃至总统制问题的出发点。共和制与总统制之所以都是不得已之举,是因为作为历史文化共同体的民族无不有着相对于其他民族实现独立与自治的冲动。如果一个民族自我取消了其民族内部"治人与治于人"的关系,这个民族就有着作为一个整体而受治于

[104] 章太炎:《太炎文录初编》,徐复点校,上海人民出版社2014年版,第82页。"光复者,义所任、情所迫也。光复以后,复设共和政府,则不得已而为之,非义所任、情所迫也。"

[105] 章太炎:《太炎文录初编》,徐复点校,上海人民出版社2014年版,第454页。"若夫民族必有国家,国家必有政府,而共和政府于祸害为差轻,固不得已而取之矣。"

其他民族的危险。只要其他国家一日不解散，民族就不得不建立自己的国家，而只要民族建立了自己的国家，国家之政府必然会产生"治人与治于人"的关系，这种必然性建立在一个民族对被其他民族所征服的恐惧之上。[106]

也就是说，从章太炎对立宪派的议会制方案可能带来新阶级的批评中，并不可以直接推论得出他试图消除人类社会中所有"治人与治于人"的现象。其实，章太炎在一些与预备立宪并非直接相关的文章中已经表露了他自己对这个问题的看法。《訄书》重订本中保留了曾收录于初刻本中的《平等难》一文，章太炎在此文中十分明确地指出，人类社会中"治人与治于人"的关系是不可能被彻底取消的。其实，这一批评并非凭空而来，其矛头指向的仍然是梁启超。梁启超在1902年发表于《新民丛报》上的《论佛教与群治之关系》一文中，将佛教中的平等观念作为批判"专制政体"的知识资源，同时试图以此为"立宪政体"奠定思想基础。[107] 梁启超认为"佛教之信仰乃平等而非差别"。换言之，对于梁启超来说，平等就意味着消除差异。佛教的立教目的是使人人都与佛平等，这与立宪政体的目的不谋而合。因为立宪不是为了使一部分人服从于另一部分人，而是为了让人们自己服从自己，实现彻底取消"治人与治于人"的自治。然而，章太炎在这个问题上的看法比梁启超更加复杂。在他眼中，梁启超这种对佛教平等观的引入是不合时宜的。佛教的平等观应当被放到印度的具体历史语境中理解，这种"众生平等"的观念其实是对印度种姓制度的反动。如果在南北朝时期采用这种平等观，姑且还算可行，倘若用在当前，则就应算作是开错了药方。唐宋以来的郡县制程度的不断提高，中国社会的不平等现象已经逐渐缓和，而且并没有出现类似于印度的种姓制度，此时倘若要进一步追求佛教的平等观，就只能追求实现"去君臣、绝父子、齐男女"了。章太炎却认为，君臣关系在很大程度上是必然的，正所谓君主"悍

---

[106] 章太炎：《太炎文录初编》，徐复点校，上海人民出版社2014年版，第492页。"今之建国，由他国之外铄我耳。他国一日不解散，则吾国不得不牵帅以自存。"

[107] 梁启超：《梁启超全集》，北京出版社1999年版，第908～909页。

然独立于民上,欲引而下之,则不能已"。[108] 原因在于,如果强行忽视自然上的差异,不但无法实现真正的平等,还会用法律上的平等掩盖实际中的不平等,正所谓"以不平平,其平也不平"。比如,无论抽签或是选举,种种民主制度看似会带来平等,但其实都是当权者转移责任的一种手段而已。[109]

当然,即使是在《平等难》中,章太炎也并未接受君臣之间绝对意义上的统制关系。虽然君对臣的统制权是不可能且不应当从根本上被取消的,但臣应当保有通过历史书写对君进行"褒贬"的权力。[110] 这意味着他将政治权威本身的存在与承担政治权威的人进行了区分。这看似是在保全君主制,但实质上是在试图保全君臣之间权力关系的纯粹形式,这种纯粹形式剥离了君主本身的人格性,单纯作为一种能够维护共同体政治秩序的权威而存在。这就让限制君主权力与维护政治权威之间并行不悖成为可能。因此,对于章太炎来说,君权不是一个具体历史中的君主的权力,而是一种用来分析政治权力运作的理论视角。

在预备立宪时期发表的《代议然否论》中,章太炎明显延续了《平等难》中的这一理论视角,并且进一步补充了对君权的限制方式。将君主嵌入到共和制的制度约束之中,这就是他心目中能够对抗议会制弊病的总统制。在章太炎那里,共和与君主之间在逻辑上并非是互斥的。君与民之间的关系是永恒,即使在共和制下,也应该思考君权的问题。或许可以说,梁启超要的是一顶英国式的皇冠,章太炎要的则是一个共和制下的君主。[111] 但共和制下的总统毕竟不是君主。章太炎认为,总统需要被安排在一个分权制衡的宪制体系之中,一方面作为制度的总统应当被赋予至高无上的行政权力,另一方面作为具体的人的总

---

[108] 朱维铮点校:《訄书》(重订本),上海人民出版社2014年版,第239页。

[109] 朱维铮点校:《訄书》(重订本),上海人民出版社2014年版,第240页。

[110] 朱维铮点校:《訄书》(重订本),上海人民出版社2014年版,第240页。"虽然,吾尝有取矣,取夫君臣之权非平等,而其褒贬则可以平等也"。

[111] 关于美国1787年《宪法》中规定的总统制所包含的君主制要素,参见李一达:《"共和君主制"的兴起——1787—1796年间的美国总统制的诞生》,载《北大法律评论》(第13卷第2辑),北京大学出版社2012年版,第383~403页。

统的权力应当受到限制，从而实现“恢廓民权，限制元首”的目的。[112] 我们不妨考察一下章太炎在《代议然否论》中设计的总统制具有怎样的权力来源与职能安排。

从总统的产生途径来看，章太炎认为总统的选任根本不应采取选举议员的方式。总统候选人必须满足两个条件：首先，他们曾经担任过地方大员或者国务官员；其次，他们在各自任上创造过显著而卓越的功绩。他认为，让百姓从这样的总统候选人当中选举总统，选出特别糟糕的人担任总统的可能性会大大的降低。因为这种以经验与功绩为基础的候选人产生办法，可以避免议员选举中出现的种种弊病，尤其是许多议员的当选不是由于他们做出了多大的业绩，而是因为他们可以运用本身就有的权势来获得选票。[113]

从总统的权能安排来看，章太炎则提出了一套法司、学官与总统三权分立的政体方案：第一，总统拥有行政权与对国防力量的统帅权，在外交事务上则作为国家的代表；第二，司法机关不向总统负责，其长官不能由总统兼任，并拥有逮捕并罢黜有犯罪行为的总统的权力；第三，除了小学和军校之外，其他学校都独立于政府，作为学校分支的长官不能由总统兼任。[114] 司法机关拥有监督行政机关的权力。总统和其他官员如果有行政上的过错或罪行，人人都可以向法吏提起诉讼，法吏有证

---

[112] [德]卡尔·施米特：《宪法学说》，刘锋译，上海人民出版社 2005 年版，第 309 页。“这些辩护将君主嵌入分权的法治国系统，君主制变成了一种单纯的政府形式，君主则变成了一个多少有些影响力的行政首脑。”

[113] 章太炎：《太炎文录初编》，徐复点校，上海人民出版社 2014 年版，第 317 页。“总统之艾能自庸妄陵猎得之，必其尝任方面与为国务官者，功伐既印略既著，然后得有被选资格。故虽以全国人民胪言推举，不瞀而失其伦也。至夫议员则不然，其被选不以成绩，有权力以势借结人，大佞取给于口舌，哗众啸群，其言卓荦出畴辈，事乃绝异，家有阎妻，又往往以色蛊人，助夫眩惑，既与举者交欢骋辩未终，令听者魂精颠沛，俄而使其良人上遂矣。”

[114] 章太炎：《太炎文录初编》，徐复点校，上海人民出版社 2014 年版，第 318 页。“总统惟主行政国防，于外交则为代表，他无得与，所以明分局也。司法不为元首陪属，其长官与总统敌体，官府之处分，吏民之狱讼，皆主之。虽总统有罪，得逮治罢黜，所以防比周也。学校者，使人知识精明，道行坚厉，不当隶政府，惟小学校与海陆军学校属之，其他学校皆独立，长官与总统敌体，所以使民智发越，毋枉执事也。”

实、逮捕和惩治的权力。司法机关本身也需要得到监督。如果出现司法不公的现象,法司的长官可以惩治之,如果没有惩治,民众可以向学官提起请求,召集法学学者一起商讨惩治办法。

如果说总统拥有行政权,法司拥有司法权,那么立法权归属为何?章太炎认为,法律不应由政府制定,也不应由土豪代表制定,而应由"明习法律者"和"通达历史周知民间利病之士"来议定。一旦法律得以制定,总统无权修改,任何官员都不得违反。[115] 值得注意的是,这两类人士之所以能够做到"明习法律"和"通达历史周知民间利病",自然离不开学校的教育。这就意味着拥有立法权的立法者来自能使"民智发越"的学校,但掌管学校的学官自身并不掌握立法权。也就是说,在这套方案中,学校实际上拥有的是一种间接的立法权,而且并不存在常设的实体机构作为立法权的载体。

有批评者认为,章太炎这套方案中的法司、学官与总统的分权模式其实是一种集体总统制,这种集体总统制可能造成缺乏决断性以及行政效率低下的问题,因此不适合在大国实行。[116] 然而,章太炎否认自己的总统制方案是一种集体总统制,他认为法司、学官和总统在各自领域内的事务上完全拥有自主权,旁人无从掣肘,他们之间的权力分立是功能上的分化,而不是权力的分割。[117] 这种功能分化在中国历史上早已出现过,明代的行省有布政与按察二使,实际上是一种政刑分权,而清代巡抚与学政的设置,实际上是一种政学分权。[118]

[115] 章太炎:《太炎文录初编》,徐复点校,上海人民出版社2014年版,第318页。"凡制法律不自政府定之,不自豪右定之,令明习法律者与通达历史周知民间利病之士,参伍定之,所以塞附上附下之渐也。"

[116] 章太炎:《太炎文录初编》,徐复点校,上海人民出版社2014年版,第320页。"为硅者曰:夫一国而分数总统者,可行于小国,不可行于大国,今以法司、学官、与总统敌,是即三总统矣。事有稽留,则奈何?"

[117] 章太炎:《太炎文录初编》,徐复点校,上海人民出版社2014年版,第320页。"今法司与学官各视其事,不与行政国防相奸,责有专负,事有专任,非众建之例。"

[118] 章太炎:《太炎文录初编》,徐复点校,上海人民出版社2014年版,第320页。"借观明代法制,行省有布政、按察二使,政刑分权,无他官以临其上。及满洲常设巡抚一员为行省长,学政又与巡抚抗礼,政学分权,无他官以临其上,然不闻有废事何者?各司其局,则无矮羰之忧,亦无所用争执。一省如是,一国易明也。"

(二)民主与政治民族

对于清廷来说，立宪派的思路最大的麻烦在于，作为少数民族的满族如何应对议会制及其选举带来的挑战。1907 年 7 月，两江总督端方在代李鸿才上奏的条折中提出，“宪政之基在弭隐患，满汉之界宜归大同”，并且建议清廷“放弃满洲根本，化除满汉畛域，诸族相忘，混成一体”。[119] 前文已经分析过，梁启超试图通过结合地域要素与代表制，建立一种新的政治秩序，这种方案可以说暗合了平满汉畛域的思路。梁启超在《中国国会制度私议》中提出，国会中所谓的蒙古和西藏的特别代表，他们所代表的是蒙古、青海和西藏等地方区域，而不是代表蒙古人种或唐古特人种。回族、苗族与汉族共同居住在二十二行省之中，因此并不能为他们设置特别代表。[120] 这种淡化清朝疆域内部各个民族之间差异的思路，可以说是梁启超维新时期民族主义思想的延续。梁启超在 1899 年发表的《论变法必自平满汉之界始》中提出了包含汉族和满蒙藏回各少数民族的大民族主义概念。[121] 也就是说，预备立宪时期的梁启超把民族问题纳入到地域性代表制的结构中处理，从而将其大民族主义的思想植入到议会制设计当中。

然而，章太炎认为以地域性代表为原则的国会选举也无法解决民族问题。实行议会制的一大问题就是如何保证少数民族在议会中得到适当的代表，一旦将议会代表制的基础建立在地域性而不是民族性之上时，人口数很少的边疆民族就能够保证自己在议会中的席位。然而，章太炎在《中华民国解》中指出，很多边疆少数民族并没有得到完全的“醇化”，如果这些少数民族在“醇化”之前拥有选举权和被选举权，这些地方所派出的国会代表根本无法实质性地参与到国家大事的讨论与

---

[119] 关于《两江总督端方代奏李鸿才条陈化除满汉畛域办法八条折》，参见故宫博物院明清档案部编:《清末筹备立宪档案史料》，中华书局 1979 年版，第 915 ~917 页。

[120] 梁启超:《梁启超全集》，北京出版社 1999 年版，第 2127 页。“蒙藏之设特别代表，乃以代表蒙古青海西藏诸地方区域，而非以代表蒙古种人唐古忒种人也。回苗两族，与一般国民，同占住居于二十二行省之中，其万不能为之设特别代表，其事至明。”

[121] 梁启超:《梁启超全集》，北京出版社 1999 年版，第 1069 页。“吾国言民族者当于小民族主义之外，更提倡大民族主义。小民族主义者何？汉族对国内他族是也。大民族主义者何？合国内本部属部之诸族以对于国外之诸族是也。”

决策当中。因此,在这些民族尚未得到醇化之前,不应当赋予他们选举权。[122]

如果说只有醇化程度达到一定程度才有资格参与政事,那么醇化究竟意味着什么呢?章太炎认为语言文字之化是醇化的重要部分。居住在新疆的汉人本来就很多,而蒙古与汉人的贸易往来也相当频繁,因此这两个地方的语言文字之化相对于西藏来说更加容易进行。西藏向来学习的是波黎文字,自有其文明之学,这对于语言文字上的醇化是极大的障碍。[123] 如果连语言文字都不能相同,这些地方的议员如何能够在议会中开展讨论与决策的工作呢?

值得注意的是,梁启超在《中国国会制度私议》中对这个问题做出了回应。他认为少数民族议员会不会汉语只是一个细节问题,而不是一个根本性的制度问题。梁启超质问道,即使是在议会制的发源地英国,其下议院六百多名议员之中经常发言的也不过十几个人,难道也要废除下议院么?梁启超认为,国会本身的目的就是代表各方面的势力,而少数民族议员都是能够代表各自势力的人物。设置蒙藏议员的本意是为了让他们与中央之间的关系看上去更加紧密,哪怕他们真的一言不发。[124]

但是,章太炎心目中的醇化绝不仅仅指能通汉语,或者说限制少数民族代表的理由也不仅仅是语言不通、无法交流。在预备立宪时期与梁启超密切配合的杨度认为,只要能够掌握汉语,蒙回藏等地之人就可以拥有选举权与被选举权。章太炎在《中华民国解》中就批评了杨度的这一主张,他认为通汉语是拥有政治权利的必要而非充分条件,最多只能证明他们稍稍醇化而已。如果他们仅仅掌握汉语,而对中国社会

---

[122] 章太炎:《太炎文录初编》,徐复点校,上海人民出版社 2014 年版,第 263 页。"夫曰醇化以后则不与美国之视黑民等者,謂其得豫选举见之行事,不以空言相欺耳。非曰其未醇化以前,则特定区划踰之者,斩杀唯命也。未醇化以前,固无得豫选举之事。"

[123] 章太炎:《太炎文录初编》,徐复点校,上海人民出版社 2014 年版,第 262 页。

[124] 梁启超:《梁启超全集》,北京出版社 1999 年版,第 2127 页。

的基本形态没有任何了解，也没有足够的能力参与国家政治。[125]

职业的同化是另一项重要的醇化措施。从各个民族赖以生存的职业上看，回部与汉人农耕习俗没有太大差别，西藏也有农耕，蒙古则以游牧为主，而满族多为不事生产的"惰民"。章太炎认为不事生产的满人是没有资格获得平等的选举权与被选举权的。因为议员的一大职责就是决定赋税，而不事生产的满人并不了解生产实际，从而无法分辨事实以及基于事实做出决策。[126] 这就是说，满人在职业上得到醇化之前不应当享有选举权和被选举权，即不应当被纳入这个代表制体系中来。此外，即使是具有相当文化程度的僧侣也不应被纳入到议会代表制体系之中，因为他们也没有在职业上实现醇化，而是靠寺产的租金为生，并不了解"农工商贾之事"。[127] 即使是议会代表制是值得追求的，也不应让不事生产、不纳租税的满人担任代表，而是等到革命之后，满人退回东北开始依靠农耕为生时，才有资格参与中国政治。[128]

可以看出，章太炎始终关心的是如何打造一个充分醇化的具有同质性的政治民族。章太炎将醇化带来的同质性作为议会政治运作的前提。对于边疆少数民族来说，在这一前提尚且缺失的情况下，通过"醇化"提高同质性恐怕是迫在眉睫的任务。唯有存在这种同质性，章太

---

[125] 章太炎：《太炎文录初编》，徐复点校，上海人民出版社2014年版，第263页。"夫能通中国语者，则已稍稍醇化矣，然于中国社会之形态能知其一二耶？情伪不知，利病不审，坐而论道则勿能，纵令随众予夺，亦与投钩何异：且所为建设代议士者，非独为人民平等计。询于刍荛（作者注：刍荛，意为割草打柴的人，又指在野之士），固欲其言之有益于治耳。若言之而不能中要领，与不言同，则选举固可废矣。故专以言语同化者，必不足以参通国之政也。"

[126] 章太炎：《太炎文录初编》，徐复点校，上海人民出版社2014年版，第264页。"议士之用，本在负担赋税，不知稼穑之艰难，闾阎之贫富，商贾之赢绌，货居之滞流，而贸焉以议税率，未知其可。"

[127] 章太炎：《太炎文录初编》，徐复点校，上海人民出版社2014年版，第265页。"且近世为僧侣者，即不得充代议士，彼僧侣者岂绝无学术耶？正以寺产所资，足以饱食，与农工商贾之事相隔故也。"

[128] 章太炎：《太炎文录初编》，徐复点校，上海人民出版社2014年版，第265页。"不事生产而评佗人之生产，己不纳租税而议佗人之租税，于权利则不当有，于事实则无所知，彼满人而欲有代议士之资格邪，宜俟革命以后，尽裁甲米，退就农耕，乃始为与汉人同化，然后得与中国之政治耳。"

炎所设想的总统制政体才能得以确立。其实，无论是议会制政体还是总统制政体，其权力的正当性都来自这种政治民族的共同意志。章太炎在否定议会制、主张总统制的同时，并没有忽视政府形式背后的国家理论问题。

章太炎对这种同质性缺陷的担忧，使他从根本上质疑梁启超的建国道路实现的可能性。在缺少这种同质性的情况下，立宪是一项不可能完成的任务，而只有革命才能实现这种同质性。立宪派以请求清廷开国会的方式推动立宪本身就是一个悖论。制宪权属于人民，想要制定宪法、实现建国，就需要发动人民，而不是通过立宪派那样"上书奏请"的方式来请求立宪。早在预备立宪之前，章太炎就已经驳斥过康有为这种请求清廷立宪的建国思路。他指出即使清廷听从立宪派的主张实施立宪，其本质仍然是君主专制的行为。真正的立宪跟革命一样，都不是通过请求君主发布一纸诏书而实现的，而是人民自发的行动。[129]通过奏请得来的立宪只能是一纸空文，这正是戊戌变法失败带来的教训。仍然寄希望于清廷能够自我放弃最高政治权力是一厢情愿，倘若如此，立宪派只会重蹈戊戌变法的覆辙。在章太炎看来，革命与立宪的权力都属于人民自己，我们暂且将这种权力称为制宪权。如果人民真正拥有了这项权力，无论是革命还是立宪，都是人民自己的选择。唯有如此，才真正意味着最高政治权力的归属从君主转移到了人民手中。

也就是说，立宪派的议会制构想最大的麻烦在于，清朝是一个少数民族统治多数民族的政权。如果说无论是制宪还是建国，都需要具有同质性的人民作为基础，然而，一旦占人口绝对多数的汉人形成了某种同质性，自然会将不具备这种同质性的满人排除在外。也就是说，追求这种绝大多数人的同质性基础对于清朝来说恰恰是不可能的。随着民族意识在清末的逐渐兴起，中央政权的正当性备受质疑，这种质疑往往建立在对汉人同质性的构建以及对满人的排斥之上。在章太炎早期的

---

[129] 章太炎：《太炎文录初编》，徐复点校，上海人民出版社2014年版，第182页。"夫如是，则固君主专制也，非立宪也。阔普通武之请立宪，天下尽笑其愚，岂有立宪而可上书奏请者？立宪可请，则革命亦可请乎？以一人之诏旨立宪，宪其所宪，非大地万国所谓宪也。"

思想脉络当中,他曾经一度试图通过“客帝”理论来解决这一问题。在《訄书》初刻本《客帝》一文中,章太炎认为可以将清朝皇帝理解成“客帝”。中国古代历史上出现过任用异国人才作为“客卿”的现象,而清朝的满族政权可以被认为是“客帝”。然而,在重订《訄书》时,章太炎放弃了这一说法。[130] “客帝”理论终究无法回应满族皇帝的代表性缺陷,人们不再追求一个能够代表他们利益的异族皇帝,而是要求统治者与他们自己相似。因此,“客帝”理论终究无法为建立现代国家奠定思想上的基础。

章太炎意识到,若想打造一个能够形成合意的政治民族,并以此作为建国的基础,就应当以占人口多数的汉人作为基础。面对这种少数民族统治多数民族的局面,章太炎由主张“客帝”,转向了主张排满。[131] 显而易见,章太炎的排满并不同于对某一种族的彻底排斥,而是对多数服从少数的反民主的政治模式的反对。[132] 章太炎在《驳康有为论革命书》中,直接批评了立宪派的议会制设计违反民主的一面。他指出,在立宪派的议会制方案中,下议院议定的法案,上议院仍然可以做出否决,而上议院的法定议员主要由皇族、贵族和高僧组成,然而汉族人中并没有这些群体,因此议会的立法权将完全掌握在满人手中。[133] 从民主原则来看,掌握政治权力者显然应当能够代表已经占人口多数的具有一定同质性的汉人,而不能由只代表500万人口的异族权贵掌握政权。随着汉人民族主义思想的勃兴,清末对这种不民主的不满日渐加重,唯一的解决办法就是让多数民族的代表者主导建立一个现代民主国家。

如果说,章太炎认为能够形成“万姓之合意”的政治民族是建立一

---

[130] 根据章太炎《驳康有为论革命书》,庚子之变的见闻是促使章太炎发生转变的主要原因。参见徐复点校:《太炎文录初编》,上海人民出版社2014年版,第187页。

[131] 章太炎:《太炎文录初编》,徐复点校,上海人民出版社2014年版,第199页。

[132] 张枬、王忍之编:《辛亥革命前十年间时论选集》(第1卷上册),生活·读书·新知三联书店1963年版,第95页。“满、汉二族,固莫能两大也。今以满洲五百万人临制汉族四万万人而有余者,独以腐败之成法愚弄之锢塞之耳。”

[133] 章太炎:《太炎文录初编》,徐复点校,上海人民出版社2014年版,第181页。

个现代民主国家的基础。那么,这种政治民族自身又是如何出现的呢?对于试图制造"万姓之合意"的政治民族来说,最大的障碍恐怕在于成千上万的"一姓之独意"如何才能够变成统一的"万姓之合意"。汉人素来重视姓氏宗族,宗族之所以成为汉民族主要的认同对象,其根基在于殷周之际出现的宗法制。以嫡庶制度为基础的宗法制将自然的生养关系塑造成一种抽象的权力关系,这种权力关系的安排能在很大程度上降低社会继替过程中出现的纠纷,因而成为后世效仿的法则。

严复在为其翻译的甄克思《社会通诠》一书所写的按语中,认为中国正在从宗法社会走向军国社会,宗法社会以民族主义为合群之道,而民族主义是一种落后的排外思想,因此应当被抛弃。[134] 对于这种观点,章太炎专门撰文与之商榷,他不仅不同意民族主义是宗法社会的合群之道,甚至认为民族主义的目的之一恰恰是破坏宗法社会。他指出,如果将民族主义理解成对祠堂族长之制的辩护,则完全误解了革命派所谓的民族主义的含义。在章太炎看来,民族主义的重要含义之一就是打破宗族的统治,使万姓和齐,统一为一宗。

用章太炎自己的话来说,如果仍然让百姓处于祠堂族长的统治之下,无异于陷百姓于深谷之中。[135] 他对宗族统治所表现出来的强烈不满,延续了他在《代议然否论》中对封建制的批判思路。在他眼中,当时的宗族与古代宗法制中的设想早已判若云泥。古代宗法制往往只推行于贵族之家,礼不下庶人。到了唐末和五代,士族门阀已经逐渐消失,又随着宋代的郡县化过程,古代宗法制彻底消亡。在这种局面下,宋儒开展了重建宗法制的理论与实践工作。然而,这时候宋儒所重建的宗法制已经不是一种仅仅存在于贵族集团内部的继承法则,而是为聚族而居的村落打造的超越核心家庭的内部秩序。[136]

在章太炎心目中,当今的宗族早已剥离了古代宗法制的文化政治

---

[134] 王栻主编:《严复集》(第1册),中华书局1986年版,第148页。"宗法社会之民,未有不乐排外者,此不待教而能者也。中国自与外人交通以来,实以此为无二唯一之宗旨……而自谓识时者,又争倡民族之主义。夫民族主义非他,宗法社会之真面目也。"

[135] 章太炎:《太炎文录初编》,徐复点校,上海人民出版社2014年版,第346页。

[136] 章太炎:《太炎文录初编》,徐复点校,上海人民出版社2014年版,第340页。

意涵,而变成了一种固着于土地财产权之上的经济性组织。他认为,七国之后的政权显然不再通过古代宗法制加以传承,政治性的宗权自此已经消亡,而当下的宗权其实是经济性的,唯有依傍于土地财产权之上才可能正常运作。[137] 然而,以土地财产权作为基础的宗族,往往变成了地方利益的代表,而不会考虑国家的整体利益,这样一来不仅宗族相互之间常常由于利益而发生激烈的冲突,也对国家建设进程带来了很大的阻碍。因此,章太炎认为,当今之要务是以民族超越宗族,"定法以变祠堂族长之制,而尽破宗法社会之法则矣"。[138] 他认为,立宪派所主张的地方自治无疑体现了这种代表地方利益的原则,只关心各自地方内部的事务,并且排斥本地之外的人参与自己的治理。然而,真正的自治是作为一个整体的人民的自治,而不是千千万万宗族相对于国家的内部自治。这种地方自治有悖于章太炎的政治民族主义,因此革命派认为应当像秦王扫六合破除封建诸侯的统治一样,破除祠堂族长之统治。[139]

如果说立宪派心目中的议会制是封建制的变相,那么章太炎认为不仅应当消灭这种表象,还应当消灭其根源。对于宗族这种现代封建制,首先必须从经济上将其破解。因此,土地公有是章太炎乃至整个革命派的核心主张。章太炎在重订《訄书》时新收录了《定版籍》一文,该文记录了章太炎与孙中山于 1902 年在日本横滨关于土地制度改革的谈话。章太炎以冯桂芬在家乡苏州为同乡农民减赋因此受到尊敬的例子,说明了占有大量耕地的世族大户给无地农民带来的巨大租税负担。章太炎甚至亲自拟订了一份《均田法》,规定了不亲自耕种的露田必须转让,而不得雇用他人耕种。[140]

---

[137] 章太炎:《太炎文录初编》,徐复点校,上海人民出版社 2014 年版,第 343 页。

[138] 章太炎:《太炎文录初编》,徐复点校,上海人民出版社 2014 年版,第 334 页。

[139] 章太炎:《太炎文录初编》,徐复点校,上海人民出版社 2014 年版,第 334 页。"乃至言地方自治者,亦或以省界、府界为枪累,不容以他人参吾事。而吾党之所言治者,与彼则正相反。村落陋见,犹当息之,何有于族?今以此系于政治之民族主义,而破宗法,犹秦皇之统一六合,以破封建之列侯。"

[140] 朱维铮点校:《訄书》(重订本),上海人民出版社 2014 年版,第 279 页。

可以说,章太炎的政治民族主义思想一方面延续了他对作为封建制变相的地域代表制的批判,另一方面也建立了一种完全不同于此的政治代表制类型。章太炎希望打造的民族,显然不同于遍布汉地的宗族。他试图打造的是一种与土地利益脱钩的政治民族,并希望以此能够超越一家一姓的私,而朝向更为广大的公。也就是说,除了在经济上实行均田法,他还试图从文化上为中华民族认同奠定基础。在《訄书》重订本首次收录的《序种姓》一文中,章太炎采取了一种历史性的视角,运用多重来源的材料推导分辨了各个姓氏的本源,从而认定汉族的姓氏都出自五帝,汉人无论姓氏为何皆属同宗同源,显著区别于其他种族。[141]

不难发现,章太炎试图打造的政治民族之基础并不在于生物性,而在于历史性。这种政治民族主义的观念在很大程度上回应了晚清今文经学对华夷之辨的处理。章太炎试图通过历史姓氏的考辨,在汉族与满族教化相似的情况下,寻找两者之间的差异性所在。根据此种政治民族主义原则,纵使满汉教化相似,满人不再是夷狄,但也不能被混同于汉人,两者之间的差异性应当得以保留。这种差异性显然并不来自纯粹的自然差异,而是来自历史差异。因为如果从自然差异来看,人类不同民族之间的差异是微乎其微的。[142] 而如果从姓氏流变的历史过程来看,不同民族之间的界限就一目了然了。由此可见,在章太炎眼中,如果人为地抹去民族之间历史性的客观差异,而构建一种宽泛的大民族主义观念,这显然只能是自我欺骗与自我安慰。诸如"不分满汉,诸族相忘"之类的口号,显然无法掩盖民族不平等的现实状况,从而无法让这种宽泛意义上的大民族成为政治认同的对象。

这一理论工作最大的意义在于,它为一种前宗法时代的政治认同对象提供了整全的历史阐述,使这种民族认同取代宗族认同能够得以

[141] 朱维铮点校:《訄书》(重订本),上海人民出版社2014年版,第178页。

[142] 章太炎:《太炎文录初编》,徐复点校,上海人民出版社2014年版,第176页。"近世种族之辨,以历史民族为界,不以天然民族为界。借言天然,则蹄祫海藻,享祧猿蛐,六洲之氓,五色之种,谁非出于一本,而何必为是聒聒者耶?"

可能。章太炎一再批评汉人长期以来的问题在于缺乏政治民族的意识,所谓“判涣无群,人自为私”。[143] 这种现象的根源也许恰恰在于,如果一个国家的政治只是对地域利益的代表,那么这一国家是无法形成政治合意的。因此,章太炎试图从理论上论证的政治民族,正是试图在破除了封建土地利益之后,建立起一套与新的社会秩序相配套的代表制思想。而他通过追溯种姓历史、界定民族的姓氏构成,为国家这个亟待建立的政治共同体确定了质料上的界限。有必要注意的是,在中国传统皇帝制度之下,只有皇室的姓氏谱牒才具有政治性。但是章太炎通过对姓氏谱牒的梳理,以姓氏的渊源与流变为基础,为所有姓氏起源相同的人赋予了共同的民族性,政治性便推广到了每个有这些姓氏的人身上。这种民族性所蕴含的同质性从理论上奠定了政治合意的基础。[144]

五、结论

从表面上看,议会制与总统制的争论是政体层面的论争。然而,我们不仅要看到政体层面的争论,还要看到在国体层面的争论。不同的政体设计背后隐藏着怎样的建国理论?这个问题之所以重要,因为它涉及发动革命或实现立宪的现实可能性,并且关系到各自可能引发的结果。在章、梁二人心目中,问题不简单是如何设计政体的问题,而是如何将现实中的封建制要素摆放在国家理论以及相应的政体理论之内。在两种不同的政体方案背后,隐藏着完全不同的政治要素的选择。

---

[143] 章太炎:《太炎文录初编》,徐复点校,上海人民出版社 2014 年版,第 186 页。“若夫今之汉人,判涣无群,人自为私,独甚于汉、唐、宋、明之季,是则然矣。”

[144] 章太炎:《太炎文录初编》,徐复点校,上海人民出版社 2014 年版,第 348 页。“今外有强敌以乘吾隙,思同德协力以格拒之,推其本原,则曰以四百兆人为一族,而无问其氏姓世系。为察其操术,则曰人人自竞,尽尔股肱之力,以与同族相系维。其支配者,其救援者,皆姬、汉旧邦之巨人,而不必以同庙之亲,相呴相济。其竭力致死、见危授命者,所以尽责于吾民族之国家,身体发肤,受之父母,虽有毁伤而无所惜,曰务其大者远者耳!民知国族,其亦夫有奋心,谛观益智,以趋一致。”

如果说梁启超推崇的民权不过是绅权而已,那么章太炎的民权则是尽可能地将主权落实到每个个体身上。章梁二人所倾心的不同的政治要素,所带来的政治同一性效果是不同的,而这对于现实政治显然有完全不同的效果。

章太炎的总统制试图通过血缘性获得国家认同的基础,梁启超的议会制则希望用地缘性获得国家认同的基础。这两种政体蕴含着封建制两个不同的要素。封建制理论内部的冲突性因素,直接地体现在了章太炎与梁启超的论争之中。相较于存在很多麻烦的地缘代表制,以血缘要素为核心的能够克服围绕着土地所有权而产生的不平等。具体来说,就是以“系于政治”的民族主义,来破除固着在特定空间范围之内的宗法统治。这一争论暴露了现代国家理论中民族因素与土地因素的张力。如果说章太炎的设想接近于所谓的民族国家,在他眼中,梁启超的方案或许代表着一种土地国家。梁启超的国家理论是以土地为核心,试图用地方性为基础打造新的政治认同对象,通过地方性代表制政治的方式,用大清治下的地域空间取代皇帝的神圣性位置。[145] 相较梁启超而言,章太炎的国家理论中并没有某种明确的空间界限。在他心目中,未来中国的理想状态是,“故以中华民国之经界言之,越南、朝鲜二郡必当恢复者也;缅甸一司则稍次也;西藏、回部、蒙古三荒服则任其去来也”。然而,恢复越南与朝鲜并不那么容易,但只要继续推进各个方面的醇化,将其他地方真正纳入疆域并不是那么困难。[146]

---

[145] 密尔在英国1867年议会改革之前,批评过这种地域代表制的观念:“在他们看来,国家似乎不是由人构成的,而是由地理和统计产生的拟制的单位构成的。议会所代表的必须是市镇和郡,而不是人。……我不能理解,为什么把人按地区安排的感情和利益应该是唯一值得代表的感情和利益;或者说,为什么具有其他的感情和利益的人,他们对这些感情和利益的评价高于对地理上的感情和利益,倒应该限于以后一种感情和利益作为他们政治划分的唯一原则。”参见[英]J. S. 密尔:《代议制政府》,汪瑄译,商务印书馆1982年版,第117~118页。

[146] 章太炎:《太炎文录初编》,徐复点校,上海人民出版社2014年版,第257页。“然而事有难易,得以曲成,不得以径行,举措之宜,或与誓愿相左。今者,中华民国虑未能复先汉之旧疆,要以明时直省为根本。越南、朝鲜其恢复不易。惟缅甸亦非可以旦夕致者。三荒服虽非故土,既不他属,循势导之,犹易于二郡一司。”

章太炎的国家理论的核心是民族。客帝无法立宪,因为立宪与革命的动力因都是一样的,少数民族的客帝不具备形成政治合意的基础,难以得到充分的认同,从而无法发动“民气”。从而驳斥了立宪派“国会成立,笼罩群生,则中国已足以治”的说法。[147] 在他看来,排满是为了强化对国家的认同。仇满是仇全部,而不是仇个别的具体的满族人。[148] 因此,章太炎的民族建构所指向的并非是民族自决。在他的论述中,排满的含义是排除满族政府所代表的缺乏代表性的统治,而并非族裔民族主义意义上的排除一切满族平民,对于忠于满族政府的汉族官吏,也是要一并排除的。正所谓“是故排满洲者,排其皇室也,排其官吏也,排其士卒也”。[149] 因此,排满的最终目标是建立以汉族为主的政权,因为汉族人口最多,理应具有更大的政治分量。他所期待的仍然是一个统一的多民族国家。另外,一旦将血缘要素与地缘要素真正分离,民族自决也就被剔除了对领土的诉求,而与文明要素挂钩。牒谱不共,不是一个民族,连牒谱都没有的民族,必然不具有代表性,不能作为各民族之“共主”。

其实,无论是立宪派还是革命派,他们共同关心的其实是建国问题。现代国家并不是一个多元而松散的地域联盟。梁启超试图引入的议会制及其所包含的地域性代表制观念,无法真正为一个新的中国奠基。西方政治思想中的建国,意味着以代表制的方式造就一个统一的主权,而梁启超显然不曾在这种意义上理解代表制,而是将代表制视为

---

[147] 章太炎:《太炎文录初编》,徐复点校,上海人民出版社 2014 年版,第 266 页。

[148] 章太炎:《太炎文录初编》,徐复点校,上海人民出版社 2014 年版,第 178 页。“岂知秦、赵、白、项,本非殊种,一旦战胜而击坑之者,出于白、项二人之指麾,非出于士卒全部之合意。若满洲者,固人人欲尽汉种而屠戮之,其非为豫酋一人之志可知也。是故秦、赵之仇白、项,不过仇其一人;汉族之仇满洲,则当仇其全部。”

[149] 章太炎:《太炎文录初编》,徐复点校,上海人民出版社 2014 年版,第 276 页。“凡相杀毁伤之怨,至奕世则已矣。侵略则不然,所侵略者必有其器其事,今国土与政权自满人之祖父侵略之,而满人之子孙继有之;继有其所侵略者,则与本为侵略者同;而往世贱贼屠夷之事实,以政府挟之俱存。是故排满洲者,排其皇室也,排其官吏也,排其士卒也。”“吾侪所执守者,非排一切政府,非排一切满人;所欲排者,为满人在汉之政府。而今之政府为满洲所窃据,人所共知不烦别为标目,故简略言之,则云排满云尔。”“满人之与政府相系者,为汉族所当排;若汉族为彼政府用,身为汉奸,则排之亦与满人等。”

笼络地方精英的手段。这种地域性的代表制,面对的是中国历史中的封建制挥之不去的阴影。也许这是梁启超的无奈之处,封建制是代表制进入中国之后必须面对的制度传统与思想遗存,对他来说,也许除此之外想不到可以借助何种力量实现建国和制宪的大业。事实上,在中国古代政治思想中,建国就意味着封建。建国的建即是封建的意思。“昔周公吊二叔之不咸,故封建亲戚,以蕃屏周。”[150]“因生而赐姓,胙之土而命之氏。”[151]“姓”因“生”来,“氏”由“土”来。因此,地缘与血缘是封建制的两个核心要素,封建制就意味着根据血缘关系确定地缘关系。

章太炎敏锐地意识到,遵循地域性代表原理的议会制,在中国社会条件下,会被封建制所吸纳。梁启超的地域性代表制的建国方案与议会制的政体设计,继承了封建制中地缘性的方面。然而,这种地缘封建性的国家形态在晚清极大地阻碍了现代国家建设的进程。议会制的引入非但不能实现由封建性国家向代表性国家的转换,还会进一步加深封建性程度。然而,即使章太炎对梁启超封建性的建国方案极尽批判之能事,而他自己在从封建型国家走向代表型国家的道路上同样迟疑了。虽然章太炎通过对总统制与政治民族的阐述,勾勒出一幅代表型国家的现代蓝图,但他并不全然反对受任何封建制要素左右的建国理论。在他的宪政构想中,封建制要素的血缘性部分得到了保留。他通过历史氏姓学的工作,将血缘要素纳入到打造政治民族的过程中去。这种看似与代表制无关的思想,恰恰是未曾与议会制相混淆的代表制。代表者是一个人格化的主体,被代表者则需要与该主体保持极高的同质性。更重要的是,能够真正为现代国家奠基的代表制,所代表的是意志,而不是利益。在他眼中,封建性建国方案无法令人接受,而霍布斯意义上的通过契约建立一个代表型国家,也同样未被采纳。

虽然章太炎在《国家论》和《五无论》中一再否认国家的实在性,但他也否认自己是无政府主义者:“非徒为期望无政府者说,虽期望有政

---

[150] 《左传·僖公二十四年》。

[151] 《左传·隐公八年》。

府者亦不得不从斯义。然世人多守一隅，以余语为非拨过甚。”[152]或许，这种对国家的虚无态度只是为了指出代表型国家在封建制面前的脆弱性。代表型国家如何能够经受住封建制的挑战，塑造一个统一的政治体，是个绵延至今的现实问题。这种虚无与担忧也恰恰导致了章太炎思想中最为悖谬的地方：虽然极力反对梁启超的地域代表制，但他从未彻底抛弃封建制。或许，他所忧心的是建立一个代表型国家对于中国人来说究竟意味着什么。未曾从封建走向代表的国家，也许根本无法在现代世界的黑暗森林中保全自身。然而，一旦彻底除去封建制的所有遗存，这个国家是否只会成为一个没有灵魂的“利维坦”？

---

[152] 章太炎：《太炎文录初编》，徐复点校，上海人民出版社2014年版，第484页。

《政治与法律评论》
(第八辑)第164~179页

德谟克拉西 vs. 德谟克拉东

——民主的两种政治史路向

任军锋*

摘要:“民族—国家”的建立是现代政治社会的突出特征。作为这一进程中的两大标志性事件,美国革命和法国革命前后相继、彼此呼应,构成西方现代政治史的独特景观。两场革命均以建立现代共和国家为目标,却分别代表了两种截然不同的有关现代政治秩序的理论主张以及政制设计:代议共和国抑或人民共和国、自由民主抑或人民民主、德谟克拉西抑或德谟克拉东,西方政治史从此分道扬镳,势同水火,双方的分歧不仅是党派立场的对立,更是两种现代政治理论主张之间的分野。20世纪中国的政治发展正是上述两场革命所开创的政治传统的延续,中国当下的人民民主体制扎根于中国,却不能说它源自中国。本文从托克维尔的理论视野出发,试图在西方政治(思想)史语境中探讨上述两种民主秩序各自的内在机理,意在厘清两种政治秩序的源流及其背后不同的理论主张,从而为汉语知识界在可能的将来展开相关讨论做一些奠基性的工作。

* 任军锋,复旦大学国际关系与公共事务学院政治学系教授,邮箱:renpolitics@163.com。

关键词:美国革命　法国革命　自由民主　人民民主

“民族—国家”的建立是现代政治社会的突出特征,作为一种政治形态,它与现代资本主义这一经济形态相伴而生。建立现代民族—国家的过程意味着国家权力的触角努力伸及每一个公民个体,国家与个人之间的“中间地带”如封建领主、地方认同要么被部分克服(如美利坚立国),要么遭到取缔(如法国大革命)。作为创制现代民族—国家的标志性事件,美国革命与法国革命前后相继、彼此呼应,构成西方现代政治史的独特景观:美国革命谨慎稳健,修修补补,托古改制;而法国革命热情似火,急进彻底,旧邦新造。两场革命都以建立现代共和国家为鹄的:美国革命旨在建立代议共和国,力图在统治者与被治者、国家与个人、集权与分权、多数与少数之间实现某种有机的平衡;法国革命旨在建立人民共和国,它反对代议制,鼓励并相信多数群众的政治热情,主张国家高于一切,统一压倒一切,少数服从多数,个人服从国家,天经地义,直截了当,不留余地。两场革命背后的社会动力均源自现代资本主义社会人们对平等(民主)的诉求,却提出了两种不同的因应策略:美国革命以及之后的立宪运动旨在确立自由民主秩序,以自由制度作为规约民主浪潮的堤坝,革命者身后是立法者;法国革命以及之后的立宪运动致力于建立人民民主秩序,利用多数原则放手发动群众,为民主浪潮推波助澜,革命者身后依然是革命者。美国革命与法国革命,自由民主与人民民主,德谟克拉西与德谟克拉东,西方政治史从此分道扬镳,势同水火,双方的分歧不仅是党派立场的对立,更是两种现代政治理论主张之间的分野。

法、美革命有国界,但其政治理论意义却超越了国界,并在一定程度上主宰了整个现代世界,其波及对象当然包括20世纪的中国:从孙文的中华民国到毛泽东的人民共和国,中国先后经历了上述两场革命及其政治理论的洗礼。可以说,20世纪中国的政治发展是这两场革命开创的政治传统的延续,中国当下的人民民主体制扎根于中国,却不能说它源自中国。中华民国,这一中国人建立代议制共和国的伟大尝试,最终在列强环伺和内部党祸的双重压力下走向崩解,人民共和国,这一法兰西大革命式的政治秩序一度成为一种有效选项,其手段表现为通过强大的一元化政党改造国家,建立威权体制下的党治国。① 纵观20世纪前半叶中国政治史,代议共和国不成转而人民共和国,“德谟克拉西”不成转而“德谟克拉东”,美国模式不成转而法(俄)国模式,“资产阶级共和国”(代议共和国)让位给“人民共和国”,18世纪的“姊妹革命”在20世纪的中国衍生为“父子革命”,前者更多地被作为反面教训,而非正面经验,至今依然。

本文试图在西方政治(思想)史语境中探讨上述两种民主秩序的内在机理,其出发点在于:随着中国在国际舞台影响力的日益提升,有关中国政治模式与美国政治模式的比较讨论开始浮出水面,由于中国当下言论空间的特殊性,学术语汇与意识形态语汇往往混淆不明,学术分析经常为派性立场所裹挟,致使学术论争无法开诚布公、明心见性。本文意在厘清两种民主秩序的源流及其背后不同的理论主张,从而为汉语知识界在可能的将来展开相关讨论做一些基础性的工作。

一、世界政制新格局

随着21世纪进入第二个十年,世界政制格局逐步呈现出全新的样态,这种样态可大致概括为以美国为代表的西方政制的僵局、正经历政治转型进程的“中间地带”国家的困局以及中国政制的迷局。

先说以美国为代表的西方政制的僵局:2008年从华尔街刮起的“金融风暴”让美国人措手不及,同年以“改革”旗号赢得选举的新总统奥巴马承载了太多美国人的希望,然而这种希望不久便转化为沮丧和失望。新总统众多改革举措难以在国会获得通过,党派倾轧越演越烈,政府债台高筑,经济持续低迷,失业率居高不下,民众对政府的信任感

① 有关民国宪政历程及其后果,可参见任军锋:《共和国的陷阱:民国宪政往事》,载丁耘主编:《思想史研究·五四运动与现代中国》(第7辑),上海人民出版社2009年版,第171~196页。

持续走低……如今,曾经让美国人颇感自豪的自由民主政制似乎呈现出某种疲态,丧失了自我更新的能力,陷入僵局且难以自拔,自由民主政制为政府有效运转所设计出的诸多规则却成为政府有效行动的掣肘。如今,华盛顿政客首先关心的是自己能否继续获得连任,而不是解决迫在眉睫的问题,正如评论家指出的,美国政制日益沦为一架空转的选举机器,自由民主制解决实际问题(如财政困境)的能力却差强人意,在政治上陷入功能失调,重大的公共政策(如消弭赤字)被强大的利益集团绑架……人们不禁要问,以美国为代表的西方自由民主政制是否已经陷入“新一轮民主的危机”?这一危机是20世纪70年代危机的重演且能够通过现有体制的自我调适得到克服,抑或由于受困于自身的机能硬化将难以避免地走向政治衰败,最终将不得不改用其他行之有效的制度?②

再说中间地带的困局:这一地带并没有一个严格的地理范围,它既包括那些业已建立了西方式民主政制的国家,如墨西哥、印度、肯尼亚、菲律宾,也包括那些正在努力向这一民主政制转型的国家,如土耳其、巴西、乌克兰以及中东阿拉伯国家。2004年,乌克兰爆发“橙色革命”,该国政局持续动荡,内部势力钩心斗角,外部强权伺机介入,国家陷入分崩离析的边缘;2013年,在土耳其,以伊斯坦布尔公园改造事件为导火索,引发了大规模的反政府抗议示威;同年以世界杯场馆建设费为契机,巴西国内爆发了规模空前的抗议游行;在阿拉伯世界,2011年,突尼斯爆发“茉莉花革命”,推翻执政23年的本·阿里政权,这在阿拉伯国家引发政治上的连锁反应。也是在同一年,埃及国内爆发大规模示威抗议,执政30年的总统穆巴拉克被迫下台,此后埃及政局持续动荡;紧接着利比亚发生内乱,执政达42年的卡扎菲政权崩溃,卡扎菲本人也在内战中死于非命;在叙利亚,反对派要求总统巴沙尔无条件下台,导致叙利亚陷入长期内战的漩涡。推翻威权政府非但未能带来人们当

② Fareed Zakaria, Can America Be Fixed: The New Crisis of Democracy?, *Foreign Affairs*, Jan/Feb 2013. pp. 22-33;[美]弗朗西斯·福山:《政治秩序的起源:从前人类时代到法国大革命》,毛俊杰译,广西师范大学出版社2012年版,第472~473页。

初预期的自由民主新秩序，反而使政局动荡不定，连民众的基本生活和人身安全都难以保障。即便是美国直接武力介入的伊拉克，至今无法建立起卓有成效的政府。随着这些国家国内政局走向崩溃，一个名为“伊拉克和黎凡特伊斯兰国”的跨国恐怖组织开始浮出水面，当初预期的所谓“阿拉伯之春”，如今却一转而成“阿拉伯之冬”。“中间地带”的上述困局向我们提出的理论难题便是：这是任何威权政府转向西方式宪政体制过程中不得不付出的代价，还是这些国家根本就走错了方向，甚或仅仅是美国在这一地区树立并巩固其霸权的牺牲品？

最后是中国的迷局：以2001年“9/11”恐怖袭击为起点，美国被牵入长达十年的所谓“反恐”战争，而正是这十年，中国赢得了前所未有的发展机遇：民生建设、城乡统筹、社会保障、医疗改革、基础设施……尽管面临种种社会不满和治理难题，但社会总体向好，国力呈明显上升之势。随着中国经济总量跃居世界第二，中国的国际地位得到明显提升，成为吸引全球目光的新的聚焦点。中国的崛起引出了如下疑问：中国的人民民主政制能否继续适应迅速变化的中国社会？中国发展的动力是否更多地源自对自由民主政制的借鉴从而得以克服人民民主政制自身的弊端？中国的政治制度在过去30年里做了哪些实质性的改进？这些改进是中国迈向西方自由民主政制从而呼应“历史终结”的必要铺垫，抑或中国的政治体制根本就是不同于西方模式的另外一种选择，甚至开启了一个新的“后民主前景”（post-democratic future）？③ 以2013年胡—温政权向习—李政权和平过渡为起点，这是否意味着“后邓小平时代”的中国人民民主政制已然确立了一套明确且至少在高层内部得到广泛认可的权力交接规则，从而使新的人民民主政制从此解决了王朝时期以降始终无法摆脱的“坏皇帝”难题？如何使政治能够在双轨上运行，即威权政府在向上负责的同时，也能够向下负责？在缺乏独立的司法系统和制度上的责任政府的条件下，中国的执政党能否将其对社会的道德责任以及与之匹配的政治责任维持在较高的水平？中国

③ Eric Li, The Life of the Party: The Post-Democratic Future Begins in China, *Foreign Affairs*, Jan/Feb 2013, pp. 34 – 46.

的人民民主体制能否在现有体制框架内既能有效打击腐败，同时也能通过法治建设预防腐败？④

要对以上诸多问题做出有针对性的回应，我们不妨以托克维尔为起点，回溯两种政制形态的源头，梳理并对勘自由民主与人民民主这两种现代政治秩序背后的学理依据，借以寻绎观察和思考当下难题的灵感和线索。

二、托克维尔与现代革命的两种政治路向

托克维尔发现，现代性首先在社会领域表现为资本主义商业的兴起，人们在身份上开始趋向平等，财富而非血统成为区分人们社会地位的首要标准，由于财富的高流动性，只要付出努力，人人可得，借以改变自身处境。与此相应，社会类型也从传统等级式贵族社会向平等式民主社会过渡，这一新型民主社会即我们一般所说的资本主义社会，主要表现为金钱至上、个人主义、世俗化。由于金钱成为区分尊卑贵贱的首要标准，发财致富、追求商业和物质享受便成为新社会人们的普遍激情，甚至为了钱财不择手段，以不义之行攫取不义之财，人们不再有兴趣和精力关心公共事务；随着贵族社会将人们联系起来的世系、阶级纽带被打破，人与人之间的感情变得稀薄，对同胞的冷暖漠不关心；资本主义强调人们现世的享乐，形形色色的物质诱惑让人目不暇接，来世、灵魂、信仰在人们精神上的投影日趋暗淡，宗教对社会的影响不断受到削弱。⑤

这一现代性浪潮来势汹汹，一往无前，不可逆转，如何在政治上做出积极的应对，美国革命与法国革命分别代表着两种不同的理论思路和实践取向，即托克维尔指出的民主的自由抑或民主的专制，托克维尔

④ [美]弗朗西斯·福山：《政治秩序的起源：从前人类时代到法国大革命》，毛俊杰译，广西师范大学出版社 2012 年版，第 472 页。

⑤ 相关论述可参见任军锋：《贵族·民主·自由：道德哲学家托克维尔》，载《复旦政治学评论》（第 12 辑），上海人民出版社 2014 年版，第 111～148 页。

著述的核心旨在揭示这两场革命背后的动力及其政治理论意义:鉴于民主社会本能地走向行政集权,美国人将政府集权与行政分权区分开来,即在全国性的法律制定和对外关系方面保持统一的同时,地方性的建设事业则实行高度的地方分权;与此形成对比的是,在法国,行政集权并未被大革命的暴风骤雨打翻在地,而是以另一种形式得到延续甚至强化,行政集权成为革命后的法国从旧制度承继的首要遗产,并将之发扬光大,从路易十四到拿破仑,法国大革命以旧制度的瓦砾建造新社会的大厦,民主革命扫荡了旧制度的许多体制,却巩固了中央集权,社会的日趋平等与政治的日趋专制彼此颉颃。美国人通过结社克服民主社会个体的无力感和彼此疏离,鼓励人们组织社团参与公共事务,以不受限制的政治结社自由防止多数暴政、党派专制和独夫专权,以陪审制度使公民形成权利观念,以乡镇自由平衡国家权力的武断与专横,培养做事公道的习惯,养成阳刚之气和公德意识,培育公民精神,学会运用笔杆子而不是枪杆子,以理服人而不是以力压人;而在法国,政府将结社视为对自身地位的威胁,唯恐公民之间建立起稳固的纽带,统治者将公共事务等同于政府事务,政府成为民众日常生活的唯一代理和无微不至的监护人,巴黎主宰一切,吞噬一切,民众也乐得将一切公共事务交给高高在上的中央政府,一门心思致力于追逐财货,专注私人利害,贪图个人享受,对公共事务漠不关心,个人与国家之间没有任何中间权力,个人的软弱无力与国家的强大任性彼此滋长,国家特权无处不在,个人权利和首创精神屡遭挤压。在美国,宗教主动与政治保持距离,摆脱了政治权力的瞬息万变,避免政治革命的烽火殃及自身,宗教放弃了与政治为伍可能获得的"表面的影响力",转而寻求政教分离为宗教带来的"真正的影响力",宗教规约并教化民情,宗教精神与自由精神彼此颉颃;与此相对,法国革命成为以宗教革命形式展开的政治革命,天主教与旧政权沆瀣一气,君主向教会提供物质后盾,教会则向君主提供道义支持,宗教使政治权力的罪恶神圣化,压制言论和出版自由。革命者反对旧政权,旧政权的盟友天主教难辞其连带责任,沦为革命对象之一,政治与宗教的这一危险交易使革命者在推翻国家制度之前必须先摧毁教会建制甚至威胁到宗教信仰本身，法国革命成为一场规模空前的精神革命，非宗教倾向成为主导性的激情，革命家对一切传统丧失敬畏，一举扫荡净尽而后快。在法国，宗教精神与自由精神背道而驰，唯物主义作为一种新的意识形态主宰一切。⑥

在人类步入现代性大门的两侧，美国革命与法国革命分别隐含两种政治理论主张：自由民主抑或人民民主，既是对于现代政治的两种不同的愿景，也是为实现各自愿景而提出的政制设计。

三、自由的代议共和国 vs. 平等的人民共和国

美国革命和法国革命分别帮助缔造了两类共和国，即自由的代议共和制国家与平等的人民共和制国家，前者的思想代表是麦迪逊，后者的思想代表则是卢梭，这里有必要对两种共和政治理论的基本主张做一对勘。

麦迪逊将美利坚拟议中的共和制与民主制严格区分开来，他指出，民主制是曾经推行于古希腊城邦国家的政制形式，其中以雅典最为典型，如今，这种民主制已经无法适用于有着广土众民的现代国家，更为重要的是，它无法找到克服党争的有效方法，由于内部很容易形成某一压迫性的所谓“多数”，这一“多数”性情多变、短视盲从，这就给那些自私自利、野心勃勃且巧舌如簧的野心家提供了可乘之机，他们排除异己，汲汲自营，使少数或个人的权益无法得到保护，最终也会使多数受损，祸及邦国公益，这种直接民主制在历史上“是短命的，而且死得暴烈”。⑦ 古代雅典城邦的历史充分印证了这一论断。与古代城邦的纯粹直接民主制不同，新的美利坚合众国实行的是代议制，政府权力由公

---

⑥ 具体论述可参见[法]托克维尔：《论美国的民主》（下），董果良译，商务印书馆 1988 年版。

⑦ [美]亚历山大·汉密尔顿、詹姆斯·麦迪逊、约翰·杰伊：《联邦论：美国宪法述评》（第 10 篇），尹宣译，译林出版社 2010 年版，第 62 页。

民选举产生,官职实行任期制,行为良好可继续任职,在这种代议共和体制下,建立政府的目的在于促进公益,而非媚俗从众,民众选举少数才德出众者组成政府,只是为了确保执政者对社会的诉求保持足够的敏感,但它并不要求政府对民众唯命是从,随波逐流,执政者对什么是国家的公益应有冷静的意志和清晰的判断力,人民利益的委托人有责任顶住"盛行一时的欺骗和迷惑,给人民提供冷却的时间和机会,镇静反思。这样的例证很多:这种行为,拯救了人民,保护了百姓,避免了人民犯错误,避免造成毁灭性后果,引起人民对受托者持久的丰碑式的感激。受托人的勇气和操守,在人民不快乐、处于危险时,足以为他们效劳"。[8] 代议共和理论主张:代表与被代表者、政府与人民之间在权力和责任之间应保持适度的平衡,防止民意泛滥左右政局与防止政府任性专断同样重要。通过对历史和现实的细致考察,麦迪逊发现在防止党争方面,美利坚特有的复合共和方案有着直接民主制难以企及的优势,它将大共和国的力量与小共和国的自由结合起来,某一党派在某一小共和国内很容易占据多数,但在整个联邦却难以得逞,党派领袖容易在某一小共和国内煽风点火,却不可能在整个联邦内蔓延成大火,这样,美利坚复合共和制方案通过共和制的矫正方法克服党争这一共和政府很容易陷入的弊病。[9]

与麦迪逊代议共和主张相反,法国大革命的"思想教父"卢梭则认为,所谓代表或代议制观念,是一种源自"那种使人类屈辱并使'人'这个名称丧失尊严的、既罪恶而又荒谬的政府制度",人民只有在选举议员或代表期间,才可以说是自由的,而议员一旦选出,"他们就是奴隶,他们就等于零了"。[10] 卢梭共和政治理论主要围绕"公意""主权者"这两个核心概念展开,公意即共和国的公共、道德人格,而主权者则是公意指导下社会公约赋予政治体支配各个成员的绝对权力,公意永不出错,政治体内不许有派系和分歧,而唯有公意才能使社会成为可能,指

---

⑧ 《联邦论》(第71篇),第492页。

⑨ 有关党争的集中论述,可参见《联邦论》(第10篇),第58~65页。

⑩ [法]卢梭:《社会契约论》,何兆武译,商务印书馆2003年版,第121页。

导国家各种力量实现国家创制的目的，即公共幸福。而主权者作为一种普遍的、人格化律令的化身，存在于共同体的全体成员之中，作为人民共同体的意志，主权作为共同体与每个公民之间的契约式约定，它对所有公民一视同仁。主权不可转让、不能代表也不可分割，主权权力也是绝对的、神圣的、不可侵犯的。政府的行政权力只是人民的办事员，主权者的官吏，人民可根据自己的意愿委任他们，也可随时撤换他们，政府不应该有自己的独立判断。公意永远正确，因为它总是趋向于公共效用，它比组成共同体的个体更清楚他们的真正利益所在，而个体往往被他们的个人私利所误导，因此，每个个体应当融入更大且更为优越的统一整体，个体服从公意即服从自己，这样，人民、国家、公意彼此转换，三位一体，国家之外非神即兽，与公意为敌便是与美德为敌，人民之外只有敌人，即人民公敌，任何利益集团、派系都会对共和国的整体造成破坏。在卢梭的民主共和理论中，完整的共和国容不得任何形式的反对派存在，一切反对派都是反动派，一切反对派都是非法的，应当毫不留情地予以打击和清除。⑪

在人民与政府的关系上，代议共和制主张政府依赖人民而非听命于人民，公众的理性规范政府的行为，政府控制和规范民众的激情，受托人对委托人既要有倚赖感又要有的责任感，这一共和原则主张无论是一个人、少数人还是多数人，只要掌握不受约制的权力均可能走向败坏。代议共和理论主张主权可以分割，横向上将立法、行政、司法三种权力适度分立混合，彼此约制平衡，相克相生，纵向上联邦主权与各邦主权并存，联邦性(封建)与国家性(郡县)彼此结合，既是防止篡权酿成暴政的必要手段，也是保护权力的必要步骤，因为在代议制共和理论看来，任何绝对的权力必然遭到滥用，而遭到滥用的权力必定短命。⑫与此相对，人民共和制主张人民不仅在数量上占据优势，而且在道德上优越，政府既然是人民的政府，政府应时刻听命于人民的号令，主权在

---

⑪ 有关论述可参见[法]卢梭:《社会契约论》，何兆武译，商务印书馆 2003 年版，第 31～42 页。

⑫ 《联邦论》，第 39 篇。

民,人民的意志是最高的法律,人民(群众)可能犯错,但都是在不明真相的情况下所犯的错误,且受到"一小撮别有用心"的人的煽动,人民从来不会有意为恶,由于人民在本质上的纯洁的、有美德的,因此他们在政治上始终是无辜的。多数人的善良与少数人的邪恶、人民对国家的热爱和忠诚与敌人对国家的敌视和阴谋,始终是人民共和国巩固并强化自身统一性的现实前提。先知先觉的革命领袖和革命政党是人民的化身,他的意志即是人民的意志,他们的行动也是人民的行动。⑬

在代议共和国,立法者关心的是在社会走向平等的大势中捍卫自由,在代议共和制下,自由意味着包括财产权在内的个人基本权利应得到充分尊重,少数人的权利和多数人的权利一样,应得到同等的保护,保障言论自由,使少数通过说服使自己有可能成为多数,公民通过地方自治、政治结社防止行政集权,培养公共精神,通过号召民众参与法律制定、司法独立、陪审制度等使民众尊重法律,服从权威,公民在参与公共事务的实践中体会个体与集体、独立与服从、私利与公益之间的微妙平衡,这里的自由不是不受拘束、任性自为的"堕落的自由",而是以公民权利和公民责任为依托的"道德的自由"。⑭ 而在人民共和国,立法者关心更多的是如何实现"真正意义上的平等",在人民共和制下,平等意味着均质化的整齐划一,从法国大革命时代的第三等级到俄国革命中的"第四等级",再到中国革命中以工农为基础的"人民群众",数量上的优势即代表着道德上的优势,平等即无差别,只有人人均等、步调一致的社会才符合正义,在"公益"面前,私利是邪恶的且需要克服和消除的,个人权利在国家利益面前是次要的、微不足道的,且是随时可以被牺牲的。在人民共和的语境中,讲"自由"便意味着不遵守纪律,不尊重权威,讲"权利"即自私自利,违背公德。⑮

代议共和与人民共和之间的对立更进一步体现在两种主张对人性

---

⑬ 有关论述不妨对勘卢梭《社会契约论》和毛泽东《论人民民主专政》。

⑭ [法]托克维尔:《论美国的民主》(上),董果良译,商务印书馆1988年版,第47页。

⑮ [法]卢梭:《社会契约论》(第2卷);毛泽东,"反对自由主义",载《毛泽东选集》(卷二),第359~361页。

的判断上。在代议共和理论看来，无论是治人者还是被治者，如果不受限制，都有可能变坏：若治人者不受被治者控制，脱离被治者，且治人者无法控制自身，必然走向虐政。若被治者不受控制，激情压倒理性，党派倾轧，必然会走向暴民政治，因此，对待人性，代议共和理论既不贬低也不高估，而是正视：不吹嘘其德行，不夸大其丑恶。抽象的有关性恶或性善的假定并不能作为认识人类行为的依据，假定人人见利忘义和假定人人刚正不阿一样，都将使政治社会误入歧途，“人类自有某种程度的邪恶趋势，需要一定程度的谨慎和怀疑；人的本性中还有其他品格，使一定程度的尊重和信赖，自有他的道理。共和政治，预先假定这些品格的存在，程度超过其他任何类型的政治”。⑯ 代议制正是以这种信任为前提的，人类的道德心和荣誉感，构成这一信任的理性基础。而在人民共和理论中，“人民”并非一个具体的政治概念，在实践中经常被等同于“群众”，后者在政治上最多只能表现为“自发”行动，而要上升到自觉，必须有一小撮思想上先进、道德上高贵的先知先觉者对群众予以启蒙、给予指导，政府本来就是人民的，双方二而一，一而二，政府无须人民在事实上的任何委托程序，人民也无须对政府有任何怀疑和不信任，政府爱护人民，人民爱戴政府，彼此信任，相互体贴，在现代人民共和制中，承担这一重要角色的正是政党，后者是政府与人民之间的纽带和桥梁。

四、列宁式政党与人民共和国

卢梭的人民共和理想并未随着雅各宾党和罗伯斯庇尔的垮台而丧失锐气，经过马克思的继承和改造，卢梭的人民共和主张不仅在理论上得到了空前的升华，而且成为新一轮革命者的政治实践指南。在无产阶级革命领袖列宁眼里，1793 年法国的雅各宾专制是工人阶级获得解

⑯ ［美］亚历山大·汉密尔顿、詹姆斯·麦迪逊、约翰·杰伊：《联邦论：美国宪法述评》（第 55 篇），尹宣译，译林出版社 2010 年版，第 386 页。

放、建立无产阶级专政共和国的必要手段。在列宁看来,法国革命并非如一些人以为的是一场失败的革命,而是一项人类追求美好政治秩序和政治生活的未竟事业,是革命进入阶级历史的必要铺垫,俄国的“第四等级”即无产阶级将继承法国第三等级的精神衣钵,雅各宾党人对新秩序的愿景定会在俄国革命者那里得到真正实现,俄国革命将最终完成法国革命的使命,实现真正的平等。[17]

马克思为列宁提供了理论灵感,但列宁绝非马克思的信徒。马克思的理论是以“阶级”为基础的社会变迁理论,在马克思眼里,人类至资本主义社会的历史都是阶级斗争的历史,在经济上占据统治地位的阶级必然在政治上居于统治地位,现代资本主义国家政权只不过是管理整个资产阶级共同事务的委员会,而共产党人则是这场阶级斗争的延伸,它的使命在于使无产阶级从“自在”的阶级转化为“自为”的阶级,推翻资产阶级的统治,转而由无产阶级掌握政权,剥夺曾经的剥夺者,将资产阶级的国家转化为无产阶级的国家。列宁将马克思的阶级理论头足倒置,改造为一种政治理论,马克思是社会理论家,而列宁则是一位需要时刻应对现实的政治行动家,在列宁看来,政治并非马克思主张的那样属于经济的附属范畴,而是一个具有高度自主性的行动领域,政治秩序超越社会阶级秩序,它的核心载体是一个以强有力组织为载体的意识形态化政党。革命政党是先知先觉者的组织,他从外部向无产阶级灌输阶级意识和革命政治意识,为了向工人灌输政治知识,社会民主党人应当到一切阶级中去,听取、收集并整合民意,作为人民的代言人、一切争取自由的革命势力的“先锋队”,党既联系群众又超越群众,党能够想群众之所想,急群众之所急。列宁指出,群众、阶级、政党、领袖四位一体:群众总是划分为阶级,“在通常情况下,阶级是由政党来领导的,政党通常是由最有威信、最有影响、最有经验、被选出担任

---

⑰ [美]苏珊·邓恩:《姊妹革命:法国的闪电与美国的阳光》,杨小刚译,商务印书馆2015年版,第230页。

最重要职务而称为领袖的人们所组成的比较稳定的集团来主持的。”⑱党之所以能够做到这一点，因为党是由政治上的优秀分子组成的，作为无产阶级的先锋队，党没有自己的特殊利益，它是人民意志的化身、是意志的传达者和实现者，党是最高的道义源泉，党性是最高的忠诚，党的纪律是最高的裁决，国家从属于党，党被制度化、神圣化，党可以犯错误，但应当由党通过自我反省来纠正，其他力量只能通过给党提出内部建议帮助党纠正错误，不可大鸣大放，不分场合地对党“横挑鼻子竖挑眼”，党在统治而非阶级在统治，党以阶级的名义进行专政。与马克思的预见相反，共产党人之所以能够在工业相对落后的国家夺取政权，建立社会主义人民共和国，正是列宁式政党推动下的产物：“苏维埃的历史使命是充当资产阶级以及整个资产阶级民主制的掘墓人、后继人和接替人。”⑲显而易见，这是18世纪法国革命及以卢梭为代表的民主理论在20世纪的回响，从雅各宾党到共产党，从罗伯斯庇尔到斯大林，他们的观念在历史的长廊中前赴后继，构成了现代政治史上的一道独特景观。

将《联邦论》（第10篇）与《怎么办？》对勘，我们不难发现，列宁和麦迪逊提出了完全不同的用以构建现代政治秩序的理论基础，列宁的出发点是阶级（class），而麦迪逊的出发点则是派别（faction）：“麦迪逊找寻到政治秩序的基础是代议制政府制度和在一个幅员辽阔的共和国里对多数权力的限制，列宁则在党对所有社会势力具有的至上地位中找到了他的政治秩序的基础。”⑳

毛泽东曾说，“十月革命一声炮响，给我们送来了马克思列宁主义”。㉑ 实际上，中国从十月革命首先学到的并非马克思主义，而是列

---

⑱ ［俄］列宁：《共产主义运动中的“左派”幼稚病》，载《列宁选集》，人民出版社1995年版，第151页。

⑲ ［俄］列宁：《共产主义运动中的“左派”幼稚病》，载《列宁选集》，人民出版社1995年版，第198页。

⑳ ［美］塞缪尔·亨廷顿：《变化社会中的政治秩序》，王冠华等译，上海人民出版社2013年版，第277页。

㉑ 毛泽东：《论人民民主专政》，载《毛泽东选集》（第4卷），人民出版社2007年版，第1471页。

宁主义,中国共产党从列宁那里学习到的是如何建立一个强有力的政治组织即政党,将曾经一盘散沙的中国组织并团结起来。在毛泽东及其革命战友眼里,共产党的任务主要有两项:对外反对帝国主义,即一边倒地加入以苏联为首的社会主义阵营;对内团结工人阶级、农民阶级、城市小资产阶级和民族资产阶级,在工人阶级和共产党的领导下,组成自己的国家,实行人民民主专政(独裁),对"帝国主义走狗及其帮凶"实行专政,对于人民内部则实行民主制度,"人民有言论集会结社等项的自由权。选举权,只给人民,不给反动派。在这两方面,对人民内部的民主方面和对反动派的专政方面,互相结合起来,就是人民民主专政"。[22] 苏联共产党在列宁和斯大林的领导下在革命和建设方面取得的成就,为中国共产党树立了可以直接效法的典范,为此,毛泽东曾明确指出,"苏联共产党就是我们的最好的先生,我们必须向他们学习"。[23] 与此相应,现代中国的国体必须做出改变:"资产阶级的民主主义让位给工人阶级领导的人民民主主义,资产阶级共和国让位给人民共和国。"[24]

五、自由民主秩序 vs. 人民民主秩序:21 世纪政制议程

波澜壮阔的法国大革命最终在拿破仑加冕的闹剧中宣告结束,"自由、平等、博爱"这些让人心潮澎湃的革命口号给这个曾经的世界帝国的人民留下难以愈合的创伤记忆,由于缺乏有效的"制动装置",革命者的高速列车一旦启动,即很快进入失控状态,法国大革命后长达 80 年的大动荡便是明证;列宁在俄罗斯开创的苏维埃政权在 70 余年

---

[22] 毛泽东:《论人民民主专政》,载《毛泽东选集》(第 4 卷),人民出版社 2007 年版,第 1475 页。

[23] 毛泽东:《论人民民主专政》,载《毛泽东选集》(第 4 卷),人民出版社 2007 年版,第 1481 页。

[24] 毛泽东:《论人民民主专政》,载《毛泽东选集》(第 4 卷),人民出版社 2007 年版,第 1471 页。

后最终在极度复杂而无奈的情绪中宣告破产，该政权的垮台引来更多的是欣快而不是惋惜；毛泽东及其同志在中国创建人民民主政权，在建立现代国家、寻求民族富强的道路上遭遇严重挫折，人民共和国前30年的现代化尝试付出了沉重的代价。邓小平的“拨乱反正”“改革开放”为人民共和国迎来新的契机。

我们不禁要问：在过去35年里，人民共和国浴火重生的政制意义何在？在法国和俄国的政治实践宣告破产后，人民民主政制秩序是否将在中国取得成功？人民民主政制过往的失败记录对当代中国将意味着什么？邓小平改革到目前为止所取得的成就更多的是源自对人民民主政制秩序固有长处的发扬，还是对自由民主政制的学习借鉴从而得以克服人民民主政制本身的诸多缺陷？在21世纪的政制议程中，人民民主秩序是否已然构成了自由民主秩序之外的另一选项？反观自由民主政制，其在历史上的成功是否意味着其在未来也能够确保成功？它如何能够克服自身的诸多弊端，如政府软弱、党派和利益集团彼此掣肘、政治僵局、超负荷公债、公职家族化……进而走向“政治衰朽”：表现为制度功能失调、思维僵化、利益集团掣肘，从而使任何改革举步维艰？在人民民主秩序中，公职人员只向上不向下的责任机制如何能够避免“坏皇帝”的周期性出现，缺乏制约的政府权力如何避免被滥用和弥散性腐败甚至颠覆性灾难？中国能否继续在维持经济增长的同时，保持政治稳定？而经济增长所可能激起的人们对法治和负责制的日益强烈的诉求，现有的人民民主秩序能否从容吸纳并做出适应性改进？中国的人民民主秩序能否避免目前困扰自由民主政制的政治衰朽？[25]

对上述诸多问题的积极回应，不仅是对启蒙运动以降的现代政治理论提出的艰巨课题，而且直接关涉到21世纪人类探索良好政治秩序的成败利钝。

---

[25] 有关“政治衰朽”，可参见 Fancis Fukuyama, *Political Order and Political Decay: From Industrial Revolution to the Globalization of Democracy*, New York: Farrar, Straus and Giroux, 2014, pp. 455 – 548。

《政治与法律评论》
(第八辑)第180~195页

20世纪“不平等条约”的中国叙事：寻求国际法主体地位

颜丽媛*

摘要:20世纪20年代,孙中山发起的废除不平等条约运动使不平等条约概念得以广泛传播并深入人心。同时,中国开始涌现出一批以不平等条约命名的文章著述,促成了不平等条约话语的形成。这种不平等条约的历史叙述经过北洋政府、国民政府,直到中华人民共和国成立仍然被继续沿用。20世纪不平等条约的中国叙事,有民族革命的一面,有国耻教育的一面,更有中国为寻求国际法主体地位、遵守国际条约、反思国际秩序的一面。

关键词:不平等条约　国际法主体　话语政治

整体而言,不平等条约研究以华人文化圈的研究成果为主,可以按照作者的出身年代将有关近代

---

* 颜丽媛,法学博士,重庆大学人文与社会高等研究院(高研院)讲师,主要研究领域为中国法律史,近代中国国际法史,邮箱:falvshi2012@ruc.edu.cn。

中国不平等条约研究大致划分为三个主要的时期:[①]第一个时期是从20 世纪 20 年代到 20 世纪 40 年代。这一时期以孙中山发起废除不平等条约的运动为标志,涌现了一批研究不平等条约的论著。[②] 这批论著以国际法学者的法理分析为主,夹杂着革命者的宣传,也不乏爱国志士的慷慨陈词。这可以称为“第一代民族主义式的研究”。第二个时期是从 20 世纪 50 年代到 20 世纪 80 年代。这一时期由于国共关系紧张,学术界的革命气氛还较为浓厚,中国大陆与台湾地区的研究者在主流意识形态的影响下都不约而同地沿用不平等条约的说法,就相关条约论题[③]浓描晚清政府与北洋政府在外交方面的败笔,淡写晚清政府与北洋政府在废除不平等条约方面的作为。这可以称为“第二代教科书式的研究”。第三个时期是从 20 世纪 90 年代到 21 世纪 10 年代。

---

① 现阶段中国近代史研究中关于“新旧范式”转变以及“革命范式”“后革命范式”“现代化范式”“告别革命的现代化范式”等研究范式的讨论也颇具启发意义。但是这些讨论都是以 20 世纪 80 年代为前后分界线,并没有把中华民国时期的研究成果纳入进来,忽视了学术的继承性与传承性问题。

② 例如,柳克述:《不平等条约概论》,上海泰东图书局 1927 年版;张廷灏:《不平等条约研究》,光华书局 1927 年版;孙祖基:《不平等条约讨论大纲》,上海青年协会书报部 1927 年版;张天百:《不平等条约问答》,南京中央图书局 1927 年版;朱世全:《取消不平等条约之方法及步骤》,上海泰东图书局 1928 年版;周鲠生:《不平等条约十讲》,上海太平洋书店 1929 年版;刘彦:《被侵害之中国即中国最低限度应取消之不平条约》,上海太平洋书店 1932 年版;吴昆吾:《不平等条约概论》,上海商务印书馆 1933 年版;Tseng Yu-Hao(曾友豪), *The Termination of Unequal Treaties in International Law: Studies in Comparative Jurisprudence and Conventional Law of Nations*, Shanghai, Commercial Press 1933;王纪元:《不平等条约史》,上海亚细亚书局 1935 年版;吴凯声:《我国不平等条约之修订》,上海商务印书馆 1937 年版;叶祖灏:《废除不平等条约》,重庆独立出版社 1944 年版。

③ 例如,《中国近代不平等条约书系》,中国人民大学出版社 1992 ~ 1993 年版,共 10 册:《不败而败的悲剧:中法新约》《春帆楼的迷梦:马关条约》《大西北上空的阴霾:勘分西北界约记、伊犁条约》《东袭的双头鹰:中俄瑷珲条约》《国门破毁之始:南京条约》《零丁洋上不速客:穿鼻草约、广州和约》《十亿白银无量血:辛丑条约》《世界屋脊的呻吟:拉萨条约》《天涯何处是神州:中俄密约》《紫禁城下之盟:天津条约、北京条约》。该套书系以陈述晚清屈辱史为己任,充分总结了中国 20 世纪 80 年代的研究成果。

这一时期随着澳门、香港的回归,不平等条约研究④再次进入人们的视野。相关研究者能够在尊重史实的基础上,澄清历史误解,重新解读不平等条约,给出颇有说服力的观点。这可以称为"第三代开放式的研究"。本文正是在以往研究的基础上,诠释20世纪"不平等条约"的中国叙事,呈现中国通过不平等条约话语的运用,来反思国际法秩序,寻求国际法主体地位的历程。

一、不平等条约的外交辞令

中国中央政府层面上,首次运用不平等条约对外交涉是在1925年6月的北洋政府时期。外交部用"不平等条约"一词来照会各国,包括法国、意大利、比利时、日本、美国、英国、荷兰、葡萄牙等华盛顿条约签字国驻京各使馆。前缀"修改"、"修正""取消"或者"废除"等词语,用词并不统一,但都就不平等条约事宜与各国驻华使馆进行交涉。从双方的往来照会档案可以看到,各国对什么是不平等条约一开始并不清楚,一再询问,渐渐明白了中国政府的诉求后,均认为兹事体大要上报本国政府再行商议。商议的结果则是各国并不想立即修正不平等条约,也没有打算满足中国方面的要求。但是在中国与各国驻华公使的交涉中,中国政府以友邦称呼各国,言谈中表现出相当熟悉国际法与国际的通行规则,而各国一再以各种理由拖延修正不平等条约的时间。

1925年6月,北洋政府在给法国使馆的照会中说:"现全国一致主张修改不平等条约,政府应尊重民意亟为提出,请转达各政府加以友谊之考量,应予以圆满之答复。"玛德(Martel,Damien)公使问:"是仅为治

④ 例如,《中外条约与近代中国研究丛书》,湖南人民出版社2010~2011年版,共12册:《近代中外条约研究综述》《近代中国的条约制度》《近代中外条约关系刍议论》《基督教与近代中国的不平等条约》《条约特权制度下的医疗事业:基督教在华医疗事业研究(1835-1937)》《列强在华租借地特权制度研究》《不平等条约与中国近代领水主权问题研究》《李鸿章与晚清中外条约研究》《晚清中英条约关系研究》《不平等条约与晚清中英贸易冲突》《废约运动与民国政治(1919-1931)》《晚清中国与国际公约》。

外法权的问题。”中方秘书刘锡昌回答说:“治外法权仅系不平等条约之一事。”玛公使云:“倘将不平等条约一律修正,则中国全境必将全面开放,外人与华人同有置产之权。”刘锡昌回答:“据个人看法,凡将不平等条约一经消除,中外人民杂居才能相安无事,则上海不幸之事(五卅惨案)就绝不致再发生矣,贵公使谅已深知中国与各国所订各项不平等条约,均在数十年以前,今日之中国情形完全不同,非加以修正不能以示公道。”玛公使只能说是当为转达政府。⑤ 这里刘锡昌所说的个人看法即依据国际法的情势变更原则。比利时公使华洛思(D'Hermalle, Le Waire Warzee)见到照会时亦将不平等条约理解为治外法权问题,刘锡昌回答亦是治外法权只是不平等条约中的一事,此照会包括一切不平等之条件。⑥ 中国外交秘书沈觐鼎往晤日本参议太田为吉时,提及日本也有过废除不平等条约的历史,对于中国的要求应该更能给予同情。太田则较务实地回答,希望中国先把“沪案”问题解决好。沈觐鼎认为要想彻底解决“沪案”则需要修正不平等条约。太田回答说,一国与他国订有所谓不平等条约乃订约当时两国之误,不能偏责他国,敝国初订立此种不平等条约,经历良苦经营与国民奋励充实国力方得渐次修正,并用和平手段才能折冲樽俎顺利进行,并劝中国要隐忍注重国际信用,改善国际地位较为稳妥。⑦

同样的照会内容,意大利翟录第(Cerruti, Vittorio)公使回复说:“贵政府现处之地位,本公使深为谅解,当即转达政府悉心研究;本国政府当与有关系国政府接洽办理此项照会。”⑧之后,沈总长(时任外交部总长沈瑞麟)会吾翟录第公使(翟使)的问答亦可看出中外对修正不平等条约的不同立场,翟使云:“谅贵总长亦知,当此最难时际提出此种要求亦不过略平人心而已。”沈总长答曰:“益非为此,盖此种不平

---

⑤ 台北·中研院近史所档案馆:03-11-010-02-001,沙面击毙法人事、修改不平等条约事。

⑥ 台北·中研院近史所档案馆:03-11-014-05-017,修改不平等条约事。

⑦ 台北·中研院近史所档案馆:03-16-042-03-013,提议修正不平等条约等事。

⑧ 台北·中研院近史所档案馆:03-11-012-03-003,提出沪案13条并修正不平等条约事;北京大游行事;沪案移京会议中国委员事;沙面发生事故事。

等条约,实为亲睦友邦之障碍物,不如速图根本解决,为一劳永逸之计。"翟使云:"华盛顿会议决定先派委员团来华,调查司法状况,此第一步办法尚未实行。"总长云:"此次要求系本全国人民之热望,务希各友邦以友谊之态度加以研究。"翟史云:"外人在华比诸华人处于较低之地位,所有居留权、购置土地权及开矿权,外人均不能自由享受,不得不居住租界及有限制之地方。"总长云:"若将不平等条约完全修正,此节亦可讨论。"翟使云:"意国法律第一条,即有外国侨民与本国人民有同等之权利之句。他国亦有相类似之条文,不知贵国亦可做到否?"总长云:"各国法律似乎亦有限制,倘各友邦允将不平等条约立即修正,此曾亦可讨论。"翟使云:"贵国频年多事,无暇改良一切,若经营二十年当然可以修正之。"总长云:"不平等条约订立之有数十年,比如司法问题,数十年前之法庭与现时改良之法庭,实有天壤之别,还望贵政府加以友谊之考量,以副中国政府及人民正当之愿望。"翟使只得云,此事等委员团来华调查评判后再议。⑨

从相关档案资料可以看出,各国推托修正不平等条约的原因有二:第一,因为存在最惠国待遇等各国相关利益,故一国决定不了废止不平等条约,需要协商一致;第二,各国政府希望中国的法律秩序可以保护外侨生命、财产安全时才会考虑修正相关条约。中国废除不平等条约的交涉夹杂于五卅运动的"沪案交涉"中,虽然"沪案交涉"被史学家认定为是无功而终,但是废除不平等条约的正式照会也算是在中央层面上开启了中国与各国商谈修正不平等条约的历史。而从北洋政府外交部收到的中华民国驻各国使馆的回复来看,各驻国公使或者代办分析国外报社报道,认为西方政治家大都表示同情中国人民,希望放弃凭借武力取得的各项利益,但却非俟中国平定后不能着手云云,至于华盛顿会议上提携中国的信约精神涉及关税与领事裁判权两项,则需要中国

⑨ 台北·中研院近史所档案馆:03-11-012-03-004,修改不平等条约事;厦门举行群众游行事;提出13条件事;路员接济上海罢工工人款项事;昨日大游行事;赈灾附加税事。

以土耳其、日本的修正条约的先例为标准继续争取。[10] 最终英、美、比、法、意、日、和、葡八国对中国政府关于修改不平等条约的照会一致回复表明本政府都会考虑,但是要视中国对于履行义务并对于实行保护现时为条约特别规定所保障之外人权利、表证其意愿及能力之程度为标准,[11]实际上需要中国证明自己意愿且能实行尊重外国人生命、财产之安全并弹压乱事,禁止酿成恶感及排外事件的发生。最后集中在了中国的关税税则与法律状况的评价方面,特别是法律状况的评价即法权会议,引发了新一轮的司法改革以及法学家的热议。

二、不平等条约的法理解析

中国的不平等条约至少包括三个层面上的内容:第一个层面上即欠缺平等互惠的原则,集中在治外法权、协定关税、片面最惠国待遇方面;第二层面上即欠缺主权平等原则,集中在租界、租借地等领土问题方面;第三个层面上即中国负担过重义务,外国享受过多权利事项,集中在外人政治、经济、宗教文化等多方面的外人特别权利。一层比一层包括的范围更广,甚至涵盖了已经与各国签署的所有条约。而要废除这些条约所用的“平等互惠/对等”原则、“国家主权”原则、“情势变更”[12]原则在当时面对“条约必须遵守”原则,并不是使条约无效的理由。中国要做的仍然是清末就开始承诺的修改本国的法律制度即进行法律变革,以便与各国一致,进而彻底废除治外法权等不平等的条约规定。

民国时期的法律家一般认为不平等条约虽然不是国际法的专门名词,但其意义殊为确切。故就不平等条约概念做过一番理性的法律分

---

⑩ 台北·中研院近史所档案馆:03-16-043-03-008,波尔提摩太阳报社论同情修改不平等条约等事。

⑪ 台北·中研院近史所档案馆:03-23-034-01-012,关于修改不平等条约事。

⑫ 吕飞翔:《从清末不平等条约看条约必须遵守和情势变更原则》,上海师范大学2012年硕士学位论文。

析。周鲠生曰:“不平等条约的性质必具有(一)超越国际法所许范围之外,(二)片面的两个条件。”⑬吴昆吾则认为,“凡条约只规定片面义务者,即为不平等条约”。同时也说:“最先要求者乃法律上之平等,至事实上之平等,则尚可自行徐图之耳。”⑭王宠惠的意见与吴昆吾类似,认为“简言之,凡条约中规定缔约国一方面享有片面特权,另一方面负有片面义务,而根据国际公法,此种片面特权与片面义务,并非为一般国家所应享有或担负者,即为不平等条约。然两国交战,其媾和条约中,往往规定战败国割地赔款,独负片面之义务者,顾此非吾人所谓不平等条约也”。⑮ 钱泰也坚持条约的“平等互惠”原则,首先指出:“不平等条约最要者为治外法权(Extraterritoriality)即本人虽在国外不受所在国法律、警察及法院之统治,仍受其本国法律之管辖。”⑯然后说:“普通各国条约,均系双方互惠平等,如仅系缔约国一方有义务,而对方并无相互规定,其不平等自属显然。”同时将不平等条约的内容分为从政治上、司法上、行政上对于中国主权之限制。由此可见,“约文是否对等,条约的内容是否侵害了中国的主权,是条约形式和实质上平等与否的主要根据。”⑰条约平等与否的判断标准也可以从1969年的《维也纳条约法公约》有关条约失效的相关规定看出端倪,⑱虽然此公约坚持不溯及既往原则,界定了不平等条约的概念,学者开始寻求取消不平等条约的法律根据。当时的学者一般认为,国际法所采原则与民法所采原则不同。在私人契约中,双方所负担之义务或者享受的利益不均平、胁

---

⑬ 周鲠生:《不平等条约十讲》,上海太平洋书店印行1929年版,第4页。

⑭ 吴昆吾:《不平等条约概论》,商务印书馆1933年版,第3页。

⑮ 王宠惠:《废除不平等条约之回顾与前瞻》载于《经济汇报》1943年第1~2期。

⑯ 钱泰:《中国不平等条约之缘起及其废除之经过》,国防研究院1961年版,第46页。

⑰ 侯中军:《近代中国的不平等条约——关于评判标准的讨论》(该著作系作者在中国社会科学院近代史研究所的博士论文),上海书店出版社2012年版,第17页。

⑱ 《维也纳条约法公约》第五编第二节条约之失效包括国内法关于缔约权限之规定;关于表示一国同意权力之特定限制;错误;诈欺;对一国代表之贿赂;以威胁或使用武力对一国施行强迫;与一般国际法强制规律(绝对法)抵触之条约等七条。引自国际问题研究所编译:《国际条约集(1969—1971)》,商务印书馆1980年版,第61~63页。

迫等有时可以成为取消的原因。但是国与国之间的条约则否定其作为取消的根据，仅能在道德上与政治上可以唤起友邦的同情。若是从法律上寻找坚实根据，应区分条约的种类。按国际条约执行时期分为两种：一是有一定期限至期可以修改之约。二是无期限而长守不渝之约。第一种，既明定有修改之期限，即是取消的现成根据。第二种，一般学说及国际习惯均认为“情形变更条约不适用”原则，盖以各种条约之缔结，皆暗含有当时情形为条件，情形变更即条件消灭，条约即不能独存。我国现在所当采取之步骤，第一须先以取消之意，通告各国。⑲

需要注意的是，日本也有类似于中国被迫签约后希望修正条约的历史，被称为“条约改正”，即改“不平等条约”为“平等条约”。但是其不平等条约的范围严格限制在治外法权、协定关税、片面最惠国待遇三个方面。⑳ 中国并不是严格限定条约，而是采用广义的解释，即包括协商协定合同、照会、觉书㉑（备忘录）、宣言、互换照会、议定书、条约等。㉒ 相应地，中国的不平等条约很难仅仅限定在法权、税权与片面最惠国待遇方面。随着之后国民革命的发展，不平等条约的范围更加宽泛，甚至脱离法律范畴，成为一种政治话语，推动着政治实践。

三、不平等条约的政治衍生

中华民国国民政府在 1925 年至 1928 年与北洋政府并列，北伐胜利成立南京国民政府（国民政府）取代北洋政府成为代表中国的中央政府，直到 1948 年由第一届国民大会根据 1946 年的《中华民国宪法》

---

⑲ 苏希洵：《取消不平等条约之法律根据》，载《甲寅（北京）》1925 年第 11 期。

⑳ 外务省外交史料馆、日本外交史辞典编纂委员会：《日本外交史辞典》，东京大蔵省印刷局，昭和 54 年（1979），第 395 页：条約改正（じょうやくかいせい）幕末から明治初年にかけて、日本が欧米諸国と缔结した不平等条約を平等条約に缔结し直そうと试みた明治政府の一连の外交交渉を言い、その法权は1899 年（明治 32）に、税权は1911 年（明治 44）に、漸く回复を见ている。

㉑ 日语，覚え書き［oboegaki］，备忘录。

㉒ 刁敏谦：《中国国际条约义务论》，商务印书馆 1919 年版，第 1 页。

选举出中华民国总统后,国民政府改组为总统府。1924年1月31日即国共合作时期的中国国民党第一次全国代表大会宣言正式发表,其第三部分政纲的对外政策前三项㉓专指废除不平等条约,同年9月18日,《中国国民党北伐宣言》称,对外要代表国家利益,要求重新审定一切不平等条约,即取消此等条约中所定的一切特权,重新订立双方平等互尊主权条约,以此来消灭帝国主义在中国势力。㉔ 11月10日,孙中山先生在《北上宣言》中郑重宣布召集国民会议和废除不平等条约是到北京的主要任务。1925年2月24日留下的《总理遗嘱》又重申:"贯彻最近主张开国民会议及废除不平等条约,尤须于最短期间,促其实现。"㉕同年3月1日,全国国民会议促进会全国代表大会在北京召开,该会将废约反帝作为第一议题。1925年7月1日,《中华民国国民政府宣言》即广州国民政府成立宣言,亦宣称:"以废除不平等条约为统一之条件。"㉖经历种种曲折,终于在1931年1月13日的国民会议第五次会议上通过了《废除不平等条约宣言》,直到1943年1月11日取消美英在华治外法权及有关特权条约的签订,这种以废除不平等条约为主的报道才稍稍告一段落。随后相关报道仍在警醒国人防范新形式的不平等条约以及思考不平等条约废除后的应对措施。

20世纪,以国民政府为代表着力进行废除不平等条约运动的宣传,相较于段祺瑞执政府"外崇国信"的宣传更得人心。㉗ 例如,1926年,国民革命军总司令部政治部在《取消不平等条约》宣传小册子中指

㉓ (1)一切不平等条约,如外人租借地、领事裁判权、外人管理关税权,以及外人在中国境内行使一切政治的权力,侵害中国主权者,皆当取消,重订双方平等互尊主权之条约。(2)凡自愿放弃一切特权之国家,及愿废止破坏中国主权之条约者,中国皆将认为最惠国。(3)中国与列强所订其他条约,有损中国之利益者,须重新审定,务以不害双方主权为原则。参见中华民国史事纪要编辑委员会:《中华民国史事纪要(初稿)中华民国十三年(一九二四)一至六月份》,中华民国史料研究委员会1983年版,第272~273页。

㉔ 孙中山:《中国国民党北伐宣言》,载张其昀编:《国父全集》,台北国防研究院1966年版,第766~767页。

㉕ 商荫庄:《总理遗嘱的研究》,世界书局1928年版,第8页。

㉖ 南京·第二历史档案馆:19-00002广州国民政府成立宣言,1925年7月1日。

㉗ 述之:《段祺瑞执政与不平等条约》,载《向导》1924年第94期。

出，“不平等条约相较于彼此互尊主权、互尽义务的平等条约，是义务和损失全归于我国，权利全归于列强的。领土、藩国、租借地、商埠、关税、赔款、领事裁判权、军备权、借债等使中国损失很多。不平等条约正如总理所言是‘卖身契’，束缚中国的自由，去年五卅、沙基、汉口等地的惨案也警醒我们。根据国际法条约自动废除原则和其他国家取消不平等条约的先例，告诉我们条约是有取消的可能的。而取消不平等条约国民需要团结起来拥护国民革命，打倒帝国主义者、打倒一起反革命势力”。[28] 中国国民党四川省党务指导委员会宣传部编印的《不平等条约的内容及其弊害》一书中则详细阐述了割地、赔款及外债、领事裁判权及上海会审公堂、协议关税、租借地租界居留地、势力范围及优先权、最惠国条款、通商航行及制造、内地旅行贸易权、建筑铁路及开矿权、驻兵及警察权、保护传教及文化侵略 12 项不平等条约的内容及其弊害，号召大家打倒帝国主义救中国。[29] 1928 年，由潮安县党务指导委员会宣传部编，潮安各界废约运动大会印的《不平等条约提要》一书则重新标注国民党一大宣言中的对外政纲第 1 条：“一切不平等条约，如外人租借地、领事裁判权、外人管理关税权，以及外人在中国境内行使一切政治的权力，侵害中国主权者，皆当取消，重订双方平等互尊主权之条约。”同时分别列出江宁条约（南京条约）、中英天津条约、中英北京条约、中俄北京条约、中外各国通商条约、中日条约、中英芝罘条约（烟台条约）、中法天津条约、中日马关条约、辛丑条约、中日非法条约（21 条）11 个相关条约作为“不平等条约”进行扼要介绍。[30]

各地官报也积极倡导废约运动。例如。1928 年的《山西省政公报》应山西各界废除不平等条约运动大会要求刊登了因关税不自主，而提倡国货的训令：“本会为解除民众痛苦，挽救国家危亡起见，谨代

---

[28] 国民革命军总司令部政治部：《取消不平等条约》，广东省政府内总政治部 1926 年版。

[29] 中国国民党四川省党务指导委员会宣传部编印：《不平等条约的内容及其弊害》，出版日期不明。

[30] 潮安县党务指导委员会宣传部编：《不平等条约提要》，潮安各界废约运动大会印 1928 年版。

表数十万民众之要求,邀请贵政府通令所属县政府一律提倡国货作积极的努力以塞漏卮,而挽利权。除函请省党部通令所属党部一律努力的提倡外,相应函达希即查照为荷等因准此,除函复外,合行令仰一体遵照努力提倡。切切此令。”㉛1930 年的《天津特别市教育局教育公报》在连载的《不平等条约内容的分析》一文中指出:“国际条约的订立是应该平等的。凡是不平等条约,大概都包括两个特性:(一)条约的内容,出乎国际法应许的范围。(二)片面地侵害或限制对方缔约国的主权。不平等条约在中国可分为三个时期:第一期(一八四二至一八五八);第二期(一八五八至一八七六);第三期(一八九五年以后)。凡对于中国订立契约的国家,我们称他是有约国。不平等条约的弊害包括:赔款;关税自主权被妨害;租借地、租界、领事裁判权、会审权;通商、航行、制造、筑路、开矿、经营、农业等权利;传教、办理学校、医院及其他文化事业。现在要废除不平等条约的方法,只有片面地宣布废除,因为条约的缔结,往往因为有特殊情事的关系,则其条约亦必失其存在的关系,可由关系国片面、自动地终止此条约的效力,这是国际法所承认的事情。我们尽可在一定时期,径直片面地自动宣告一切不平等条约的效力的终止。”㉜

综合来看,北洋政府后期顺应国际国内形势采用不平等条约的说法,改变了温和修约的做法。国民政府前期特别是南北对立期高呼废除不平等条约的口号,主张暴力废约,后期则发展为改订新约运动。最终不平等条约变平等条约并不是通过革命的一劳永逸实现的,而都必须通过法律程序进行谈判交涉。

㉛ 《山西省政府训令:实字第二号(九月二十一日)》,载《山西省政公报》1928 年第 4 期。

㉜ 杨振铎:《不平等条约内容的分析》,载《天津特别市教育局教育公报》1930 年第 35、36 期。

四、不平等条约的道义反思

不平等条约占据舆论高峰的时期，正是中国在第一次世界大战后作为战胜国参加巴黎—华盛顿会议，希望修改条约，寻求国际法主体地位，但却步履维艰的关键时期。相较于当时的日本，中国因为治外法权的存在欠缺完整的国际法主体资格，处处受到限制。但是中国仍然在道义层面上恪守国际惯例与国际法，争取国家利益，试图通过国际会议修改条约。

当时的中国并不具备完整的国际法主体身份，因为真正意义上的国际法主体必须是“文明国家”，而中国只是介于“文明国家”与“野蛮国家”的“半文明国家”。[33] 这就是 16 世纪国际法发展伊始就伴随着的基督教国家的文明理论。中国自古有华夷之分，根据离京畿远近有“五服”[34]“九服”，[35] 发展清雍正朝《大义觉迷录》开始直言“天下一统、华夷一家”。[36] 清末的谭嗣同也曾把世界分为三区即“华夏之国”“夷狄

---

[33] 英国国际法法学家罗利马从国家承认的观点出发，将地球上的人类分为“三个同心地带或者地域”(Concentric Zones or Spheres)，即划分为“文明人地域”(Civilized Humanity)、“野蛮人地域”(Barbarous Humanity)、“未开化人地域”(Savage Humanity)，并根据这种分类确定国家承认的三个阶段，即“绝对无条件的政治承认”“部分的政治承认”“自然或单纯的人的承认”，而且其决定权掌握在“文明国”(Civilized Nations)手中。See James Lorimer. *The Institutes of the Law of Nations: A Treatise of the Jural Relations of Separate Political Communities*, vol. 1883.

[34] 从疆域角度来讲，则是指根据京畿的远近程度，由近及远，分为甸、侯、绥、要、荒五服：五百里甸服，百里赋纳緫，二百里纳铚，三百里纳秸服，四百里粟，五百里米；五百里侯服，百里采，二百里男邦，三百里诸侯；五百里绥服，三百里揆文教，二百里奋武卫；五百里要服，三百里夷，二百里蔡；五百里荒服：三百里蛮，二百里流。载《尚书·禹贡》。

[35] 乃辨九服之邦国：方千里曰王畿，其外方五百里曰侯服，又其外方五百里曰甸服，又其外方五百里曰男服，又其外方五百里曰采服，又其外方五百里曰卫服，又其外方五百里曰蛮服，又其外方五百里曰夷服，又其外方五百里曰镇服，又其外方五百里曰藩服。载《周礼·夏官·职方氏》。

[36] (清)雍正：《大义觉迷录·卷一》。

之国”“禽兽之国”,同时将亚洲主要国家归于华夏。[37] 中西之间这种以各自为中心发展出来的对外关系理论,其在接触最初必然是相互掣肘的。只不过中西之间理论发展的前提差异很大,西方是为了掠夺殖民进行全球统治。[38] 显然一个主张武力的西方必然可以战胜一个放弃武力的中国,但是最终仍然是讲究道义的一方取胜。日本与中国不同,较早认识到了成为西方意义文明国家的重要性,开始修正条约,开港—开国—开化。甲午战争战胜中国,日俄战争战胜俄国,最终由于加入了八国联军,并成为辛丑条约的缔约方之一,顺利跻身列强行列,正式加入列强俱乐部。[39] 日本的做法震撼了清末中国。清末中国争取到1902年的《中英通商行船条约》第12条:“中国律例情形及其审检办法及一切相关事宜皆臻妥善,英国即允放弃其治外法权。”[40]这也开启了中国的法律变革。而从英文本来看,中国妥善的标准是西方国家(western nations)。可以说,清代中国经过战败挨打,误解排斥,接受学习,到了清末时期对西方的这整套文明国家标准始终是伴随着怀疑的接受。

---

[37] “赤道以北,适居三百六十经度之中,西至于流沙,东南至于海,北不尽于安嶺,八荒风雨之所和会,圣贤帝王之所爰宅,而经纬风教礼俗于以敦,而三纲五常于以备也。是足以特为一区,曰华夏之国。而东朝鲜,西西藏,洎越南缅甸之遗民,犹葵面内向,潜震先生之声灵,以服教而畏神者,咸隶焉。由是而东起日本以北,迤俄罗斯而西,折而南,而土耳其,而西印度,西北踰地中海,而布路亚,而西班牙,而德法英诸国。又西踰海而北亚美利加,其壤土不同,同于法治,其风俗不同,同于艺术。其禀于天而章于用,为人所以生,而国所以立,而上下之所以相援繫,视华夏则偏而不全,略而不详,视禽兽则偏而固,为全之偏,略而固,为详之略。是足以为一区,曰夷狄之国。而北之瑞典群岛,南之荷兰岛,咸隶焉。由是而南起阿非利加,西至南亚美利加,又西至澳大利亚,则有皆榛莽未辟之国也,又皆处夷狄下。是宜自为一区,曰禽兽之国。”参见(清)谭嗣同:《治言》,载《谭嗣同全集》,三联书店1954年版,第103~109页。

[38] 刘禾:《国际法的思想谱系:从文明之分到全球统治》,载《世界秩序与文明等级:全球史研究的新路径》,生活·读书·新知三联书店2016年版,第43~100页。

[39] [日]川岛真:《近代国家への模索 1894-1925》,岩波书店2010年版。

[40] 1902年《中英通商行船条约》第12条:“中国律例情形及其审检办法及一切相关事宜皆臻妥善,英国即允放弃其治外法权。”英文:China having expressed a strong desire to reform her judicial system and to bring it into accord with that of western nations, Great Britain agrees to give every assistance to such reform, and she will also be prepared to relinquish her extra-territorial rights when she is satisfied that the state of the Chinese laws, the arrangement for their administration, and other considerations warrant her in so doing.

北洋时期的中国已经被迫反思国际法秩序。在参加巴黎和会前中国就得知，协议及参战各国在和会上被分为三类：第一，五个主要协约国，每国五个席位；第二，战争中提供过有效援助的国家，每国三个席位；第三，协约国阵营中的其他成员，每国两个席位。而中国被列为第三类国家，仅有两个席位。[41] 日本则属于第一类国家。中日对比，显然中国已经处于非常不利的形势，这也为后面中国反思国际秩序提出不平等条约埋下了伏笔。日本的固有法是日本法令与幕藩法令，1854 年的日美和亲条约让日本进入了条约时代，1868 年进入万国公法[42]时期，这是一般国际法学习的开始，但很快日本就认识到国内法的全面变革才是关键，1868 年即进入了近代西洋型法的整备阶段，1911 年即废除不平等条约。而中国的固有法是大清律例，1842 年的南京条约让中国进入了条约时代，1864 年进入万国公法时代，直到 1901 年与英国等通商航海条约缔结中才意识到要进行法律改良，学习西方的国内法，故于 1943 年才废除了不平等条约。[43] 最终废除不平等条约比日本晚了 32 年，而这晚的 32 年基本上是耽搁在万国公法时代（1864 ~ 1901 年），中国把万国理解为礼成条约里可以纳入朝贡体系里的“西洋诸国”，没有认识到更深层次的国际法与国内法关系问题。

1907 年，清末中国设立宪政编查馆，从事修订法律的活动，曾制定刑律、商律、民事诉讼律及刑事诉讼律等草案。先后颁布大理院审判编制法、京师高等以下各级审判厅试办章程、法院编制法等审判机构组织法。自民国成立以来编纂法令机关之组织曾两次更名，后仍然沿用清末的名称，定名为修订法律馆，继续前清未完成的法律及司法改良活动。其主要职务在会同司法不调查各地风俗习惯以备修订各种法典草案之用，法典的编纂事繁，体现中国旧俗、外邦法理融会贯通，益增艰巨。该

---

[41] 天津编译中心：《顾维钧回忆录缩编》（上册），中华书局 1997 年版，第 45 页。

[42] 日本 1865 年万屋兵四郎从中国翻刻，丁韪良版的《万国公法》；日本人松屋久兵衛、丁子屋源次郎、大和屋勘兵衛、錢屋惣四郎翻译了美国惠顿氏原著，日文名为《萬國公法譯義》，御用御書物製本所 1896 年版。

[43] ［日］高见泽磨、铃木贤：《对中国而言法是什么：从统治的工具到市民的权利》，岩波书店 2010 年版，第 4 ~ 7 页。

馆自1914年以来聘请法国及日本顾问诸人从事修订。在中国法院现行有效的各种法典均为该馆所编纂,其单行法令亦有之,此外编纂已成,尚未公布的法典草案及他项法律草案亦复不少。㊹ 清末到民国初年,从宪法根本法及其附属法、中央行政组织、地方制度、司法机关及其适用法令,可以看到中国法律及司法不断改良,从无到有,曲曲折折中不断完善,蔚为壮观。㊺ 经历南北对立的政治局面以后,南京国民政府时期的中国继承了清末以来法制改革与法律编纂的成果。但是在第二次世界大战的背景下,仍然以废除不平等条约为目标进行法典编纂与司法改革。1935年前后初步完成了六法全书㊻即中华民国训政时期约法、民法、土地法、公司法、票据法、海商法、保险法、商人通例、刑法、刑事诉讼法、民事诉讼法等的诸部法典。1937年以后由于抗日战争的原因,立法活动相应的处于停顿状态,主要成就在于1943年治外法权废除以后,这期间除了宪法,其他法典均公布并实施。中华人民共和国成立后,特别是改革开放以后继续编纂法典、完善法律法规,㊼同时继续深入司法改革。㊽ 针对香港、澳门等条约遗留问题,中国坚持正义原则,指出条约的不平等性,主张港澳不是殖民地,中国拥有港澳主权,㊾随后顺利收回港澳的治权,并制定特区基本法进行有效的法治管理。

从中日对比分析中可以发现一种吊诡的现象。日本的条约改正论,明明以法律西化先行,走的是很稳妥的法律改良的道路,但是背后军国主义、民族主义夹杂在一起,渐渐偏离法治的目标,有完备的法律形式而没有平等的规则精神。中国废除不平等条约论,裹挟着民族主义、爱国

㊹ 《调查治外法权委员会报告书(英汉对照)》,上海商务印书馆1926年版,第53页。

㊺ 江庸:《最近之五十年》,上海申报馆编1923年版。

㊻ 吴经熊勘订:《袖珍六法全书》,上海会文堂新记书局1935年版。

㊼ 朱景文:《中国立法60年——体制、机构、立法者、立法数量》,中国人民大学出版社2011年版。

㊽ 《中国的司法改革/JUDICIAL REFORM IN CHINA》白皮书(中文/英文),载http://www.scio.gov.cn/zfbps/index.htm,2016年6月访问。

㊾ 邓丰:《为什么说澳门不是殖民地》,载《农村天地》1999年第11期;文菲:《为什么说澳门不是殖民地》,载《港澳经济》1997年第10期。

主义，推崇革命暴力废约，但是实质上走的却是按部就班的法律、司法改良，与各国友好协商，制定完备的法典并呼吁国际平等精神的道路。这和中国自古推崇的道义精神不无关系。

五、结论

不平等条约观念虽然是在 20 世纪 20 年代孙中山发起废约运动后得以广泛传播，成为妇孺皆知的公民常识。时至今日的中国人甚至习惯于用不平等条约来概括 1949 年以前即中华人民共和国成立前历任中央政府签署的一系列条约，逐步让不平等条约更类似于一种意识形态，趋于僵化与空洞，甚至沦为一种死亡的词汇。

但是 20 世纪的不平等条约作为外交辞令使用，具有法律含义，也由于政治衍生使其内涵更为丰富。中国的道义反思与实践，使条约的不平等性问题在国际层面上得到认同，在国际法范围内得以修正，同时不平等条约在国内层面上促成了中国整体上的法律与司法变革。不平等条约的研究可以纳入中国加入国际社会，寻求国际法主体地位的叙事。正是不平等条约的提出，使中国有了一套对抗不公正国际待遇的政治话语与话语实践。

《政治与法律评论》
(第八辑)第196~245页

论美国政策法学派的兴起

彭　飞*

摘要:兴起于20世纪40年代的美国政策法学派,并未受到应有重视。美国法学界对政策法学派的描述和评论较为单一,多从法律思想史的脉络入手,甚至只是简单对其表面观点和立场进行批驳。而国内学界甚至没有文章对该学派进行系统介绍和讨论。因此,本文尝试对美国政策法学派的兴起进行较为系统和全面的思想史研究。在梳理美国法学界对政策法学派的诸多评论的同时,本文试图揭示传统法学视角的局限性,并提出应在政策科学的思想脉络中重新理解政策法学。不仅如此,对政策法学的理解也不能停留在表面,更应该探索该学派兴起背后学术范式的转型以及支撑其观点的深层次哲学基础。最后,本文还将回到美国19世纪末20世纪上半叶——行政—法治国兴起的历史背景中,尝试还原政策法学所试图回应的社会现实,揭示其源初问题意识。

关键词:政策法学　法律现实主义　兰德尔主义　政策科学　行政—法治国

---

* 彭飞,《人民日报》评论部,北京大学法学院2013级法律硕士。

一、导言

美国政策法学派,一般指拉斯韦尔(Harold Lasswell)和麦克道格尔(Myres McDougal)在1943年开创的法学流派。这一年,两人联名发表论文*Legal Education and Public Policy: Professional Training in Public Interests*,倡导在法学院开展以政策训练为核心的法律教育,成为政策法学奠基之作。尽管该文并未构建起系统的法学理论,而是试图在实践层面推动第二次世界大战后美国法学院课程改革,[①]但却是首次以政策视角理解法律。之后30余年,在这篇文章基础上,拉斯韦尔和麦克道格尔转向理论构建,陆续发表一系列文章,逐渐形成完整的政策法学理论框架。

遗憾的是,政策法学派不仅在国内法学界无人问津,其观点在美国法学界也未受到应有重视,拉斯韦尔和麦克道格尔的贡献至今已被忽略甚至遗忘。[②] 在美国法律思想史的叙事中,对政策法学的介绍普遍篇幅短小、内容模糊。该学派通常被简单理解为从法律现实主义向第二次世界大战后自然法复兴的一个"怪异"过渡,它并不具备独立的学术传统,甚至仅仅构成主流学术思想的分支和补充。目前对政策法学派观点的分析主要集中在以下五个方面。

第一,强调政策法学派对法律现实主义的继承和发展,试图将后者描述为前者的理论基础。确切地讲,这种分析路径认为,法律现实主义对法律形式主义的批判构成了政策法学派的理论出发点。而鉴于法律现实主义对美国法律思想的巨大影响,评论者倾向于将政策法学归为法律现实主义的分支,并冠以"后现实主义代表作"乃至"后现实主义

---

① Harold D. Lasswell, Myres S. McDougal, Legal Education and Public Policy: Professional Training in the Public Interest, 52 *The Yale Law Journal*, p. 211 (1943).

② [美]安索尼·克罗曼:《迷失的律师:法律职业理想的衰落》,田凤常译,法律出版社2010年版,第204页。

开端"的名号。③

第二,强调政策法学继承了兰德尔的法律科学传统。该路径与上述观点相反,恰恰认为政策法学是对法律现实主义的反叛。④ 尽管这类评论承认,政策法学的确吸收了现实主义从规则外部寻找影响司法判决因素的观点,但却坚称这种吸收只是表面现象。他们认为拉斯韦尔和麦克道格尔通过批评现实主义,实际上转向了兰德尔的形式主义传统,即将法律视作完全意义上的科学,试图借助一套概念范畴、操作规则构成的科学体系,推导出规范层面的法律。⑤

第三,强调政策法学具有自然法特征。这一分析路径将关注点集中在政策法学派对法律"应该怎样"的描述上,着重讨论拉斯韦尔和麦克道格尔的价值理论。这类分析认为尽管政策法学所描述的价值源于经验,但拉斯韦尔和麦克道格尔同时又主张作为理想价值形态的民主价值具有普世性,其核心在于尊重个人尊严。因此,将政策法学归为自然法并非完全不合适,⑥甚至还可以将它概括为老式自然法的旧调重弹。⑦

第四,强调政策法学对美国法律教育的影响。这类分析的对象是拉斯韦尔和麦克道格尔 1943 年第一次合作发表的经典论文。分析中普遍认为,拉斯韦尔和麦克道格尔的方案尽管引发了一系列讨论,但在

---

③ 几乎所有关于政策法学派的讨论,都无法绕开其与法律现实主义的关系问题。将政策法学视为法律现实主义的一个拓展乃至理论分支的相关评论,参见[英]罗杰·科特瑞尔:《法理学的政治分析:法律哲学批判导论》,张笑宇译,北京大学出版社 2013 年版,第 212 ~ 213 页;Mark Tushnet, Post-Realist Legal Scholarship, 6 *Wisconsin Law Review*, pp. 1386 - 1388 (1980).

④ [美]格兰特·吉尔莫:《美国法的时代》,潘汉典译,法律出版社 2009 年版,第 142 页。

⑤ Karl N. Llewellyn, McDougal and Lasswell Plan for Legal Education, 43 *Columbia Law Review*, pp. 481 - 482 (1943);[美]安索尼·克罗曼:《迷失的律师:法律职业理想的衰落》,田凤常译,法律出版社 2010 年版,第 210 ~ 211 页。

⑥ [美]博登海默:《法理学:法律哲学与法律方法》,邓正来译,中国政法大学出版社 2010 年版,第 195 ~ 199 页; Edgar Bodenheimer. A Decade of Jurisprudence in the United States of America: 1946 - 1956, 3 *Natural Law Forum*, pp. 53 - 59 (1958).

⑦ Lon Fuller, American Legal Philosophy at Mid-Century, 6 *Journal of Legal Education*, pp. 478 - 479 (1953).

实践层面，除了在耶鲁、哥伦比亚大学外，几乎没有产生实质影响。实践层面的失败有很多原因，包括教学方案太过学术化、概念范畴太过晦涩难懂、教学成本太高等。⑧ 但最核心的问题在于拉斯韦尔和麦克道格尔要求进行政策训练的诉求完全是精英主义的，对大多数法学院学生来说根本不切实际，这些学生不过是想通过法律混口饭吃，绝非要成为“政策制定者”。⑨

第五，强调政策法学在国际法领域的巨大影响。如果说政策法学派在美国整个法学界都未能掀起丝毫波澜，也不准确。拉斯韦尔和麦克道格尔的法律理论在国际公法领域留下浓墨重彩的一笔，并形成著名的纽黑文学派。⑩ 国际法领域的评论文章很多，⑪一方面集中介绍该学派观点；另一方面则试图解释为何政策法学派唯独在国际法领域产生巨大影响。分析普遍认为，纽黑文学派强调的民主价值、自由社会、个人尊严恰恰构成了典型的美国价值观，这些价值观正是第二次世界大战后美国重建国际秩序的基础。美苏冷战期间，纽黑文学派所宣扬的国际法理论，与其说是利用政策促进价值分享，不如说是美国输出民主自由价值观、开展意识形态竞争的武器。正是由于符合冷战中的国

---

⑧ Neil Duxbury, *Patterns of American Jurisprudence*, Oxford University Press Inc., 1935, p. 190.

⑨ See Karl N. Llewellyn, McDougal and Lasswell Plan for Legal Education, 43 *Columbia Law Review*, pp. 477－479 (1943)；罗伯特·斯蒂文斯：《法学院：19 世纪 50 年代到 20 世纪 80 年代的美国法学教育》，阎亚林等译，中国政法大学出版社 2003 年版，第 365～372 页。

⑩ 对纽黑文学派的初步介绍，See Michael W. Reisman, Siegfried Wiessner, Andrew R. Willard, The New Haven School: A Brief Introduction, 32 *The Yale Journal of International Law*, pp. 575－582 (2007).

⑪ 从国际法领域评价政策法学派的文章有很多，例如 Gary L. Dorsey, The McDougal-Lasswell Proposal to Build a World Public Order, 82 *The American Journal of International Law*, pp. 41－57 (1988)；Oran R. Young, International Law and Social Science: The Contributions of Myres S. McDougal, 66 *The American Journal of International Law*, pp. 60－76 (1972).

家需求,纽黑文学派名噪一时。[12]

以上五方面评论可分为两类。其中第一到第三为一类,试图在法律形式主义、法律现实主义和自然法的流变中厘清政策法学的最一般理论问题;第四和第五为一类,主要探讨政策法学理论在法律教育、国际法领域的具体应用、影响。由于后一类是从个别法学分支探讨问题,因此关注的是政策法学的局部,而非整体,须专文讨论,并不在笔者考察范围内。笔者关心的是前一类分析,即如何在一般理论层面理解政策法学派的观点。

但上述前一类分析中,存在一个重大缺陷,即忽略了政策法学的“政策维度”。尽管这里讨论的政策法学派是法学思想流派之一,必须放在20世纪上半叶的法律思想流变中进行理解和思考。但也必须认识到,政策法学相对于其他法学流派存在特殊性。正如博登海默(Edgar Bodenheimer)所说,拉斯韦尔和麦克道格尔提出的是一套“法律—政治理论”(legal-political theory),[13]其特殊性体现在法学与政治学紧密结合。这里的政治学,无疑指拉斯韦尔所奠基的政策科学。在1943年的一份备忘录中,拉斯韦尔指出,他的终极目标在于构建政策科学的理论体系,并囊括所有能够为重要决策提供事实和原则的科学。他同时邀请所有与他志同道合的学者开展研究,共同致力于该学术目标。[14] 从这个角度来讲,拉斯韦尔与麦克道格尔在法学领域长达30年的合作,实际上是其构建政策科学理论体系工作的一部分。也就是说,政策法学即“能够为重要决策提供事实和原则的科学”,是拉斯韦尔所倡导的政策科学在法学领域的具体表现,也是政策科学的一个分支。因此,脱离了政策科学的语境,就很难理解政策法学的许多观点。

---

[12] Neil Duxbury, *Patterns of American Jurisprudence*, Oxford University Press Inc., 1935, pp. 191 – 199,其中对政策法学派在国际法领域的观点、兴起的原因以及衰落的原因都有详细讨论。

[13] Edgar Bodenheimer, A Decade of Jurisprudence in the United States of America: 1946 – 1956, 3 *Natural Law Forum*, p. 53 (1958).

[14] Harold D. Lasswell, Ronald D. Brunner, Andrew R. Willard, On the Policy Sciences in 1943, 36 *Policy Sciences*, pp. 73 – 74 (2003).

从这个角度来讲，无论政策法学与法律现实主义、法律形式主义以及自然法存在怎样的关系，这种关系终究是理解政策法学非常重要，但并不唯一的路径。如果仅在法律思想史的脉络中理解政策法学，可能恰恰遮蔽了该学派在一般理论层面的特点和原创性，进而忽略政策法学在政策科学维度上的学术传统和理论根基，误以为政策法学是整个法律思想中难以理解的异类。据此，本文尝试从政策科学的视角开辟出另一条理解政策法学的路径，强调政策法学的“政策维度”。这种尝试并不是要打造什么通向政策法学的唯一坦途，更不是要否定在法律思想史的脉络中理解政策法学的努力，毋宁说是要在传统的分析比较中加入政策科学的思想脉络作为补充，从而展现出政策法学的不同面向。

但需要说明的是，由于篇幅所限，本文并不打算贯穿政策法学派发展至今的全部线索，而是将焦点集中在其兴起阶段，⑮这对于研究一个大家并不熟悉的学派尤为重要。一方面，通过考察政策法学派的兴起，能够探索其思想萌发的根源，填补思想史研究的空白；另一方面，通过回溯政策法学派兴起时的法学思潮、政治学思潮以及社会背景，能够营造出理解政策法学派具体观点的理论空间和历史纵深，从而揭示其原初问题意识，呈现出理论与现实之间的互动关系。

二、法律思想史脉络中的政策法学

（一）政策法学对法律现实主义的继承与批判

政策法学与法律现实主义的关系最为密切，是各类分析和评论的焦点。简单概括来说，政策法学对法律现实主义的态度具有两面性。一方面，政策法学的部分观点甚至核心观点建基于法律现实主义，或者说是借鉴了法律现实主义的理论资源；另一方面，政策法学又对法律现

---

⑮ 可以将政策法学的兴起阶段定位于20世纪40年代到50年代，这期间拉斯韦尔和麦克道格尔发表了一系列具有原创性的法学、政治学论文，逐步构建起政策法学的理论体系。本文讨论的核心文本即源于这些论文。

实主义持批判态度,对其取得的部分成果表示怀疑。在说明两者关系之前,首先要明确的问题是拉斯韦尔和麦克道格尔口中的"法律现实主义"到底指什么?

法律现实主义这个概念本身具有含混性,阿兰·亨特(Alan Hunt)将其视为从"社会学法理学"(sociological jurisprudence)向"法律社会学"(sociology of law)的过渡,是一次学术运动,而非严格意义上的学派。⑯ 因此我们很难归纳出一套系统的、完整的法律现实主义理论框架。现实主义者的许多观点之间,甚至存在持续的矛盾和张力。但不可否认,现实主义者之间分享了一些更为重要的共同点,这些共同点构成了法律现实主义的理论基础。在拉斯韦尔和麦克道格尔的作品中,现实主义者的这些共同点可以概括为以下三方面。

第一,现实主义者反对将法条或规则看作一套自生的独立系统,他们强调应将法条或规则定位于它们所使用的现实背景中去理解。⑰ 在拉斯韦尔和麦克道格尔看来,与其说法律现实主义者共同赞成什么,不如说他们共同反对什么——即反对兰德尔构建的封闭的、自成体系的法律几何学。第二,法律现实主义者关注的重点是行为,特别是司法行为。在 Legal Education and Public Policy: Professional Training in the Public Interest(以下简称《法律教育》)一文中,拉斯韦尔和麦克道格尔重复了霍姆斯 19 世纪末那篇经典演讲中的核心观点:⑱学习法律就是学习预测司法行为的结果。⑲ 而在 *The Law School of the Future: From Legal Realism to Policy Science in the World Community*(以下简称《未来的法学院》)中,麦克道格尔则引用了卢埃林的现实主义观点:法律是

---

⑯ Alan Hunt, *The Sociological Movement in Law*, The Macmillan Press Ltd, 1978, p. 37.

⑰ Myres S. McDougal, The Law School of the Future: From Legal Realism to Policy Science in the World Community, 56 *The Yale Law Journal*, p. 1345 (1947).

⑱ 关于"预测理论",参见[美]小奥利弗·温德尔·霍姆斯:《霍姆斯读本:论文与公共演讲选集》,刘思达译,张芝梅校,上海三联书店 2009 年版,第 12~14 页。

⑲ Harold D. Lasswell, Myres S. McDougal, Legal Education and Public Policy: Professional Training in the Public Interest, 52 *The Yale Law Journal*, p. 242 (1943).

官员(officials)做了什么、将要做什么和应该做什么。[20] 也就是说,现实主义者关注的是法官或官员的行为而非其他。第三,法律现实主义在法学领域引入了社会科学研究。既然要预测司法行为,就不能局限于传统法学领域,还必须借助心理学、人类学、政治学、社会学等领域的知识成果,才能实现更加准确的预测。麦克道格尔指出,现实主义者渴望构建一套社会分析体系,并借用该体系平衡司法过程中"手段"与"目标"的关系。[21]

基于此,政策法学对法律现实主义有继承也有批评,我们可以从法律的"描述性层面"和"规范性层面"来考察政策法学的这种双面态度。"描述性层面"是指对"法律是什么"进行描述,而规范性层面则是对"法律应该怎样"进行判断。这种两分法源自现实主义的代表人物——卢埃林对兰德尔主义的批评,他认为兰德尔的形式主义不仅忽略了"是"(is)与"应该"(ought)的区别,[22]同时对"法律是什么"的描述也是失败的。在现实主义者看来,法条和规则根本无法描述法律,它们本身就充满了矛盾且复杂的意涵。法官并不是根据规则做出三段论式的机械推理,而是在这些矛盾且复杂的意涵之间进行选择。因此重要的问题在于描述法官的选择,也就是分析法官的行为而不是他们的言辞,进而才能对司法结果做出准确预测。从这个角度来讲,引入社会科学的研究尤为重要,心理学、经济学、社会学、人类学的知识才是描述和分析行为的基础。

拉斯韦尔和麦克道格尔在法律的"描述性层面"上几乎与现实主义者保持一致。他们强烈批判法律形式主义,认为在兰德尔的传统中,法律被构建为一套封闭的、自动的、句法式的体系,但这套体系与现实

---

[20] Myres S. McDougal, The Law School of the Future: From Legal Realism to Policy Science in the World Community, 56 *The Yale Law Journal*, p. 1346 (1947).

[21] Myres S. McDougal, Fuller v. the American Legal Realists: An Intervention, 50 *The Yale Law Journal*, p. 838 (1941).

[22] Karl N. Llewellyn, Legal Tradition and Social Science Method-a Realist's Critique, in Karl N. Llewellyn, *Jurisprudence: Realism in Theory and Practice*, The University of Chicago Press, 1962, p. 84.

相差太远,既不连续,又不够宽泛,是一种套套逻辑。㉓ 法律现实主义正是对该传统的一次反叛,拉斯韦尔和麦克道格尔高度赞赏了现实主义的这种努力。在30年代末40年代初,当富勒(Lon Fuller)对现实主义者发起挑战时,麦克道格尔还站在后者一边为其提供辩护。㉔ 不仅如此,在研究方法上,政策法学也赞同在法学领域引入更多社会科学研究。早在1930年,拉斯韦尔在 *Self-Analysis and Judicial Thinking* 一文中,不仅引用了霍姆斯对法律形式主义强调逻辑思维(logical thinking)的批评,更将弗洛伊德(Sigmund Freud)的精神分析方法引入法律分析,颠覆了人们对法官思维方式的传统认识。㉕

但拉斯韦尔和麦克道格尔并没有停留在"赞同"上,他们在推动"描述性层面"的科学化方面,比现实主义者走的更远。在《法律教育》中,拉斯韦尔和麦克道格尔指出,尽管预测司法行为结果的理论已受到广泛关注,但法律学者为此而进行的科学思考还是太少了,既没有人对预测司法反应的前提假设的性质进行澄清,也没有人尝试构建发现事实的理论和技术。为此,拉斯韦尔和麦克道格尔尝试将司法行为构建为数学化的函数模型,追求预测的科学化、技术化。他们将法官的外部环境(environment)设定为自变量"E",将法官本身固有的先见(predisposition)设定为自变量"P",而法官的反应(response)则设为因变量R。拉斯韦尔和麦克道格尔坚信,通过实证研究,可以掌握"E""P"与"R"之间的固定关系,通过观察"E"与"P"的变化,就能得出相应的R。㉖ 比较而言,部分现实主义者在法律描述的科学化方面就显得较为悲观。比如弗兰克(Jerome Frank)强调个人意志在司法裁判中的

㉓ Harold D. Lasswell, Myres S. McDougal, Legal Education and Public Policy: Professional Training in the Public Interest, 52 *The Yale Law Journal*, pp. 235 – 236 (1943).

㉔ Myres S. McDougal, Fuller v. the American Legal Realists: An Intervention, 50 *The Yale Law Journal*, pp. 827 – 840 (1941).

㉕ Harold D. Lasswell, Self-Analysis and Judicial Thinking, 40 *International Journal of Ethics*, pp. 354 – 362 (1930).

㉖ Harold D. Lasswell, Myres S. McDougal, Legal Education and Public Policy: Professional Training in the Public Interest, 52 *The Yale Law Journal*, pp. 237 – 239 (1943).

决定性作用,他将法官的反应视作完全主观化的行为;[27]学术生涯后期的卢埃林转而将法律视作一种艺术或工艺品,强调经验、实践在司法中的决定性作用,逐渐抛弃了将法律科学化的设想。[28]

接下来,让我们转向政策法学对法律现实主义的批评。在美国法学家克罗曼(Anthony Kronman)看来,政策法学与法律现实主义虽然在法律的描述性层面基本达成了一致,但在法律的规范性层面却迥然不同,拉斯韦尔与麦克道格尔对法律现实主义的批评就在于此。他指出,现实主义在打破兰德尔的传统方面成效显著,但兰德尔的法律科学本身是一个命题体系,这个体系同时既有作为法律的描述功能又有作为评价司法行为标准性功能。而现实主义仅仅替代了其中描述性的部分,却未能在法律的规范性层面有所作为。相反,拉斯韦尔和麦克道格尔的理论则兼顾这两个层面,提出了一种完全替代兰德尔主义的方案,可以说是在现实主义的前提下构建规范性法学的顶峰。[29]

克罗曼的分析材料全部源自《法律教育》,他指出拉斯韦尔和麦克道格尔批评法律现实主义者自我满足于对现有缺陷的无结果的揭露,并把法律说成令人困惑的一团混乱和几乎是无意义的表述。在拉斯韦尔和麦克道格尔看来,预测判决的过程就像解释任何反应一样,对于可考虑因素的数量,或者对于进行材料收集与分析过程中技术提炼的程度,都没有终点。因此这类预测的研究者必须在一开始就清楚地明白他要在法律秩序中或通过法律秩序来实现的价值或目标。这个终极的价值目标被拉斯韦尔和麦克道格尔设定为个人主义,并且只有依靠民主政府的保障才能实现。因此拉斯韦尔和麦克道格尔在《法律教育》中致力于构建民主目标的具体形态,并描述法律人如何在具体工作和

---

[27] [美]杰罗姆·弗兰克:《初审法院:美国司法中的神话与现实》,赵承寿译,中国政法大学出版社2007年版。

[28] [法]卡尔·卢埃林:《普通法传统》,陈绪纲等译,中国政法大学出版社2002年版。

[29] [美]安索尼·克罗曼:《迷失的律师:法律职业理想的衰落》,田凤常译,法律出版社2010年版,第202~204页。

学习中推动目标的实现。[30]

但笔者认为,拉斯韦尔和麦克道格尔对现实主义者的批评是否仅仅集中在法律的规范性层面,实际上值得商榷。如果仅通过《法律教育》一篇文章就得出该结论,反而忽略了该批评的复杂性与多面性。我们首先看看麦克道格尔1941年发表的论文 *Fuller v. The American Legal Realists*: *An Intervention*(以下简称《富勒论战现实主义者》)。在这篇文章中他积极为现实主义辩护,声称现实主义者并不否认现实法律背后存在伦理概念(ethical notions),他们严格区分"是"与"应该",也不是因为他们忽视"应该"。恰恰相反,现实主义者遵循着僵化的伦理价值,强调个体在其独特的文化背景中所具有的独特性。他们的目标在于使人们不受古板法律教条的强制而追求内心真正的渴望。现实主义者坚称法官同时在做立法工作,因此法律实际上是一种工具,是实现目标的手段。对"是"与"应该"的区分,反而能够帮助他们进一步明确"手段"与"目标",进而更有效地借助手段实现目标。[31] 通过将法律现实主义描述为具有工具主义特色的理论,政策法学派似乎对现实主义者在法律规范层面的表述并非持完全否定的态度。

然而更重要的是,即便这种否定态度存在且明确,政策法学派对法律现实主义的批评远不止于此,甚至批评的重点也不在于此。《富勒论战现实主义者》指出,现实主义试图搭建"目标"与"手段"之间桥梁的努力并不成功。尽管现实主义者引入了社会科学研究,并期待利用由此形成的社会分析系统推动目标的实现,但却过度依赖于司法途径,而忽略了在社会变革中更为有效的社会控制方式(social controls)——行政管理委员会(administrative boards)和政府组织(governmental corporations)的作用。[32] 类似的观点同样出现在《法律教育》和《未来的

---

[30] [美]安索尼·克罗曼:《迷失的律师:法律职业理想的衰落》,田凤常译,法律出版社2010年版,第205~209页。

[31] Myres S. McDougal, Fuller v. the American Legal Realists: An Intervention, 50 *The Yale Law Journal*, pp. 835 - 836 (1941).

[32] Ibid., pp. 837 - 838.

法学院》当中。[33] 也就是说，政策法学批评法律现实主义者将自己的眼光局限于司法领域，而没有认识到既然法官是在做选择，那么他实际上做的是“政策选择”，即对社群中的价值进行重新分配。从这个意义上讲，法院所做的工作与政府等机构的工作没有区别，而在当时的时代背景下，法院反而不如行政机构高效。因此试图达成社会目标的研究者应当更加关注行政机构。

有趣的是，现实主义者也有类似观点。卢埃林早在1930年就敏锐地注意到，法律的落实更多是依靠行政机关，因此官员的行动与法官的行动同样重要，必须将行政管理行动视为法律的一部分。[34] 同样是将法学研究拓展到行政领域，卢埃林与政策法学观点的差异又在哪里，政策法学又为什么有理由在这个问题上批评现实主义？

笔者认为，上述看似相同的观点却蕴含着看待法律的不同视角。卢埃林实际上还是从司法的视角看待行政：他重视司法行为的实际结果，而司法判决在执行阶段，或者说法律在转化为实践的过程中，主要依靠行政机关。因此要理解法律的运行逻辑，就不仅要考察法庭的实际情况，还要考察行政官员的所作所为。也就是说，在卢埃林眼中，真正重要的还是法律如何应用及应用的效果，我们可以称为“法律中心主义”或“司法中心主义”。但政策法学派却运用了一种“超司法视角”。在拉斯韦尔和麦克道格尔看来，司法中心主义建基于立法、司法、行政三分之上。这种依据制度进行的划分遮蔽了权力运作的真正形态。法官和行政官员作为决策者，本质上讲，同样从事着分配社群价值的工作。司法行为与行政行为的唯一不同，在于前者依靠的是权威而不是暴力，这种权威根植于司法判决对社群公共利益或价值追求的符合性。但如果将权力运作引起的价值分配变化视作一个过程，司法、

[33] Harold D. Lasswell, Myres S. McDougal, Legal Education and Public Policy: Professional Training in the Public Interest, 52 *The Yale Law Journal*, pp. 242 – 243 (1943); Myres S. McDougal, The Law School of the Future: From Legal Realism to Policy Science in the World Community, 56 *The Yale Law Journal*, p. 1349 (1947).

[34] Karl N. Llewellyn, A Realistic Jurisprudence—The Next Step, 30 *Columbia Law Review*, p. 455 (1930).

行政乃至立法在权威性以及控制程度方面的差异就消失了,它们本质上都是分配价值、达成民主目标的手段,所谓司法、行政、立法的制度性划分也就无足轻重。因此真正重要的是研究价值分配的过程——即政策过程。[35] 这种视角的转换和超越,可能才揭示出政策法学与法律现实主义的根本差异,以及前者批评后者的重点所在。

(二)兰德尔主义的"幽灵"

从上文得知,政策法学与法律现实主义在法律的描述性层面基本达成一致,它们共同反对以法律规则或法律概念为中心的兰德尔主义。政策法学甚至从语言学的角度对兰德尔主义进行了更为彻底的批判,这种批判在拉斯韦尔和麦克道格尔的文章中随处可见。然而吊诡的是,一部分评论却将政策法学归为新兰德尔主义。笔者尝试梳理政策法学与兰德尔主义的关系,并探究潜藏于政策法学中的"兰德尔主义幽灵"。

我们首先考察政策法学如何对兰德尔主义展开彻头彻尾的批评。拉斯韦尔和麦克道格尔在《法律教育》中指出,目前教学课程安排的标准仍然是法律技术,在对存在的问题进行定义和区分时,依据的仍然是重复的高度抽象化的法律概念。所谓学习法律,不过是在钻研上诉意见中的句法问题,而没有考虑到规则和概念背后的真实情境,更不要说特定的社会目标和价值选择了。这种以规则和概念为中心的法律理论存在一个错误的前提假设,即误以为法律教条的实体内容能够立刻为我们社会的重要问题提供深刻且严谨的解释,并能将我们偏好的价值实体化,从而用于解决所有问题。[36]

上述观点实际上与法律现实主义者并没有太大区别,其关键都在于批评兰德尔及其后继者所倡导的法律概念中心主义。拉斯韦尔和麦克道格尔及现实主义者,强烈反对将法律概念和规则与其所处的情景

---

[35] Myres S. McDougal, Law as a Process of Decision: a Policy-Oriented Approach to Legal Study, 1 *Natural Law Forum*, p. 57 (1956).

[36] Harold D. Lasswell, Myres S. McDougal, Legal Education and Public Policy: Professional Training in the Public Interest, 52 *The Yale Law Journal*, pp. 232 – 234 (1943).

割裂开来。在他们看来,兰德尔主义者所呈现的法律规则背后存在的一致性,不过是令人遐想的乌托邦。但与现实主义者不同,拉斯韦尔和麦克道格尔又尝试从语言学的角度分析兰德尔主义的不足,打开了全新的理论视角。

拉斯韦尔和麦克道格尔指出,法律规范实际上是一套语言系统,系统中的法律概念具有规范性,但其本身含义却很模糊,因此法律又可以被称为"规范性模糊"(normative-ambiguous)。[37] 更关键的是,这套语言系统指涉着三项不同层面的内容:第一,描述事实的自然性(naturalistic)内容,比如诉讼中当事人对事实的陈述就属于这类内容;第二,陈述偏好、价值取向的内容,比如法官在对法律进行解释时就属于这类内容;第三,描述法律符号、命题之间内部关系结构的句法内容,比如法律规范之间的一致性、前后符合性就属于这类内容。[38]

而兰德尔主义者仅仅看到第三个层面的内容,却忽略了法律语言的其他面向。更为关键的是,兰德尔主义者不仅对法律的理解有误,从根本上来讲,他们看待法律的视角存在先天不足。法律规范构成的语言系统并不像兰德尔主义者所设想的那样是封闭的,而是开放的。拉斯韦尔和麦克道格尔敏锐地指出,法律不过是人类文明中的句法系统之一,只有借助系统外部的参考,才能理解法律语言对事实的描述和对偏好的陈述。也就是说,除了从句法性(syntactical)维度理解法律符号和命题在系统内的关系和结构,还必须从语义性(semantic)维度吸纳系统外部的符号和命题作为参考,进而理解法律语言的真正指涉。然而从司法的层面来讲,法律语言的内容和含义还不是最重要的。比如法官之所以做出某项判决,仅从其使用的法律语言的内部逻辑来分析,实际上很难理解。法官很可能是在有意或无意的偏见引导下做出了判决。因此要准确预测司法行为或理解其行为逻辑,就必须考察与法律语言本身无关的其他因素。这种从语言外部寻找因果关系

---

[37] Ibid. ,p. 267.

[38] Myres S. McDougal,The Law School of the Future: From Legal Realism to Policy Science in the World Community,56 *The Yale Law Journal*,p. 1345 (1947).

的研究被称为语用学(pragmatics),区别于语义性和句法性构成的符号学(semologics)。[39]

上述批评表明,对兰德尔主义的批评和反叛,实际上构成了政策法学观点的基本前提,即首先要将对法律的研究从空洞、含混的概念体系中解放出来,从法律语言的外部寻找理解和分析法律的资源与视角。然而在部分法学家看来,这种表面上的批评与反叛却无法遮蔽政策法学与兰德尔主义的内在一致性,这种一致性涉及对法律属性的基本认识。

最先提出这种观点的是现实主义者卢埃林,他在《法律教育》发表两个月后即发表评论文章 *McDougal and Lasswell Plan for Legal Education*(以下简称《教育计划》)。在简短表彰了拉斯韦尔和麦克道格尔的努力后,卢埃林展开对政策法学的批评。他指出,拉斯韦尔和麦克道格尔在方法上接近于兰德尔的进路,都是要接近"事实"(facts),然后从中推演出结论,就好像根本不需要书本上的知识。拉斯韦尔和麦克道格尔坚信,不仅可以通过实证化的科学方法发现和描述事实,还可以科学地描述终极价值,并通过科学和技术将法律转化为政策,搭建起目标和手段之间的桥梁。这个完全科学化的过程甚至可以用"技术手册"(skill book)的形式呈现出来。为什么拉斯韦尔和麦克道格尔会有这样的观点?卢埃林认为他们混淆了法律的根本属性,误以为法律是"准科学"(would-be science),而实际上法律却是一门"艺术或手艺"(art or craft),它不可能以完全科学化的方式展现或应用,而必须依靠直觉、经验等。[40] 到了70年代,著名法学家格兰特·吉尔莫(Grant Gilmore)也做出了类似评价,他指出不管从表面上看拉斯韦尔和麦克道格尔的理论有多么新颖,但他们实际上却坚信任何事物可以还原为几个基本原则,这恰恰是对卢埃林等人多元主义观点的叛逆,反而回归

---

[39] Harold D. Lasswell, Myres S. McDougal, Legal Education and Public Policy: Professional Training in the Public Interest, 52 *The Yale Law Journal*, pp. 267 – 268 (1943).

[40] Karl N. Llewellyn, McDougal and Lasswell Plan for Legal Education, 43 *Columbia Law Review*, pp. 481 – 482 (1943).

了陈旧的法律理论。[41]

然而卢埃林和吉尔莫的分析还比较模糊,一个更清晰的阐述出自上文提到过的克罗曼。[42] 在同一本书的相同章节中,他不仅分析了政策法学与法律现实主义之间的关系,同时也建立起政策法学与兰德尔主义之间的内在联系。克罗曼首先追溯了兰德尔法律几何学的思想源流,认为是霍布斯开创了运用几何学方法研究法律的先河。这种几何学方法将若干自然理性原则作为基础,从而推演出整个法律体系,拒斥了古典意义上亚里士多德提出的审慎与实践智慧。[43] 也就是说,这种方法承认无数的法规和判例背后,隐藏着具有普遍性的规则,而这些规则也是可以被认识的。兰德尔主义者继承了这一思想传统,首次将普通法改造为一种纯粹的科学,坚称只要掌握了法条和判例背后的一般规则以及规则之间的逻辑关系,也就掌握了普通法的全部。

克罗曼认为,尽管拉斯韦尔和麦克道格尔否认法条、概念和规则是法律的全部,但从方法论和认识的层面看,他们将法律视为纯粹的科学,实际上仍然采用了法律几何学的理论视角,与兰德尔主义者殊途同归。首先,在科学描述司法行为方面,拉斯韦尔与麦克道格尔比任何现实主义者都更为乐观。他们坚信借助社会科学及实证研究能够在司法判决和事实之间建立清晰的因果关系。其次,拉斯韦尔和麦克道格尔认为,法律在规范性层面并不像现实主义者所说的那样个性化、多元化,不同的价值选择和偏好都可以归结为几个最基本的要素,并能够借助科学的方法进行描述和展示。最后,拉斯韦尔和麦克道格尔坚信能够将规范层面的价值目标转化为具体任务,当法律人采取科学的方法

---

[41] [美]格兰特·吉尔莫:《美国法的时代》,潘汉典译,法律出版社2009年版,第142页。

[42] 克罗曼对政策法学与兰德尔主义之间关系的分析堪称经典,被其后的许多作品引用。See Julien Cantegreil, Legal Formalism Meets Policy-Oriented Jurisprudence: A More European Approach to Frame the War On Terror, 60 *Maine Law Review*, pp. 113 – 115 (1943); Neil Duxbury, *Patterns of American Jurisprudence*, Oxford University Press Inc., 1935, p. 191.

[43] [美]安索尼·克罗曼:《迷失的律师:法律职业理想的衰落》,田凤常译,法律出版社2010年版,第176~179页。

和技术完成这些任务时，也就直接促进了终极目标的实现。[44]

从克罗曼的分析来看，拉斯韦尔和麦克道格尔实际上构建了一个新的概念体系，该体系尽管在内容上抛弃了陈旧的法律概念，补充了更具包容性并且符合时代需求的新概念，但在方法上却与兰德尔主义一脉相承。与其说政策法学开启了新的法学理论视角，不如说是兰德尔主义的幽灵在20世纪40年代改头换面，重新出现。[45]

（三）价值理论与自然法的复兴

对政策法学派的评价还有另一个焦点，即将其视为一种自然法理论。上文提到政策法学批评法律现实主义缺乏规范层面的理论建构，因此拉斯韦尔和麦克道格尔为他们的方案提供了一个“尊重人格尊严”（dignity of the human personality）的价值取向。但这种弥补方案未能得到现实主义者的响应，却受到部分自然法学家的认同。

博登海默在《法理学：法律哲学与法律方法》中将拉斯韦尔和麦克道格尔的理论归为自然法。他指出，尽管政策法学试图摆脱形而上学的思辨，走向纯粹的经验科学，但拉斯韦尔和麦克道格尔却又公开声称他们的研究进路是一种价值理论。[46] 这里的“价值理论”到底指什么？在拉斯韦尔和麦克道格尔构建的政策法学中，价值首先构成了经验描述的起点，它包括最基本的八项内容：健康（well-being）、财富（wealth）、技能（skill）、启蒙（enlightment）、权力（power）、尊重（respect）、公正（rectitude）、爱慕（affection）。[47] 在社会过程中，人们为了获得自己所需的价值而互相作用，他们做出决策，运用各种策略和手段，导致社会价值的分配格局不断变化。也就是说，在拉斯韦尔和麦克

---

[44] 同前注，第206～209页。

[45] 尽管克罗曼用大量篇幅分析政策法学与兰德尔法律形式主义之间的密切联系，但他仍然将政策法学归为现实主义的一个分支，称为“科学现实主义”，与卢埃林开创的“审慎现实主义”相对。从这个角度讲，政策法学似乎是形式主义与现实主义的结合物，其中的关系值得进一步讨论。同上注，第211～212页。

[46] ［美］博登海默：《法理学：法律哲学与法律方法》，邓正来译，中国政法大学出版社2010年版，第195页。

[47] ［美］哈罗德·拉斯韦尔、亚伯拉罕·卡普兰：《权力与社会：一项政治研究的框架》，王菲易译，上海世纪出版集团2013年版，第65～66页。

道格尔构建的社会模型中,价值是经验意义上的价值,它的变化情况可以被观察并且精确描述。这个价值是实证意义上的社会过程中的基本要素,并作为描述动态过程的工具出现,与自然法中具有超验性的价值存在本质区别。

博登海默注意到了这一特征,[48]但他在拉斯韦尔和麦克道格尔的描述中同样找到了这种价值的反经验主义特征。他指出,拉斯韦尔和麦克道格尔所说的价值是人们内心的“欲求之物”(desired event),这确实带有经验主义的性质。但他们同时又主张全世界的人们以民主的方式分享这些价值,这背后遵循的基础价值或者说是最高价值在于“尊重人格尊严”,因此他们的思想又具有某种自然法的特征。[49] 也就是说,在博登海默看来,拉斯韦尔和麦克道格尔的价值理论实际上存在两个层次。在第一个层次上,价值表现为经验性的描述性工具,它是对人类欲求的客观标记。从这个意义上讲,所谓价值理论实际上是一种经验性的表达方式。[50] 但在第二个层次上,这些经验性的价值在社会中又必然表现为一定的形态和结构。这种形态和结构在实然层面是多元化的,但在应然层面,拉斯韦尔和麦克道格尔却赋予其唯一性。他们强调价值应在全世界得到分享,并建立起民主的政府推动该目标实现。这种分享的价值形态背后隐藏的是终极价值——尊重人格尊严。因此,从价值的分布形态讲,政策法学秉持的却是非经验性的应然主张,这无疑具有自然法特征。

不仅如此,著名法学家富勒(Lon Fuller)甚至将拉斯韦尔和麦克道格尔的观点归结为“老式自然法学派”(old natural law school)。他认为老式自然法致力于提出亘古不变的绝对道德律令,并对实现该道德

---

[48] Edgar Bodenheimer. A Decade of Jurisprudence in the United States of America: 1946 - 1956, 3 *Natural Law Forum*, pp. 53 - 54 (1958).

[49] [美]博登海默:《法理学:法律哲学与法律方法》,邓正来译,中国政法大学出版社2010年版,第199页。

[50] 拉斯韦尔和麦克道格尔在《法律教育》中,以完全经验化的方式描述了何为“民主价值”。参见 Harold D. Lasswell, Myres S. McDougal, Legal Education and Public Policy: Professional Training in the Public Interest, 52 *The Yale Law Journal*, pp. 217 - 232 (1943)。

律令空有决心,却从来不考虑手段与结果之间的关系,更不会根据具体情况对手段和结果做出相应调整。富勒指出,拉斯韦尔和麦克道格尔的价值导向(value-oriented)哲学就是在重复老式自然法,他们使人们认识到想要的价值,但却将如何实现价值视为技术问题而不予关注。[51]

先不论富勒的批评是否有道理,但至少从以上评论中可以看出,政策法学的价值理论中似乎也潜藏着自然法的基因。那么反过来,拉斯韦尔和麦克道格尔对自然法又持怎样的态度?他们是否承认自己的理论中具有自然法色彩?麦克道格尔在《富勒论战现实主义者》一文中,对富勒的自然法观点表现出既同情又批评的双面态度。一方面,麦克道格尔承认富勒思想的重要性,他提出了重振当代美国法学的终极目标,并拥有推动社会改革的热情;但另一方面,富勒在实现其目标所采用的手段却是失败的。[52] 他所描绘的自然法或伦理观念只是逻辑的推演或形而上学的思辨,并不能指引我们实现社会目标。从这个意义上讲,富勒混淆了"事实"(非语言事项)和"理论"(语言事项)之间的关系。[53]

拉斯韦尔和麦克道格尔在后来的文章中极力与自然法思想撇清关系,但他们对自然法的态度基本延续了上述"既同情又批评"的两面性。经典论文 *Law as a Process of Decision: a Policy-Oriented Approach to Legal Study*(以下简称《作为决策过程的法律》)指出,自然法一方面强调目标思维(goal-thinking)和价值,具有重要意义;另一方面却迷失在高度抽象化的推演逻辑中。[54] 在 1970 年发表的 Criteria For a Theory

---

[51] Lon Fuller, American Legal Philosophy at Mid-Century, 6 *Journal of Legal Education*, pp. 478 – 479 (1953).

[52] 麦克道格尔这篇文章发表于 1941 年,目的是调和富勒所代表的自然法思想和现实主义者观点之间的矛盾。此时距离富勒 1956 年发表代表作品《法律的道德性》还有 15 年,关于"程序自然法"的讨论还没有出现。因此,麦克道格尔批评的对象并不是最完善、最成熟的富勒自然法思想。

[53] Myres S. McDougal, Fuller v. the American Legal Realists: An Intervention, 50 *The Yale Law Journal*, pp. 830 – 831 (1941).

[54] Myres S. McDougal, Law as a Process of Decision: a Policy-Oriented Approach to Legal Study, 1 *Natural Law Forum*, p. 64 (1956).

about Law 一文中,拉斯韦尔和麦克道格尔赞赏自然法赋予法律中赤裸裸的权力以权威性,并且强调目标的重要性,但同时批评自然法将这种权威性建基于超验资源之上,运用的方法都是逻辑推理,缺乏实证经验的支撑。这种方法的弊端在于:完全对立的事实却可以运用完全相同的超验说辞进行论证,这背后正体现了自然法论据的脆弱性。据此,拉斯韦尔和麦克道格尔提出应当构建更具综合性的理论,不仅要以“决策”来涵盖法律的权威性和控制性,更要对社群中的决策进行实证研究。[55]

而除了政策法学与自然法在观点和内容上的复杂关系,更不容忽视的事实在于:它们几乎兴起于同一时期。尽管自然法学思想是复兴,而政策法学派则是首次兴起,但可以断定,它们之间的相似性与它们共同的问题意识具有某种联系。学界对 20 世纪 40 年代自然法的复兴已经有许多讨论,复兴的最主要动因就在于:第二次世界大战中的极权主义国家瓦解了人们对于实证法的信心,法学家开始反思法律条文背后的道德基础,价值论的回归不可避免。[56] 这一背景对于理解政策法学中的价值理论具有重要参考意义,值得进一步讨论、分析。

(四)传统视角的收获与局限

上文大致梳理了学界在评论政策法学派时聚焦的关键问题。通过将政策法学与法律现实主义、自然法以及兰德尔主义进行比较,其自身的轮廓和细节逐渐清晰起来。笔者依据上文,将政策法学的突出特点总结如下。

第一,政策法学将法学研究从法律规范和司法领域扩展到行政领域。这种扩展不是简单地将行政执法看作司法的延伸,而是研究法律

---

[55] Harold D. Lasswell, Myres S. McDougal, Criteria For a Theory about Law, 44 *Southern California Law Review*, pp. 365 – 366(1970).

[56] 鲁南:《自然法的复兴》,载高鸿钧、赵晓力主编:《新编西方法律思想史》(现代、当代部分),清华大学出版社 2015 年版,第 161 ~ 162 页。

的视角发生了从“制度”到“过程”的根本性转变。[57]

第二,政策法学在规范性层面构建了一套完整的外在于法律的价值标准。其终极价值在于实现人格尊严,而实现终极价值的前提在于构建民主的政治结构。这套价值标准的特殊之处在于,它既具有经验属性,又兼具超验属性。

第三,政策法学试图搭建手段与社会目标之间的桥梁,具有明显的法律工具主义特征。在拉斯韦尔和麦克道格尔看来,法律实际上是决定社会价值分配的政策工具。借助该工具,可以实现外在于法律体系的价值目标。

第四,政策法学坚持将法律视为一种科学。研究者不仅可以通过科学的方法和技术研究司法行为,还可以对价值进行经验化的描述,并构建“事实”与“价值”在经验层面的因果关系。

但仅在上述美国法律思想史的流变中观察政策法学,具有较大局限性,主要体现在两个方面。一方面,政策法学属于拉斯韦尔政策科学体系的一部分,因此仅参考拉斯韦尔和麦克道格尔撰写的法学论文,就无法理解一些基本概念,以及概念背后的深刻意涵,比如“政策”“价值”“过程”。另一方面,政策法学中许多观点超出了“自然法—实证法”“形式主义—现实主义”“立法—司法”等传统美国法律思想的分析框架。因此,即便我们总结出一些政策法学的特点,却无法进一步理解更深层次的问题。比如从“制度”到“过程”的转变意味着什么?为什么会发生这种转变?政策法学的规范性理论为什么兼具经验性与超验性?为什么要将民主和人格尊严作为目标价值?司法行为与目标价值的关系到底是什么?秉持科学方法又意味着什么?政策法学为什么采取工具主义的视角?这类疑问不一而足。

因此,笔者将在下文跳出法学思想的脉络,借助最能体现拉斯韦尔核心思想的政治学作品,进入政策科学的理论视角,进而重新理解政策

---

[57] 从这个角度重新审视政策法学的精彩评论参见 John N. Moore, Prolegomenon to the Jurisprudence of Myres McDougal and Harold Lasswell, 54 *Virginia Law Review*, pp. 667 - 668 (1968)。

法学的概念和逻辑。更重要的是,这种理解不能停留在观点和立场层面,更应该深入到政策法学的哲学基础当中。

三、政策科学的兴起及其对政策法学的影响

(一)拉斯韦尔的政治分析方法

理解政策法学的前提在于理解政策科学。普遍认为,拉斯韦尔开创了现代政策科学的研究范式,[58]因此对政策科学的考察无疑将围绕拉斯韦尔展开。在进入政策科学领域之前,我们首先来考察两部拉斯韦尔早期的政治学作品。这两部作品对于他后来整个学术生涯具有奠基性作用,是理解政策科学及政策法学的一把钥匙。

1935年,时任芝加哥大学副教授的拉斯韦尔发表专著 *World Politics and Personal Insecurity*(以下简称《世界政治》)。次年,他又发表一本小书《政治学:谁得到什么?何时和如何得到?》[59](以下简称《政治学》)。这两本著作关系紧密,核心思想和整体内容如出一辙,但后者是前者的简写版本。[60] 凭借这两本书,拉斯韦尔跻身一流政治学家行列。笔者将以《政治学》为主,《世界政治》为辅,详细考察拉斯韦尔的政治分析方法。

拉氏认为,政治就是精英(elite)通过操纵符号(symbols)、控制物

---

[58] 张国庆:《美国公共政策的研究回顾》,载[美]托马斯·戴伊:《理解公共政策》,张彩红译,刘新胜、张国庆校,北京大学出版社2008年版,第2页。

[59] 这本著作由商务印书馆翻译出版,参见[美]哈罗德·拉斯韦尔:《政治学:谁得到什么?何时和如何得到?》,杨昌裕译,商务印书馆2010年版。但这本书的英文版在西方世界多次再版,在1958年的再版中,拉斯韦尔为这本书的末尾添加了一个补充说明,其中一些观点对于理解拉斯韦尔思想的变化具有重要参考价值。但遗憾的是商务印书馆的中文版本并未收录这个说明。See Harold D. Lasswell, *Politics: Who Gets What, When, How*, Meridian Books, Inc, 1958, pp. 181 – 211.

[60] Rodney Muth, Harold Dwight Lasswell: A Biographical Profile, in Rodney Muth, *Harold D. Lasswell: An Annotated Bibliography*, New Haven Press, 1990, p. 12.

资(supplies)、应用暴力(violence)来保持自己的优势地位。[61] 因此政治学是对精英(权势或权势人物)的研究,可以分为政治科学和政治哲学两类,前者阐明情况,后者为政治选择提供辩护。《政治学》关心的是前者。[62] 更进一步,本书中的"政治分析"是政治科学研究的一种方法,它以精英为分析对象,进而阐明社会价值特征(value patterns)在外形(shape)和组成(composition)两方面的变化(changes)。[63]

然而疑问在于:从亚里士多德开始,精英最多只是政治学研究的一部分,而本书对政治的定义为什么局限于精英?讨论的全部内容也是精英?这是由于拉氏将政治的本质视作"社会价值特征的变化过程"。其中价值包括安全、收入、尊重等。而精英掌握了社会中这些价值的绝大多数,因此要考察社会价值特征的变化,必须将精英视为重点。拉氏补充说这并不是忽略整个社会各种价值的全面分配过程,也不是不考虑多数人,更不是将精英与普通大众对立起来。[64] 整本书虽然围绕精英展开,但实际处理的却是精英与大众之间如何对价值进行分配,也就是说,精英不过是拉氏政治分析的最佳切入点。

因此这里的独特性可能不在于精英论,而在于将"价值"视为丈量政治生活的一把尺子。更重要的是,拉氏关心的并非是静态的价值,而是价值特征的变化。这里暗藏的前提假设在于"政治是一个过程",它由过去、现在和未来构成,只有通过考察社会价值的变化,才能真正把握变动不居的"政治"。因此拉氏在序言中批评当下的政治活动家和学者陷入眼前的琐事,只关注具体制度分类,缺乏对政治过程的整体把握,更不具备预测未来的长远的眼光。[65]

---

[61] Harold D. Lasswell. *World Politics and Personal Insecurity*. Whittlesey House of the McGraw-Hill Book Company, Inc, 1935, p. 3.

[62] [美]哈罗德·拉斯韦尔:《政治学:谁得到什么?何时和如何得到?》,杨昌裕译,商务印书馆2010年版,第3页。

[63] Harold D. Lasswell. *World Politics and Personal Insecurity*. Whittlesey House of the McGraw-Hill Book Company, Inc, 1935, p. 3.

[64] [美]哈罗德·拉斯韦尔:《政治学:谁得到什么?何时和如何得到?》,杨昌裕译,商务印书馆2010年版,第15页。

[65] 同上注,第1~2页。

据此，拉氏提出了著名的结构性分析（configurative analysis）方法。这种独特分析方法将政治看作“过程”，关注的是动态变化，由两部分构成。一是发展分析（developmental analysis），强调以发展的眼光看待政治过程，深刻理解过去、现在和未来的历史轨迹，在时间和空间构成的坐标系中观察社会价值的变化。[66] 发展分析具有浓重的哲学意味，拉氏认为其意义在于“自我定位”（self-orientation），只有在时间和空间的流变中才能明白“我”之为“我”。二是均衡分析（equilibrium analysis），旨在刻画“政治变化”何以能发生，并描述政治背后的影响变量如何重新排列组合，如何打破旧的均衡并形成新的均衡。[67] 可以说均衡分析关注的是动态变化中某个时刻的静止形态，与发展分析相互补充，各有侧重。

但这种方法的困难在于：尊重、安全等社会价值难以通过经验描述的方法呈现出来，更不用说准确地刻画“价值变化过程”。拉氏的解决方案在于引入“象征”（symbols）概念。即借用社会中象征的变化来刻画价值分配的变化。比如从“资本主义”到“社会主义”的修辞（是一种象征）变化意味着不同精英阶层重新分配了社会价值。由此，对价值的经验性描述被替换为对象征的定性描述，结构性分析方法的操作性得以增强。

借助普遍存在的“象征”，拉氏建立起社会现实与政治变化之间的全新逻辑链条。首先，政治变化的背后是社会价值的变化，而精英所使用的象征起到了度量社会价值的作用。进而，象征可以分为三类：身份定位的象征（symbols of identification）、需求的象征（symbols of demands）、期望的象征（symbols of expectation），这些象征被大众接受的程度取决于大众的不安全程度（insecurity level）。比如，资本家剥削程度加深，劳工阶层的不安全感提升，因此更容易接受共产主义的意识形态。在这里，“不安全”是一种心理状态，公众如何宣泄不安全的感

---

[66] Harold D. Lasswell. *World Politics and Personal Insecurity*. Whittlesey House of the McGraw-Hill Book Company, Inc, 1935, pp. 4 – 5.

[67] Id., p. 5.

觉,取决于公众关注的焦点,而决定公众关注焦点的恰是既存的社会生活环境,包括大规模劳动分工、社会暴力的运用、社会收入的分配方式以及各种舆论宣传等。[68] 谁能够最大程度的影响生活环境?答案是精英。至此,拉氏通过引入"不安全"这一具有心理学意涵的概念,把精英与大众勾连起来。大众的"不安全感"反而为精英维护自身利益提供了契机,不安全成为推动政治发展的原动力。

在对待政治变化的态度上,结构性分析又分为两种。一是思考性态度(contemplative attitudes),强调对社会价值变化的环境、形态、结果、精英的特点等进行考察,目的在于完成时间流动中的自我定位,常常得出高度理论化的定律。二是应用性态度(contemplative attitudes),强调对精英的政治实践进行考察,目的在于分析具体措施对价值变化产生的影响,常常得出较为灵活的行动准则。[69]

总体来讲,通过引入"精英""价值""象征"等概念,拉斯韦尔将政治学改造为一种研究"过程"的学问。所谓过程,强调的是变化,于是拉斯韦尔又提出了关注动态过程的"结构性分析"方法。这一系列理论建构看似风平浪静,但却孕育着美国政治学研究范式的一次重大转型,政策科学的兴起正是这次转型的产物。

(二)行为主义的兴起与逻辑实证主义

根据上文介绍,拉斯韦尔提出了一种重视政治过程的动态分析方法,该方法之所以重要,是因为它标志着政治学从"制度分析"到"过程分析"、从"静态分析"到"动态分析"的根本性转变。而这一转变,正是政策科学得以兴起的理论前提。因此,只有首先考察政治学在转变前后的发展历程,才能真正理解政策科学兴起的理论意义。

美国政治学是西方政治学的一部分,而且是相当后进的一部分。尽管在美国成立之初,国父们就造就了不朽的政治学经典《联邦党人文集》,但它在某种程度上仍是脱胎于欧洲政治学思想的衍生物,或者

[68] Harold D. Lasswell. *World Politics and Personal Insecurity*. Whittlesey House of the McGraw-Hill Book Company, Inc, 1935, pp. 7 – 9.

[69] Id., p. 5.

说就是亚里士多德、马基雅维利、霍布斯、博丹、洛克、孟德斯鸠的思想在美洲土地的一次碰撞组合。只有到了19世纪末20世纪初,政治学作为一门现代意义上的学科才在美国土地上生长起来,并萌发出自我意识。[70]

一般认为,1880年前后是美国新旧政治学的分界线。标志性事件是美国哥伦比亚学院(现哥伦比亚大学)政治学院和霍普金斯大学的创立,它们教授政治学的共同点在于从哲学上的"第一原则"出发进行推测和推演,强调从检验数据中得出新知识。[71] 这种研究政治的方法趋向于将政治学视为一种科学,与之前对政治学的理解完全不同。[72]不仅如此,政治学同时受到欧洲达尔文主义的影响,开始注重"历史—比较"的研究方法。但这种研究方法不仅一开始在美国就备受质疑,而且伴随着美国政治学中独特问题意识的兴起,"历史—比较"的研究方法很快走向衰落。早期的美国政治学著作关心着欧洲所关心的事物,比如国家、主权和法律,这些研究对象在欧洲历史中源远流长,可以找到丰富的研究资料,因此"历史—比较"的方法还有用武之地。然而19世纪末20世纪初的美国却开始面对更加复杂、更加新颖的问题。虽然移民、工业化、城市化和文官制度的问题仍可从欧洲的历史中有所借鉴,但如果是涉及成文法、联邦制、三权分立或州政府等问题,"历史—比较"的方法则可能束手无策,政治学美国化的趋势就此展开。[73]

与此同样重要的趋势是,美国政治学正尝试进一步走向科学化,一些学者对这种科学化的抱负有强烈的自我意识,甚至将自然科学作为

---

[70] [美]格林斯坦、波尔斯比编:《政治学手册精选》(下卷),储复耘译,商务印书馆1996年版,第27页。

[71] [美]格林斯坦、波尔斯比编:《政治学手册精选》(下卷),储复耘译,商务印书馆1996年版,第34~35页。

[72] 传统意义上,也就是在1880年之前,美国政治学普遍被视为培养私人道德品质的学问,其次是为公民参与政治生活提供培训的学问。

[73] [美]格林斯坦、波尔斯比编:《政治学手册精选》(下卷),储复耘译,商务印书馆1996年版,第37~38页。

政治学的发展模板。[74] 但总体来讲,第一次世界大战之前乃至第二次世界大战之前,政治学科学化的努力并没有成功。失败的重要原因可能有两个:第一,当时以国家、成文法、联邦制、主权、三权分立为研究对象的政治学可以被归为"法律—制度范式",[75]而所谓"制度分析"仍然是规范意义上的研究,与科学化所主张的自然科学式的实证研究方法不符;[76]第二,政治学除了研究制度外,它同时还是一门关于实践的学问,因此承载着超科学的职能,比如对领导者进行教育和培训、实施公民教育以及为公共政策提供指导。[77] 这些职能需要的是政治参与者的实践智慧、感觉、直觉等主观判断,因此无法通过科学的实证方法加以研究。

但在短暂的沉寂后,政治学科学化的趋势在20世纪20年代末再度抬头,并为第二次世界大战后盛行的行为主义政治学奠定了基础。这一时期鼓吹政治学科学化的头号旗手当属美国政治学家查尔斯·梅里亚姆(Charles E. Merriam)。他认为科学家的任务就是首先对某个问题提出假设,然后用观察或实验得到的精确数据检验该假设,政治学研究也应如此。他甚至主张将数学方法应用于政治学研究。[78] 为了清除上文提到的两个阻碍政治学科学化的因素,梅里亚姆提出要将研究对象从"政治制度"转向"政治行为"。疑问在于:行为就可以用实证的、定量的,甚至完全数学化的方法进行研究吗?梅里亚姆给出的答案是肯定的,这里的关键就在于将日趋成熟的心理学引入政治学研究。借助心理学的理论成果,主观的政治实践不再神秘,政治参与者的行为

---

[74] Albert Somit, Joseph Tanenhaus, *The Development of American Political Science: From Burgess to Behavioralism*. Allyn and Bacon, Inc, 1967, pp. 28 – 29.

[75] 喻中:《从"法律制度范式"到"行为—过程范式"》,载《中共中央党校学报》2006年第10期。

[76] 关于政治学中规范研究与实证研究的比较,参见陈明明:《行为主义革命与政治发展研究的源起》,载《复旦学报》(社会科学版)1999年第4期。

[77] [美]格林斯坦、波尔斯比编:《政治学手册精选》(下卷),储复耘译,商务印书馆1996年版,第50~51页。

[78] 叶娟丽:《政治学研究方法的科学情结——兼论行为主义政治学的起因》,载《湖北行政学院学报》2005年第31期。

可以被科学地呈现出来。而通过研究对象从“制度”向“行为”的转移，规范性的政治学将被完全剔除出去，事实与价值的两分成为可能。

梅里亚姆的观点为第二次世界大战后兴起的行为主义政治学奠定了理论基础。行为主义者发现，制度背后的核心仍然是“人”，只有人的行为，也即政治参与者的行为才是能够被观察到并且被客观地研究的对象。可以说行为主义将政治学的科学化推向顶峰。促使行为主义成为第二次世界大战后政治学研究主流的原因复杂而多样，但就技术层面而言有三个关键点。第一，心理学的迅速发展为研究人的主观行为提供了理论支撑，比如弗洛伊德的精神分析法、约翰·华生（John Watson）的行为主义心理学、乔治·梅奥（George Mayo）的人际关系学说。第二，计算机技术已经起步，数据的收集和处理效率大大提高。为之前不可能完成的实证研究提供了技术条件。同时这种技术条件的升级也促使一批以数据处理为核心的学科迅速兴起，比如运筹学、博弈论。第三，随着科学哲学的兴起，逻辑实证主义成为美国哲学界的主流思想。而逻辑实证主义所强调的事实与价值的两分、对形而上学的否弃，为行为主义开展实证研究提供了坚实的哲学基础。[79]

作为梅里亚姆的得意门生，拉斯韦尔往往被归为行为主义政治学的代表。从上文介绍的《政治学》中，就能清楚地看到拉斯韦尔与行为主义的紧密联系。首先《政治学》的标题本身就具有浓重的行为主义色彩，英文原文为 *Politics: Who Gets What, When, How*。翻译为中文即《政治：谁得到什么？何时和如何得到？》。[80] 这种对政治的独特定义表明，拉氏眼中的政治并不是国家、主权、联邦制这些大词，而是精英乃至个人的行为，即在什么时间以怎样的方式获得了什么。他在序言中尖锐地指出：“大部分关于比较政府、比较法律和比较行政学的文献都致力于研究实际制度的分类，而很少涉及因使用这种方法而受到损害或

---

[79] ［美］格林斯坦、波尔斯比编：《政治学手册精选》（下卷），储复耘译，商务印书馆 1996 年版，第 74 页。

[80] 商务印书馆的中文版将题目中的 Politics 翻译为“政治学”，但笔者认为翻译为“政治”可能更为贴切。

得到帮助的那些现存的形式。政治分析的火光在充满政治无为主义的文献中变得黯然失色了。”[81]

但拉斯韦尔也欣喜地看到,近些年来的政治学研究开始摆脱“国家”“政府”“主权”等范畴的束缚,并逐渐放弃非此即彼的定性描述,转而关注公共管理、政党、宣传团体和政治人物等研究对象。这些对象能够使政治学家从数量和程度上观察权力运作过程,进而以定量的方式完成经验研究。由此,拉斯韦尔宣称,政治学家未来将与从事实证研究的科学家展开广泛合作,包括社会心理学家、文化人类学家、临床心理学家等。[82] 为说明这种合作的可能性与重要性,拉氏运用心理学和生理学知识,在《政治学》第八章、第九章分别围绕“人格”和“态度”研究了政治精英的行为,[83]构成了该书的经典篇章。

由此看出,拉斯韦尔构建的从“制度”到“过程”的范式转换,恰与行为主义的兴起紧密联系在一起。而行为主义背后的逻辑实证主义,正是拉斯韦尔政治学观点的哲学基础。他明确指出,政治学就是要阐明情况,分析事实;政治哲学才涉及价值,并为政治选择提供辩护,而他关心的是前者。[84]

(三)政策科学的兴起及其哲学基础

但我们不能将拉斯韦尔仅仅看作一个行为主义政治学家,他比大多数行为主义者走的更远。毫无疑问,拉斯韦尔秉持着行为主义的立场,但他强调更多的却是“过程”,这在本章第一部分已有详细论述。“行为”与“过程”的共同点在于,相对于静态的“制度”而言,它们本身蕴含着动态属性。但如果仔细考察它们的内涵,却发现这种动态属性的程度似有不同。所谓“行为”,就是“谁在什么时候以什么样的方式得到了什么”,从本质上讲,这仍然是一个静态描述。当我们确定了行

---

[81] [美]哈罗德·拉斯韦尔:《政治学:谁得到什么?何时和如何得到?》,杨昌裕译,商务印书馆2010年版,第1~2页。

[82] [美]哈罗德·拉斯韦尔:《政治学:谁得到什么?何时和如何得到?》,杨昌裕译,商务印书馆2010年版,第14~15页。

[83] 同上注,第106~134页。

[84] 同上注,第3页。

为的"主体""时间""方式"和"对象"后,"行为"就成了"过程"的一个截面,这正是拉氏均衡分析的对象。但反观"过程",强调的却是自始至终处于变化之中,是一种更为彻底的动态描述。我们轻易就能发现,拉氏在进行发展分析时,始终面对着过去、现在、将来这三个维度上的趋势。

在拉氏对政治过程的阐述中,我们似乎看到了英国哲学家阿尔弗莱德·怀特海(Alfred Whitehead)"过程哲学"的影子。[85] 怀特海强调哲学的基本原则是"创造性",并表现为"过程"。在形而上学层面,怀特海采用了一种以流变和生成为基本特征的动力学方法,而不是静态的形态学描述方法。在本体论层面,怀特海坚称过程就是实在,实在就是过程。他指出宇宙是由各种事件和实际存在物相互连接、互相包容形成的有机体。有机体的根本特征是活动,活动表现为过程,过程则是构成有机体各元素之间具有内在联系的、持续的创造过程。它表明一个机体可以转换为另一个机体,因而整个宇宙表现为生生不息的活动过程。怀特海由此完成了从唯物论向"有机实在论"的转变,从物理学的角度讲,后者用流动的能量概念取代静止的质料概念。[86]

正是在过程哲学的影响下,拉斯韦尔构建了政治过程的结构,并论证了该过程持续的流动性。正如《政治学》为我们呈现的那样,整个社会的价值分配始终处于不断变化之中。从"制度"到"行为"再到"过程",拉斯韦尔可能提出了一种最为激进的动态政治学理论。但毫无疑问,它对于理解和分析那个时代的政治实践乃至社会现象具有重要意义,因为进入20世纪以来,美国乃至全世界都处于高速的变化和动乱之中。

---

[85] 怀特海对拉斯韦尔的影响参见 Bruce L. Smith, The Mystifying Intellectual History of Harold D. Lasswell, in Arnold A. Rogow, *Politics, Personality, and Social Science in the Twentieth Century*, The University of Chicago Press, 1969, p. 52。但这篇文章并没有说明过程哲学与拉斯韦尔观点之间的联系。

[86] 杨富斌:《怀特海过程哲学思想述评》,载《国外社会科学》2003年第4期;霍桂恒:《一只正在蜕皮的蝉——作为西方哲学当前生长点之一的怀特海过程哲学》,载《哲学研究》2003年第4期。

更重要的是,这种强调过程的动态政治学观点为拉斯韦尔的政策科学思想提供了萌发土壤。当我们将政治视为一个永恒变动的过程时,过去、现在和未来构成的时间线索,就成为考察政治制度和实践的最重要维度。但令人遗憾的是,行为主义所关注的"行为",仅仅面向过去和现在,却忽略了未来。尽管分析历史的行为和现在的行为,对于预测未来的行为有所帮助,但这种方式太过消极。拉斯韦尔试图构建一种理论,以更积极的姿态介入未来、塑造未来。这种倾向在1958年再版的《政治学》中得到完整展现。

拉斯韦尔为再版的《政治学》添加了一个补充说明,其中一段文字指出:"对政治思想家个人偏好的探讨并不能被排除在研究范围之外,恰恰相反,它是一种责任。政治思想家的贡献既是启蒙,也要为社会提供正义,他们既是社会的生理学家,但也必须是治疗社会病的医生。政治思想家的功能一方面在于客观地揭示政治过程,另一方面要通过'政策'将社会发展引导向他所偏爱的那个价值。"[87]这段陈述与初版中强调事实与价值两分、只关注事实不关注价值的观点产生了偏离。拉斯韦尔开始关注未来的价值目标,并强调借助"政策"实现目标。这种转变意味着,拉斯韦尔的学术兴趣已从描述性的"政治科学"转向对时间更为敏感的"政策科学"。[88]

1951年,拉斯韦尔与丹尼尔·勒纳(Daniel Lerner)合作编写的*The Policy Sciences*(以下简称《政策科学》)出版,标志着现代政治科学诞生。[89] 在该书第一篇文章 The Policy Orientation 中,拉斯韦尔概括了政策科学的特征。除了对时间的敏感性、强调动态过程之外,政策科学还具有以下主要特征:第一,政策科学是关于民主主义的学问,它涉及个人选择,必须以民主体制作为前提;第二,政策科学是一门需要学者和

---

[87] Harold D. Lasswell, *Politics: Who Gets What, When, How*, Meridian Books, Inc., 1958, p. 194.

[88] 关于时间敏感性的描述参见 Harold D. Lasswell, The Policy Orientation, in Harold D. Lasswell, Daniel Lerner, *The Policy Sciences*, Stanford University Press, 1968, pp. 10 – 11.

[89] 张国庆等:《美国公共政策的研究回顾》,载[美]托马斯·戴伊:《理解公共政策》,张彩红译,刘新胜、张国庆校,北京大学出版社2008年版,第2页。

政府官员共同研究的学问，后者的实践经验对于政策科学具有重要意义；第三，政策科学追求政策的合理性，必须以实证数据建立起可检验的经验理论；第四，政策科学是融合了政治学、社会学和心理学等学科知识的跨学科研究。[90] 由此发现，除了前两项特征外，其他特征不过是行为主义政治学的老生常谈。

在进一步考察前两项特征之前，我们首先澄清拉斯韦尔口中的政策科学到底是什么。在《法律教育》一文中，"政策"被定义为制定影响价值分配的重要决策（decision）。[91] "价值分配"在《政治学》一书中已有详细阐述，这里的重点在于"决策"。从行为主义的角度看，决策就是行为主体做出选择（choice），存在宏观和微观两种情况。宏观决策是指全体国民（body politic）做出的选择，比如立法、行政、司法机关的投票、战争或起义的成败、选举中的民意。全体国民的决策具有强制性，如果有人违反决策结果，将受到强制力的惩罚。而微观决策是指社会中的个体在面对纷争和不确定情况时做出的选择。拉斯韦尔指出，无论是宏观决策还是微观决策，其决策过程完全一致，即持有不同价值观念的参与者，运用基本价值，参考不同策略，在竞技场（arena）中互相作用，从而影响价值分配的产出和效果。[92] 也就是说，所谓政策，就是那些显著影响最终价值分配的决策。由于决策表现为上述过程，因此政策同样表现为上述过程。

那么究竟什么是政策科学？拉斯韦尔指出，政策科学有两个面向。一方面，它是研究上述政策过程的学问，旨在发展出政策形成与执行的科学，主要运用社会科学和心理学知识对参与者的选择行为进行实证研究；另一方面，它是为制定政策提供其所需情报（intelligence）的学问，旨在为决策者提供高质量的信息，并加深决策者对事物的理解。因此这个面向的政策科学更为复杂，它发挥着情报功能（intelligence

---

[90] 同前注，第2~3页。

[91] Harold D. Lasswell, Myres S. McDougal, Legal Education and Public Policy: Professional Training in the Public Interest, 52 *The Yale Law Journal*, p. 207 (1943).

[92] Harold D. Lasswell, Current Studies of the Decision Process: Automation versus Creativity, 8 *Western Political Quarterly*, pp. 381 - 382 (1955).

function),不仅要运用社会科学与心理学知识,更重要的是要预测和判断未来的决策需要,从而为决策者提供决策参考。[93] 从这个意义上讲,后一个面向的政策科学更像是决策者的工具,与前一个面向中致力于构建描述政策的过程完全不同。

再回到政策科学的前两项特征,就会发现它们与政策科学的后一个面向紧密相关。首先,拉斯韦尔所说的"民主"实际上是一种经验意义上的价值分配形态,即各种价值能够在社会个体之间得到广泛分享。为什么政策要以民主作为目标?因为民主的价值分配形态是拉斯韦尔通过分析世界格局在历史和当下的趋势,而对未来决策需求做出的预测。因此民主价值乃至人格尊严作为终极价值目标并不具有超验属性,它们仍然来源于经验。其次,政策科学之所以重视行政官员的实践,在于政策科学试图发挥其提供情报的功能。在第二个面向中,政策科学是指导官员决策行为的导向性工具。要使工具发挥作用,政策科学研究者就不仅要熟悉政策过程,更要熟悉官员的实际动向和行为习惯,乃至要掌握向行政官员传递信息和知识的技巧。

正是在第二个面向中,我们看到政策科学背后的实用主义色彩,[94] 具体表现为一种工具主义特征。政策科学通过构建过程,赋予"现在"和"未来"在时间维度上的连续性,但这种连续性不是漫无方向的,而是必定指向一个未来的价值目标。如何实现这个价值目标?关键在于决策者如何制定政策并执行政策。拉斯韦尔认为,政策科学就是帮助决策者进行选择的情报工具。也就是说,政策科学构成了我们实现某个价值目标的手段。这里的价值目标仍然是从经验中得出的,而非通过语义学或形而上学的分析得出。价值目标的定位,完全取决于过去、现在和未来构成的具体语境。正是在这个意义上,政策科学强调决策

[93] Harold D. Lasswell, The Policy Orientation, in Harold D. Lasswell, Daniel Lerner, *The Policy Sciences*, Stanford University Press, 1968, pp. 3 – 4.

[94] 拉斯韦尔后来承认自己研究政策科学受到杜威实用主义的影响。他指出政策科学是杜威和他的同事在发展美国实用主义时,所建议的公共政策研究路径的变种。See Harold D, Lasswell, *A Pre-View of Policy Sciences*, New York: American Elsevier Science Ltd., 1971, p. 14.

者的决策行动及其决策结果,并以解决问题为导向。[95]

总之,通过以上分析,我们看到一条比较清晰的政策科学发展脉络。这条脉络必须放在美国19世纪末20世纪初政治学转型的背景中才能理解,同时,这条脉络的形成也与一系列哲学思潮密切相关。接下来的工作是,我们如何借助这条线索,进一步理解美国政策法学的兴起。

(四)政策法学与政策科学的联系

政策科学与政策法学存在包含与被包含的关系,这在本文导言中已有所涉及,即政策法学是政策科学的一部分,或者说政策法学是政策科学在法学领域的分支。拉斯韦尔坚称自己的终极目标在于构建完整的政策科学理论体系,该体系囊括所有能够为重要决策提供事实和原则的科学,法学无疑只是其中之一。因此,我们轻易就能发现政策法学与政策科学在内容、功能和方法上的一致性。但在总结它们的一致性之前,我们首先澄清两点对拉斯韦尔政策科学的误解。[96]

第一,政策科学与政治科学家所说的政府研究并没有太大关系。正如上文所说,政策科学研究的核心是"决策"——即具有强制力的"选择"。而政治科学家几乎不关心这个问题,即使关心决策问题也只是局限于公共机关,比如"政府政策"。但拉氏的政策科学不仅涉及公共机关的政策,还包括"商业政策"(business policy)乃至"我自己的政策"(my own policy)。也就是说,政策科学是一种关于"选择"的一般理论。在这个意义上讲,当时兴起的"理性选择理论"(rational theory of choice),即博弈论(theory of game),反而与政策科学更为相似。在这方面,冯·诺依曼(von Neumann)、奥斯卡·摩根斯坦(Oskar Morgenstern)、肯尼斯·阿罗(Kenneth Arrow)等数学家、经济学家乃至

---

[95] Harold D. Lasswell, *The Future of Policy Sciences*, New York: Atherton, 1963, pp. 38 – 39.

[96] 这里必须说明的是,尽管拉斯韦尔是政策科学的奠基者,但政策科学后来的发展却演化出许多路径。拉斯韦尔的政策科学思想只是其中一支,或者说是早期政策科学的一支。而本文所说的政策科学,如无特殊说明,都指拉斯韦尔开创的政策科学路径。

心理学家、人类学家已经走到了前列。[97] 第二,政策科学既不是社会科学的综合,也不是应用社会科学或应用心理学。它所涉及的仅仅是社会科学恰切视角中的一部分,或者说是社会科学中一个方面的问题,即只有当社会科学、心理学乃至自然科学的知识与满足政策需求所需的信息相关时,它们才能被划入政策科学的范畴。[98]

通过明晰上述范畴,政策法学与政策科学的关系也得以明确。首先,就内容而言,政策法学同样也是关于"选择"的理论。在政策法学派看来,司法过程绝不是法律形式主义者所说的"自动售货机",而是法官选择如何分配社会价值的过程。正是在这个意义上,法律现实主义与政策法学达成空前一致。我们可以认为,法律现实主义者对行为、结果、选择的强调,实际上就是"选择理论"在法学领域的雏形,为政策科学向法学领域的延伸提供了理论资源。政策法学将"法官进行政策选择"推向极端化、普遍化,在这个过程中,法官作为决策者的独特性被消解了。与一般的决策者相比,法官不过是动用了一种具有权威性的权力资源——法条,从而保障其决策选择具有更明显的强制意味。但除了"权力资源"的差异,法官与普通决策者几乎没有区别。由此,法学理论成为"选择理论"的一部分,自然也就成为政策科学的一部分。

其次,就学科功能而言,政策法学同样也是为决策者提供信息资源的工具。这种工具主义特征在政策法学40年代兴起时就表现出来,当时拉斯韦尔和麦克道格尔并不急于构建政策法学的一般理论体系,而是强调通过引入"政策制定训练"来完善法律教育。拉斯韦尔和麦克道格尔实际上并不关心如何通过教育塑造价值观或凝聚社会共识,他关心的是如何通过法律教育为决策者提供信息和技术,从而更好地实现民主价值,这里的价值目标完全是经验层面的而无须证明。由此,政

---

[97] Harold D. Lasswell, The Policy Orientation, in Harold D. Lasswell, Daniel Lerner, *The Policy Sciences*, Stanford University Press, 1968, pp. 4 – 5.

[98] Harold D. Lasswell, The Policy Orientation, in Harold D. Lasswell, Daniel Lerner, *The Policy Sciences*, Stanford University Press, 1968, p. 4.

策法学中蕴含着同样强烈的工具主义色彩。

最后,就学科方法而言,政策法学几乎与政策科学分享着完全相同的哲学基础。正是借助这种一致性,我们才能理解从法学视角所无法理解的问题。比如从“制度”到“过程”的范式转变,实际上与当时行为主义的兴起有关;所谓“兰德尔主义的幽灵”,实际上与第二次世界大战后逻辑实证主义的兴起密切相关。此外,逻辑实证主义还赋予政策法学中的“价值”以经验属性;[99]以及政策法学所体现出的工具主义的特征,正是源于已经走向衰落的实用主义哲学。

至此,我们已初步建立起政策法学与政策科学之间的联系,并借助政策科学的思想脉络,对政策法学的观点、立场背后的范式转型和哲学基础等进行了进一步检视。但我们不能止步于此,任何一派学术观点背后都有其试图回应的现实问题。只有考察这种原初的问题意识,我们才能更全面地理解政策法学派。为此,进入政策法学派兴起时所处的时代背景,将成为下文的主题。

四、行政—法治国背景下的政策法学

(一)行政—法治国的兴起的第一阶段

“行政—法治国”是对美国19世纪末到20世纪上半叶国家形态的一种概括,意在刻画美国从“法治国”向“行政国”的转型。“行政—法治国”本身虽是一个学术概念,并侧重于国家、权力等政治学视角,但

---

[99] 实际上,政策法学与逻辑实证主义的关系颇为复杂。笔者认为涉及两个层面。第一,逻辑实证主义强调事实与价值两分,在此影响下,政策法学将法律完全视为一门科学。也正因此,很多评论将政策法学视为向兰德尔主义法律科学的回归。第二,逻辑实证主义强调语言分析,在此影响下,政策法学构建了一套“超法律规范”和“超司法过程”的“元语言”(meta-language)体系。这套元语言体系使得研究者能够在经验层面描绘整个社会过程。一个例子在于:拉斯韦尔和麦克道格尔将“法律”一词分解为“权威”与“控制”,进而就可以在程度和数量上对法律进行经验分析。See John N. Moore, Prolegomenon to the Jurisprudence of Myres McDougal and Harold Lasswell, 54 *Virginia Law Review*, pp. 665 – 666 (1968).

却能够准确地揭示出这一历史时期中社会发展的显著特点，同时影射着政治权力背后的经济结构与利益格局。

南北战争是美国历史上最重要的节点之一。这场战争可以说是为奴隶的权利而战，也可以说是为国家统一而战。但在更本质的意义上，南北战争是北方工业资本主义经济与南方种植园经济的对抗，是两种经济形态中利益相关者的博弈。北方的胜利不仅避免了联邦的瓦解，同时废除了阻碍劳动力流动的奴隶制，更建立起全国范围的商品市场，标志着先进的工业资本主义开始在全国占据主导地位，美国进入快速工业化时期。然而，推动美国 19 世纪末工业化进程的因素还有很多，如第二次工业革命中一系列新技术发明被创造出来，促进了社会生产力的迅速提高；美国广袤的西部领土及其经济资源得到进一步开发和利用；大量欧洲移民涌入，形成了规模庞大的自由劳动力；以及南北战争中联邦政府权力的扩张，导致其管制和引导经济的能力增强。[100]

这一时期美国工业化的特征表现为自由放任式的资本主义，在无序竞争中，生产资料与资本高度集聚，工商业资本巨头开始崛起，并逐渐垄断全国经济资源和商品市场。著名的垄断资本家安德鲁·卡内基、约翰·洛克菲勒、约翰·摩根等就诞生于这一时期。这种自由放任的经济模式至少造成以下三类社会问题的集中爆发。第一，财富分配不均，贫富分化空前加剧，新环境下富人与穷人之间产生了巨大的信任裂缝，社会不稳定因素进一步加深；第二，垄断资本主义条件下，社会风险空前提高，主要表现在工业生产中事故率、伤亡率的直线飙升；[101]第三，社会发展的形态呈现出空前的复杂化、多样化和专业化，新事物层出不穷，事物之间的联系盘根错节、千头万绪。

1911 年发生在纽约三角内衣厂的大火是那个时代的标志性事

---

[100] 王希：《原则与妥协：美国宪法的精神与实践》（增订版），北京大学出版社 2014 年版，第 323 页。

[101] ［美］约翰·法比安·维特：《事故共和国：残疾的工人、贫穷的寡妇与美国法的重构》，田雷译，上海三联书店 2013 年版，第 3 页。

件,[102]146 名工人在这场火灾中丧生,悲剧发生的原因在于工厂中极度恶劣的环境和几乎不存在的安全保障措施。粗放的、压榨式的、利润至上的工业生产模式是繁荣背后的真实写照。数据显示,在 19 世纪末 20 世纪初,每 50 位工人中就有 1 位工人每年因工作事故而死亡或伤残超过 4 周时间以上。如果以全体人口为样本,大约 1000 名美国人中每年就有 1 人死于事故。在危险工业领域,伤亡率更为惊人。[103] 然而工人的伤亡仅仅是社会矛盾的一个极端表现,在工业化的更广泛领域内,社会矛盾和利益冲突无处不在,并表现为更温和的形态,比如超长的工作时间、极低的工资、恶劣的生产生活环境、身体健康的长期耗损、女工和童工的歧视。在处理这些棘手的社会矛盾时,司法机关表现出不合时宜的保守。

洛克纳诉纽约州案是这一时期司法机关回应社会问题的典型案例。最高法院的大法官们秉持着"契约自由"的原则,借助对宪法第 14 修正案中"正当程序条款"的解释,判定纽约州限制工作时长的立法违宪,[104]进而否定了通过社会立法的方式干预经济生活的合宪性。对契约自由原则的维护,实际上是对自由放任的资本主义经济模式的肯定和背书,这种以法律概念阐释为核心的、强调宪法对立法机关和行政机关的约束,乃至违宪审查在内的体制机制,不仅传达出世纪之交美国司法机关的基本立场,更彰显了传统"法治国"的基本特征与核心价值追求。

之所以说司法机关的保守不合时宜,是因为它与当时为解决社会问题而倡导改革的进步主义运动相左。源起于 19 世纪末的进步主义运动,可以被视为"行政—法治国"兴起的第一阶段。进步主义运动旨在缓和上文提到的过度的贫富分化现象、提高工人福利待遇、保障弱势群体利益,从而有效管控社会风险,维护社会秩序稳定。1902 年继任

[102] [美]大卫·冯·德莱尔:《兴邦之难:改变美国的那场大火》,刘怀昭译,中国政法大学出版社 2015 年版。

[103] [美]约翰·法比安·维特:《事故共和国:残疾的工人、贫穷的寡妇与美国法的重构》,田雷译,上海三联书店 2013 年版,第 4 页。

[104] [美]克米特·霍尔:《牛津美国联邦最高法院指南》(第 2 版),许明月等译,北京大学出版社 2009 年版,第 548 页。

的美国总统西奥多·罗斯福大大推动了进步主义运动。他大刀阔斧地利用总统职权，主动发挥联邦政府功能干预经济，调节社会各集团之间的利益和矛盾。[105] 之后的两任总统威廉·塔夫脱和伍德罗·威尔逊，尽管在许多问题上与罗斯福意见相左，但基本上延续了进步主义的政策路线，甚至走的更远。在这三任总统的统治下，美国政治、经济格局发生重大变化。第一，针对社会问题的立法迎来第一个高峰期。在各州层面，改革者推动州议会进行立法，试图解决铁路垄断、工人补偿、滥用童工等问题；在联邦层面，国会同样通过了一系列规制经济的法案，比如赫本法案（Hepburn Act）、纯净食品和药品法案（Pure Food and Drug Act）、联邦储备法案（Federal Reserve Act）。[106] 第二，联邦行政机构规模开始扩张。一方面，针对社会问题的专门行政机构被创设出来，比如塔夫脱时期创设的劳工部、儿童管理局。[107] 另一方面，一系列具有行政属性的专业机构、委员会建立起来，它们或发挥收集情报、提供政策咨询的功能，或直接履行部分行政管理职能，比如联邦贸易委员会。[108]

但以上两点变化还只是表面现象，从更根本的宪政层面讲，它们都是总统行政权扩张的具体表现。从西奥多·罗斯福到伍德罗·威尔逊，总统不再只是执行国会立法的执行官，而开始成为真正的国家领导人、国家的象征和国家权力的代表。无论是逐渐丰富的社会立法，还是日渐庞大的联邦行政机构，其背后的推动性力量都是总统：塔夫脱是美国历史上第一位起草法案并将其送往国会的总统；罗斯福和威尔逊为

---

[105] 王希：《原则与妥协：美国宪法的精神与实践》（增订版），北京大学出版社 2014 年版，第 364 页。

[106] David R. Mayhew, *Parties and Policies: How the American Government Works*, Yale University Press, 2008, pp. 137 – 138.

[107] David R. Mayhew, *Parties and Policies: How the American Government Works*, Yale University Press, 2008, p. 138.

[108] 王希：《原则与妥协：美国宪法的精神与实践》（增订版），北京大学出版社 2014 年版，第 364 ~ 367 页。

了解决一系列专业而复杂的社会问题，成立了各种专门委员会。[109] 然而存在的问题是：在世纪之初，是怎样的力量推动总统行政权实现了如此根本性的扩张？这就与上文提到的自由放任的市场经济所引发的空前社会矛盾联系在一起。

这些社会矛盾引发了公众的极度不满，“公共政治”（public politics）开始兴起。[110] 工人、下层百姓、女性、改革者等社会主体通过媒体、选举、示威、罢工等形式，广泛参与到政治生活中，试图唤醒公权力，介入经济领域进行利益再分配，从而实现真正的“机会平等”。在一定程度上，进步主义运动就是公共政治在实践层面的具体表现。如何回应公共政治中产生的一系列诉求？以总统为标志的行政权开始发挥越来越重要的作用。这首先是由于政党作为总统选举的机器，为了赢得公众支持，摈弃了 19 世纪纯粹利益交换式的政党政治，开始设定面向公众、更加开放且回应以上公共政治诉求的政党提纲。而总统候选人成为这一提纲的代言人和宣誓者，无形中将总统候选人推向政党领袖的位置。更重要的是，在选举过程中，通过回应公众诉求，总统的权威得以充分确立。其次，为回应公众诉求，立法机关通过了更多旨在调解社会矛盾的法案。更多的法案意味着法案的执行成为影响更大、更关键的权力运行环节。法案执行中，行政机关发挥了最重要的作用，并拥有巨大的自由裁量空间。这就使得无论是总统还是其他专门行政机构的权力得到进一步扩张，并在一定程度上主导了社会利益的再分配。由此，从“法治国”向“行政国”的转型已初露端倪。

实践层面的转型深刻影响了法律思想的变迁。在此背景下，保守的、强调法律概念之间逻辑关系的兰德尔主义法律科学开始衰落，受到越来越多的批评。而与之相对，重视社会变化、并将法律视为一种“社会过程”的社会学法学运动开始兴起。社会学法学的代表人物罗斯

---

[109] 王希：《原则与妥协：美国宪法的精神与实践》（增订版），北京大学出版社 2014 年版，第 365～366 页。

[110] David R. Mayhew, *Parties and Policies: How the American Government Works*, Yale University Press, 2008, p. 137.

科·庞德(Roscoe Pound)认为,兰德尔主义法律科学构建的机械法理学(mechanical jurisprudence)只是法律的一个面向,绝非全部。真正的法律或司法过程必须面对现实情况,并与整个社会背景相联系。庞德同时强调,法律之上存在着普遍的道德标准,法律就是整个社会工程的一部分,是实现该道德标准的工具。正是在这个意义上,社会学法学思想与实践层面的进步主义运动,乃至整个行政—法治国兴起的大背景产生了契合。它们的共同点在于承认社会形态处于不断的变化当中,而变化中又存在一定的规律,这些规律使得人们能够通过工程、计划的方式加以掌握运用,并最终实现预定的价值目标。[111]

(二)行政—法治国兴起的第二阶段及“二战”的影响

但以社会立法、进步主义运动等为标志的行政—法治国阶段并没能持续太久,在进入20世纪20年代后逐渐失去影响力。第一,这在很大程度上与世界第一次大战的爆发有关。我们可以发现,公众对政府行政权的信赖,与进步主义运动中人们对自身命运以及终极道德标准的乐观心态息息相关,但这种乐观心态很快因第一次世界大战的爆发而瓦解。[112] 人们开始怀疑,是否能够通过有计划的立法和行政干预实现所设想的终极目标,甚至值得怀疑的是是否存在一个颠扑不破的价值标准。这种消极的公众心态和充满怀疑的精神气质,使进步主义运动转入低潮,并逐渐销声匿迹。第二,这还与1917年震颤了整个世界的俄国革命有关。布尔什维克建立起首个与资本主义形成鲜明对立的社会主义国家,这让美国在内的西方世界感到恐慌。威尔逊之后的美国总统,都试图与社会主义划清界限。进步主义运动中形成的“经济干预”受到抵制,包括卡尔文·柯立芝、赫伯特·胡佛在内,都崇尚恢复传统的美国价值观,包括提高效率、鼓励个人奋斗、减少政府介入、支

---

[111] G. Edward White, From Sociological Jurisprudence to Realism: Jurisprudence and Social Change in Early Twentieth-Century America, 58 *Virginia Law Review*, pp. 1009 - 1011 (1972).

[112] Ibid., p. 1013.

持自由放任式的经济竞争。[113] 尽管如此,从另一个侧面来看,第一次世界大战所处的紧急状态,反而巩固了进步主义运动以来不断扩张的行政权。实质上,从法治国向行政国的转型并没有停止,并已成为不可逆转的趋势。

胡佛政府回归自由放任经济竞争的政策并没有奏效。19 世纪末 20 世纪初以来经济资源和利益分配不均的问题愈加突出,贫富分化空前加剧,长期累积的社会矛盾在 1929 年集中爆发。一开始只是股市崩溃,而后蔓延到所有经济领域,造成全国范围的大萧条。到 1932 年,美国工业总产值比 1929 年下降了 67% ,失业人数高达 1200 万,占就业人口的 1/4。[114] 大萧条不仅造成美国普通民众的生活水平直线下降,同时引发整个社会的动荡与恐慌。在此背景下,胡佛所代表的共和党在 1932 年总统选举中惨败,民主党候选人富兰克林 · 罗斯福胜选上任,开启了著名的“罗斯福新政”。罗斯福政府刚一上台,就坚决抛弃了传统的自由竞争经济理论,打破联邦政府的权力束缚,采取了大面积的干预措施,将联邦政府从过去的只是进行边缘性经济管制、调节各州之间经济利益的政府变成了一个全面的行政国家的政府。笔者认为,可以将罗斯福新政视为行政—法治国兴起的第二阶段,或者说是全面兴起的阶段。

从法律角度看,新政的深远影响至少体现在两个方面。第一,新政对普通法秩序所形成的体系展开全面攻击。新政所主张的核心观点在于:普通法体系所秉持的自由放任原则绝不是“自然而然”的,更不是中立的。从某种程度上讲,所谓私人财产权、契约自由不过是资源和利益分配模式的一种,这种分配模式本身必须建基于公权力的划分与保护之上,实际上也属于“人造”的范畴。而在大萧条的现实情况下,普通法体系所维护的利益分配格局已不合时宜,它无法保障社会公平以

---

[113] 王希:《原则与妥协:美国宪法的精神与实践》(增订版),北京大学出版社 2014 年版,第 382 ~ 383 页。

[114] 同上注,第 399 页。

及弱势群体最基本的生存权利。[115] 因此,新政中政府对经济的干预,不过是在相反的方向上延续了对资源和利益进行分配的传统方式,但却达到了更好的社会效果。甚至在新政的支持者看来,强势群体对弱势群体负有先存义务,因此行政干预并不具有强制性,反而是对后天"不自然"的矫正。据此,新政背景下的法治理念发生了根本性改变。无论是普通法体系,还是以行政权主导的法治体系,其本质就是进行"规制",从而达致最佳利益分配格局。

第二,新政同时导致了急剧的机构革新。[116] 这种革新表现为联邦行政机构规模的扩大和权力的扩张。从纵向来看,联邦政府将更多权力从州政府手中吸纳过来。新政支持者认为,国父们创立的联邦制在大萧条背景下难以发挥作用。全国范围的经济、社会危机要求联邦政府统一采取行动、调配资源,州政府对联邦政府的制约此时恰恰成为阻碍国家复苏的消极力量;从横向来看,司法机关在大萧条的背景下难以发挥规制经济的作用。所谓规制的法治理念,崇尚的是积极、专业、灵活、效率。而司法机关乃至立法机关却与此背道而驰,表现为保守、消极、反复、盲目。因此在危机背景下,权力开始向行政机关集中,三权分立的制衡格局被彻底打破。新的行政机构常常集立法权、裁决权和行政权于一身,一种以"行政权"为主导的国家形态鲜明地呈现出来。

如果我们将新政时期行政权的扩张与进步主义时期行政权的扩张进行对比,就会较为明显地发现它们之间的异同。它们的相同点在于都试图构建一种以"规制"为核心的法治理念,改变自由放任的经济形态,打破既有的资源和利益分配格局,从而缓解它们所面对的危机。在这一过程中,传统的三权分立制衡机制遭到破坏,行政权发挥越来越关键的作用。

但更重要的是它们之间的不同点:行政权在这两个阶段的扩张程

---

[115] [美]凯斯·桑斯坦:《权利革命之后:重塑规制国》,李洪雷、钟瑞华译,中国人民大学出版社2009年版,第20~24页。

[116] [美]凯斯·桑斯坦:《权利革命之后:重塑规制国》,李洪雷、钟瑞华译,中国人民大学出版社2009年版,第24~26页。

度表现出巨大差异。在进步主义时期，尽管总统的权威空前加强，各种行政机构纷纷设立，但立法权和司法权仍然能够通过设置立法议程、实施违宪审查等手段限制行政权。同时，进步主义运动也表现出极高的道德取向。也就是说，无论行政权怎样扩张，它最终必须指向“公平”“机会平等”这些道德标准，前面提到的庞德的社会法学思想就集中反映了这一特点。但反观新政时期，行政权的扩张更加全面、更加彻底、更加深刻。大萧条所带来的社会危机和民众恐慌，赋予罗斯福前所未有的巨大权力。以罗斯福为首的新政改革者，不仅成为国会立法的主要推动者，同时也对最高法院的司法钳制展开猛烈攻击，最终迫使保守的最高法院在新政的议题上做出巨大让步，甚至放弃了在经济领域做出裁决的权力。[117] 从这个意义上讲，新政实际上就是一次在危机面前加强中央集权的政治改革。在改革过程中，效率和实用成为行政权扩张的唯一目标，普世的道德标准逐渐瓦解，“怀疑一切价值”成为新政时期的主要精神气质。

尽管这种对唯一道德标准的怀疑态度源于第一次世界大战，但却在新政时期达到顶峰。新政主义者尽管也试图改变低收入家庭和弱势群体的经济地位，但他们并不是从道义的角度认为应该如此，同时也不承认代议制政府或民主制度的价值，而坚持采取精英治国的策略，[118]以一种纯粹父权式的权威操控和调节利益分配。正是在这个意义上，进步主义者与新政改革者产生了严重分歧，他们在观念上的差异无法用整体上的“行政权扩张”来加以解释和掩盖。在这种情况下，法学思想也发生了重要转变。19 世纪 20 年代末，法律现实主义运动兴起，对庞德的社会学法学思想展开猛烈攻击。现实主义的背后是行为科学的支撑，强调以完全的经验研究、数学模型、统计数据等代替传统意义上的定性研究和模糊的定量研究。行为科学注重分析人的行为过程和行为

---

[117] 罗斯福在新政时期推动社会立法，以及与最高法院展开政治斗争的详细内容，参见王希：《原则与妥协：美国宪法的精神与实践》(增订版)，北京大学出版社 2014 年版，第 401 ~ 425 页。

[118] G. Edward White, From Sociological Jurisprudence to Realism: Jurisprudence and Social Change in Early Twentieth-Century America, 58 *Virginia Law Review* 1025 (1972).

结果,否弃社会学法学中残留的形而上学和价值理论,将所谓的道德标准视为意识形态而非科学。这种观点和方法不仅奠定了司法行为在法律现实主义中的核心地位,同时赋予法律现实主义者怀疑一切价值标准的态度。而这种现实主义观点正好与罗斯福新政中的改革实践相契合,一时成为法学界的主流思想。[119]

但有趣的是,罗斯福新政期间可能还不是行政权扩张的顶点。1941年年底,美国因珍珠港事件正式对日宣战,参与到第二次世界大战当中。规模空前的第二次世界大战将美国推向更加紧急的战争状态,罗斯福推出一系列战时政策,总统权力以及与之相伴的行政权扩张到无以复加的地步。大量临时的委员会和行政机构建立起来,以便举全国之力,统一调配资源,为战争提供补给。此外,战争中兴起的法西斯主义和极权国家再一次使人类陷入沉思。随着战争的结束,更多人开始思考是什么原因导致了法西斯主义和极权国家的兴起,以及如何避免类似的人类悲剧再次发生。而这恰恰构成了法学领域中自然法复兴的现实背景,但除了从传统自然法理念中找寻答案之外,许多美国思想家和学者开始重提民主政治的重要性。尽管新的冷战格局已经形成,事实与价值的两分仍然是美国赖以标榜其科学性的哲学基础,但更多的政治学家和法学家已经不能满足于仅仅描述事实,而是希望勾画出更加理想的未来,并为实现理想设计方案。拉斯韦尔和麦克道格尔提出的政策法学思想,无疑是众多方案之一。

(三)政策法学派对现实问题的回应

通过勾勒行政—法治国兴起的两个阶段,我们对政策法学派兴起的社会背景和政治生态有了初步了解。在分析政策法学派如何回应其中存在的现实问题之前,我们再来简单总结一下行政—法治国兴起的一些基本特征。

---

[119] 法律现实主义者与新政的关系一直是法学界讨论的焦点之一。比如现实主义代表人物卢埃林并不支持新政,甚至对其持批评态度。但另一些代表人物,比如弗兰克、奥利芬特等人却积极参与到新政改革当中,并在其中发挥了重要作用。但无论现实主义者对新政持怎样的态度,它们之间的密切联系却是不容否认的。

第一,行政—法治国兴起时的社会形态表现为社会矛盾空前加剧、经济资源和利益分配不均、贫富分化严重,同时社会问题呈现出变化快、专业化程度高、利益关系复杂等特点。在此背景下,程序繁琐的立法权和保守消极的司法权难以满足社会发展的需求。

第二,行政—法治国的兴起在制度层面,突出表现为行政权的急剧扩张。这种扩张打破了传统的三权分立制衡格局,总统和政府的行政机构常常集立法权、裁决权和执法权于一身。同时,行政机构的规模空前扩张,一系列具有行政机关属性的专门委员会建立起来,成为调节和分配利益的重要部门。

第三,行政—法治国的兴起在法治理念层面,突出表现为从“普通法体系”“法律形式主义”向“规制”的转型。其根本意涵在于否定“私人财产权”“契约自由”的天然正当性,而强调公权力对经济资源和利益的分配。规制理念的兴起使得完整的公法体系得以建立。

第四,行政—法治国的兴起可以分为两个阶段。在以“社会立法”“进步主义运动”为标志的前一个阶段中,行政权的扩张程度有限,并受制于“机会平等”的价值标准。在以“罗斯福新政”为核心的第二阶段中,行政权实现了更为彻底的扩张,并开始对价值标准持怀疑态度,效率和实用成为行政权追求的终极目标。

第五,行政—法治国的突出特征延续到世界第二次大战期间,并随着战时政策达到顶峰。而第二次世界大战所酿成的空前悲剧和心理创伤,迫使人们重新思考法西斯主义和极权国家,并从政治结构和价值理念层面构想未来。

在以上五点特征中,我们尝试分析政策法学对现实问题的回应。首先,政策法学强调的从“制度”到“过程”,从“静态分析”到“动态分析”,恰好是对行政—法治国背景下社会变化速度快、利害关系复杂的回应。拉斯韦尔和麦克道格尔敏锐地观察到,仅仅做制度分析、法条推理、规则解释,已经无法处理迫在眉睫的社会矛盾,甚至无法理解社会问题产生的原因。在这一点上,政策法学与社会学法学、法律现实主义以及行为主义政治学一样,同时转向了更为复杂的社会现实,并试图精确且科学地描述、分析、解释现实。

其次，政策法学比一般学术思想更精确地抓住了行政—法治国兴起的核心要素——急剧扩张的行政权。在这个问题上，拉斯韦尔和麦克道格尔区分了行政权扩张的两个面向。一方面，拉斯韦尔和麦克道格尔看到，行政权的扩张导致传统以三权分立为核心的政治分析框架无法发挥作用。不仅行政官员常常集三种权力于一身，同时，法官为应对纷繁复杂的社会问题，也不再只是对是否符合法条做出判断，而是像行政官员一样——对如何分配社会价值进行政治判断。在这个意义上，拉斯韦尔和麦克道格尔利用“决策”“选择”“政策”等概念，对传统的立法权、司法权和行政权进行了重构，建立起更具普遍性、更符合时代特征的法学理论。更令人惊喜的是，在以“分配社会价值”为核心的理论构想中，拉斯韦尔和麦克道格尔敏锐地观察到“法律人”的重要性。法律人不单指举足轻重的法官，还包括律师、组织或私人的法律顾问等。在《法律教育》一文中，他们明确表示：随着政府干预以及各种行政机构、专业委员会的兴起，政府律师、提供政策咨询的法学家、法律顾问等在分配社会价值方面正发挥着越来越重要的作用，因此法学院的学生不仅要关注法庭上的诉讼技巧，更要将自己视为决策者，接受政策制定训练。[120]

另一方面，拉斯韦尔和麦克道格尔意识到，在行政—法治国背景下，只有以“行政思维”才能调和纷繁复杂的社会矛盾，解决不断更新、日趋专业化的社会问题，从而引导社会发展，推动社会进步。他们所倡导的在法学院开展的政策制定训练，实际上就是如何进行社会利益分配的训练。从某种意义上讲，拉斯韦尔和麦克道格尔将“行政思维”引入法学领域，就是为了中和传统法律思维中的保守和消极理念，进而将法律改造为解决问题和实现目标的工具。

最后，政策法学不仅顺应行政国兴起的历史潮流，同时意识到规范行政权的重要性，提出了外在于法律规范的民主和人格尊严作为价值

---

[120] Harold D. Lasswell, Myres S. McDougal, Legal Education and Public Policy: Professional Training in the Public Interest, 52 *The Yale Law Journal*, 208 - 209 (1943).

目标。对于这个问题的理解,重温《法律教育》文本中的关键论述将会有所帮助:

在这里不需要再重复强调的是,这些民主价值已经在近些年来逐渐衰落了。世界政治的决定性潮流,已经从自由社会的象征(symbols)和实践(practices),转变为专制统治的口号、教条和结构。种族主义在德国的兴起,只是尊重人类尊严、崇尚个人价值的理想面临的若干深刻危机之一。那些民主态度衰落的地方,与民主相关的制度自然也就衰落并消失了。在后魏玛德国,就像在后议会时期的意大利以及相关国家一样,选举不再是自由的,而是变成了如同部落联盟惯例一样的仪式性公民投票。平衡性的公众讨论(balanced public discussion)让位于垄断政府或垄断政党控制的讨论。多政党系统已经屈服于一个"党派",但实际上是屈服于一个"秩序"、一个制定政策的特权垄断者。一种极端的行政集权化兴起了,取代了活跃的行政和司法之间的平衡。只要被称作议会的制度仍然运作,它们就僵化为形式化的集会,对行政决定进行仪式性批准;只要在中央和地方的权威与控制之间存在平衡,就会兴起极端的集权化。在政府和私人组织之间的平衡被分开了,转向全部有组织生活的政府化这一潮流。随着组织化(regimentation)的潮流,在私人生活领域和适合政府引导的领域之间的平衡被打破了。整个开放和竞争的市场结构受到封闭的和垄断的经济结构的威胁。曾经依靠讨价还价和价格机制完成的生产和分配过程,已经转而依靠协商和配给。[121]

很显然,这段论述的前半部分批评了德国和意大利兴起的法西斯主义和极权国家。但有趣的是,拉斯韦尔和麦克道格尔将批评对象进一步扩大,包括"行政集权化"和"有组织生活的政府化"。在《政治学》一书中,拉斯韦尔明确将"有组织生活的政府化"概括为俄国十月

---

[121] Harold D. Lasswell, Myres S. McDougal, Legal Education and Public Policy: Professional Training in the Public Interest, 52 *The Yale Law Journal*, pp. 207 – 208 (1943).

革命之后苏联的社会主义模式,并且宣称这种模式有在全球范围蔓延传播的趋势。在拉斯韦尔看来,新政中不断扩大的行政权,不过也是这种趋势的一部分。[122] 这意味着政策法学对罗斯福新政中的行政集权化同样持批评态度。也就是说,在拉斯韦尔和麦克道格尔看来,新政改革中行政权的急剧扩张,与苏联社会主义计划经济,乃至和德国的极权国家没有本质区别,它们都是行政集权强化、民主价值衰落的具体表现。

但为什么在1936年的《政治学》中,拉斯韦尔并没有批评这种趋势,而到了1943年的《法律教育》却开始强烈抨击这种趋势呢?笔者认为,这可能与第二次世界大战的爆发紧密相关。尽管在拉斯韦尔的政治分析框架中,苏联的社会主义模式和罗斯福新政中的行政集权从本质上讲,与极权主义国家并没有区别。但由于写作《政治学》时并没有爆发战争,这种集权化趋势的消极影响并没有引起拉斯韦尔的注意。但随着第二次世界大战爆发,以德国和意大利为代表的极权国家成为邪恶的化身,酿成了一场场惨绝人寰的悲剧,残酷的战争警醒拉斯韦尔重新评估这种趋势。因此在1943年的《法律教育》中,所谓"有组织生活的政府化"不仅成为世界范围的大趋势,同时也对民主价值构成严重威胁,带来空前绝后的战争灾难,故而成为政策法学批判的对象。

到这里,我们发现一个更关键的问题。尽管从前文的分析来看,政策法学是对行政—法治国兴起的一种回应,某种程度上也可以说是顺应了"行政国"兴起的历史潮流。但政策法学却对纯粹的行政权扩张和集权化现象持批判态度。也就是说,新政改革中对效率和实用的追求、对价值目标的怀疑,在拉斯韦尔和麦克道格尔看来恰恰是反民主的。从这个角度讲,拉斯韦尔和麦克道格尔并不是完全的新政支持者,而更像是进步主义者。由此,我们才能理解政策法学为何强烈批评法律现实主义者在法律的规范性层面无所作为,却积极肯定社会学法学

[122] [美]哈罗德·拉斯韦尔:《政治学:谁得到什么?何时和如何得到?》,杨昌裕译,商务印书馆2010年版,第99页。

运动对民主价值的追求。[123]

从"行政—法治国"兴起的大背景来看,政策法学派既推波助澜,试图积极顺应这一具有重大历史意义的转型潮流。但同时,政策法学又对其持批判和反思态度。拉斯韦尔和麦克道格尔早在《政治学》中,就敏锐地发现,"行政—法治国"的兴起并不是美国独有的国家形态,它实际上是整个西方世界行政权扩张、集权化趋势加强的一个表现。苏联的社会主义计划经济、德国和意大利的极权国家,都是同一种趋势在不同国家呈现出的不同面貌。政策法学之所以提出民主、人格尊严的价值目标,就是为了构建一套规范性理论,用以约束美国不断扩张的行政权和集权化倾向。值得思考的是,之所以整个西方世界都酝酿着相同的集权化危险,恰恰可能是由于自由竞争的资本主义经济结构的天生缺陷所致,它不可避免地给西方世界带来财富分配的极端不均,以及由此形成的濒临崩溃的社会秩序。无论拉斯韦尔和麦克道格尔提供的修补方案是否有效,但这也许才是政策法学所必须认真对待的根本问题。

---

[123] Harold D. Lasswell, Myres S. McDougal, Legal Education and Public Policy: Professional Training in the Public Interest, 52 *The Yale Law Journal*, pp. 206 – 207 (1943).

《政治与法律评论》
(第八辑)第246~276页

法律东方主义的历史与未来

梁治平　聂　鑫　章永乐　魏磊杰*

2016年7月9日,东方历史沙龙(第101期)"法律东方主义的历史与未来"在北京三联书店海淀分店举行,嘉宾为梁治平、聂鑫、章永乐与魏磊杰,围绕美国新锐学者络德睦(Teemu Ruskola)新著《法律东方主义:中国、美国与现代法》(*Legal Orientalism: China, the United States, and Modern Law*)中译本(中国政法大学出版社2016年版)展开研讨,下述即为整理出来的当日与会嘉宾的发言内容。

章永乐:很高兴到三联书店来和几位老师以及各位朋友探讨这本《法律东方主义:中国、美国与现代法》,尤其是梁治平老师,以前我读本科的时候,从学习法律的概念开始就看梁老师的书,然而一直都未能谋面,今天有幸能见到,非常开心。今天我的角色主要是主持人——穿针引线,三位老师可能

* 梁治平,著名法学家,中国艺术研究院中国文化研究所研究员;聂鑫,清华大学法学院副教授;章永乐,北京大学法学院副教授,北京大学法治研究中心常务副主任;魏磊杰,法学博士,厦门大学法学院助理教授,《法律东方主义:中国、美国与现代法》一书中译者。

要多说一点。那么基本程序呢，我想首先是魏磊杰老师，也就是译者，由他来对这个书本身的内容和他自己的一些心得做一个介绍。接下来估计会有大概半个钟头，几位嘉宾老师做点评和讨论。最后会开放几个问题，各位老师与听众进行互动。首先，我们有请魏老师来介绍一下翻译《法律东方主义：中国、美国与现代法》的心得体会。

魏磊杰：非常感谢大家在这么炎热的夏日能够来到这里。做任何事情都有机会成本，什么叫机会成本？就是今天你来做这件事了，同时就不能做其他事了，这就是机会成本。虽然每个人的机会成本都可能不一样，但对于每个人来说，这个机会成本都可能是非常重要的。所以，我只想尽我所能对得起你们今天下午付出的机会成本。较于其他三位老师，特别是德高望重的梁治平先生，我是一个不折不扣的新人。因为有幸翻译了这本书，才有机会跟大家做一个简单的交流。梁老师是我第一次见，当然他是我们一代人的学术偶像，可能在座的各位也是如此：当你见到一个偶像的时候，你激情的心情可能与我现在的感觉是一样的。

关于这本书，大家可能有一个基本的生活观感。今天来的大多可能是法科学生、法学院的学生，当你写论文的时候你会引用很多外国人的著作，当然也包括我国台湾地区学者的著作，引用很多，为了增加自身论证的说服力。但是你有没有想过，外国人会不会引用咱们的东西？我去年在比利时根特大学研修的时候做了一个简单的对比研究，就是中国学者在外国人著作中的分量如何，也就是说，老外在写文章的时候，特别是在写法学文章的时候，会不会引用中国学者的文章呢？先就部门法学来说，根据我的有限观察，域外的部门法学者在写文章的时候基本上不会引用中国大陆同行们的著作。

我们民法圈流传过这样一个段子。卡尔·拉伦茨，这位德国民法大佬曾经引用过王泽鉴先生的文章，所以我们民法学人很开心，为什么很开心呢？因为伟大的拉伦茨引用了王泽鉴的文章。为此，我专门找出拉伦茨在什么地方引用了王泽鉴的文章，结果发现是拉伦茨写了一本名为《德国民法通论》的著作，在证明德国民法典在域外传播的时候,他用了一个很小的注释,引用了王泽鉴先生用德文发表的文章。这意味着什么呢?即使这一个伟大的殊荣,被我们民法学者引以为豪的事情,其实老外根本就没有当回事。换句话说,拉伦茨需要找一篇说明德国民法典域外传播的文章,而恰好王泽鉴用德文写了这篇,所以他就获得了引用,仅此而已。这说明的一个问题就是,在部门法学中,中国学者影响力与话语权不能说没有,但至少可以说是极其稀薄的。

与此相对应的是本土法学,我是指中国法律史以及法社会学这方面的侧重中国本土的研究,这个领域反而与部门法学的研究有所不同。对于立足中国关注本土法的学者,如梁治平先生、苏力老师,他们反而更容易被外国学术界所注意,外国学者在研究整个法律现象的时候,往往倾向于引用这些学者的观点。根据我的有限统计,在西方法学圈最有影响的日本学者是一个叫 Masaji Chiba 的人。Chiba 何许人也?大名鼎鼎的日本法社会学家千叶正士。而现今在西方法学圈最有影响的中国学者是一个叫 Suli Zhu 的人。这个大家都知道,他就是我们的苏力老师。几天前,我去拜访台大的一个老师,陈昭如教授,她是台湾地区研究东方主义的一位法律学者,可能也是唯一的一位,我提到了今天计划的活动,她说你们的沙龙主讲人是谁?我说是梁治平先生,她说:"梁先生我知道啊,我看过他很多书,他的书也被做成繁体版在台湾出版。"

其实,两相对比,我们能够发现一个什么现象呢?不难看出,在规范法学这个领域,比较法上中国的主体性是明显缺位的。大家知道什么叫比较?比较就是两个人站在同一个平台上,这才能比较,才有比较的意义。但咱们现在所做的比较法研究却并非如此,中国现在这个主体性是没有的。什么叫主体性?主体性就是要跟西方同处一个平台上的对话,但现在你会发现他们的知识输入是一种单向度的,我们只是一个被动的接受者,除了本土法学的贡献之外,中国部门法学者的反向输入基本是缺位的。这说明一个什么问题呢?这个问题其实就是一个"法"的问题,一个如何理解与界定何谓"法"、何谓"非法"的问题。因为在规范法学这一块,他们不认为你的法是"法"。这才是一个要命的地方。

大家可能读本科的时候学过一本叫《中国民法》的教材，就是佟柔先生的《中国民法》。但你翻翻这个《中国民法》是“中国的”民法吗？前几页可能讲到中国古代有些民法，但却不是咱们所说的民法。然后接下来讲法律行为，讲权利主体，讲时效，讲代理。但这些东西是中国的民法吗？它实质上只是在中国本土讲授和使用的西方民法而已。换言之，“中国民法”并不是“中国的”民法，而是从清末变法以来从西方移植过来的“外国的”民法。大家可能也有这种观念，研究中国法制史的学者，包括聂鑫老师当然也会抱持这样的辩解：中国当然有法啊，因为从汉唐一直下来都有各种各样的法典，难道没有法吗？即使形式上没有法，那么实质上也是有法的，不仅有法还有民法，户、婚、田、土、钱、债，这些都是民法啊。但是在座的各位，在你现有的已然西化的法律观念中，你真的认为这些就是你所理解的“民法”吗？恐怕大多数人给出的都是否定的答案。

其实这本书的作者 Teemu 教授，中文名字叫络德睦，他在美国教中国法，往往也面临相似的问题。当有人问“Teemu 教授你是教什么的”，他说是教中国法的。他的这种回答往往遇到这样的回应：“中国有法吗？中国是没有法的。你教的这个东西是不存在的呀。”你们看，这就等同于此等情形：“朋友，你是学什么的”，对方告知“我是学屠龙术的”。屠龙术大家都知道，既然龙是不存在的，那你学的这个东西，也就是没有任何意义的。就像 Teemu 教授说他教中国法，在西方主流学者眼中，他教的这个法是不存在的，所以这本身就导致了一个所谓“范畴混淆”的错误。事实上，诚如我上面提到的，其实我们的观念也相差无几。咱们所学的法、咱们所说的法，甚至咱们理解的民法，潜意识的都是西方的民法。咱们学的法，它是自由民主的，讲求意识自治的，那么这些户、婚、田、土、钱、债，虽然徒具其形，但它的实质精神太不一样，太过“专制”，以至于并不配称其为“法”。

这就意味着西方人的知识结构其实早已被我们中的大多数所内化了，他们认为的与我们认为的一样，他们认为我们是无法的，受其影响，我们自己也认为我们是无法的。那么归根到底，西方学者所说的这个法到底是什么法呢？其实，在外观上看，大体就是马克斯·韦伯意义上的形式理性法；而从本质上看，西方所说的法是一种能够对国家权力进行有效限制的具有规范理性的东西，是一个叫“法治”的东西。那么，“法治”是什么东西呢？法治这个东西有多元的界定，但是法治究竟是什么却很难界定，有好多学者包括富勒，包括许多伟大的西方法学家，都对法治的组成要素进行了详细的界定。但是将他们对法治的界定对比一下就会发现，法治这个东西，大家可能没有一个基本的共识。尽管如此，肯定界定不好界定，但否定界定却好界定，就是法治不是什么，这是好界定的。法治不是什么，很简单，就是非人治。其实，西方学者所理解的法治，包括我们这些已经内化西方知识结构之人的观点就是，法治就是“非人治的”法治，就是前面加个限定基础：非人治的都是法治。

这就是说“法治”与“人治”这两者之间是一个绝对对立的，没有任何中间地带。假如确定这一点，那么中国将永远不会具有主体性。为什么这么说呢？前年，著名的汉学家孔飞力先生出了一本书，可能是他在去世之前的最后一本书，叫《中国现代国家的起源》——很薄的一本书，我曾写过长篇书评。在这本书中，他对中国政治的历史构造给出了一个基本的界定。两千多年的中央集权体制，这种历史构造直接决定了中国传统政治的自我理解，是一种基于人治的自我理解。虽然经历朝代的不断更迭，但实质上中国的这种治理传统是没有改变的，从秦汉一直到今天，中国是没有改变的，政治的自我理解本质都是一种建基于人治的理解，一种上承天命的理解。中国经历了两千多年的中央集权体制，这种历史构造意味着什么？在直观上，你可能感觉不到，但是比附一下欧洲，便会很清楚。这就相当于古罗马帝国在欧洲没有灭亡，一直持续到今天，那大体就是中国的情况。

那么，问题就出来了。既然中国的历史构造决定了中国的那种人治，既然西方观念中的法治便是“非人治的”法治，那么在这种界定之下，中国是缺乏“法治”的，是需要西方供给“法治”的。换句话说，在西方的思维框架中，法，无论是形式理性的法，还是具体的法治，中国都是缺乏的，都是无法的，需要我向你提供这种“法”，这种“法治”。特别是当前，在法治被普遍认为是现代政治议程核心组成部分的情况下，在践行法治成为一项绝对政治正确的情况下，这种经过话语建构起来的不对等格局就被顺理成章地生产出来：作为东方的你永远是我的弱者，作为西方的我永远是主体。为什么呢？因为你是缺乏法治的，而法治的提供者是西方。

大家可以看到，在这种语境之下，知识便演化成了一种权力。大家耳熟能详的一句话，叫“knowledge is power”，翻译成中文是“知识就是力量”。但是这其实也可以翻译成“知识就是权力”。这就是一种知识，一种话语。而在这种话语的影响之下，西方永远是何谓法何谓非法以及法治为何的最终界定者和诠释者，也就是说你永远活在这个话语之下，你永远是个弱者，因为你永远是缺乏法治的，你永远是缺乏法律的。其实，“知识就是权力”也可以进一步引申为“知识就是霸权”。历史早就说明，包括安东尼奥·葛兰西以及杰奥瓦尼·阿瑞吉，他们都提到一个观点，那就是之于任何一个权力实体，若要构建一种统治秩序，绝对的暴力是不可能形成的，绝对的暴力也是不可能永远长久维系的。也就是说，任何一个统治实体，若要征服这个世界，不仅需要硬实力，更需要软实力。硬实力可以得到你的人，但是得不到你的心。然而，真正的“霸权”是一种软硬实力的匹配，是一种融合。也就是说，既可以得到你的人，也可以得到你的心，这才是真正的一种霸权体制。霸权体制其实就是这样的，我要征服你，同时也要让你心甘情愿地接受我的征服，这样的秩序才能长久维续。

不难看出，刚才我提到这种何谓法何谓非法的话语其实本质就是一种霸权意识形态，这里“霸权”只是一种中性的表达，是一种软硬权力的结合：我既让你臣服于我，同时也要你心甘情愿地臣服于我。针对这个话语，刚才我已经阐释了它的基本立场。简言之，也就是说永远要接受我对你的界定，你是什么样的人，一切取决于我的界定。Teemu 教授在其一篇文章中曾提到黄哲伦先生的一出剧叫《蝴蝶君》，大家可以百度一下很有名。《蝴蝶君》中有这么一个细节，什么细节呢？众所周知,中国戏剧中的女旦、旦角的扮演者都是男人。那么,为何要由男人演这个旦角呢?原因很简单,只有男人才能懂得“真正的女人”应该如何表演。这一点很微妙。也就是说,只有男人扮演的女人才能真正地演绎出在男人眼中真正的女人应当是什么样的;真正的女人究竟是什么样的要取决于男人的界定。

采用这个视角来阐释中西法律文明之间的对比,相当的形象。在这种文明对话中,之于东方,什么是“法”你说的不算,什么是真正的“法”你说的也不算,而是我西方说的算。换句话说,西方扮演的是一个男人的角色,而东方其实只是西方想象的一个女人的角色,你应当是怎样的,你做不了主,而只有我有这个诠释权和界定权。当然,这并不是最可怕的,最可怕的是不仅西方人这样认为,而且我们东方人也这样认为。这种观念其实大家已经内化于心了,形成一种所谓的“政治的无意识”。什么叫政治的无意识呢?也就是说它就像空气一样,你都感觉不到它是不正常的,而这才是最令人恐惧的。现在大多数法科生认为,现今学的民法才是真正的法,中国法制史那些全是文言文的东西,根本都不是法,怎么可能是法,甚至有人主张国家司法考试根本不应该考中国法制史,因为在众多部门法中,中国法制是一个不折不扣的另类,语言都不一样,根本没啥实际意义。大家看看,我们中的绝大多数已经将西方的这套话语内化于心了。如果我刚才讲的叫“法律东方主义”的话,那么其实现有的这种状况就叫“法律自我东方主义”,把西方的想象自觉地变成自己的一种认知了。

接下来我谈一下法律东方主义,什么叫法律东方主义?看到这个词大家首先想到的是萨义德的东方主义。什么叫东方主义呢?这个学术化的概念,本质就是指建构西方想象东方的一种话语体系。换句话说,就是通往东方的道路必然要经过西方,只有通过西方才能了解东方。举个简单的例子,最初在西方人看来最近的东方是近东,近东大体就是小亚细亚的土耳其。在他们接触这个地区的东方人之后,他们认为东方人是荒淫的,终日生活在炎热天气中的人容易具有此等德性。在孟德斯鸠的《论法的精神》里面,便有类似记载。然后,随着西方进一步的探索和认知，进一步接触位于西亚的两河流域，就是波斯的时候，他们看到波斯那边的生活方式是一种简陋的、农耕的社会。他们便认为，整个东方都是如此，乃是处于低水平状态农耕文明的一种方式，所以就产生了所谓的“亚细亚生产方式”的简单认知。黑格尔、马克思都是这样整体看待东方的，而这就是典型东方主义的表现。

当你出国旅游，或当你留学的时候，西方人给你打招呼时，往往说“功夫、功夫”，在他们想象中中国人都是会功夫的，这也是一种东方主义，虽然是一种最朴素的东方主义。在这种情况下，与这个东方主义相对应，就产生了一种所谓的“西方主义”。什么叫西方主义呢，比照东方主义，其实就是我们东方人对于西方的想象与预设。就此，我可以举很多例子。例如，在法学教育的强化之下，我们通常的观念往往会认为东方人注重家庭、家族，而不注重个体，而西方人恰恰相反，更注重个人，而少注重家族。然而，事实证明，这也只是一种缺乏实证基础的想象。前几天在台湾大学，陈昭如教授告诉我，她出国留学，去密歇根大学获得的最大感受就是发现西方人同样重视家族，而不是教科书中写的那样，追求绝对的个人自治，完全不是那样的。其实，无论东方还是西方，环球同此凉热。所谓取法人际、天道归一，虽然形式有些差别，在共同的核心点上当是没有差别的。另一个例子就是普遍的观念认为，中国人不喜欢诉讼，不喜欢打官司，就是冤死不告官，厌诉。同时喜欢与诉讼直接对立的调解。但西方人很喜欢诉讼，不喜欢调解。然而在《无需法律的秩序：相邻者如何解决纠纷》这本书中（这是雅理译丛的新书，苏力老师翻译的），埃里克森通过研究美国农场的纠纷，发现美国人也并不总是热心诉讼，他们也厌诉，他们也更喜欢调解。通过这些例子，我们不难发现，其实东西之间并不是咱们想象的那般截然对立，很大程度上它们也分享很多共同的东西。

无论是东方主义还是西方主义，其实都是一种想象的、缺乏实证基础的东西，只是一种预设，只是一种想象。那法律东方主义呢？法律东方主义其实就是根植于东方主义之上的，它的基本核心就是关于什么是法、什么是非法、何谓主体、何谓非主体的一套叙事、一套话语。刚才我已经提到,法律东方主义的一个基本效果就是界定权、诠释权都掌握在这种知识的生产者手中。在法律东方主义这种话语支配之下,会产生一种什么样的格局呢?这个被建构的东方,也就是说中国,永远处于一个缺乏的状态、无法的状态。由此,在法律比较的限度之内,它永远是一个非主体,不具有对话的资格。什么叫对话?我们都有法,彼此都是文明国家,我们才有对话的基础和平台。但你是没法的,我是有法的,我是有法治的,你是欠缺法治的,我是你的施予者,比你高一头,我是主体,那你肯定就是非主体。在这里,你就会发现,法律东方主义的思想基础就是一个基于文明的等级论,也就是说在文明这个层面上,环球不是同此凉热的,是有差别的,是分成三六九等的,什么叫三六九等,就是有第一级、第二级、第三级。换句话说,法律东方主义的根基隐含的就是一个文明等级论的定见,是一种歧视性的文明等级论,文明等级论其实就是法律东方主义的基础。

话语的价值在于具体的实践。那么,在哪个领域之内最能体现这种话语呢?答案很简单,是国际法。因为法律东方主义预设与界定的是一种主权国家之间的关系。而与一个主权直接相关的就是国际法,所以这种话语的物质实践的重要领域就是国际法。刚才我已经提到法律东方主义的思想基础是文明等级论,既然国际法是这种话语物质性实践的重要领域,那么国际法的产生其实在很大程度上是与文明等级论相辅相成的,也就是说近代国际法的产生是建立在文明等级论的基础之上的。这个概念可能让大家感到匪夷所思。因为在大家的观念中,国际法是一种中立的、是价值无涉的,然而事实上并非如此。鉴于这个话题与《法律东方主义》这本书直接相关,接下来我会用几分钟的时间简单交代一下。

韩毓海教授写过《五百年来谁著史》一书,很畅销,谈的就是在世界舞台上东西权力格局之变迁就发生在大约五百年前。五百年前的新航路开通,相伴而来的地理大发现乃是一个分水岭,西方便是从那个时候开始统治这个世界的。地理大发现的实质其实就是个文明大发现。什么叫文明大发现?因为最初地球各个区域之间彼此相对隔绝,西方人接触的人是有限的，但随着地理大发现，全球渐趋被纳入西方人的视角之中。当他们最初到达美洲、加勒比海以及南太平洋的塔斯马尼亚之时，发现当地的土著大多茹毛饮血。相形之下，对应这种类同“野人”的他者，西方人突然意识到自己原来是那么的文明，那么的鹤立鸡群。既然这些人如此的野蛮，生活方式如此的低劣，以至于很难将他们当作“人”来看待，所以他们的土地便是所谓的“无主土地”，直接占有即可。然而，仍旧存在问题，即西班牙和葡萄牙两国如何划分这些被视为无主的土地呢？因为假如土地的归属权无法确定，那么就难以确定所谓的主权之归属。这时候，就需要法学家构建出一套可自圆其说的理论来阐释对这些土地进行占有的正当性。

我刚才提到霸权这个概念，霸权就是你不仅要征服他，而且要让他心悦诚服地接受你的征服，所以这个时候需要一种理论来正当化这个事实，不仅需要让被征服者心服口服，而且也要让征服者自身也认为理应如此。有鉴于此，早期的帝国法学家就建构出了一种发现权理论，也叫先占理论。这种先占理论就建立在文明等级论的基础之上。我发现了加勒比海的一块岛屿，那么这块土地怎么能够归属我葡萄牙而不属于西班牙呢？这套理论就回答了这个问题，即谁先发现了就是谁的。那么为什么不考虑这块土地上原住民的权利呢？原因很简单，这些原住民是文明低下的人，是“savage”，是野蛮人，根本不是人。在这种文明等级论的基础上，对于这些“野蛮人”或“非文明人”的土地，可以使用先占理论直接割占、割让。这就是早期国际法的基本逻辑，先占——谁先发现，谁先占有就是谁的。

但是随着西方拓殖的不断扩张，触角伸入亚洲，特别是深入南洋诸岛之后，他们发现这些国家的文明跟他们的西方文明不相上下，根本与原先印第安人的所谓“野蛮”状态不同，以至于原先的那一套“文明与野蛮”的二元理论也就没有解释力了。换言之，对于这些明显由具有文明之人占据的土地，西方人决然不能依循原先的先占理论来正当化自己的殖民行为。所以此等现实迫切需要帝国的法学家们再创设出另一套理论，恰在此时，伟大的法学家胡果·格劳秀斯便诞生了。面对这种现实,格劳秀斯认为,原先的二元文明等级论已不具有说明力。在整个全球范围内人应当分成三等:第一等是文明人,就是我们西欧人,在这个文明国家的共同体中贯彻绝对的国际法。第二等人是半文明人,例如中国、朝鲜、日本、琉球、越南,这些人属于半文明状态。既然是半文明,那么国际法只能部分地或有选择地适用。第三等人是野蛮人,对于这些人,国际法没有适用的余地,直接侵占即可。换言之,在这里,文明国家其实就等同于主权国家,既然你是半文明国家,那么适用于主权国家的国际法只能部分地对你进行适用,而非全部。

这一点便可与《法律东方主义》一书的第四章、第五章勾连起来。这两章都在谈治外法权。那么什么叫治外法权?简单地说,治外法权就是国中之国。既然主权乃是现代国际法的核心概念,讲求主权绝对,一国不能有二主,那么治外法权明显就与这个观念相悖。那么在西方法学家眼中,如何能对这个明显有违国际法理论的治外法权自圆其说?这就与上述谈到的文明等级论联系到一块了。因为中国、日本、朝鲜这些国家都是半文明国家而不是文明国家,因为西方眼中的文明国家等同于主权国家,所以就不能全部地适用而只能部分地适用国际法。说到这里,大家或许对国际法的运作逻辑便非常清楚了。国际法其实是建立在文明的等级基础之上的,治外法权之所以在国际法的理论中能够说得通,就是因为文明就等于主权,文明国家就等于主权国家,中国不是文明国家,是半文明国家,所以就只能部分适用这个主权理论。换言之,国际法在英国与法国之间是应该绝对适用的,但英国与中国之间却不可以完全适用,而只能部分适用。由此,国际法上的治外法权就能完全可以自圆其说了。换句话说,文明等级论直接促发了近代国际法的诞生。

科斯肯涅米前几年出版了一本名为 *A Gentle Civilizer of Nations: The Rise and Fall of International Law* 著作。北京大学强世功教授正组织人将其翻译成中文,这是一本非常经典的著作。基本思想其实与我上述谈的大体一致,即国际法建立的思想基础就是文明等级论。在这种建构中,文明就等于主权,如果你不是西方意义上的文明国家,那么你也不是主权国家,就不配享有适用国际法的政治待遇。那么,这个“文明”究竟是什么呢?很简单,这个文明便是西方文明。在本质意义上,你假如接受这套理论的话,本质上就要接受欧洲人的统治。

现在,我谈最后一点,就是落脚到这本书的终极关怀上。这本书的作者 Teemu 教授一直在强调,他写《法律东方主义》绝不是在反对法治。其实无论是索萨·桑托斯的“反全球化的全球化”、汪晖的“反现代性的现代性”以及乌戈·马太的“反法治的法治”,其实并不是一味地反对全球化、反对现代性以及反对法治。从另一个角度来说,全球化潮流已经深入人类社会的骨髓,如何能够反对?早年中亚某国宗教长老们鼓吹反对现代化,原因是西化把他们民族的纯洁性都玷污了。这个国家的总统直接把议会大楼的电梯拆了,结果事后长老们开会都得费时费力地直接走上去,结果此事不了了之。这就说明了现代性已经全球化了,文明已经内嵌到咱们生活中了,现代性是反不了的,你是不可能反对的。其实,东方主义也是如此。任何一种法治话语其实都是一种东方主义话语。在这种情势下,怎么反?所以这个作者说一种反东方主义的道德是一种不可能的,相反,他提出了一种所谓的东方主义伦理,作为妥当的因应之道。

对于中国来说,刚才提到桑托斯、汪晖以及马太,他们并非要反对全球化,反对现代性,反对法治,而只是反对西方单一性的全球化、现代性与法治,要对它们进行历史化、本地化以及问题化,要进行多元的阐释,而不是西方一元的阐释。这是因为西方垄断的一元阐释往往意味着一种权力支配关系,也就是西方应该永远支配所有他者。所有的民族都要唯西方马首是瞻,其他的文明都永远臣服于西方之下,而这才是需要反对的地方。那么之于中国现今的状态,这个宏大的议题其实可以化约为如何实现从“法律东方主义”朝向“东方法律主义”的一种迈进。尽管如此,现实情况,特别是中国知识分子的现状却不容乐观。在自由主义学者看来,这套话语明显是对西方法治的一种批判,进而可能被当作对当下的政治体制进行辩护的工具;而在左派学者看来,这本书很好,可以提供一套话语,一套最终可以助益于实现一种真正的民族主义,实现中国主体性的话语。而且在很大程度上,这两种观点都可从这个书的基本观点中找到相应的支撑。

然而,我与此书作者的观点是一样的。左与右其实都是偏颇的,中国现今的主要问题就是极左与极右都不具有建设性,成事不足败事也不足,两波人吵来吵去没有什么结果,一地鸡毛,只是内耗而已。现在习主席大力反腐,但是大家知道,非制度化的东西虽然能短期奏效,但却无法长久,他要实现"人亡政不息、人走茶不凉",达到党国的自身净化能够相对长久地良性运作,就需要逐步构建一种建制化的东西,而建制化的东西本质就是一种类似法治模式的顶层设计,但这种法治是不是就需要照搬西方的法治,还是另起炉灶,真的不好讲,所以最终Teemu 教授提出了要迈向东方法律主义,但其实他并没有给出他的路线图与时间表。不远的将来,这个答案怎么讲,其实就有赖致力于中国法治进程的衮衮诸公们,当然也包括咱们在座的学人们去探索、去实现。最后借用毛泽东的一句话作为结尾:多少事,从来急,天地转,光阴迫,一万年太久,让我们继续努力,只争朝夕。谢谢!

章永乐:魏磊杰老师的发言有一个特点,就是热情洋溢,激情似火。梁老师很早以前就法律的概念写过不少文章,对年轻学者影响很大。今天我们就先请梁老师对《法律东方主义:中国、美国与现代法》这本书,以及魏磊杰老师的发言,做一个点评。

梁治平:谢谢各位!谢谢组织者邀请我来参加这个活动,也借此机会祝贺译者磊杰,他称得上是多产的译者,非常勤奋。

我在读《法律东方主义:中国、美国与现代法》的时候有很多感受,这些感受归纳起来有三个词:共鸣、呼应、思考。

在讲自己的感受之前,我想先就这本书的内容,对磊杰刚才的介绍做一点补充。这本书的副题是"中国、美国与现代法"。为什么是中国,这当然跟作者的研究领域和研究对象有关系。除了这一点,也是因为讲东方主义,19 世纪以后,直到今天,中国是一个非常重要的角色,一个所谓非主体的"无法"的典型。那么美国呢?美国的角色非常有意思。在 19 世纪初期的时候,美国人是比较同情中国的历史境遇的。

当时，相对于英国这样的老牌殖民主义、帝国主义国家，美国还很年轻，还没有成为帝国，所以比较有理想主义色彩，有文明平等的观念。但它后来有了一个极大的转变，美国也变成了帝国，而且今天美国仍然是一个全球霸权的符号或者说力量，所以把美国和中国放在一起就非常有意思。最后一个，现代法。在东方主义话语里，美国是一个法治典范，中国则是一个反面典型。但是有关东方主义的讨论，专门讲法律的不多，通过中国和美国的比较来讲的更少。这本书弥补了这方面的不足，给了我们很多知识和洞见。更重要的是，它还给我们提供了一种反思性和批判性的思考，正是这些东西让我在阅读中感觉到一种智识上的愉悦和兴奋。

在讲到治外法权的时候，作者有一个很有意思的说法，叫作“没有殖民地的殖民主义”，就是通过确立治外法权而不是传统的建立殖民地的方式，来实现殖民主义并且从中得到好处，在这方面，美国可以说是一个样板，成为其他很多西方国家效仿的对象，这也是美国和中国关系里面很有意思的地方。

第二个有意思的地方是话语和制度的关系。东方主义是一种知识形态，也是一种话语。但更重要的，它不只是一种话语，而可以变成一种物质化、制度化的东西。这本书讲法律东方主义，就突出了后面这个方面，首先就是 19 世纪以后的国际法，是作为国际法一个部分的治外法权。其实，在当时的整个世界范围之内，一直到 20 世纪 40 年代，治外法权都是国际法非常重要的一部分，但这部分被很多国际法的论述掩盖掉了，它们把治外法权看成是一个例外。但是这本书的作者尖锐地指出，如果把这个部分看成是例外，那国际法就是残缺不全的。所以他把这个部分展示出来，让我们看到一种话语、知识形态怎样变成制度，变成一种支配性的物质性的制度形态。这样，我们就看到了历史中被忽略的一面，这是这本书的一个贡献。

这个书第三个引人注目的地方，就是它提供了一种双向观察。什么叫双向观察？法律东方主义，假定了一个西方的主体，一个有法律的主体，相对地，有一个东方的无法律的非主体，前者是支配性的权力，后者是被支配的客体,这是一个单向的观察。但是作者没有停留在这里,在他看来,这不单是国际法的问题,也是美国国内法的问题。他特别提到美国的排华法案,提到美国政府的移民政策,这些法案和政策实际上是建立在东方主义的知识形态基础上的,但这是美国的国内法,甚至是宪法问题,所以东方主义转而成为美国国家内部的问题,涉及美国的海外殖民地,比如菲律宾,还有当时介乎美国的州和殖民地之间的领地,比如阿拉斯加,甚至包括美国在华管辖的美国公民,这些人变成了作者说的东方化下的美国人。就这样,东方主义反过来影响了美国国内法,影响到美国公民。这个时候我们看到了一个更复杂也更丰富的图景。

最后一点是作为一种方法的比较。作者特别强调一种比较方法上的伦理观,主张要做负责任的比较。他反对单方面的比较,提倡相互的比较。比如,他把中国的亲属法和美国的公司法拿来做比较,在一般人看来,这两个东西完全不相干,但是他发现二者之间有很多接近的地方、相通的地方。他想通过这种比较来打破东方主义固化的思想方法。我想不管我们是不是同意他的具体结论,这种尝试是很有启发性的。

我要谈的第二个主题是呼应。说到呼应,我想提几篇自己的文章,因为这些文章或者在思想方法上,或者在内容上,实际上就是对这本书里讨论的问题的呼应。比如1999年一篇叫《从"礼治"到"法治"?》,是对费孝通《乡土中国》所建立的乡土中国模式的一个反思。一般都认为,礼治和法治是正好对立的两种模式。法治当然是西方的、近代社会的,而礼治是适合传统乡土社会的、是人治的。但我的结论大概是,礼治秩序当中可能包含了法治的生长点,反过来说,法治的秩序未尝不能包含礼治的某些内容。另一篇文章叫《申冤与维权》,副标题是"在传统与现代之间建构法治秩序"。大家可能都会同意,喊冤、申冤是非常传统的概念,而维权是现代公民通过法律维护自己权利的一种行为。这两个符号代表了两种社会情态,甚至是两种文明,一个东方的,一个西方的。但是透过当下中国一个活生生的实例,我们看到,这两种资源其实在当下的社会行动场域中都被活用,而且是紧密地纠结在一起。而这意味着中国的法治秩序的建构可能既不是单纯维权的,也不是单纯申冤的，而是一种混合体。这是2007年的一篇文章。

还有一篇文章跟这本书关系特别密切，叫《弱者的武器》，这篇文章讲的就是上海租界治外法权，还有上海公共租界的会审公廨。尽管治外法权是基于清政府和西方国家订立的条约，且不管这些条约是不是不平等，但也不是没有限制的。不过实际上，治外法权产生以后又是在不断扩张的，而这种扩张在法律上并没有充分的依据。结果我们就看到了一个非常有趣的现象，那就是口口声声说要按照条约、规章或者说形式法律行事的，不是相关的西方国家，而恰好是清政府。这是很吊诡的现象，英国是近代法治的鼻祖，但他们的一些行为却像是在破坏法治。相反，被认为一向没有法治，甚至不知法治为何物的清政府，反倒成了要求遵守法治的一方。这种观察有助于打破东方主义所确立的那种二元对立。还有一篇文章即1994年的《法律的文化解释》，提出了解释学问题。这本书也特别提到了解释学，因为要克服东方主义，需要把解释学的视角引进来。此外，我写的关于法治和德治的文章，也都打破了古今中西的固有界限。这些文章虽然都不是专门讨论东方主义问题的，但都是在"呼应"这个主题。而这在一定程度上是因为东方主义的问题普遍存在。下面讲几点思考，就从这个问题开始。

法律东方主义并不是一种旧的思想，也不是只有法律人中间才有，而是普遍存在于今天中国人的意识深处。作者就提到自由主义和新自由主义，认为它们都是法律东方主义的，而中国法学院培养出来的学生，广义上说差不多都是自由主义者。这种广义上的自由主义者当然不限于法律人，所有讲权利、自由、法治的人都可能跟法律东方主义有关系。也就是说，这里讨论的问题很可能跟我们所有人都有关系，我们都需要反省，包括我自己。刚才我提到几篇文章，都是自觉地想要超越法律东方主义的例子，但我自己的研究和写作是不是就完全摆脱了东方主义思想呢？比如这本书里也提到文化论，那我讲的文化解释方法是不是作者批评的法律东方主义呢？这个问题比较复杂，这里不可能去深入讨论，我只是想说法律东方主义可能跟我们所有人都有关系。

而另一方面，我想我们也要承认，就是真正意识到这一点的其实是很少数的人,而在这些有自觉意识的人当中,能够直面这个问题、开展一种健康公正的、更不用说是深刻的讨论的,这样的人更少。从这个意义上说,法律东方主义在认知上的实现更多是一个自我东方化的过程。其实,自我东方化甚至可以说是中国"五四运动"以来的主流。20世纪的革命意识形态里面就有非常强烈的东方主义的思想。当然,现在人们对东方主义的认识和批评是越来越多了,这当然是好事,但在这个过程中,这种批评有些变成情绪化、道德化的,成了狭隘的民族主义,和各种流行的帝国主义阴谋论互为表里。这是需要警惕的。

那么,到底怎么看东方主义?其实,认识论上的东方主义是件很普通的事情。可以说所有文明都有自己的"东方主义",它们都需要有一个他者来确立自己的主体地位。而且在经验层面上,东方主义里面有虚幻的东西,也有真实的东西。说什么东西是东方主义的,就认为那里一切都是虚假的有害的,那也是一种简单化的做法。这本书里有很多东方主义的例子,我举出两个大家来思考。

第一个是道契的例子。19世纪的上海租界,一些中国人把他们在租界的财产,比如说一块土地,用长期租约的方式转让给洋人,这些洋人又把它们拿到他们各自的领事那里去注册,于是产生了一种领事道契制度。因为治外法权的关系,这种交易实际上受到比在中国衙门更严格的保护,结果,这种交易后来就发展成一种虚拟的形式,一种洋人为他们的拥有财产的中国友人提供的有偿服务。换句话说,这些中国人花钱买了一个法律保护,而这种法律保护是建立在东方主义基础上的。问题是,那些从事这种交易的中国人是非常理性的,他们能够比较不同的法律制度,知道在哪一种制度下他的财产能得到更好的保护。就好像今天很多移民海外的中国人,他们的选择也都是理性的。还有那些裸官,他们开口闭口讲"三个自信""四个自信",但是把自己的亲属全都送到海外去。从东方主义的角度怎么解释这种行为呢?

第二个例子是WTO。中国在2001年加入WTO,作者把这也看成是一个东方主义的事例。作者还指出,中国加入WTO的议定书是所有议定书里面最长的一份,因为对中国提出的要求特别多,特别是要求中国修改自己的法律,让它们符合西方国家的法律。我们大家耳熟能详的“与世界接轨”这句话,说的就是这个。那么,我们怎么来看这个事例的含义呢?如果说这是一个东方主义的事例的话,它的含义只用东方主义就能够解释清楚吗?我觉得我们可以透过这两个例子对东方主义的问题做一点反省。

在这本书的最后,作者提出了一个很有趣的说法,叫作东方法律主义。所谓东方法律主义,简单地说就是东方重新获得它的主体性,重新变成一个有法的主体,当然这个法不能是完全由西方界定的。作者把这种东西看成是克服和超越法律东方主义的一种可能的途径。那么,现实中有这种东西吗?作者提到了一些思想和理论,这些思想和理论倒不一定就是他理想中的东方法律主义,但都可以被看成是对法律东方主义的某种回应。比如作者提到的所谓“三个至上”,人民、党还有法律三者至上。有人可能会说,这不是自相矛盾吗?但作者认为这是一种很自觉的理论,可以用来灵活地来处理中国所面临的各种问题。我也可以给大家举几个例子,比如说人权变成了发展权优先的论述。在中国政府的人权论述里面,经济、社会和文化权利取代传统的政治权利成为最重要的人权。我们看到,一方面是学习和接受西方的学说和理论,同时要修改,抵消一些影响,把主体性拿回来,自己来掌控局面,对不对?这是高招。还有权利的福利化。当政府强调经济、社会与文化权利,强调发展权甚至生存权的时候,传统上讲的天赋人权就都变成资源分配问题,变成了福利。最近的事例就是德治和法治结合论。在这些方面,政府总是更有想象力,走在了学术界、思想界、理论界的前面。

自然,学术界也有自己的表达,比如作者提到的儒家宪政主义。天下体系论也属于这类思想。那么,我们应该怎么去看待这些官方和非官方的论述,怎么看它们和东方法律主义的关系。我觉得有一点非常重要,那就是不管是法律东方主义进入中国并且内化成为自我东方主义,还是东方法律主义以主体的资格去对应和抵消这种传入,都不是在一个单一的中国语境下发生的。换句话说,中国并不是一个大写的单一的同质体,中国是一个复杂的社会,里面有统治者,也有被统治者,有各种支配与被支配关系。现实中存在各种不同利益和诉求,错综复杂,所以东方主义也好,其他什么主义也好,在不同的人那里有不同的含义,结果就形成一个非常复杂的图景,这就不是一个简单的中国—西方问题了。所以讲中国主体性,可能还要问是谁的主体性。

最后一点,作者在书中还提到,中国也曾经是一个帝国,居于支配地位。从东方主义的角度看这一点很有趣。当然,帝国的历史已经成为过去,但中国今天还是被一些人批评有帝国心态。中国也没有海外殖民地,但又被一些人批评为新殖民主义。为什么会这样?我想这是需要我们思考的。如果我们能从上面提到的这些方面来读这本书,我们的收获一定会很大。我就先说这么多,谢谢!

章永乐:感谢梁老师的精彩点评。梁老师对文本做了非常仔细的解读,非常令人钦佩。聂老师是研究中国近代法的,近代是中国法律发生剧变的时段,传统的中华法系逐渐衰落,我们的法律体系变成了另外一种不同的面貌。这个过程与“法律东方主义”脱不开关系,那我们接下来就有请聂老师跟我们分享一下在这个议题上的心得。

聂鑫:谢谢主持人,谢谢主办方!其实也有人说,历史就是一个外国。我们今天的制度确实从某种意义上说已经相当西方化了,但洋装虽然穿在身,但我心依然中国心,这确实也是一个现实。我记得很多年前读过一本旅美台湾学者写的比较文学理论的书,叫《想象中国的方法——历史·小说·叙事》。其实在作者当时所处的时代,或者说在20世纪60、70年代或者更早的时候,海峡两岸隔绝,甚至中国大陆跟世界之间也是封闭的;那个时代外国学者要了解中国的法律发展,或者了解中国大陆现状,他们要通过一些文学作品去想象。当然这些想象今天还在延续,就是直到今天你到美国大学去学习中国法,也许仍然有教授会建议你去看《秋菊打官司》(*Qiu Ju Goes to Court*)。这个电影也许在中国大陆上映时并不叫座,但是在西方中国法研究的学术圈却是广为流传。我记得哈佛大学法学院也有一门课,就叫“Comparative Law:Why Law? Lesson from China?”,这是我的老师安守廉给包括 JD

在内的学生上的一门大课,他也会给我们看一些纪录片或者其他影像资料。但实际上我跟他私下聊的时候,也会涉及一个问题,就是在美国第一代的中国法学研究者,就是科恩、爱德华兹那一代的学者。他们在开始研究中国法的时候,中国大陆是一个比较封闭的一个体系,中国当时的立法也比较有限,所以他们都是从研究《大清律例》,从研究中国法律史开始的。到了第二代学者如安守廉,就有比较好的中国法律和中国历史的学术背景。但是今天年轻一代的中国法学者通常不大关注中国的历史,或者说他们大多不再像他们的前辈那样特别关注中国法律传统的问题;他们更多关注中国当代法,比如说中国的司法改革、中国的刑事诉讼法、中国的公司法,这些或许也许也更"实用"。我觉得这本书最有趣的一点就是,作为一个比较年轻的中国法学者,作者其实关注的是从历史到现代的这样一个基础的问题。

接下来一个问题,就是我们如何去认识中国。一方面,我们认识中国可能是从制度的层面出发的,如果我们读中国当代的法典——不管是民法、刑法,也包括宪法,我们会发现它们其实是相当西化,或者说是全球化的。我记得我有一年在清华开比较宪法的课程,也有美国交换生选修;他对我说,读了中国宪法概要之后发现其实中国宪法跟美国宪法差异也没有那么大。这便是从制度上了解中国。另一方面,则是从文化上了解中国法律。清华法学院有一个针对留学生的全英文中国法LLM 项目,我在学生毕业的时常常会讲一句话,我说你们不要最后学了一年中国法,最后对于中国法律文化的认知仅限于两个词汇,一个叫face(面子),另外一个是直接汉化一个词叫 guan xi(关系)。这些年来,有一个或许不那么好的现象,就是很多在美国研究中国法的学者,他们对于中国的法律文化的认知,在上一代或者上两代学者研究的基础上就已经固化了。我觉得这一本书的意义在于,它是在对于中国法律文化认识渐趋固化的情况下,对于中国法的再认识,或者说重新认识中国法律传统。举个例子来讲,刚才大家已经提及,作者讲述公司和家族的故事。其实就家族来讲,我上法律史课也会跟同学们讲这个问题,就是有关家族公产的问题,为什么家庭的共有财产(如祭田、义庄)近些年来在中国法律史研究领域是一个比较热门的问题呢？也有不少的学者在非常好的刊物上发表了不少的论文。我猜是不是内在的也有一个原因,其实这个部分的研究,你会发现的确是一个类似于现代公司治理的这样一种方式,我们讲它有经理人,有这个家族的大会,类似于股东大会,也有经理人,有董事会。它要进行一种集体的管理,而且照顾到我们所谓的这个持股人和经理人的利益。

当然我们今天讲这个话题,也可能很容易引起其他的想象。实际上前两年,我的好友,北京大学公司法学者邓峰写了一本有关公司法的著作。他很有趣,他用代议制来描述公司法的架构,书名为《代议制的公司》。什么是代议制,或者议会政治？就是在这个国家中,或者在一个公司中,有一个代表人民权利的或者代表主权的机关;同时它由一个内阁,或者经理人来管理这个国家或者这个公司。当然我自己其实最近这些年也一直在研究近代中国国会史,我去年出过一本书《中国近代国会制度的变迁》,其实里面核心内容讲的是什么呢？就是在中国的语境下,代议制或者代议政治的尝试与改良。反过来讲,我们有一个同近现代西方公司法类似的这样一种家族公产的管理方式,我们为什么就不能产生一种现代意义上的议会政治,或者说我们本来就可以产生,只要我们加以调试,这个可能是我个人比较关心的一个问题。

就中国古代来讲,中国古代有没有民法？可能现在绝大多数人会说有,因为它有习惯,而且在实际的司法过程中也在裁判,包括户、婚、田、土、钱、债。中国古代有没有公法？我的看法是中国古代至少有政府组织法,甚至在中国古代的政府组织法中我们也有粗略的分权。比如说我们讲到的所谓三省六部,六部当然是一种专业化的分权手段,就是把政府管理的功能分成很多专业。可是也有三省,即尚书省、中书省、门下省,一个是政令的起草机关,另外一个是政令的审核机关,还有一个是政令的执行机关。有一个起草机关,有一个审核机关,有一个执行机关,这其实也是一种权力分立的模式。某种意义上说,它也是一种至少在行政体系内的分权的关系。

就现代而言,这里也顺便可以替雅理译丛再做一个小广告,就是我自己在参与雅理译丛另外一本小书的翻译,是阿克曼的一本小书。书的题目是《别了,孟德斯鸠:新分权的理论和实践》,说的是什么问题呢?实际上就是说三权分立当然也只是一个教条,它自己本来在美国就一身毛病,也很难推广到世界上的其他地方。它可能会需要很多的修正,它不是一种完美的分权形式;就一个国家政府组织的架构,或者说分权制衡来讲,其实也有很多不同的选择。当然我们牵扯到就是阿克曼讲到的,美国法的必胜主义这样一种观念和现实的差距其实是非常大的,这可能是一个同样很有趣的问题吧。这牵扯到我们就一个国家的组织功能来讲,也许基于纯粹的结构或者形式主义的原则,或者说我们从已经固化的法律的正当性、合法性的原则来看,也许中国古代或者某一个时期不存在严格意义上的宪法或者宪政。但是我们如果从功能主义的角度来看,是不是也有很多机构实际上实现了分权制衡的功能呢?我想可能是有的。

但是近代中国人实际上一直以来,还是过分地强调这样一种所谓的不管是西方主义,还是东方主义的教条主义。只有西方的,或者甚至只有美国的才是一种真正意义上的宪法,或者真正意义上的法治。这也可能是一种僵化或者说固化。这样一种固化的观点其实在今天中国会遭遇很多的挫折。我记得邓肯·肯尼迪,这也是哈佛左派教授把法律全球化概括为三次:第一次可能是在 19 世纪,那次全球化是一个国际公法的全球化,中国也被迫加入这样一个全球化的国际游戏规则中;第二次全球化是民法的全球化,以德国民法典为代表;第三次全球化,其实就是今天或者说 20 世纪 80、90 年代以来的这样一种宪法的全球化。宪法的全球化当然对中国而言也是新的挑战,我们这两年其实面对了很多的挑战,(包括)法治方面的与宪政方面的。前两年对于宪政也有很多的争议,其实这样一种争议,我觉得它往往源于也是一种教条主义的、一种纯粹的,或者是一种给了中国套上了"东方"这样一种形式的教条。这样一种教条,其实应该说给中国法治现代化中的左右两派人士都带来一种强烈的挫折感:右派或者说某种意义上的自由派学者反复地强调说中国没有法治、中国没有宪政;而比较极端的左派人士面对来自国内外的双重否定，其反应可能是说中国不需要法治、中国不需要宪政，因为这一切都是西方的教条。这当然是一种最坏的结果。

近年来，大家有时还在沿用某些学者一些老的观点。比如说唐德刚先生在讲到孙中山的五权宪法时，他说叫作“三权正好，五权不够”，就是说三权分立很好，别出心裁的五权分立反而会造成更复杂、更负面的结果。但是我觉得这基本上是一个论断，它不是一个论理；他随便说说，然后大家也就沿用了。但其实这样一种说法我觉得未必合适，何况唐先生不是法学或者政治学专家，他可能不知道其实三权分立只是一种美国式的非常独特的分权形式。再有一个例子，我自己的博士论文写的是“中华民国宪法”，也参与一些对台的研究和交流工作；在台湾地区一直也有人与唐德刚先生的东方主义观点非常类似，如独派学者李鸿禧就说，“中华民国宪法”是一个所谓“龙的宪法”。什么是龙？龙是把各种现实中存在的动物的优点，集中在一起组成为一个并不存在的、没有生命的东西，这也是一种典型的东方主义的观点。直到最近，在去年的台湾地区领导人选举中，他们还在谈论“修宪”，有人说他们现在这个体制既不是“总统制”也不是“内阁制”，不够纯粹，所以非常不好。所以一派人士（主张）我们要把它修成纯粹的总统制；另外一派人士说我们要把它修成纯粹的内阁制。其实这都是一种缺乏信心的表现，他们完全没有意识到在今天的世界上除了极端的范例之外，其实有很多的一种混合政体的范式。

去年我也写过一篇文章，叫作《近代中国宪制的发展》，特别关注制度的选择与创作的问题，近代中国制定的多部法律文件，我们将其条文与德国、瑞士等国法典逐条对校，便会发现“倒有百分之九十五是有来历的，不是照章誊录，便是改头换面”，这是否意味着民国的立法工作毫无价值呢？对此民国著名法学家吴经熊解释说：“世界法制，浩如烟海；即就其荦荦大者，已有大陆和英美两派，大陆法系复分法、意、德、瑞四个支派。我们于许多派别当中，当然要费一番选择工夫，方始达到具体结果。选择得当就是创作，一切创作也无非是选择。”我觉得那一代人似乎比我们更有“制度自信”。比如 1946 年《中华民国宪法》制定、通过的时候,张君劢也好,孙科也好,他们都觉得我们学习西方已经很多年了,这次决定不再亦步亦趋地跟随西方的脚步,可以多少拿出一点创造的精神来,对于西方的范式有所修正、有所创造。我觉得当你学习西方、同时了解中国,积累到一定程度的时候,你就会有一点小小的信心,这个时候你可能就超越了纯粹的东方或者纯粹的西方。谢谢!

章永乐:好。聂老师刚才的发言有很多精彩的点,我觉得都是值得继续展开的,可惜时间有限。我自己也是评论人之一,简单地说两点读书心得。

第一点跟刚才的一个话题相关,是不是我们继受了西方的某个法律,就必然会落入东方主义的陷阱当中?我自己觉得可能会比较复杂,需要具体问题具体分析。我注意到一个有意思的现象,《法律东方主义:中国、美国及现代法》这本书有着非常强的尼采和福柯的色彩。这有什么意涵呢?尼采曾经说过,就历史对于人生的意义来说,可以将历史分成三类:纪念式的历史、好古的历史和批判的历史,三种历史满足于不同的人生需要。这里尤其要讲的是批判的历史,它跟20世纪中国革命的关联度非常大。批判的历史肯定并不是对过去历史的客观呈现,这种历史书写恰恰是让你去遗忘,卸下历史的负担,以便大步走向未来。从新文化运动开始,这种批判的历史就凸显出来,但它在一定程度上可以说处于"自我东方主义"的边缘。

举个例子,陈独秀先生的《东西民族根本思想之差异》里面说,西洋民族以战争为本位,东洋民族以安息为本位;西洋民族以个人为本位,东洋民族以家族为本位;西洋民族以法治为本位,以实利为本位,东洋民族以感情为本位,以虚文为本位。这种概括客观不客观呢?其实不是那么客观。后来的中国革命推动妇女解放,说族权和夫权十分强大,描绘得几乎是罗马法上的家父权那么绝对。客观不客观呢?并不客观。但是这些话语发挥了重要的实践功能,加快了新的主体性的塑造。有个耳熟能详的说法,中国革命是反帝反封建的革命,这个说法其实比较清晰地指出了中国革命所塑造的主体性的特征。反封建是针对自己的传统,经学、士绅、家族,这些都被打击了,在这个过程中,借助了许多18世纪以来西方人对于中国的批评。但借助这些来自西方的批评,不等于自己服从于列强划定的世界等级秩序,从此仰视列强。革命是要颠覆列强所划定的世界等级秩序,同时也超越西方第三等级创造的文明。所以你可以看到,中国革命塑造了一个新的主体,它宣布自己的传统、西方的传统,都需要被批判地审视,都需要被超越,它要面向未来,进行创造。在这过程当中形成了一个原则,叫作"古为今用、洋为中用",这个说法背后有一种很强的自信。这种自信曾经产生过很大的辐射力,"六八风暴"中的欧洲青年、美国黑人运动的领袖、亚非拉的反帝反殖运动领袖们,都曾把眼光投射到中国身上,将中国视为一种新的可能性。

当然,中国最后是从国际秩序的"革命派"变成了"改革派",一方面加入美国主导的国际秩序,另一方面又坚持这个国际秩序应当更加多极化。这就让我们自己的主体性变得更加复杂化了。不少人觉得加入这个国际秩序,接受美国的领导,获得西方的承认,就很好了,不要想着怎么去改造。反映到舆论场上,中国一有个什么事情,就有人说,看看欧美怎么做,我们照着做就行了。这个思维习惯甚至渗透到我们器物层面的思考。前几天下暴雨,网上就有人拿着德国和奥地利城市的图片来,说他们有一种防洪板,很先进,我们为什么不学呢?但他们不知道,浙江就有工厂生产这种防洪板,我们早就用上了,它的用处也没有吹的那么大。还有人大讲青岛的"良心下水道"多么反映德国人的严谨精神,但它不知道青岛的下水道系统绝大多数是新中国成立以后修的,德国人搞的下水道占的不到3%。补充一句,当年德国人在殖民地里搞了下水道,排污口却是对着中国人居住区开的,他们把日子过舒服了,承受污水的是中国人。

我觉得这个空间结构,本身就是近代国际秩序的一个缩影。列强自己把日子过舒服了,但代价是广大殖民地半殖民地人民承受的。不改造这个秩序,我们还会天天喝污水。但最后我们自己搞下水道的时候,当然也会学习德国人的先进技术。一个创造者不能无中生有地造东西,他必须汲取古今中外各种资源为自己所用,我觉得只要有这种创造者的自信,借用什么资源是不必有多少心理负担的。哪怕是列强发明的极其不客观的东方主义话语,也可以在创造的过程中,变废为宝。中国现在已经是第二大经济体,是世界上工业体系最齐全的第一制造业大国、第一货物贸易国,应当有这个自信。

第二点,这本书对于帝国研究和霸权研究来说,有一些很有价值的启发点。我觉得磊杰兄刚才说得很好,霸权的构成本身是复合的,它有硬实力的方面,比如军事,经济,它还有软实力的方面,它生产话语,尽可能获取别人基于同意的合作。这本书里有一个细节很有意思,就是美国人跟中国人打交道的时候,在法律这方面的确展示出了过人的技巧,比如说 1844 年《望厦条约》的签订,《望厦条约》的底本是美国人准备的,他们准备得非常好,把中国人套进去了。做了这个范本之后,其他列强看了都觉得好,也都跟着学,拿着美国人做的范本,稍微改一下,就拿来找清政府签。所以我们可以看到,法律人的技艺,在美国的霸权构成中起到了重要的作用。对于这个问题,晚清的思想家们是有意识的。当时有两个有意思的概念,一个叫商战,通过搞经济来增强国力;另外一个叫做学战,这个概念本身就有很强的培根和福柯的味道了。学术生产知识,生产话语,而知识和话语,也就成为集体权力的一部分。这两个概念放到今天也并不过时。那么我们可以相应地问,法律人在今天中国改革世界秩序的过程中能够发挥什么样的作用?我们的知识生产体系是否能够回应现实的需要?由于时间关系,我就不具体展开了。

章永乐:下面进入互动环节。这个问题是给梁老师的。"请问梁老师,在法律教育的东方(主义)化、本土化与西方现代化之间未来的发展有何看法?"

梁治平:这问题太大,我恐怕回答不好,特别是我已经多年不在大学教书,对于大学现在的制度了解不够。假定刚才说的法律东方主义是一种普遍存在的现象,那它首先就是跟教育有关的。如果施教者、研究者自己都意识不到这个问题,那这个问题就更难解决了。所以我们希望通过阅读这样的一本书,也包括举行像我们今天这样的读书活动,有更多人去思考这样的问题,慢慢去建立一种理性的、健康的、有建设性的思想方法。我们要知道,法律东方主义不是在一个很短的时间、很小的时空当中发展起来的,可以说它是深深地植根在我们的思想、文化、制度甚至行为当中。这不是一个少部分人在短时间里面能够解决的问题,需要有深入的反省、充分的准备。

今天从事这样的工作,某种意义上说是一个好时机,但是从另一种意义上说又是一个值得警惕的时间点。为什么这么说呢?要确立自己的主体性,你当然要有某种自信。如果你对自己的文化,对自己千百年的传统都没有深入的了解和认识,那就谈不上自信,又怎么去树立自己的主体性呢?聂老师的专业是中国法制史,所有研究中国法制史的人都面临一个令人尴尬的局面,因为你研究的这些东西都被看成是跟法律没什么关系、没有价值的东西。人们经常说中国没什么法律,而说这种话的人其实对中国历史的这个部分并没有深入的了解。这种情况很典型。但是今天,因为社会和经济的发展,也因为对外交流的深入,这种情况慢慢有了一点改变。人们开始重新思考中国,重新去建立一种主体意识,所以说这是一个好时机。但是在这个过程里面也有一种倾向值得警惕,那就是把对东方主义的批判变成一种道德义愤或情绪宣泄,一种可以被操纵的政治化的极端的东西,引到各种阴谋论和对抗话语上去。所谓"帝国主义亡我之心不死",这种话说了几十年,今天又流行起来了。这种敌我论调的思想基础其实也是东方主义的。我们要警惕这种思想以批判东方主义的名义、以建立中国主体性的名义为自己张目。中国是需要建立自己的主体性,但我们还是要问,谁的主体性?这是我们需要时时思考的一个问题。谢谢!

章永乐:下面这个问题是给聂老师的,您觉得应该如何界定人治和法治的两个概念?

聂鑫:问题相当大,我觉得梁老师更适合回答这种高深的问题。在中国语境下如何去划分人治和法治?关于人治和法治,孟子曾说"徒法不足以自行",荀子说"有治人,无治法",他们的共同点就是不会片面地强调制度的作用。我想举一个更简单的例子,人治和法治这样的大问题我真的没办法回答,但是我有时候会和学生讲到一个司法的问题。我们法治的一个核心的问题可以说是司法权的独立行使问题,这也是大家会经常讲到的一个问题。其实,我一直会说其实司法本身它就会有三个面向,它并不是单一的价值。其实我们讲到司法的价值,首先是司法专业,一个司法机关它能够宣称法官的裁判优越性之所在,或者说其之所以可以做出与人民选举产生的政府或国会不同的决定,就在于它是一个专业的机构。

就中国而言,司法的专业化这些年一直在往前走,最简单的例子就是司法考试,包括今天统一司法考试,甚至未来更严格的司法考试;可能也许明年或者后年,非法学专业的学生就很难直接参加司法考试了。这就是司法专业化的面向,所谓法律共同体的兴起跟这个也有关系。我经常会跟学生讲,当你足够专业就会相对独立;因为你作为一个法官,如果上级干预你的专业裁判,那大不了你就离开,去做律师也许你可以挣得更多,而且也更加愉快。司法专业之后才能谈独立的问题,如果不够专业去独立,恐怕是一个灾难。可单单司法独立就够了吗?一个独立的、专业的司法官就不会犯错误吗?而且,会不会犯一些立法机关或者其他机关没有办法纠正的错误?这样一种错误,典型如美国的斯科特案、洛克纳案,当时法官的理念跟社会脱节了。在罗斯福新政的时候,法律现实主义的兴起(附带的是耶鲁法学院的大发展)涉及一个问题,就是司法本身要回应社会;我们用一个更本土化的口号,就叫作“司法为民”。这也是刚才梁老师提到的三个自信的表现。司法为民本身它并不纯粹是中国特色,我想实际上东西方都会面对同样的问题,在一个司法裁判中如何面对人民的这样一种社会需要。但是这算是人治呢?还是算法治呢?

我记得 2006 年我第一次到台湾地区,我东拍拍照片、西拍拍照片,也包括台湾地区司法机关的照片,拿过来给北京的法官一看他们都笑了,说怎么人家的那个法院门口也挂着标语司法为民。实际上这是一种共同的价值。尽管西方人不会直接这么说,但是东方人可能就是要这么说。大概我前两年在人民大学参加一个博士答辩,有一个学生写的是“废除六法全书”以及改造旧司法人员,他讲到一个问题是什么呢?20世纪50年代初我们已经废除六法全书了,可是我们继续延用当时的旧司法人员;那些旧司法人员他们其实接受的是比较好的甚至是德式的教育。这中间最优秀的当然是谢怀栻先生,当然谢怀栻先生后来在我们民法学界非常有名,在国民政府收复台湾地区后,他还做过参加接收台湾地区的法官。但是在当时的运动中,有人总结这批旧司法人员的特点叫作“对敌人不恨,对人民不爱”。就是说在他们裁判时,对罪大恶极的人他可能过分保障了被告人的权益;而对于一些比较特殊的案件,就比如说我讲到的一些财产争议,它过分地照顾了一方的财产权,而忽视了另外一方的社会权或者生存权,导致很多家破人亡的故事。比如说一家人穷得只剩一条被子了,法官还是要断给债主;这样的一种裁判,你可以说它是一种基于法治主义,但这个法治我觉得是刀那个制了,它已经不是水的治了。

这个究竟是法治还是人治呢?这个也不好说,包括梁老师刚才提到的其实在我们今天有一个普遍的话语,其实就是社会权的话语、社会福利的话语。当我们重新修正财产权的时候,其实我们强调的是一个一个财产权的社会价值。例如今天我们非常重视的宪法财产权,在中华人民共和国宪法文本中,财产权的规定方式反而更符合古典自由主义的理念,这在一定意义上也造成我国宪法财产权条款与社会主义条款之间的张力。如何平衡自由主义的财产权与社会主义的社会福利权,那就要求对相互冲突的条款分别做出限缩解释,平衡这两种权利。但所谓平衡,包括德国公法上的比例原则,在一定意义上都是一种政治判断,而非单纯的法律逻辑推理。我真的不知道这其中什么是人的因素、什么是法律因素。我觉得我们对于法治的概念本身可能也过分教条主义了,我们到今天都不喜欢民国时候法官经常说的一种说法,就是法官裁判要依据法律以及所谓自由心证(discretion)。我们一直都不承认自由心证,总觉得这是一种不好的倾向,但实际上这也是一个专业的司法官必然面对的东西,这算是人治呢还是法治?我也不知道。谢谢!

章永乐:好。其实已经到了旧的东方者和西方者话语范围这一块,其实在今天,在这个书的背景下,我们怎么来看陈独秀,还有“五四”这代人他们所提出的一系列主张？有请梁老师。

梁治平:这个问题永乐应该比较有研究吧。两三年前我出了一本小书叫《礼教与法律》,副标题是“法律移植时代的文化冲突”,对清末礼教派和法理派在新刑律创立过程中围绕礼、法问题展开的辩论做了一个分析。书的最后一章是“晚清遗产谁人继承”,顺着这个线索对清末以来的思想发展做了一个大致的梳理。那本书没有专门去讨论东方主义,但实际上跟这个话题关系非常密切。比如书里有专门一节,对当时流行的普遍主义话语和特殊主义话语进行分析,处理的就是东方主义的问题。

当时的法理派就是普遍主义话语的承载者,最后他们赢了,不管在历史的意义上,还是在具体事件的结局上,而这几乎是不可避免的。因为中国处在那样一个历史关口,普遍主义话语一定会占上风。普遍主义话语是什么话语？实际上就是一种东方主义话语。这种话语到“五四”有了一种更极端的表现,那时,革命取代了改良。我在书里引了陈独秀的几段话,按他的说法,我们面对的是黑白分明的两个世界,一个是新的、进步的、科学的、美好的,代表未来,另一个是旧的、落后的、愚昧的、丑恶的,代表过去。中国要进入新世界,就必须把旧礼教、旧文化统统抛弃、打倒,什么都不要。这种革命主张在当时确实很有号召力。我们知道陈独秀是当时思想界的领袖、《新青年》的主编,也是中国共产党的创始人之一,他的思想非常有代表性和影响力。国民党也好,共产党也好,其实都秉持着这样一种革命立场。那马克思主义呢？《法律东方主义:中国、美国及现代法》提到的有影响的东方主义思想人物里就有马克思,他的“东方专制主义”和“亚细亚社会说”的确也有东方主义的烙印,这些东西也成为马克思主义思想和学说的一部分。自然,共产主义意识形态也是一种普遍主义话语,在中国,这种普遍主义话语直到“文革”期间还很流行,但是到了改革开放以后就变了,强调国情的特殊主义话语起来了。相反,这个时候批评者接过了普遍主义,东方主义还在,但是内容变了,位置也变了。这些变化错综复杂,在这个过程中，东方主义扮演了一个什么角色，它在今天中国人的思想图景中具有什么意义，这些问题都值得我们仔细思考。

章永乐：各位朋友，讨论很热烈，可惜时间有限，今天虽然只有两个多小时，但是展开了很多问题的维度，可以让大家看到的，这样一本书里包含着这么多理论线索，能够对我们的研究、对我们的认识世界产生什么样的启发。所以希望大家接下来尽量通读一下这本书，今天的许多讨论对阅读会有帮助。我们的翻译者魏磊杰老师，我们的梁治平老师、聂鑫老师，分享了许多很有意义的视角，提供了对这本书的细致解读，我个人是受益匪浅。我提议再次用热烈的掌声感谢这三位老师的分享。我们的活动到此正式结束，谢谢大家的参与。

（中国政法大学出版社编辑项玮整理）

《政治与法律评论》
(第八辑)第277~293页

宪制、经济与文化：刘兆佳对香港政治激进化的解读

袁阳阳*

摘要：近年来，随着香港政治日趋激进，中央和特区政府面临着严重挑战。香港著名的政治学家和社会学家刘兆佳先生，对这一问题提供了深刻的、全面的分析。从他的论著不难看出，香港的政治激进化既与非正式宪政秩序的形成有关，也与资本主义经济发展导致的阶级矛盾有关。但香港人的传统政治文化则偏向温和务实，对激进化发展起到了牵制作用。因此，未来中央和香港特区政府也可从政治、经济和文化三个方面着手，应对政治激进化的挑战。

关键词：政治激进化　非正式宪政秩序　阶级矛盾　政治文化

一、问题的提出：香港政治激进化的兴起

近些年来，香港政治生态日趋激进。反对派中

* 袁阳阳，北京大学法学院2013级博士生，Email：dreamseek365@126.com。

激进势力纷纷崛起,他们愈发执着于理想化的原则或理念,而偏离理性务实的立场和路线。最极端的表现是,本土主义不断凸显,甚至进一步发展成为"港独"思潮和行动,公然反对中央的领导地位。可以看到,自2012年以来,香港和中央、内地之间的矛盾冲突不断升级,"灭蝗游行""反国教""反高铁""反水货客"等反中央、反内地的运动在香港持续上演。特别是围绕着2017年行政长官普选方案,反对派不惜采用"公投""占中"等违法形式挑战基本法的规定,挑战中央和特区政府的权威。去年的"旺角暴乱"中,"本土民主前线"等"港独"势力的操控更是鲜明可见。

政治激进化带来了严重的政治撕裂和内耗。实践表明,不同政治势力之间越来越处于原则理念的根本分歧中,而难以在相互妥协的基础上达成政治共识。与此同时,政治化的行动亦无处不在,令香港处于高度政治化、劣质政治化的纷乱之中。例如近年来的"反自由行"游行、铅水事件、港大风波、"小三TSA"问题、高铁"一地两检"、版权条例修订等,背后均有反对派的政治化操作。这不仅损害了香港经济、民生、文化和教育事务的发展,也在一定程度上威胁着国家主权和安全。

因此,对政治激进化的现象做出学理上的分析和解读,是十分必要的。那么,应如何来看待香港政治的这些变化?究竟是什么在影响着香港政治激进化的发展趋向?政治激进化的未来发展前景又如何?为了回答这些问题,本文选取刘兆佳先生的相关论著作为研究切入点。刘兆佳是香港著名的政治学家、社会学家,曾出任香港特别行政区中央政策组首席顾问,参与特区政府的管治。他曾发表多篇零散的论文,对香港有诸多细致入微的观察,近年来整理成书。书中多有涉及香港正在出现的一些激进化现象,可供参考。

不过,之所以选取刘兆佳的论著进行研究,更是因为他对香港问题的剖析是深刻的、全面的。深刻性表现在,他一针见血地洞悉到香港问题背后的政治本质。从他的字里行间可以看出,他所理解的香港问题并不是单纯的基本法及相关制度的设计问题,而是不同政治力量之间的斗争问题。这些政治力量包括政府、政党以及利益团体、民间组织、媒体、中产阶层、民众等政党替代物。因此他的大量研究就是解读这些政治力量的产生原因、发展形态、彼此关系、政治影响以及未来命运。这就摆脱了当前学术界将香港问题武断地归结于“一国两制”制度缺失的倾向，精准地切中了制度背后的复杂政治实践。的确，制度的形成和有效运作，很大程度上要看不同政治力量之间的博弈。刘兆佳为我们呈现的正是这样真实的政治。

全面性表现在，他的论述背后贯穿着一套完整的理论框架，即透过宪制、经济与文化的视角来全面理解香港政治，提供了认识香港的系统理论指导。虽然他并未将制度看作香港问题的核心和全部，但也并未忽视制度尤其是宪政制度的重要性。而且，除了宪政制度以外，他也看到经济变迁、阶级矛盾、文化理念对香港政治的影响。在他的视野中，香港的政治激进化，一定程度上源于基本法确立的正式宪制秩序的削弱，一定程度上也源于资本主义经济发展到一定阶段所必然会出现的阶级矛盾，是全球性问题的普遍表现。但香港人的政治文化则导向政治稳定，对激进化起到了牵制作用。这是十分全面客观的理论分析，摆脱了香港研究中长久存在的浓厚意识形态色彩。

基于此，本文将试图从刘兆佳的大量论述中提炼他对香港政治激进化的解读。第二、三、四部分，将分别从宪制、经济、文化的视角，呈现他对这一现象的成因或发展空间的剖析；最后部分将延续他的分析思路，提出未来应对香港政治激进化的可能路径。

二、宪制视角：非正式宪制秩序下特区政府的管治弱化

制度是政治中不可忽视的因素。尤其是宪政制度，它能否获得认可和执行，直接关乎政治体的稳定。因此，刘兆佳用大量篇幅分析论述了香港宪政制度的运作。随着香港前途问题的提出，以“一国两制”、“港人治港”、高度自治为理念的宪政制度通过基本法正式确立下来。根据这一宪制安排，特区政府拥有较大的政治能力，主要体现在如下三

个方面：首先，在中央和特区之间，中央在香港所能直接行使的权力有限，绝大多数主权性权力转而授予特区政府行使；其次，在立法会、特区政府和法院之间，基本法确立了行政主导制的安排，从而提升了特区政府的重要地位。最后，在特区政府与地区组织之间，基本法保留了原由行政机关设立咨询组织的制度，这就保持了特区政府进行政治动员的群众基础。

然而，在刘兆佳看来，基本法文本构建的这套正式宪制秩序并未完全实现。相反，非正式政治游戏规则不断产生，最终形成了实践中的非正式宪制秩序。[①] 总结起来，在这一非正式的宪政秩序中，不仅特区政府自身难以形成一股强大的合力；而且，行政主导制也遭致冲击，地区组织的发展亦大不如前，令特区政府在宪政架构中的横向地位和纵向力量均不断下降。这些均削弱了特区政府的原本政治能力，造成管治困难，令香港政局越来越为反对派所掌控。由此可以推断，当前政治激进化的发展也与之密切相关。

（一）内部关系：特区政府的团队分化

目前，特区政府的工作团队主要由行政长官、政治任命官员、政务官、普通公务员、专业人士构成。根据刘兆佳的观察，这些主体之间缺乏团结，致使特区政府的凝聚力不够，直接影响着管治效果。

首要的表现是，行政长官一直未能与公务员建立起紧密互信的合作关系，尤其是公务员队伍中地位最高、权力最大的政务官。刘兆佳指出，英国人在回归前夕将被扭曲的"政治中立"原则引入香港，对行政长官与公务员之间的关系产生了深远的不利影响。在他看来，"政治中立"原则原本是指无论任何政党执政，公务员都要竭诚效忠该党，不可因为政见不同而不为该党效力。然而，在香港，"政治中立"原则被演绎为，公务员不应偏帮任何一个政党或社会势力，因此也不应随便依循行政长官的旨意。[②] 这就造成公务员与行政长官的疏离，致使二者

① 刘兆佳：《回归后的香港政治》，香港商务印书馆2013年版，第112、116页。

② 刘兆佳：《回归十五年以来香港特区管治及新政权建设》，香港商务印书馆2012年版，第125页。

在重大问题上往往不能配合,客观上削弱了特区政府的管治力量和施政效果。

不仅如此,行政长官与政治任命官员之间也存在着嫌隙。2002年,为了增强行政长官驾驭行政机关的能力,特区政府引入了主要官员问责制,令司长和局长从公务员变成政治任命官员,随时会因为要承担政治责任而引咎下台。2008年,主要官员问责制进一步扩大至副局长和政治助理。然而,在刘兆佳看来,这一改革的作用不大,未能实现预期的目的。背后的主要原因在于,政治任命官员主要来自公务员和专业人士,而没有从政党中挑选出来。所以,这些官员的政治性不强,对行政长官缺乏足够的支持,彼此之间只是出于利益需要而暂时结合在一起,难以形成稳固的政治共同体。③

再次,政治任命官员和公务员特别是政务官之间也矛盾重重。刘兆佳指出,政治任命官员人数不足,在高层公务员的人事管理上权力有限,在其领导的政策部门里也缺乏财政权,导致自身与公务员队伍之间的关系尚不清晰,缺乏有效的领导能力。而且,主要官员问责制实际上降低了政务官的地位,但政务官由于政治任命官员人手不够又往往不得不分担一部分政治工作,因此对它怀有强烈的抵触情绪。④ 由此可见,在香港,不仅行政长官缺乏对行政机关的驾驭能力,而且行政机关内部也相互抵牾。特区政府的团队分化,无疑会消磨乃至瓦解其自身力量。

(二)横向关系:行政主导制的弱化

所谓行政主导制的弱化,是指特区政府的权力不断流失,立法会和法院的影响力则不断加强,各领域事务发展的话语决定权越来越掌握在立法会和法院手中。一言以蔽之,在香港的政治实践中,特区政府、立法会和法院之间已经日渐脱离基本法设定的行政主导的轨道,导致

③ 刘兆佳:《回归十五年以来香港特区管治及新政权建设》,香港商务印书馆2012年版,第129页。

④ 刘兆佳:《回归十五年以来香港特区管治及新政权建设》,香港商务印书馆2012年版,第128~133页。

特区政府在政制架构中缺乏稳定可靠的外界支持,难以形成有效管治。

首先,立法会和特区政府之间的关系,愈发以立法会对特区政府的制衡为主。刘兆佳指出,立法会在实践中不断通过《立法会议事规则》《立法会权力与特权条例》等宪法常规扩大自己的权力。总结他的观察,大致上存在如下两类现象:一类是权力逾越。基本法保留了一些行政向立法负责的内容,但是实践中立法会议员的行为已经超出了基本法的规定。例如,提出不符合基本法第74条规定的私人草案或对政府法案的修正案;赋予自己行政调查权;对高层官员提出不信任动议辩论等。另一类是权力滥用。立法会虽然根据基本法享有某些权力,但该权力并未得到合理运用。例如利用财政审批权阻挠政府施政计划;通过质询引发全体议员辩论乃至表决;对超出香港地域范围的问题进行辩论。⑤

上述行为无形中造成了行政权的弱化,提升了立法会的相对地位。与此同时,特区政府为了避免发生宪制危机,主动进行自我约束,也进一步导致行政权的流失。刘兆佳指出,基本法第48条第4款授权行政长官通过发布行政命令来制定政策,但实践中主要是通过立法会立法来推行政策,甚至有事事都寻求立法会同意的倾向。而且,针对议员提出的违法的私人法案或不信任动议,特区政府也不予指责,而是不必要地花费大量时间和人力进行政治游说,尽量动员与政府友好的议员使之遭到否决。⑥ 总之,在立法会的抢夺、特区政府的主动虚置下,立法和行政之间的关系愈发失衡。

其次,政府和法院之间的关系运作也冲击着行政主导制。一方面,法院的权力和政治影响力日渐扩张,实际上已经妨碍了行政权的运作。从案件的受理来看,法院已经越来越愿意接受反对派的邀请,去厘定行政与立法的权限争执,或者去判断香港的政治体制是否合宪等议题。而且,也越来越愿意受理市民司法复核的案件去裁定政策议题。这表

---

⑤ 刘兆佳:《回归后的香港政治》,香港商务印书馆2013年版,第145页。

⑥ 刘兆佳:《回归十五年以来香港特区管治及新政权建设》,香港商务印书馆2012年版,第214~215页。

明,法院在政治生活中担当的角色愈来愈大。[7] 不仅如此,从案件的审理看,法院在诉讼中也通过一些背离基本法原意的解释,取得了一些修改法律和政策的权力,实质上是间接取代了特区政府而行使了制定公共政策的权力。

另一方面,特区政府在处理与法院的关系时也存在主动虚化权力的现象。刘兆佳举例指出,基本法第48条第2款赋予了行政长官执行基本法的职权,但是即使法院作出了违背基本法原意的解释,如庄丰源案,特区政府也通常不会主动提起人大释法,反而会支持法院的解释。[8] 此外,基本法第48条第6款也赋予了行政长官对香港各级法官的任免权,但实践中的任免只是对法律界意见的确认,因此法官在裁判时只需考虑法律人士而非行政机关的意见。[9] 这就进一步促成行政主导弱化的政制架构。

(三)纵向关系:地区组织的弱化

在刘兆佳看来,地区组织虽然缺乏强大的政治野心,政治能量也相当有限,但却是特区政府物色、吸收、培育和扶植政治人才的重要手段,也是政府盟友发挥政治作用的重要平台。因此,争取他们的支持有利于在地区为特区政府积累政治资本,加强特区政府的管治权威。然而,回归以来,特区政府并没有投入足够的人力、物力和精力去充分挖掘并利用地区组织这方面的政治功用。主要表现在以下两个方面。

其一,废除两个市政局。刘兆佳指出,两个市政局的废除,意味着依靠这两个机构的市政民生工作来取得资源、争取群众和培训人才的机会也随之丢失,地区政治因此完全变成了割裂的十八个区议会的政治。而这类政治专注于地方上的琐碎事务,对政治精英的吸引力不够。这既不利于反对派和建制派的发展,也令特区政府失去了招揽、吸收和

---

⑦ 刘兆佳:《回归后的香港政治》,香港商务印书馆2013年版,第147~148页。

⑧ 刘兆佳:《回归十五年以来香港特区管治及新政权建设》,香港商务印书馆2012年版,第212~213页。

⑨ 刘兆佳:《回归十五年以来香港特区管治及新政权建设》,香港商务印书馆2012年版,第217页。

培训政治人才的一个重要平台。⑩

其二,对地区咨询组织的倚重下降。基本法第65条规定,原由行政机关设立咨询组织的制度继续保留。不过刘兆佳指出,现实情况是,原有的法定和咨询组织大体上被保留下来,但地位却不比回归之前。一个重要的表现就是,它们在政府决策过程中所发挥的作用愈发降低。政府通常会出于保密的考虑而限制咨询的范围,而且亦只是在政策已经基本确定的时候才会咨询或知会它们。⑪ 不仅如此,特区政府也较少主动去牵头组建新的地区组织。⑫ 这也在一定程度上削弱了政府吸纳政治人才和招揽政治盟友的能力,不利于实现有效管治。

综上所述,香港实践中真实运作的这套非正式宪制秩序,其显著特征在于特区政府的政治能力逊色于基本法的安排。自身内部的分化,行政、立法和司法三权关系的失衡,以及与地区组织的逐渐脱离,均不断削弱着特区政府的政治组织和动员能力。在这一秩序中,尽管特区政府在中央和特区的权力分配上被授予庞大权力,也难以充分发挥出来。而随着特区政府政治能量的削弱,挡在反对派尤其是其中激进势力前面的政治障碍就愈发弱小,这就一定程度上有利于他们的坐大乃至崛起。

三、经济视角:阶级关系逆转下政治激进主义的滋生

刘兆佳对香港问题的解读,还有一个很重要的维度——阶级。这其实主要是马克思主义学说的分析视角。马克思深刻洞悉到,不是国家支撑着社会秩序,而是社会秩序支撑着国家。社会秩序的基本结构

---

⑩ 刘兆佳:《回归十五年以来香港特区管治及新政权建设》,香港商务印书馆2012年版,第195~196页。

⑪ 刘兆佳:《回归十五年以来香港特区管治及新政权建设》,香港商务印书馆2012年版,第188~189页。

⑫ 刘兆佳:《回归十五年以来香港特区管治及新政权建设》,香港商务印书馆2012年版,第196页。

是生产关系,其中的关键是阶级关系。而决定生产关系的是生产方式,确切地讲,是由经济基础来推动的,特别是由不断扩展的生产力和阶级斗争之间的相互作用来推动的。[13] 所以可以说,阶级是马克思对社会秩序乃至政治秩序的重要分析工具。刘兆佳所采用的正是这一切入点。而且,阶级分析其实是和经济基础联系在一起的,因此这一分析视角可以称之为经济视角。

在马克思看来,资本主义生产方式下存在着严重的冲突和危机。因为资本主义经济确立了资产阶级对无产阶级进行剥削的基础,国家实质上也不可避免地要维护资产阶级的特权。所以随着资本主义的发展,阶级斗争也更加激烈,由此推动着政治秩序的变革。[14] 那么,在香港这样一个国际化的资本主义大都市里,马克思主义的这一理论是否适用?具体而言,阶级关系在政治的发展过程中发挥着什么样的作用?换言之,当前的香港问题在多大程度上可以归因为阶级问题?对此,刘兆佳并未给出"一刀切"的论断。他辩证地指出,香港的阶级关系并未上升到阶级敌人和阶级斗争的激烈对立程度,但不可否认,阶级矛盾还是存在的。尤其是中产阶级与上下阶级之间的关系逆转,给香港政治的转型带来了直接影响,导致政治的激进化和民粹化。

(一)阶级斗争的薄弱政治影响

刘兆佳在多处均提及,香港人的阶级意识并不强,阶级斗争的情绪尤其薄弱。这背后的原因主要在于,一方面,代表底层和上层阶级的组织——工会和商会并不强大;另一方面,大部分港人都有意识的把自己归类为中产阶级,而这一阶级直至"二战"后特别是20世纪70年代后才成长起来,且内部异质化程度相当高。所以,他们对于什么是中产阶级的利益以及应如何促进其利益缺乏清晰的共识,阶级斗争的观念几乎不存在。[15]

---

⑬ [英]戴维·赫尔德:《民主的模式》,燕继荣等译,中央编译出版社2008年版,第114、116页。

⑭ [英]戴维·赫尔德:《民主的模式》,燕继荣等译,中央编译出版社2008年版,第117~120页。

⑮ 刘兆佳:《回归后的香港政治》,香港商务印书馆2013年版,第216~217页。

可见,在刘兆佳的观念中,香港的政治纷争不可以归因为阶级斗争。他对政党和阶级之间疏离关系的强调,亦再次印证了这一论断。刘兆佳指出,香港的政党缺乏明显的、清晰的阶级取向,除了工联会和工会外,其他比较大的政党都是跨阶级的组合,不同阶层的利益和声音都在党内存在。这表明,政党在政治上划分左右的标准不能严格等同于经济上划分左右的标准。例如,富人在经济上是右派,但在政治上是左派、是爱国的。因此,香港政治舞台上不同政治党派的对立不能化约为阶级利益的对立。不仅如此,由于同一政党内部不存在统一的阶级立场,政党也就不用切实的维护某一社会阶级的利益,便难以受制于社会阶级力量。⑯ 因而,香港的政党难以发展成为阶级斗争的政治工具,这就限制了阶级斗争对香港政治的影响。

(二)阶级矛盾的逆转与政治的激进化

尽管阶级斗争薄弱,但是在刘兆佳看来,阶级矛盾还是存在的。在这一方面,他尤为注重中产阶级对上层阶级和底层阶级态度的逆转,认为这一转变很大程度上推动了香港政治的激进化转型。

他指出,在20世纪八九十年代之前,香港中产阶级与上层阶级之间一直保持着良好的关系。不少中产人士将富人、大财团和大家族等视为经过拼搏取得成功的楷模,而且也认为自己与上层之间一直存在着某种非正式契约,即愿意容忍相当的贫富差距,来换取大量向上流动的机会。相比之下,中产阶级瞧不起那些没有能力提升自己社会地位的底层人士,也对这些人的民粹主义、福利主义和大政府理念怀有深刻的戒惧。⑰ 然而,这一切在八九十年代逐渐发生了逆转。这一时期,经过战后几十年的经济发展,上层阶级已经固化,极大地堵塞了其他阶级向上流动的机会。与此同时,香港的制造业日渐衰落,逐渐转型为以地产业、金融业和现代服务业为主的经济结构,造成中产职位的大量流失。再加上随之而来的金融危机、房地产价格崩溃和长期的经济低迷,中产阶级特别是年轻一辈陷入失业、降级、工资下调甚至贫困的境况。

---

⑯ 刘兆佳:《回归后的香港政治》,香港商务印书馆2013年版,第180页。

⑰ 刘兆佳:《回归后的香港政治》,香港商务印书馆2013年版,第212页。

在这一背景下，不少中产人士认为自己与上层之间的非正式契约已遭后者破坏，因此也无须再认同上层人士所享有的特权和巨大财富，甚至对其提出挑战。而另一方面，越来越多的中产人士由于相同的命运开始对底层人士给予同情，并愿意为改善他们的处境尽一份力。[18]

阶级关系的逆转带来了深远的政治影响。其中最直接的表现是中产激进主义的滋生。而由于中产阶级本身就是香港社会的重要组成部分，加上其塑造舆论和说服群众的能力颇高，中产激进主义又在一定程度上促进了香港民意的嬗变，令整个香港社会日趋激进化。刘兆佳指出，不少中产人士不再相信个人的失败主要是因为自己努力不足、运气不好或其他个人因素，而开始埋怨政府逃避责任，或对官商勾结、地产霸权的情况深信不疑，甚至比底层人士对政府更为不满。[19] 在中产激进主义的影响下，香港民众也弥漫着悲观抑郁的情绪，对政府的怨气和不信任高企。这激发了香港社会的民粹激情和政治参与热情。他们不再相信自由放任的资本主义理念，主张政府的有限角色应加以扩大，在政制上的民主诉求也更加清晰，希望通过民主化拥有更多的政治参与机会。这一系列理念的变化表现在行动上，就是中产阶级和底层民众开始积极投身政治，参与集体抗争行动，有的甚至参加选举、组建论政团体或组织。而且，他们常常以阴谋论或愤世嫉俗的态度审视政府的一举一动，将政治争议变为有零和游戏性质的、难以调和的对抗。[20]

不难看出，在刘兆佳眼中，激进化是与民粹化相伴而生的。可以说，民粹化既是激进化的突出表现，也是激进化的重要动因。上述变化最终影响到政治势力的立场和路线调整。刘兆佳指出，选举结果显示，那些争取社会福利、重视社会政策，以致宣扬民粹主义的政党和团体往往成绩较佳。因此，随着香港社会的激进化和民粹化，香港各政治势力都不同程度走上激进。无论是反对派还是建制派，不仅对地区工作、劳工保障、民生事务的关注都日益提升，而且更为重要的是，斗争手法也

---

[18] 刘兆佳：《回归后的香港政治》，香港商务印书馆 2013 年版，第 224～229 页。

[19] 刘兆佳：《回归后的香港政治》，香港商务印书馆 2013 年版，第 229～231 页。

[20] 刘兆佳：《回归后的香港政治》，香港商务印书馆 2013 年版，第 237、254 页。

日趋激进。[21] 在这一政治生态下,反对派由于更为激进,最终得以利用香港人对经济民生情况的怨气,成功以在野之身享有最高的民望。

由此可见,在刘兆佳看来,政治激进化的产生与资本主义经济发展密切相关。可以说,它是资本主义经济发展到一定阶段的产物,是资本主义经济体制下阶级矛盾的必然表现。这表明,尽管香港的政治纷争不可以简单的归因为阶级斗争,但是阶级的因素仍然不容忽视,政治激进化背后的经济根源亦不容忽视。

四、文化视角:传统政治文化对政治激进化的限制

除了宪制运作、阶级矛盾,刘兆佳还在多处谈到了香港人的价值观、心态、思维等文化特质。他笔下的香港人,既不是毫无共同道德基础的原子化个人,也不是被统一的价值准则凝聚起来的群体,而是被复杂的历史深深打下烙印的人,多多少少有些相同的信念和思维习惯。表现在政治上,就是香港人对政治事务有较为固定的看法,形成了自己独特的政治文化。而正是这一文化,对香港政治产生了有别于宪制、经济的独特影响。

不难看出,这种分析思路其实属于文化政治的思路。按照政治哲学的理论脉络,卢梭的学说是这一方面的典型代表。他强调风尚、习俗等文化要素在政治中的根本作用。因为在卢梭看来,这些东西"铭刻在公民们的内心里;它形成了国家的真正宪法……其他一切方面的成功全都有系于此……规章只不过是穹隆顶上的拱梁,而唯有慢慢诞生的风尚才最后构成那个穹隆顶上的不了动摇的拱心石"。[22] 所以,可以说,刘兆佳的分析也有意识地融入了这种学说思想。

从刘兆佳的论述中,我们可以提炼出香港人以下四个方面的政治文化特质。这一套政治文化可能并不系统、连贯甚至存在着冲突,但它

㉑ 刘兆佳:《回归后的香港政治》,香港商务印书馆2013年版,第182~183页。

㉒ [法]卢梭:《社会契约论》,何兆武译,商务印书馆2003年版,第70页。

们对香港政治的作用与方向具有一致性：都有助于减缓香港社会的激进倾向，进而限制反对派的激进发展，从而维护香港政治的稳定。

(一)超然政治观和复杂矛盾的政党观

在政治文化方面，刘兆佳着墨较多的一个突出特质是香港人的超然政治观，以及与之相关的复杂矛盾的政党观和政治中立原则。

刘兆佳指出，由于英国人的灌输和熏陶，香港人尤其是老一辈的政务官瞧不起代表着利益维护或争夺的政治，他们心中的政治其实是政治超然，以捍卫全体人民的长远福祉为出发点和立足点。[23] 受到这一政治观的影响，加之中国近代史上政党倾轧和国共内战的乱象，港人对政党有极深的怀疑和厌恶，认为政党乃是有野心的政客或打算吃政治饭的人争权夺利的工具，本身不但不代表高尚情操或政治理想，反而往往把个人、党派的利益凌驾于公众利益之上，导致社会纷乱，甚至生灵涂炭。所以，虽然随着代议政制的发展，政党作为拉票机器的作用得到一定的接受，不过迄今为止，香港人对政党的负面态度并没有明显改变。[24]

刘兆佳指出，上述观念阻碍了香港政党的发展。不仅令政党的群众基础相当薄弱，而且也使不少本质上应属于政党的组织刻意标榜自己不是政党，只是政治上较为中性的团体。[25] 即使是反对派，尽管在社会上拥有比建制派更丰厚的群众基础，但与群众的关系也比较疏远。[26] 由此可见，无论反对派再怎么激进，由于这一观念的存在，它也不会获得强大的群众支持。

(二)务实主义心态和矛盾犹豫的民主观

刘兆佳反复强调的第二个重要特质是务实主义的心态，其中的突出表现是对民主改革的务实态度。他观察指出，港人对民主的追求，并非主要来自对民主理想的信奉，而是往往由实用或功利思想所驱动。

---

[23] 刘兆佳：《回归十五年以来香港特区管治及新政权建设》，香港商务印书馆2012年版，第122～123页。

[24] 刘兆佳：《回归后的香港政治》，香港商务印书馆2013年版，第173～174页。

[25] 刘兆佳：《回归后的香港政治》，香港商务印书馆2013年版，第181页。

[26] 刘兆佳：《香港的独特民主路》，香港商务印书馆2014年版，第150～151页。

不少人往往把民主看成是工具,重视民主带来的结果而轻视民主理想。因此,当港人觉得没有需要的时候,民主的意义就会下降。[27]

基于这一务实心态,刘兆佳进一步指出,香港社会衍生出了一种"矛盾和犹豫的民主观"。也即,既对民主政治有憧憬和向往,但又从现实角度慎重考虑和小心推行,在民主改革上瞻前顾后、举棋不定。在他看来,由于如下两个理由,港人对民主的犹豫心态更为突出:一是殖民政府的怀柔管治为香港带来了繁荣、稳定、自由、人权、法治、廉政、善治、独立媒体、平等机会等好东西,所以人们的民主诉求并不急迫,甚至会忧虑民主化会给那些好东西带来负面影响。二是近年来美国、欧洲等地的民主动荡,也令他们对民主改革更加困惑和疑虑。[28]

这一心态无疑会限制港人的民主热情。在这一民意下,反对派的激进化目标和行动自然也就难以获得港人的普遍支持。刘兆佳指出,反对派不仅没有从香港的具体条件出发务实理性地提出一套推进民主的理论和设计,而且还愈来愈激进化和暴力化,因此失去主流民意支持,逐渐由盛而衰。

(三)自由主义色彩的政策共识

刘兆佳强调的第三个特质是自由主义色彩的政策共识。他指出,香港不同政治势力之间、政治势力与社会之间存在着一些政策共识,核心特征是以"小政府"为取向的自由主义理念。他们秉持有限政府职能这一基本原则。具体到经济领域,奉行自由开放的资本主义市场经济体制、简单低税制和审慎的财政政策;在民生领域,注重机会平等,反对福利主义或民粹主义,认为社会福利不是与生俱来的权利。[29]

在刘兆佳看来,这些共识是稳固而强劲的,多数人的政策思维至今为止尚未发生根本性改变。[30] 这种自由主义性质的政策共识恰好减缓了阶级矛盾逆转下香港社会的激进化和民粹化倾向。因为民粹主义的

---

[27] 刘兆佳:《香港的独特民主路》,香港商务印书馆2014年版,第112~113页。
[28] 刘兆佳:《香港的独特民主路》,香港商务印书馆2014年版,第117~120页。
[29] 刘兆佳:《回归后的香港政治》,香港商务印书馆2013年版,第282~289页。
[30] 刘兆佳:《回归后的香港政治》,香港商务印书馆2013年版,第298~299页。

一个重要主张就是要求政府的有限角色加以扩大,这与自由主义的小政府理念显然背道而驰。所以,他进一步断言,反对派的激进民粹路线抬头,尽管获得了一定支持,但也终将引起不少香港市民尤其是中产人士的担忧和恐惧,从而失去他们的支持。

(四)个人主义和政治无力感、政治无效感

在刘兆佳的分析中,还可以发现他所注重的第四个文化特质,即个人主义的生存哲学以及与此相关的政治抗争理念。他指出,香港人尤其是中产阶级相信个人的努力和拼搏乃是成功之道,贫穷与失败属于个人的责任,而不可归责为结构性、政治性、社会性、政策性或制度性的原因,因此倾向于通过个人、家庭的努力去解决自己的困难,而抗拒以集体行动、阶级斗争或政治冲突来改变个人的处境。不仅如此,他们还具有明显的政治无力感,感到缺乏必要的条件去影响政府;也具有强烈的政治无效感,认为自己的行为难以对政府发挥效用。[31]

不难看出,这些观念必然会对港人的政治参与水平构成整体制约。正如刘兆佳所分析的,信奉个人主义的中产人士害怕丢面子而不喜欢抛头露面,因此社会运动始终缺乏广泛动员与强力支持。[32] 在这一心态下,任何社会运动包括反对派的激进运动,也就难以发展为超大规模又旷日持久的群众运动。

五、结论与反思:应对香港政治激进化的可能路径

从上文梳理中,我们可以体会到刘兆佳的整体逻辑脉络。在他看来,香港存在着两股相反的力量:一股是激进的、不稳定的,主要由特区政府管治能力的弱化、阶级矛盾的逆转所引发;另一股是保守的、稳定的,主要由香港传统主流文化提供支撑。在两股力量的相互牵制下,尽管激进主义滋生,但大部分港人尤其是中产人士本质上仍是一股温和

---

[31] 刘兆佳:《回归后的香港政治》,香港商务印书馆2013年版,第220、284~285页。

[32] 刘兆佳:《回归后的香港政治》,香港商务印书馆2013年版,第233页。

保守的政治力量,是维系香港政治安定的中流砥柱。[33]

这一分析融合了主要政治哲学流派的理论视角,应该说是比较全面的。由此不难预测,当前香港政治中的激进之风,只不过是昙花一现,不可能长久。但尽管如此,中央和特区政府也不可以掉以轻心,必须趁早提出应对之策,将政治激进化的不利影响降低到最低。事实上,刘兆佳的研究也为我们提供了应对政治激进化的可能路径。

首先是政治路径,要求组建起特区政府的管治联盟,逐步打造一股稳定的支持力量。所谓管治联盟,是指支持政权的政治和社会力量,尤其是指可以依靠的政治精英。刘兆佳认为,即使特区政府拥有强大权力,但倘若没有一个支持它的管治联盟与其并肩作战,也难以推行有效管治。结合前文对非正式宪制秩序的分析,不难发现,特区政府管治能力的削弱,正是源于管治联盟的缺乏。因此,刘兆佳强调,必须要建构起强大的管治联盟。这个管治联盟应该涵盖建制派、中间温和派,甚至部分开明反对派人士。其中建制派应该成为该管治联盟的基础。[34] 为此,他建议中央和特区政府紧密合作,制定出一套完整有效的管治联盟方略,构思好各友好党派和反对派势力在联盟内的位置,确立好相应的合作、争取或斗争策略。而且,为充分贯彻管治联盟方略,也必须安排好所需要的人力和资源,建立起一个中央与特区政府联合领导、指挥和协调的组织机制。[35]

其次是经济路径。诚如前文分析,资本主义经济下的阶级矛盾是造成政治激进化的原因之一。因此,发展经济、改善民生就是可以采取的应对策略之一。而且,在刘兆佳看来,经济发展与政治变迁之间的这种关联在香港是一以贯之的。他指出,2005 年以来,随着经济复苏、阶级关系缓和,香港自八九十年代开始因经济问题而触发的怨愤一扫而空,反对派制造尖锐政治争端的能量也就随之下降,逐步走向没落。但 2008 年爆发的全球特大金融危机,再次令不少人怨声载道,特别是

---

[33] 刘兆佳:《香港的独特民主路》,香港商务印书馆 2014 年版,第 226、232 页。

[34] 刘兆佳:《回归后的香港政治》,香港商务印书馆 2013 年版,第 174 ~ 176 页。

[35] 刘兆佳:《回归后的香港政治》,香港商务印书馆 2013 年版,第 346 页。

2012 年的新一届特区政府上台后，非常态政治有重燃之势。激进化就是其中的重要表现。[36] 这警示着特区政府未来要妥善谨慎地处理好经济民生问题，不为反对派提供任何乘势抗争的借口。为此，必须不断听取和回应各方民众尤其是中下层人士的呼声，必须时刻关注和安抚民众情绪、避免激化矛盾。

最后是文化路径。刘兆佳的文化分析表明，温和务实的传统文化在中产人士身上较为明显，同时也就暴露出青少年的激进心态相对突出，由此凸显出青年教育问题的严峻性。我们必须看到，“占中一代”其实是“回归一代”“九七一代”；“旺角暴乱”中被拘捕的人士也大多出生于 90 年代左右，最年轻的仅有 17 岁。这反映出香港青少年的教育工作已经变得刻不容缓。为此，特区政府未来应着力加强香港传统价值文化的宣传与教育，培养温和、务实和保守的政治文化；与此同时，也要加强历史教育、国情教育和基本法教育，塑造国家认同、政治认同。

---

[36] 刘兆佳：《回归后的香港政治》，香港商务印书馆 2013 年版，第 275～276 页。

《政治与法律评论》
(第八辑)第294~310页

第七届“政治、法律与公共政策”年会(2015)综述

2015年11月28日,由北京大学法治研究中心与重庆大学人文社会科学高等研究院联合举办的第七届“政治、法律与公共政策”年会(2015)在重庆大学顺利召开。会议收到论文175篇,其中32篇通过评审,正式参加会议。会议共分“党章、宪法与国家建构”、“帝国转型与代表政治”、“帝国宪制:美国和英国”和“法治、治理与公共政策”四个主题,采取作者报告、评议人评议、自由讨论、最后大会总结的方式进行研讨。本《评论》登载与会学者的主题发言和精彩点评,以飨读者。

一、主旨演讲

从2012年第四届年会开始,会议安排了主旨演讲环节,主要挑选有学术潜力的年轻人就当前学术思想界关心的重大问题发表学术演讲,演讲的内容往往指向着未来的学术研究方向。历届主旨演讲人包括重庆大学人文社会科学高等研究院的陈颀、上海交大法学院的程金华、中国人民大学法学

院王旭和社科院法学所徐斌。这次年会选定的主旨演讲人为**北京大学法学院的阎天博士**。

在题为《超越工业多元主义：中国集体协商制度的宪法解读》的主旨演讲中，阎天博士认为，我们正处在一个重新发现中国宪法、重新发现中国劳动的时代，学者们力图用宪法来支撑劳动法，并促成宪法与劳动的相遇。但这场相遇比预料的要困难：虽然劳动这个术语在宪法文本上出现了超过30次，但是专门谈劳动的宪法学论著不多；虽然《劳动法》开篇就宣示以宪法为立法依据，但是这个条款几乎被忘记，绝少被提起。也正是因为想象被束缚了，宪法和劳动才迟迟不能相遇。为了依宪治国，中国宪法需要这场相遇；为了走出困境，中国劳动法也需要这场相遇。而为了促成这场相遇，我们要展开想象的翅膀，重新理解宪法，因而需要一种全新的宪法观。这一新的宪法观不再执着于司法中心主义，而是直面我国以立法来行宪的经验；不再从宪法中寻求唯一答案，而是正视宪法内部的张力与流变；不再拘泥于单个条文的解释，而是还原我国宪法文本注重体系、相互呼应的特征。在新宪法观的审视下，劳动绝不仅仅是宪法劳动权的内容，更不仅仅是劳动契约的标的。中国宪法建立了对于劳动的系统理解。劳动既成就了公民的人格，又成就了共和国的国格。我们的宪法是一部中国劳动宪法。运用新宪法观，建立新劳动观，并代入中国劳动法治的重大争论，可以获得许多新的启示。他认为，在新劳动观的关照之下，中国究竟应该建立一个福利国家还是一个自由放任的国家、劳动法究竟应该单纯保护劳方还是同时保护劳资双方，这些问题都有新的答案：一切以落实宪法劳动制度为准。

二、党章、宪法与国家建构

从第一届年会开始，年会持续关注中国的宪法秩序，力图打通古典与现代、中国与西方，在国家建构和宪法秩序问题上展开持续的对话。特别是十八届四中全会之后，党章与宪法、党规和国法的关系引起了学术界的关注和讨论。本次年会就这个问题展开讨论,在众多论文中,挑选了四位学者发言。

袁士杰(西南政法大学)的论文题目是《宪法序言的结构化阐释:兼论党章与宪典关系定位》。他认为,中国宪法序言蕴含极为丰富的"历史叙事",其中蕴含近代中国所面临的"存"之核心任务,且该任务由生存之"存"与发展之"存"两方面构成,对应于立宪时刻则是建立国家与建设国家两种不同的使命。据宪法序言的结构化阐释,可以判断中国共产党是缔造中华人民共和国的主权人民的精神内核和行动内核,肩负着组织人民以完成近代中国核心任务之使命。党章与宪典之间存在两种关系:其一,党章与宪典是一种同构关系,即党章将中国共产党组织起来,使其以一种社会行动者的面貌呈现于历史之中,这种作为社会行动者的中国共产党又参与了中国人民的组织化进程;而作为组织化的人民是中华人民共和国的缔造者,当然这种缔造过程是通过立宪加以完成的。其二,党章与宪典是一种互补关系,两者之间互为法源,中国共产党之诞生与中国人民的组织化两者之间皆是面对近代中国之核心问题而创生,那么作为中国共产党之组织法的党章与中国人民所订立之宪典之间便形成了一种互为法源的互补关系。作为中华人民共和国事实意义上的领导者的中国共产党的权力限制形态及方式或许有且只有一途,即中国共产党的自我制度性权力规范。

李晟(南开大学法学院)在评议中指出了文章的优势与不足。首先,李晟认为此文视角深刻,注意到宪法研究并不是对某一具体条款、章、节文字的研究,而是将序言作为一个整体置于一个结构中进行阐释,表现出特定的宪法观,也对党章条款的解释形成一种互补性的理解。其次,此文的不足之处在于,关于宪法与党章的学术资源相对丰富,而在政治哲学和规范宪法学中存在不协调的问题,政治现实、绩效政治的逻辑与改革是否能在宪法序言中统合得恰当是存疑的。另外,此文关于党章与宪法合法性来源问题的两种解读是否需要结合在一起,亦有待进一步探究。

石文龙(上海师范大学法政学院)的论文题目是《国家治理能力现

代化与“党管干部”实现方式之转换》。他认为党的领导具有特殊地位,但以往的研究中学者们太多关注法学本身,希望“政治的归政治、法律的归法律”,但在“党管干部”问题上则需要将法学研究和对党的研究有机连接起来。他梳理了从1937年起的“党管干部”历史背景,“党管干部”从强调党的一元化领导到新中国成立后纳入新中国法治建设进程之中的过程。他指出,在当今中国的语境下,“党管干部”已经有了政权的基础,又存在党内、党外两种实现方式。在党内,“党管干部”的主体是党委,而不是“一把手”,不能是“书记说了算”。在党外,即与国家政权相联系,“党管干部”的实现方式不是“党管一切”,国家对干部管理还存在其他管理主体与管理形式。

李振(重庆大学人文高等研究院)从政治学思考方式切入展开点评。主要涉及三个方面:一是概念问题:“党管干部”属于政治学热门话题,涉及干部任命、建议权和提名权等术语,此文中关于这些术语的界定可能与学界通说不同;二是此文第二部分在规范意义上讨论“党管干部”问题,第三部分则讨论未来提高国家治理能力现代化问题,值得讨论的问题在于是否存在不同水平甚至更高水平的国家治理能力;三是细节问题:此文中“干部”和“领导干部”的定义范围有待进一步明确,“干部”存在狭义(一定要在领导职务上)和广义(公职人员)两个不同的维度。

凌斌(北京大学法学院)的论文题目是《为什么支部“建在连上”?中国共产党基层组织建设的原理与基础》。他认为“党指挥枪”作为党领导的核心原则本身即是一个宪法问题,故而“支部建在连上”即是这一原则下的宪法制度。他回顾了这一宪法制度的历史背景,指出这一制度要解决的首要问题在于政治忠诚问题,彻底取代雇佣军制度,确立党对军队的绝对领导权。从对“支部建在连上”制度的思考出发,文章进一步探讨了中国共产党关于发展基层党员制度的建设问题,“基层”作为承上启下的节点、各种矛盾的焦点、工作落实的重点(习近平语),是党建工作的先决条件。

李放春(重庆大学人文高等研究院)评议认为此文问题意识很有

启发性。此文中将“支部建在连上”视为一个宪法问题,运用宪法解释学来处理问题,特别是在对毛泽东的解读上见解独到。但亦有三个问题:一是此文将“史”转化为“经”的过程是否如此顺理成章?如毛泽东的缩编问题,李放春对文中历史偶然转化为一个组织学原理存疑。二是关于连队和基层,从军队的基层推展到其他基层建设问题存在实质性差异,军队编制比较清晰,但广义上的基层规模弹性非常大。三是关于历史的问题,即在当时历史过程中党代表和支部书记的关系问题,亦待进一步商榷。

韩秀义(辽宁师范大学法学院)的论文题目是《宪法性法律:党章的规范定位》。他在论文中阐述了对党章规范定位的重要性,并对“宪法”、“宪法性”、“宪法性法律”和“规范定位”这四个核心概念的内涵做出界定。文章重点从“国体和基本权利制度”、“国体、政体与基本权利保障实效”和“国体和政体的关联”三个角度对党章的规范性质做出了定位,认为党章是一种整合性宪法性法律,党章是一种证成性宪法性法律;党章是一种促进性宪法性法律。

强世功(北京大学法学院)评议认为,韩秀义文章的特点在于提出了自己的概念体系,这样的概念体系需要和既定的学术概念之间进行对话。以往的宪法学研究中强调“政体”概念,而忽视对“国体”概念的关注,导致法学研究中的“去政治化”趋势。事实上,要讨论中国的“国体”问题,就需要关注党章在中国宪法中的地位,从而把党章的规范性形式与其内在的政治内容,尤其是对中国未来的政治定位和想象联系起来。而围绕国体问题的研究,目前主要集中在政治学、历史学和社会学,法学界对党章的研究要和这些研究进行对话。必须注意到国体背后还有一个价值含义,中国人民不是一个既定的事实,而是通过价值追求所凝聚起来的。无论法律规范性分析还是社会学分析,对党章和国体的研究只是一种手段和工具,一定要挖掘国体概念背后的价值含义。

三、帝国转型与代表政治

从第六届年会开始，年会开始关注帝国和国际法的问题。在今年的年会中，这个问题和政治学中的代表制问题联系在一起，不少学者从代表制的角度入手，来关注帝国秩序的建构和转型及其难题，特别是清华大学法学院赵晓力的三位弟子康向宇、田力和戴熙路的研究引起与会者的关注。

康向宇（清华大学法学院）提交《君主如何立宪？：“国体—政体论”与清末宪政》一文试图通过考察“国体—政体论”对清末宪政的影响，回答“清末宪政是如何在宪法理论上失败的”这一问题。1905年起，清廷曾先后两次派遣考察团出洋考察宪政，其考察成果深深影响了清末宪政的理论与实践。五大臣出洋归国后，向清廷提出了两条截然相反的代表制思路，分别是以日本宪制为蓝本的“载泽路线”和以英国宪制为蓝本的“梁启超方案”，清廷最终选择了“载泽路线”，在达寿考察成果的基础上完成了官方宪法理论，并出台了以《钦定宪法大纲》为核心的宪法性文件。然而，清廷的决断恰恰预示了整个清末宪政的失败。“国体—政体论”是清末宪政最基本的政治话语和宪法理论，但当时各派政治势力都没有对“国体—政体论”本身——尤其是“国体问题”——进行过深入思考。明治时代的“国体—政体论”是一种政治整合的宪法理论，“立宪政体”仅仅事关具体的权力配置，而基于“天皇神话”的“君主国体”才是这个权力配置方案赖以成立的政治神学基础。然而，这套政治神学根植于日本独特的历史文化传统，因此必然是不可移植的。晚清各派政治势力把“国体—政体论”完全理解为一种权力配置的宪法理论。满清皇族紧紧抓住“君主国体”，试图移植至高无上、万世一系的日本君主制；地方督抚和立宪派则紧紧抓住“立宪政体”，试图以政体改革的名义完成一场“光荣革命”。对“国体—政体论”的误解，使清末宪政在两个完全脱节乃至且相互排斥的层面展开，继而在精英阶层内部形成了巨大撕裂,清末宪政也因此而丧失了更多可能性。事实上,“君主立宪”的关键可能并不是“立宪”,而是“君主”。只不过在今天,这个问题已经从“君主如何立宪”变成了“人民如何共和”。

章永乐(北京大学法学院)评议认为目前学界关于晚清立宪语境的分析中很少涉及“国体”问题,但最近几年这一问题重新回归众人视线,比如学界对德国、日本、中国国体流变问题的研究,中国共产党与国体条款关系等研究。在晚清研究方面,不可否认清末关于国体问题的讨论是基于对现实问题的思考,学界都比较认同讨论实践本身失败了,但对判定失败的标准意见不一。文中“梁启超方案”存在一个时间轴,具体分为三个阶段,涉及开明专制问题。但此文对德国的论述没有得到充分体现,立宪派内部对德国的认识也不尽相同,理解德国的问题有助于理解康、梁的历史进化论问题,亦有助于理解主权在国论是如何嵌入具体的讨论语境之中的。

田力(清华大学法学院)的论文题目是《从封建到代表:清末立宪中的建国问题》。他认为,在清末预备立宪时期,梁启超与章太炎围绕中国应当采取何种宪制模式展开了激烈的辩论。文章通过对这两位思想家在该历史语境中的政治论述的考察与比较,力图展现政治代表制思想在中国的兴起与展开过程中的一个重要时刻。双方对于如何将现实中的封建制要素摆放到宪制设计中有重大的分歧。1906 年以后,梁启超在宪制理论上试图以地域性为核心要素,重新打造政治认同的基础。与之配套的则是一种代表地域的议会制及选举方案。然而,章太炎批判性地指出,梁启超的选举方案可能带来加剧社会不平等的后果,并且认为剥离地域性要素的总统制能够有效避免这一后果。因为在章太炎眼中,现代国家并不是一个多元而松散的地域联盟,梁启超的议会制方案及其背后的地域代表制思想,无法真正为一个新的中国奠基。

于明(华东政法大学法学院)在评议中肯定了文章对于清末宪制模式争论研究的努力,并指出这一研究的意义在于方法论和视角转变问题上。他认为,田力的文章延续了他一贯的研究进路,即从“建国”

视角重新审视近代宪政史的诸问题。章永乐的《旧邦新造》已为这一进路起到很好的示范作用,但由此产生的问题却远未全部解决。田文从代表制理论出发,指出梁启超与章太炎之争在表面的议会制和总统制的政体之争之下,本质上是对如何“建国”的根本路径的争论。章太炎成功指出梁启超地域性代表制的缺陷,但对于通过总统制打造政治民族与另类代表制国家的做法,也同样疑虑重重。在这方面,田文揭示了宪法争论的实质,也展示了其中的复杂性与可能。但本文也存有待改进的地方,一是在有些关键地方,如梁启超关于主权源于地域空间秩序的观念,还缺少足够的文献与证据,需要进一步补足;二是在揭示梁章两种代表制的本质及其局限的同时,还应进一步探讨这种局限的成因及其可能的解决。在“建国”的视野之外,还应关注“建国”之前的问题。就像霍恩对霍布斯的批评一样,要关注契约与代表制之前的政治前提,这或许是寻找这些问题的答案和进一步推进中国宪法史研究的努力方向。

戴熙路(清华大学法学院)提交的论文是《卢梭反对代表制?》。文章结合日内瓦政治的具体历史语境解读《社会契约论》第三卷第15章的文本关于代表制论述的问题。他首先梳理了传统的研究方式,认为以往的研究主要是纯粹的文本分析,但存在时代错位的问题,相较而言,剑桥学派的语境研究更具合理性,应将文本研究置于日内瓦历史语境之中。以此为进路,文章从日内瓦的政治势力、政府结构和政治困境与转型等方面论述了《社会契约论》中的代表制问题。

陈颀(重庆大学人文高等研究院)对戴熙路的文章做了精彩的评议。他认为文章对于代表制研究和卢梭研究都有积极意义,国内对于卢梭公法思想的研究多以《社会契约论》为主,但对卢梭与日内瓦关系的研究明显不足。他同时指出了文章中存在的一些问题:其一,文中涉及的一些思想史研究的论述还需要进一步论证;其二,论证《社会契约论》中内容与日内瓦的关系问题,还可能涉及其他文本,比如《论不平等的起源》,其中一些内容与日内瓦的关系可能更为密切;此外,文中关于代表制定位还有些模糊,卢梭代表制问题的成立或须结合《爱弥尔》等文本进行综合分析。

任军锋(复旦大学国际关系与公共事务学院)发言的题目是《德谟克拉西 vs. 德谟克拉东:民主的两种政治史路向》。他认为民族国家建立是现代政治社会的突出特征。作为这一进程中的两大标志性事件,美国革命和法国革命前后相继、彼此呼应,构成西方现代政治史的独特景观。两场革命均以建立现代共和国家为目标,却分别代表了两种截然不同的有关现代政治秩序的理论主张以及政制设计:代议共和国抑或人民共和国、自由民主抑或人民民主、德谟克拉西抑或德谟克拉东,西方政治史从此分道扬镳,势同水火,双方的分歧不仅是党派立场的对立,更是两种现代政治理论主张之间的分野。20 世纪中国的政治发展正是上述两场革命所开创的政治传统的延续,中国当下的人民民主体制扎根于中国,却不能说它源自于中国。文章从托克维尔的理论视野出发,试图在西方政治(思想)史语境中探讨上述两种民主秩序各自的内在机理,意在厘清两种政治秩序的源流及其背后不同的理论主张,从而为汉语知识界在可能的将来展开相关讨论做一些奠基性的工作。

汪卫华(上海外国语大学国际关系与公共事务学院)在评议中指出,回溯到古希腊、罗马语境,共和政体与民主政体本不是相同的。卢梭也认为,平民政体必然会导致一些问题频繁发生,但真正的问题在于什么是一个好的政体?本体论意义上的民主与政体论意义上的民主存在根本的不调和之处。本体论意义上,民主意味着平等,而不是自由。此种思路或许可以为解释共产党的作为提供一条线索。列宁和毛泽东看到的都是一个非常不好的巴黎公社榜样,也意识到党集中要解决的问题是政治危机,但仅就解决政治危机来说,党还无法上升到西方政党组织意义上的结构和功能。

四、帝国宪制:美国和英国

从第五届年会开始,年会开始关注帝国及宪政制度问题。本届年会的讨论题目集中在美国和英国宪制问题,与会学者的研究中既有对当前中国研究、教学现状的方法论反思,也有运用具体方法开展的理论实践。其中,田雷结合自己的研究和教学经验对中国的美国宪法研究进行了反思,并提出了未来研究可能的发展方向。

田雷(重庆大学人文高等研究院)在发言中总结了自己研究和教学美国宪法的经验。他指出,人民作为宪法终极解释者的地位非常突出,但还应反思司法中心主义的美国宪法观,这一观点不是空穴来风,而是具有更复杂、更有历史感的意义。反思美国本土宪法研究中的司法中心主义应与反思完全反法院叙事是否正确相结合,田雷认为这一认识主要来自教学经验,并强调从宪法史的方法论角度实事求是地定位法院的角色,以期摆正法院的位置才是恰当的研究态度。对此,以往的研究中将法院与人民视为对立的两极只是依附美国现有理论,没法进行独立思考。作为在中国研究美国宪法的学者,如何“进得去,出得来”,既与美国学界形成有效对话,又能依据中国现实有自己的问题意识和研究视角,是中国学者需要集体反思的问题。

孙竞超(北京大学法学院)的论文《论美利坚公民权利建构的悖论(1776—1861)》关注美国建国时代的公民权利问题。她指出,真实的公民权利建构过程不限于权利观念的发展过程,还包括权利建构的实践过程。公民权利建构问题存在不同于自然法及实证主义的历史叙事,历史叙事更准确地揭示出权利建构过程的悖论。以历史为视角,建国时代的美国公民权利呈现为一种有局限性的权利,国家通过确认公民忠诚、界定并解构印第安人的土地所有权和剥夺黑人合众国公民身份的方式保障公民自由、生命和财产权。公民权利的法律规定与实践之间存在偏差,公民权利的实践取决于历史中的人的行动,法律是一种公民权利的表达方式,是公民政治行动的结果,同样也是历史造就的。

阎天(北京大学法学院)在评议中认为,田雷的发言点出了美国宪法研究中人民与宪法的关系问题,学者以往在宽泛意义上主张人民宪政,此处需要做谱系化的理解,近些年田雷的“雅理译丛”和“阿克曼文集”等工作堪称非常有助益的尝试。孙竞超的论文则是在美国的批判法史学传统中进行的写作,批判法史学强调历史的政治性,反对只看法律而不及其余的观点,比如此文中批判的司法中心论;批判法史学强调历史中的非理性因素,反对唯理主义,比如此文中批评的天赋人权论。此文运用批判法史学的史观,解构关于公民权利建构的想象,主要针对的是"博爱"思想。所谓"公民权利",权利就是法律,是国家的"爱",公民就是身份,是国家的"别",因而"博爱"本应为"别爱"。然而,与批判法史学的问题相同,本文中所展现出的权利革命也只能是一种不彻底的革命,在承认革命正当性的同时也承认历史的某种确定性,这也正是批判法史学的悖论所在,既然反对革命到底、承认某种历史规律的存在,就要把这个规律清晰地揭示出来,这也正是此文可以加强的地方。

王凯(华东政法大学)提交论文《英国革命、司法审判与宪制转型——查理一世审判的宪政意义》并做专题发言。他在发言中认为,对于查理一世的审判是英国革命的重要事件之一,然而长期以来学界只将其作为历史叙事的一部分,而忽略了审判本身的宪政意义。英国内战解决了主权归属的问题之后,革命者通过常规司法审判的方式清算了查理一世的内战罪行,创造终结君主豁免的先例,明确了国王在宪政体系中的地位。更为重要的是,通过常规司法审判清算旧政权下的专制王权,其官僚制色彩能够避免革命的暴力与意识形态之争摧毁常规国家建构的进程,从而有助于自然国家向宪政国家的转型。

王烈琦(重庆理工大学重庆知识产权学院)在评议中指出三点需要注意的问题。其一,此文正视了英国革命中血腥、暴力和动荡的一面,理应看到处斩查理一世以及路易十六的叛国罪背后都反映出革命的暴力性问题。其二,从王权与法院之间关系的角度入手,此文中实际存在两种审判模式:英国面临王统断裂问题,其法院系统依附于王权,法院系统具有强大的权威;相比之下,法国的最高法院则投降于王权,组成了非常具体的法院系统,在法国不存在政治问题法律化的可能性。其三,从此文出发思考政治问题法律化的问题,对查理一世的审判并没有确立一个先例,因而不构成英国判例法的一部分。同时,学者在研究过程中应结合具体历史语境,警惕将政治问题法律化背后的法律万能主义倾向。

五、法治、治理与公共政策

有关法治、治理与公共政策的主题一直是年会关注的重点,来自不同学科的研究者针对时下热点的法律与公共政策问题展开持续的对话和交流。本届年会在众多公共政策的文章中选取关于基层治理、食品安全监管、法学教育、司法改革、日本政局等五篇文章,邀请相关作者参会并做主题发言。

田雄(华东理工大学社会与公共管理学院)提交《留守抑或退出——基于个体与基层官僚组织的混合型交换》一文参会。他在文中以布劳的社会交换理论为视角,以深度访谈和个案研究为方法,认为基层干部是国家治理主体和治理能力的重要组成部分。作为“经济人、社会人和政治人”,他们在职业选择和从业行为中,一般会从理性“交换”的角度出发,将个人付出与组织回报作为权衡个人收益的标准。文中将基层干部与官僚组织的交换分为经济交换、社会交换和政治交换三种类型,前两种交换依附于第三种交换,因而基层干部对政治交换的期待也更为强烈。然而,主要因为基层官僚组织体系的“分配正义”原则缺失和个体的公正期待难以实现,这种与参照群体形成的“剥夺”效应导致了基层干部有着继续留守、选择“撞钟”或甚至退出的种种选择,出现了“劣币逐良币”现象,致使民众对基层政府的不信任以及国家基层治理体系和治理能力现代化滞后。

欧树军(中国人民大学)评论认为,文章针对近三年以来出现严格反腐后基层官员懈怠、退出现象的分析,文中对个体的细致访谈是写作优势。同时也应看到,文章在方法论上存在一定的错位,其主旨立意在于使用法学话语分析社会学问题,而不是一篇单纯的社会学文章。另外,对比文章的前提和结论可以发现,作者一方面希望突破经济理性的理论分析框架,但最后又不得不回到经济理性的分析框架之中,这一点也值得反思。

刘鹏(中国人民大学公共管理学院)提交题为《运动式监管与监管型国家建设:基于对食品安全专项整治行动的案例研究》一文参会。他指出在相当长的一个时期内,频繁发动各种类型的专项整治运动,是中国政府执行市场监管政策过程中所体现出来的一个鲜明特征,运动式监管因而也已经成为中国监管型国家建设的重要途径。文章以2007年产品质量和食品安全专项整治行动作为分析案例,对运动式监管方式的利弊得失进行了全面评估,并从历史路径依赖、压力型体制、常规监管资源的缺乏、监管问题的复杂性以及地方政府官员的理性选择五个方面对运动式监管形成的原因进行了制度分析,最后提出在简政放权的新形势下,应当从监管理念与文化、监管工具及方式、监管资源的配备以及监管绩效评估四个方面遏制运动式监管滥用,推进运动式监管逐步转换为可持续监管的政策建议。

欧树军(中国人民大学)首先在评论中对刘鹏在药品治理监管领域的研究予以高度肯定。他认为文章是作者将研究领域由药品扩展到食品的一次有益尝试,同时也提出了针对本文的一些理解和问题。他认为,对食品的运动式监管问题存在专业性和政治性两个维度,这两个维度有时会发生冲突,故而需要对国家和社会的价值信念进行重塑。另一方面,对于本文研究对象的限定亦可以进一步提问,如"食品安全"包不包括粮食安全?这里涉及国家战略问题。如何能够在处理对内食品安全与对外食品安全问题时保持态度、标准尽量一致?针对这一问题,他认为不仅要顺应简政放权,同时应吸收忠言逆耳。

刘诚(中山大学法学院)提交题为《面向政策形成的法学教育》一文并做发言,成文思路源于她立法学的教学经验。她认为,法律是一种由特定时代的社会及其生产方式决定的政治话语形态。在积极国家时代,自由被赋予了新的内涵,立法、行政和司法承担了大量的政策形成职能。与之相适应,法学教育的理念、内容和培养目标也应当相应调整。面向政策形成的法学教育,应当回应位于"制度上游"的立法、规则设计、政府规制、公共政策制定、决策等政策形成活动需求,培养具备实质法治思维、社会科学眼光、技术和方法的立法—决策型人才。

刘忠(同济大学法学院)亦结合自己的教学经验进行了评论。他指出,目前国内的法学院有632家设本科专业,这是相当庞大的数字,也说明法学本科学生非常多,这对老师们的教学构成压力。同时,从教学的角度看,我国法学教育呈现出注重“司法改革、法律解释、法律与文学、法律经济学”这一“四大俗”现象,与国家和社会脱节,充满了法律人“司法治国”的情怀。对此,作为法学教育者需要思考的问题是,如何引导学生将自己的思考作为思考对象进行再思考,避免“萤火虫式的思考”,而这一“再思考”过程亟待法律人跳出自己法学思维方式的窠臼。

于晓虹(清华大学法学院)提交一篇题为《Bureaucratic Judicialization under Fragmented Authoritarianism——the Empowerment of Chinese Courts》的论文参会。她在文章中回应三个方面的问题:一是比较法院研究;二是如何重新解读司法改革,回应中西方学界的认知;三是党国体制中的司法改革存在怎样的限制以及意外的机会。针对上述三个问题,她通过案例分析,在管辖权、裁量、权威三个理解维度上探究了法院与其他国家机关的关系问题。她指出,司法权在党国体制(平行的国家机关之间;中央—地方的纵向之间;横纵交接的条块关系)中的扩张主要呈现为一种碎片化的扩张方式,而政权碎片化本身可能会导致政治僵局,但又对党国本身是有益的。她认为,威权式、碎片化机构与三权分立情况下的国家同样都能使得某种权力或机构实现扩张。

侣化强(重庆大学人文高等研究院)针对文中提到的司法权扩张问题展开评论。他认为在单一制体制下,司法权的行使不承认自治是否存在空间的问题。在我国,党对司法和立法的关注程度不同,相关的技术难度也有所差别。此外,中国的司法权扩张问题在改革开放与20世纪90年代初体制转型的大背景下还存在着去地方化问题,总体看非常复杂。

胡娟(华东政法大学人文学院)提交题为《新安倍政权与“印象主

义"的泛滥》一文参会。她从艺术的视角出发,细腻地剖析了以安倍为代表的印象主义情结在日本泛滥的原因以及其对日本政局的影响。捕捉光影、眷恋旧物,是印象派根本的心理需求,为了满足这一需求,印象派的笔触必然带着朦胧、飘逸、敏感的特质,印象派的作品问世之初便颠覆了传统学院派艺术的审美标准。从历史现实看,对于苦难深重的日本人而言,唯有依赖一种没有边界、给人带来巨大想象力的精神上的力量,亦即印象主义的力量,日本人民才可能获得重新站立的支撑。从这一意义上讲,正是日本人民的危机意识产生了印象主义的泛滥。另一方面,印象主义泛滥的历史过程也揭示出这种不断向外延伸、不断颠覆的精神力量恰恰为日本带来了真正的危机,这已然超出了一个正常国家的发展节奏。

潘妮妮(重庆大学人文高等研究院)评论认为文章中提及的日本对印象派作品的痴迷感觉上是很神秘的,但又同时让人觉得大彻大悟。她认为在一定程度上,科学、理性的教育实际上是一种蒙蔽,而文中揭示的非理性的部分可能才是真正的实质问题所在。她认为自己与胡娟在对日本的理解上存在殊途同归之处。关于浮世绘风格和莫奈的理解问题,她指出收购莫奈作品的很多人是日本华族,具有特别的身份认同,而浮世绘风格本身亦逐步受到西方商业界的青睐而实现产业化,日本本土对此也进行了热烈的回应。

六、会议总结

章永乐(北京大学法学院)总结时指出当下中国法律研究存在一些进路问题。一方面,有些问题在传统知识结构中无法解决,这就需要研究者寻求新的知识,开展跨学科交流;另一方面,必须意识到一些问题为中国特有、是研究者无法轻易改变的,例如当代的中国共产党问题,显然不能取消这个研究对象。就本次年会来说,阎天的主旨演讲强调了劳动权回到宪法文本国体条款的可能性。

在第一个主题下,韩秀义、袁士杰的工作对探讨党章宪法问题做了有益的推进,石文龙探讨了制度运作的具体机制,凌斌论述的是一个具体制度原则如何影响基层治理的问题。党的角色其一在于领导权主体地位,其二则又是一个价值的载体,即国体与政体的对应关系问题,后一个方面在此次年会的主题讨论中有所涉及,但还不够深入。

第二主题涉及民主制尤其是代表制运作问题。戴熙路论文中提出的问题具有一定的启发性;任军锋的文章涉及自由民主与社会主义两种不同路径的选择问题;康向宇、田力则论及宪政方案设计,丰富了学界对宪政历程的认识,并与代表制相结合,有利于重建宪政问题的历史叙事。

第三主题是外国法研究。田雷阐释了美国宪法研究的方法论原则,作为中国研究者的优势在于可以以“旁观者”的身份带着自己的问题意识去探讨问题;孙竞超的文章探究美国公民权的生成问题,是批判法学进路的一次理论实践;王凯对比了两种审判模式,对相关史料的展开启发很大。

第四主题相对比较分散。田雄的发言涉及基层干部问题,这也是当下的热点问题;刘鹏探讨食品安全问题的运动式监管问题;刘诚探讨的问题与年会的由来直接相关,涉及中国法学教育问题;于晓虹探讨法院司法权力的兴起和扩张问题;胡娟的研究比较独特,属于法律与人文研究,揭示出国体论背后非理性、潜意识的一面。这一主题下的文章反映出研究者们在法律层面、公共政策层面勾勒中国面貌的努力,学者们也力图在研究中不断完善方法。

强世功(北京大学法学院)总结时指出,历届年会的努力就是不断拓宽法学的视野,关注法条又要超越法条,“法学”不能变成“律学”。在这个意义上,我们需要思考不同于“律”的“法”究竟是什么。他认为从最根本意义上讲,任何一种力量都是法,而法的秩序中最重要的秩序就是心灵秩序。从第二次世界大战后的宪法秩序发展看,国家外在的法律秩序必须与其内在心灵秩序相统一,发展中国家法律移植乃至宪政移植的失败乃至出现失败国家,很大程度是心灵秩序的法和政治秩序中的法相冲突。今天,学者对世界的理解往往习惯于从理性主义的思路将问题纳入到各种理性化的学科中来理解和解释,但推动甚至改变历史的往往是非理性的力量,而这些力量都来源于内在的法,而这种法不是理性化的法律,而是心灵秩序中固有的法。在这个意义上,法学界一定要拓宽对法律的理解,要把法律和规则、规律、系统乃至秩序联系在一起。如果从秩序的建构看,今天中国最大的问题不仅仅是如何建构国内秩序,尤其是实现依法治国,而且面临如何回应世界,积极参与到全球治理之中,这就意味着我们对心灵秩序和法律秩序的理解必须超出过往基于民族国家而形成的各种思考。今天中国无论对内还是对外,都处于民族国家和帝国结构两种不同的秩序建构的纠缠中,国家法中心主义与法律多元主义、政教分离与政教结合之间形成巨大的张力,讨论中国宪政秩序,讨论中国的国家建构,必须关注党和国家关系以及在上述两种取向中形成的张力。

(本综述由北京大学法学院博士研究生孙竞超整理)

《政治与法律评论》
(第八辑)第311 ~314页

《政治与法律评论》引征体例

援用本刊规范:

凌斌:《村长的困惑——《秋菊打官司》再思考》,载《政治与法律评论》第1辑,北京大学出版社2010年版。

一般体例:

1. 引征应能体现所援用文献、资料等的信息特点,能(1)与其他文献、资料等相区别;(2)能说明该文献、资料等的相关来源,方便读者查找。

2. 引征注释以页下脚注形式连续编排。

3. 正文中出现一百字以上的引文,不必加注引号,直接将引文部分左边缩排两格,并使用楷体字予以区分。一百字以下引文,加注引号,直接放在正文中。

4. 直接引征不使用引导词或加引导词,间接性的带有作者个人的概括理解的,支持性或背景性的引用,可使用"参见""例如""例见""又见""参照"等;对立性引征的引导词为"相反""不同的见解,参见”“但见”等。

5. 作者(包括编者、译者、机构作者等)为三人以上时,可仅列出第一人,使用“等”予以省略。

6. 引征二手文献、资料,需注明该原始文献资料的作者、标题,在其后注明“转引自”该援引的文献、资料等。

7. 引征信札、访谈、演讲、电影、电视、广播、录音、未刊稿等文献、资料等,在其后注明资料形成时间、地点或出品时间、出品机构等能显示其独立存在的特征。

8. 不提倡引征作者自己的未刊稿,除非是即将出版或已经在一定范围内公开的。

9. 引征网页应出自大型学术网站或新闻网站,由站方管理员添加设置的网页,应附有详细的可以直接确认定位到具体征引内容所在网页的 URL 链接地址,并注明最后访问日期。不提倡从 BBS、BLOG 等普通用户可以任意删改的网页中引征。

10. 英文以外作品的引征,从该文种的学术引征惯例,但须清楚可循。

11. 其他未尽事宜,参见本刊近期已刊登文章的处理办法。

引用例证:

中文

1. 著作

* 朱慈蕴:《公司法人格否认法理研究》,法律出版社 1998 年版,第 32 页。

2. 译作

* 孟德斯鸠:《论法的精神》(下册),张雁深译,商务印书馆 1963 年版,第 32 页。

3. 编辑(主编)作品

＊朱景文主编:《对西方法律传统的挑战——美国批判法律研究运动》,中国检察出版社1996年版,第32页。

4. 杂志/报刊

＊张维迎、柯荣住:《诉讼过程中的逆向选择及其解释——以契约纠纷的基层法院判决书为例的经验研究》,载《中国社会科学》2002年第2期。

＊刘晓林:《行政许可法带给我们什么》,《人民日报》(海外版)2003年9月6日第H版。

5. 著作中的文章

宋格文:《天人之间:汉代的契约与国家》,李明德译,载高道蕴等主编:《美国学者论中国法律传统》,中国政法大学出版社1994年版,第32页。

6. 网上文献资料引征

＊梁戈:《评美国高教独立性存在与发展的历史条件》,载http://www.edu.cn/20020318/3022829.shtml,最后访问日期2008年8月1日。

7. 古籍

＊(清)汪辉祖:《学治臆说》(卷下)清同治十年慎间堂刻汪龙庄先生遗书本,第4页b。

＊(清)薛允升:《读例存疑》(重刊本),黄静嘉编校,台湾成文出版社1970年版,第858页。

8. 档案文献

＊"沈宗富诉状",嘉庆二十二年十二月二十日,巴县档案6-2-5505,四川省档案馆藏。

英文

1. 英文期刊文章 consecutively paginated journals

Frank K. Upham, "Who Will Find the Defendant if He Stays with His Sheep? Justice in Rural China", 114 *Yale Law Journal* 1675 (2005).

2. 文集中的文章 shorter works in collection

Lars Anell, "Foreword", in Daniel Gervais, *The TRIPS Agreement: Drafting History and Analysis*, London: Sweet & Maxwell, 1998, p. 1.

3. 英文书 books

Richard A. Posner, *The Problems of Jurisprudence*, Cambridge, MA: Harvard University Press, 1990, p. 456.

4. 英美案例 cases

New York Times Co. v. Sullivan, 76 U. S. 254 (1964). (正文中出现也要斜体)

Kobe, Inc. v. Dempsey Pump Co., 198 F. 2d 416, 420 (10th Cir. 1952).

5. 未发表文章 unpublished manuscripts

Yu Li, *On the Wealth and Risk Effects of the Glass-Steagall Overhaul: Evidence from the Stock Market*, New York University, 2001 (unpublished manuscript, on file with author).

6. 信件 letters

Letter from A to B of 12/23/2005, p. 2.

7. 采访 interviews

Telephone interview with A, (Oct 2, 1992).

8. 网页 internet sources

Lu Xue, *Zhou Zhengqing Talks on the Forthcoming Revision of Securities Law*, at http://www. fsi. com. cn/celeb300/visited303/303_0312/303_03123001. htm,最后访问日期:2008 年 8 月 1 日。

注释中重复引用文献、资料时,若为注释中次第紧连援用同一文献的情形,使用"同上注,第 2 页"、"Id., p. 2"等。

若为非次第紧连、但在同页出现的文献,可将文献的版次、出处等简略,仅使用"同前注""supra note",但须注明引用文献的名称和作者,以便识别。如"苏力:《送法下乡》,同前注"。

《政治与法律评论》
(第八辑)第315～316页

《政治与法律评论》稿约

1.《政治与法律评论》(以下简称《评论》)创办于2010年,由北京大学法治研究中心和重庆大学人文与社会科学高等研究院联合编辑。《评论》致力于对西方与中国的政制与法律传统研究,提倡对法律问题和公共政策进行政治过程或政治哲学分析。《评论》坚持学术自主、自尊和自律,坚持兼容并包、思想自由。

2.《评论》分为"特稿""主题研讨""论文""评论""书评""政治、法律与公共政策年会综述"等栏目,对来稿不做字数上的限制,不考虑稿件作者的身份和以往学术经历,以学术水准和学术规范为要求。关于引证规范,请具体参见尾页所附之引征体例。

3.《评论》实行匿名审稿制度。来稿请详细注明作者的身份和联系方法(姓名、单位、通信地址、E-mail、联系电话等)。来稿须同一语言下未事先在任何纸面和电子媒介上发表。稿件请附相关的中文摘要和主题词。中文以外的其他语言之翻译稿须同时邮寄原文稿部分,并附作者或出版者的翻译书面(包括E-mail)授权许可。

4.《评论》编辑委员会拥有对在《政治与法律评论》上已登作品的版权。作者应保证对其作品具有著作权并不侵犯其他个人或组织的著作权,译者应该保证该译本未侵犯原作者或出版者任何可能的权利,并在可能的损害产生时自行承担损害赔偿责任。编辑委员会或其任何成员不承担由此产生的任何责任。

5.《评论》欢迎对所登文章的转载、摘登和翻译,但应尊重原作者依据《著作权法》享有的权利,并在实施转载时注明"转载自《政治与法律评论》第×辑(××出版社××××年)"和原作者、译校者署名,同时书面或电子邮件通知《评论》编辑委员会。

6. 来稿请寄:pkureview@gmail.com。《评论》要求作者以 Word 文档或 PDF 格式并使用附件发送,不接受纸质投稿。任何来稿视为作者、译者已经阅读或支系并同意本声明。

《政治与法律评论》编辑委员会

2010 年 3 月 22 日

图书在版编目(CIP)数据

政治与法律评论. 第8辑 / 强世功主编. —北京:
法律出版社, 2017.6
ISBN 978-7-5197-0842-9

Ⅰ. ①政… Ⅱ. ①强… Ⅲ. ①法学—政治学—研究
Ⅳ. ①D90-05

中国版本图书馆CIP数据核字(2017)第102138号

政治与法律评论(第八辑)
ZHENGZHI YU FALÜ PINGLUN(DI BA JI)

强世功 主编
赵晓力 执行主编

策划编辑 韩满春
责任编辑 韩满春
装帧设计 李 瞻

出版 法律出版社
总发行 中国法律图书有限公司
经销 新华书店
印刷 三河市龙大印装有限公司
责任校对 王沁陶
责任印制 陶 松

编辑统筹 学术·对外出版分社
开本 720毫米×960毫米 1/16
印张 20.5
字数 269千
版本 2017年6月第1版
印次 2017年6月第1次印刷

法律出版社/北京市丰台区莲花池西里7号(100073)
网址/www.lawpress.com.cn
投稿邮箱/info@lawpress.com.cn
举报维权邮箱/jbwq@lawpress.com.cn
销售热线/010-63939792
咨询电话/010-63939796

中国法律图书有限公司/北京市丰台区莲花池西里7号(100073)
全国各地中法图分、子公司销售电话:
统一销售客服/400-660-6393
第一法律书店/010-63939781/9782 西安分公司/029-85330678 重庆分公司/023-67453036
上海分公司/021-62071639/1636 深圳分公司/0755-83072995

书号:ISBN 978-7-5197-0842-9 **定价**:60.00元